New Urban Administration

새로운 도시행정

과제와 전망

서순탁 · 강현철 · 김병철 · 김영단 · 김용탁
김진수 · 김진아 · 염일열 · 유기현 · 유병권
이병준 · 이자은 · 이흥권 · 임성은 · 주필주

도서출판 대영문화사

머리말

우리나라는 그동안 산업화, 도시화의 과정을 슬기롭게 겪어가면서, 오늘날 선진국 대열에 합류하는 성과를 이루어 냈다. 1960년 37.1%에 불과하였던 우리나라 도시화율은 2021년 90.7%에 이를 정도로 증가하였고, 2023년에는 도시지역 인구 비율이 92.11%에 이르게 되었다. 그러나 인구, 산업, 공간구조 등 최근 통계를 종합적으로 살펴보면 우리나라 도시는 이제 후기 도시화 또는 역(逆) 도시화 경로에 진입하였음을 알 수 있다.

우리나라 도시를 둘러싼 국내외적 환경의 변화는 도시행정에 새로운 변화와 도전을 요구하고 있다. 즉, 저출산・초고령화에 따른 인구감소와 지역소멸, 수도권 집중 등 지역 간・계층 간 불균형, 경제・산업구조의 변화에 따른 일자리와 저성장 문제, 과학・정보통신기술 등의 발달과 디지털 사회로의 전환, 기후변화와 각종 재난・재해에 대한 대응 등의 과제는 우리 도시 및 도시행정이 나아가야 할 방향을 정립하는 데 있어서 고려해야 할 핵심적인 사항이다.

이처럼 도시 및 도시행정을 둘러싼 환경의 변화와 이에 따른 도시행정의 대응과 방향 정립이 시급히 요청되는 시점에서 도시행정 과제에 대해 이론적 접근을 넘어 문제 및 현장 중심의 실천적 접근이 요구되고 있다. 이러한 인식하에서 이 책에서는 도시행정 각 과제에 대해 이론적 내용을 소개하는 것은 물론 각 장별 필자들이 정책현장에서 경험하였거나 다루었던 사항을 보다 문제해결 중심적이고 실천적 대안을 제시하는 방향으로 집필하고자 하였다.

이 책은 도시행정의 기본 개념부터 최근의 이슈 및 과제까지 포괄적으로 다루고 있으며, 도시행정의 이론과 정책적 통찰을 연결하는 가교 역할을 하고자 한다. 집필에 참여한 필자들은 정부부처, 연구기관, 대학, 지역 · 시민사회 등에서 공무원, 연구원, 교수 · 강사, 사회적 기업 임원 등으로 재직하고 있거나 재직했던 사람들로 구성되어 있으며, 이론과 정책, 현장의 문제를 연결하여 진단 · 평가하고 대안을 제시하는 데 최적화된 전문가들이다.

특히, 이 책은 서울시립대학교 총장을 역임하신 서순탁 교수님의 퇴임을 기념하여, 그의 연구와 가르침을 이어가고자 하는 제자들이 함께 뜻을 모아 집필한 결과물이기도 하다. 서 교수님은 도시행정 강의와 정책연구에 평생을 바치며 학문적 성취뿐만 아니라 도시 · 지역 정책에도 큰 기여를 해 오셨다. 이에 존경과 감사의 마음을 담아, 그동안 함께 연구하고 고민했던 도시행정의 주요 과제들을 정리하여 한 권의 책으로 엮게 되었다.

이 책은 총 5편으로 구성되어 있다. 도시행정의 기반, 지속가능한 도시재생, 균형적 공간발전, 회복력 있는 도시관리, 그리고 도시행정의 운영에 이르기까지 도시행정 전반을 다루고 있다. 먼저, 제1편 도시행정의 기반에서는 최근 도시행정의 환경 변화와 과제를 전반적으로 제시하면서, 지방의 인구문제와 청년정책, 메가시티(Mega-city), 디지털 플랫폼 정부, 도시 브랜드 등을 다루고 있다. 제2편은 지속가능한 주거와 도시재생으로 빈집정비, 도시재생정책의 등장과 진화에 대해 기술하고 있다. 제3편은 균형적 공간발전과 포용적 도시경제로 지역혁신정책, 지방정부의 균형발전정책(서울시 사례), 지역 고용정책, 사회적 경제 등 다양한 주제를 다루고 있다. 제4편은 회복력(resilience) 있는 도시관리로 안전한 도시와 재난관리, 공공보건의료에 대해 최근 이슈가 되었던 정책현안을 다루고 있다. 끝으로 제5편은 도시행정의 운영 측면으로 도시행정 평가와 지방공기업 경영평가, 지방정부의 국정참여제도를 다루고 있으며, 종합적으로 우리 도시가 나아가야 할 미래의 정책 방향을 제시하고 있다.

이 책을 처음 집필하기로 작정한 것은 2022년 5월 스승의 날 모임에서부터이다. 최근 도시행정을 둘러싼 변화를 경험하면서 새로운 도시행정의 과제와 전망이라는 이론과 정책이 통합된 책을 집필하기로 뜻을 모았으나, 각자 현업에 밀려 속도를 내지 못하였다. 유병권 교수님과 이병준 박사님의 열의와 공저자들의 단합된 마음과 상호 격려가 없었더라면, 이 책의 출간은 불가능한 일이었다. 또한 단행본으로 출간하기가 쉽지 않은 상황 속에서도 집필 의도를 보시고 선뜻 출간에 응해주신 대영문화사 임춘환 사장님께 감사의 마음을 드린다. 집필진인 서순탁 교수, 강현철 교수, 김병철 교수, 김영단 박사, 김용탁 박사, 김진수 박사, 김진아 교수, 염일열 교수, 유기현 교수, 유병권 교수, 이병준 박사, 이자은 박사, 이흥권 박사, 임성은 교수, 주필주 박사 모두의 열정이 있었기 때문에 가능한 일이었다. 책 감수를 맡아주신 남기포 교수, 김채규 박사에게도 감사드린다. 특히, 바쁜 과정 속에서도 책의 기획에서부터 총괄간사 역할로 힘을 보탠 이병준 박사에게 감사의 마음을 전한다.

본 저서는 지도교수와 학문적 · 정책적 뜻을 같이하는 제자들이 함께 쓴 책이라는 점에서 의미가 있다. 처음 책을 출간하다 보니 아직 미숙한 부분이나 보완해야 할 부분이 있다. 미진한 부분은 저자들의 책임이며, 지속적인 보강 및 교정이 이루어져 보다 완성된 책으로 다시 만나기를 희망해 본다.

2025년 5월

저자 일동

차례

CHAPTER 03 도시행정과 메가시티 _ [김진수] 55

CHAPTER 04 정보통신, 빅데이터, 통계 _ [임성은] 83

CHAPTER 05 도시브랜드와 도시경쟁력 _ [강현철] 99

PART 2 지속가능한 주거 및 도시재생

PART 3 균형적 공간발전과 포용적 도시경제

PART 4 회복력 있는 도시관리

PART 5 도시행정의 운영

PART

01

도시행정의 기반

01 CHAPTER

도시행정 환경의 변화와 과제

이병준(경제 · 인문사회연구회)

우리나라는 그동안 급격한 도시화를 거쳐 산업화, 근대화를 이룩하였으며, 이제는 세계 선진국의 대열에 합류하는 놀라운 성과를 이루었다. 그러나 빠른 도시화에 따라 도시 내 지역 간 · 계층 간 불평등은 물론 주택, 교통, 환경, 보건, 재난 등 여러 부문에서 취약성을 드러내고 있다. 수도권과 비수도권, 도시와 농촌 등 지역격차와 저출산 · 고령화 및 청년 등의 사회적 이동에 따른 인구감소와 지방소멸 등의 문제에도 노출되어 있다. 또한 지구온난화에 따른 기후변화로 인해 홍수 · 가뭄 · 폭염 등 기상이변, 자연생태계의 변화, 경제 · 고용구조의 변화, 기후 취약계층에의 대응 등 많은 과제와도 직면해 있는 상황이다. 과학기술의 발달과 교통 · 통신의 발전으로 인해 세계는 더욱 지구촌화되고 있고, 세계의 지역과 도시는 서로 실시간으로 연결 및 동조화되어 변화하고 있다. 이제 세계도시의 문제는 우리 도시의 문제이고, 우리 도시의 문제는 세계도시의 문제가 되고 있다. 이러한 도시를 둘러싼 국내 · 외적인 변화와 과제를 살펴보고, 이에 대하여 어떻게 대응하면 좋을까 하는 것이 이 장의 집필 목적이다. 또한 이 장은 본 저서의 첫 번째 장으로서 도시와 도시행정에 대한 이론적인 배경을 포함하여 본 저서의 구성과 집필 주제를 소개하고 있다.

1 도시환경 변화 개요

도시에 대하여 명확하게 설명하거나 정의하기가 쉽지 않다. 도시에 대한 정의는 여러 분야와 관점, 시대적 배경, 전문가들에 의하여 다양하게 규정되고 있다. 도시화(urbanization)는 "인구의 도시집중과 그에 따라 나타난 인간의 삶터가 공간적, 사회·경제적 측면에서 도시적으로 변해가는 현상"으로 정의할 수 있다(대한국토·도시계획학회, 2016: 41). 우리나라 도시화율은 1960년 37.1%에 불과하였으나, 2021년 현재 90.7%에 이르고 있어 국토의 대부분이 도시화되고 있다(통계청, 2024: 6).1) 국토의 대부분이 도시화되어 있는 상태에서 도시를 대상으로 하는 도시행정은 지역행정 및 지방행정의 내용을 포함하고 있다. 본고에서도 지역의 문제, 지방의 문제는 도시의 문제를 포함하고 있고, 지역 및 지방행정과 도시행정은 서로의 문제인식과 과제를 공유하고 있다고 보고 있다.

우리나라 도시를 포함하여 세계도시는 글로벌 이슈에 직접적으로 노출되어 있다. 코로나19 팬데믹과 기후변화 등의 큰 파고에 맞서 도시는 여러 가지 도전 및 기회를 맞이하고 있다. 도시로의 인구집중과 과밀화에 따른 도시화는 도시에 하나의 위협 요소가 되고 있지만, 도시가 가지는 공중보건, 잘 구축된 인프라, 회복력 등의 관리능력은 도시화가 가지는 강점 요소이다. 기후변화에 있어 도시는 가해자이자 피해자이다. 도시는 기후행동(Climate Action)에 있어 선봉장이 되어야 하고, 기후변화 완화와 적응 대책은 물론 기후 대응 거버넌스 구축, 취약계층에 대한 지역 포용성, 물리적·사회적 회복력(Resilience) 등에 있어서 문제의 해결책을 제시해야 한다. 이러한 상황에서 유엔해비타트는 2016년 「새로운 도시의제(New Urban Agenda)」, 2022년에는 「2022 세계도시 보고서(World Cities Report 2022)」를 통해 도시의 의제와 미래 구상을 제시한 바 있다.

글로벌 이슈에 더하여 우리나라는 급격한 인구감소와 초고령화, 수도권과 비수도

1) 통계청에서는 인구격자(1km×1km)를 활용하여 통계적 지역분류체계를 수행하고 있다. 인구격자 내의 인구와 군집화 인구규모에 따라 3가지 군집화 유형(Cluster Type: 도시, 도시 클러스터, 농촌)으로 분류하고, 이 중 도시(격자 내 인구 1,500명 이상 & 군집화 인구 50,000명 이상)와 도시 클러스터(격자 내 인구 300명 이상 & 군집화 인구 5,000명 이상)에 거주하는 인구비율로 도시화율을 산정하고 있다(통계청, 2024: 1-3).

권의 격차, 제4차 산업혁명과 과학기술의 혁신, 디지털 전환 및 AI 활용, 산업구조와 고용의 변화, 도시공간구조 및 토지이용의 변화, 지속가능한 주거, 재난관리 및 효율적인 도시운영 등의 과제를 안고 있다. 본 저서는 지방자치분권과 국토의 균형발전이 서로 긴밀히 연결되어 있다고 보고 이를 통합적인 시각에서 접근하고 있다. 또한 지방분권과 지방정부의 국정참여 확대를 도모하고 있다. 본 장에서는 도시, 도시화, 도시행정의 이론적인 고찰, 국제사회 도시정책의 새로운 도시의제, 세계도시의 문제를 다루고, 우리나라의 도시문제, 도시정책의 과제를 제시한다. 끝으로 본 저서의 구성과 각 장에서 다루고 있는 주제에 대해서도 소개하고 있다.

2 도시와 도시행정

1) 도시의 개념과 특성

2020년 유엔 해비타트(UN-Habitat; 유엔인간정주계획)가 발간한 「2020 세계도시보고서(World Cities Report 2020)」에 따르면 2020년 현재 전 세계 인구의 56.2% 수준이 도시지역에 거주하고 있다고 하며, 2050년에는 66%가 도시에 거주할 것으로 예측하였다. 2년 뒤인 「2022 세계도시보고서(World Cities Report 2022)」에서는 2050년 세계 인구의 도시화율을 68%로 상향하여 예측하였다. 이런 UN의 보고서를 볼 때, 전 세계적으로 도시화율은 점점 더 빠른 속도로 상승하고 있는 것으로 나타났다.

도시(都市, city)는 일반적으로 사람과 활동이 밀집된 경제, 정치·행정, 사회, 문화 등의 중심 기능을 하는 인구밀도가 높은 지역을 말한다. 대한국토·도시계획학회(2016)에서는 도시의 정의를 인구·물리적 측면, 사회·경제·문화적 측면, 기능적 측면으로 나누어서 규정하고 있다. 인구·물리적 측면에서 도시는 "농촌보다 상대적으로 많은 정주인구와 높은 인구밀도를 유지하고, 인구구성 측면에서 2·3차 산업에 종사하는 비율이 높은 지역"으로 정의될 수 있으며, 사회·경제·문화적 측면에서는 "사회·경제·문화적 요소들이 잘 갖추어지고 조화를 이룸으로써 의미 있는 문화활동과

정신적으로 승화된 행동을 구현할 수 있는 곳"으로, 기능적 측면에서는 "사회제도의 중심, 상업과 교통의 중심, 문화의 중심, 정보통신의 기능 등이 복합적으로 연계된 조직체" 등으로 정의될 수 있다(대한국토 · 도시계획학회, 2016: 37-39). 한국도시행정학회(2022)에서는 인구, 공간, 기능 등을 고려하여 도시를 "좁은 장소에 많은 인구가 집중되어 인구밀도가 높고, 도시적 산업이 지배하는 산업구조가 형성되어 있으며, 정치 · 행정적 자치권이 미치는 공간 단위"로 정의하고 있다(한국도시행정학회, 2022: 20).

우리나라 「지방자치법」 제10조에서는 도시(市, 邑)의 설치기준에 대하여 규정하고 있다. 시(市)는 그 대부분이 도시의 형태를 갖추고 인구 5만 이상이 되어야 한다고 규정하고 있고, 읍(邑)은 그 대부분이 도시의 형태를 갖추고 인구 2만 이상이 되어야 한다고 규정하고 있다. 또한 같은 법 시행령 제9조에서는 시 · 읍의 설치기준에 대해 보다 세부적인 규정을 두고 있다.

[표 1-1] 「지방자치법」 및 같은 법 시행령 상의 도시(시 · 읍) 설치기준

구분	지방자치법(제10조)	지방자치법 시행령(제9조)
시(市) 설치 기준	시는 그 대부분이 도시의 형태를 갖추고 인구 5만 이상이 되어야 함	• 해당 지역의 시가지를 구성하는 지역 안에 거주하는 인구의 비율이 전체 인구의 60퍼센트 이상일 것 • 해당 지역의 상업, 공업과 그 밖의 도시적 산업에 종사하는 가구의 비율이 전체 가구의 60퍼센트 이상일 것 • 1명당 지방세 납세액, 인구밀도 및 인구증가 경향이 행정안전부령으로 정하는 기준 이상일 것
읍(邑) 설치 기준	읍은 그 대부분이 도시의 형태를 갖추고 인구 2만 이상이 되어야 함	• 해당 지역의 시가지를 구성하는 지역 안에 거주하는 인구의 비율이 전체 인구의 40퍼센트 이상일 것 • 해당 지역의 상업, 공업과 그 밖의 도시적 산업에 종사하는 가구의 비율이 전체 가구의 40퍼센트 이상일 것

이러한 도시는 비도시지역인 농촌과 비교하여 다음과 같은 특성을 지니고 있다. 첫째, 좁은 지역에 많은 사람들이 거주하고 있어 인구밀도 및 건축물의 밀도가 높다. 둘째, 토지이용이 집약적으로 이루어지고, 지가(地價)가 높게 형성되어 있다. 셋째, 다양한 산업과 서비스가 집중되어 경제활동이 활발하게 이루어진다. 넷째, 행정기관이 입지해 있어 행정 · 정치적으로 중심지로서의 기능을 한다. 다섯째, 문화 · 예술 · 교육 · 의료와 같은 사회적 서비스와 인프라가 집중되어 있어 사람들에게 다양한 생활

편의를 제공한다. 여섯째, 도로, 교통, 통신, 상하수도, 가스 등 기반시설이 잘 갖추어져 있다. 일곱째, 도시는 새로운(창의적인) 아이디어를 창출해 내고, 혁신을 일으키기에 용이하다.

2) 도시의 구성요소, 도시의 기능체계와 공간구조

(1) 도시의 구성요소

도시는 여러 가지 구성요소로 이루어진 하나의 유기적 복합체(a living complex system)로서 개방체계의 특징을 지닌다. 도시는 도시를 구성하는 가장 기본적인 요소로 시민(citizen)을 포함하여 경제적인 요소, 사회문화적인 요소, 자연적인 요소, 인공시설물적인 요소 등으로 구성된다(노춘희 · 김일태, 2006: 66). 또한 도시는 개방체계로서 외부 환경변화와 지속적인 상호작용을 통해서 도시를 적응 · 발전시켜 나간다.

도시의 구성요소를 크게 세 부분으로 나누어 보면 사람, 활동, 토지 및 시설로 구분할 수 있다. 세부적으로 살펴보면 먼저, 도시의 주체 또는 주인인 '시민'과 그들의 일상생활을 구성하는 제반 '도시활동', 그리고 그러한 활동이 가능하도록 하는 '도시토지와 시설'이다. 이들 세 가지 구성요소는 서로 밀접하게 상호 연결되어 있다. 즉, 도시활동은 도시인구의 성격에 따라 결정되고, 도시토지와 시설은 도시활동에 따라 결정된다. 그리고 도시토지나 시설은 도시공간으로서 시민들에게 중요한 환경을 제공하고 사람들의 사고나 생활양식 등에 영향을 미침으로써 이들 세 구성요소는 서로 유기적으로 연결되어 있다고 할 수 있다(노춘희 · 김일태, 2006: 66).

대한국토 · 도시계획학회(2016: 40-41)는 도시가 사회 · 문화적인 요소와 공간적인 요소로 구분된다고 하면서, 사회 · 문화적인 요소를 대표하는 시민(citizen)과 시민이 만들어 내는 활동(activity), 그리고 토지(land)와 사람에게 필요한 시설(facility)의 공간요소가 상호작용하면서 운영된다고 하고 있다. 시민(citizen)은 도시를 구성하는 가장 기본적인 요소로 개인과 개인의 집합인 사회를 포함하는 개념이다. 개인과 집합화된 사회를 통해 도시의 사회 · 문화적인 특성이 형성된다. 활동(activity)은 사회적 동물인 인간의 생존과 번영을 위해 타인과 교류하는 것을 의미한다. 이 활동은 주거활동, 경제활동, 문화 · 여가활동, 교통활동 등을 포함한다. 끝으로 토지(land)는 시민과 활동을 위해 필요한 시설(facility)을 배치하기 위한 공간을 제공한다. 시설은 시민이 거주하는 집,

일하는 사무실, 학교, 상점, 공공기관 등의 다양한 건물과 철도·도로 등의 교통시설, 상하수도·도시가스 등의 사회기반시설 등을 포함한다(한국도시행정학회, 2022: 21-22).

(2) 도시의 기능체계와 공간구조

기능(function)과 구조(structure)는 그 말뜻이 지니는 복합성 및 추상성으로 개념을 정의하기가 쉽지 않지만, 대체로 기능은 활동(activity), 상호작용(interaction), 과정(process), 동태적인 상태(flow)로 이해되며, 구조는 공간(space), 형태(form), 정태적 상태(stock) 등으로 이해된다(노춘희·김일태, 2006: 66).

도시의 기능은 '시민들의 일상생활 속에서 일어나는 주요활동'이라고 할 수 있으며, 이러한 기능은 다시 몇 개의 하위체계로 구분된다. 산업혁명 이후 도시는 크게 주거활동으로 대변되는 생활기능, 기업 중심으로 이루어지는 경제활동의 생산기능, 문화·위락활동 등을 포함하는 여가기능 등으로 나누어졌다. 이후 도시에 인구와 산업이 집중되고 과학·기술 등이 발전함에 따라 도시의 기능들이 분화하기 시작하였다. 특히, 각 분화된 기능들을 유기적으로 연결·통합할 수 있는 교통·통신과 같은 연계기능이 대두되었다(노춘희·김일태, 2006: 67).[2] 최근에는 도시가 점점 더 복잡한 양상을 띠게 되고, 다양화·전문화되면서 도시의 기능도 세분화되어 가고 있다(노춘희·강현철, 2013).

도시의 공간구조는 '각종 도시기능들의 입지(立地) 및 상호작용의 장(場)'이라고 볼 수 있다. 미시적 수준으로는 '시민생활의 장'이라고도 할 수 있다. 도시공간구조는 도시의 공간적 상호작용 범위가 다를 수 있으므로, 도시기능의 공간적 작용범위에 따라 광역도시공간, 도시 내부 공간, 미시적 도시공간 등의 세 종류로 구분할 수 있다(최상철, 1985). 광역도시공간은 국제적·전국적·지역적 기능을 담는 공간구조로 구분할 수 있다. 도시 내부 공간은 도시 내부의 각종 도시기능의 입지적 특성과 관계되는 것인데, 기능이 집중적·분산적인지, 도심·부도심·지구중심(地區中心)인지, 핵·거점·주변부인지 등으로 살펴볼 수 있고, 이러한 형상의 배열에 따라 도시 내 공간구조가 동심원(同心圓), 선형(扇形), 다핵(多核) 등으로 구분된다. 한편 미시적 공간구조는 가구

2) 도시의 활동, 기능에 있어서 게데스(P. Geddes)는 생활, 생산, 위락활동으로 구분하였고, 르 코르뷔지에(Le Corbusier)는 이 세 가지 활동에 연계기능에 해당하는 교통을 추가하여 네 가지로 구분하고 있다(노춘희·김일태, 2006: 67; 한국도시행정학회, 2022: 21).

(街區: block) 정도의 공간구조를 의미한다(노춘희 · 김일태, 2006: 68-70).

도시의 기능과 공간구조는 상호작용을 하면서 도시의 기능체계와 공간체계를 형성해 나간다. 먼저, 도시의 활동체계는 '장소 내(within place) 활동'과 '장소 간(between place) 활동'으로 구분할 수 있다. 장소 내 활동은 국부적 · 정태적 활동으로서 주거, 공장, 직장(사무실), 상가, 여가 등을 말하고, 장소 간 활동은 장소 내 활동 간에 일어나는 모든 형태의 흐름, 즉 정보, 화폐, 시민, 상품 등의 흐름에 관한 모든 활동으로서 장소 내 활동 간의 기능적 관계를 나타낸다. 이러한 장소 간 활동은 동태적 활동으로서 인구의 이동, 상품의 수송, 정보의 흐름, 공공편익시설(수도, 가스, 하수처리 등) 등으로 구분할 수 있다. 한편 공간체계는 도시의 기능 · 활동에 상응하는 물리적 구조로서 '수용공간(收容空間: adapted spaces)'과 '회로공간(回路空間: channel spaces)'으로 구분할 수 있다. 수용공간이 장소 내 활동을 포함하는 토지, 건물 등과 관계된다면(토지이용체계), 회로공간은 장소 간 활동을 내포하는 교통 · 통신망 및 공급처리망 등이 해당된다(교통체계 등). 이러한 활동체계와 공간체계는 서로 상응 · 연계하면서 상호작용한다(노춘희 · 김일태, 2006: 70-71).

[그림 1-1] 도시기능과 공간구조의 상호작용

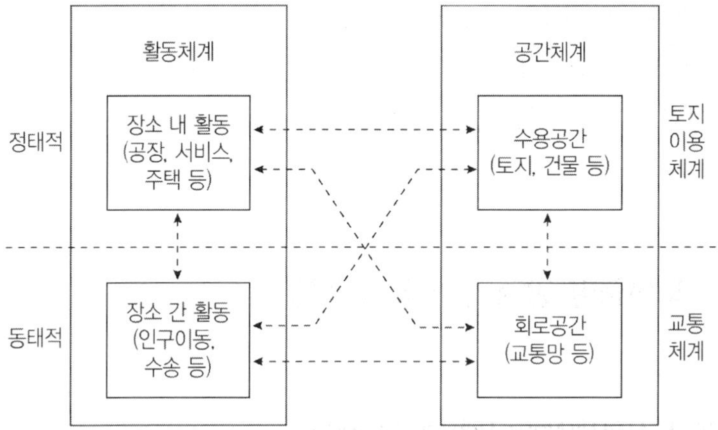

출처: D. Crowther & M. Elchenique(1975: 177); 노춘희 · 김일태(2006: 71) 재인용.

3) 도시행정의 개념과 특성

도시행정은 일반적으로 도시 내에서 발생하는 다양한 문제를 해결하고, 도시가 원활히 기능하도록 관리하는 행정활동이라고 할 수 있다. 또한 도시행정은 공공서비스를 효율적으로 생산하여 제공하는 행정활동도 포함한다. 한편 한국도시행정학회(2022)는 도시행정의 주체, 목적, 대상, 장소, 방법, 도시정치 행위자, 도시정부구조 등 다양한 접근방법이 필요하다고 하면서 '5W1H(Who, Where, What, Why, When, How)'에 따라 도시행정을 정의하고 있다. 즉, 도시행정을 '도시정부(지방자치단체)가 자치권 행사가 가능한 지리적 영역 내에서 거주하는 시민들의 생활문제를 해결하고 바람직한 미래를 설계하는 데 필요한 공공서비스 활동'이라고 정의하고 있다(한국도시행정학회, 2022: 24).

도시행정은 일반행정과는 달리 종합행정, 지역행정, 생활행정, 자치행정의 특징을 지닌다. 먼저, 도시행정은 도시라는 특정 공간에서 발생하는 모든 사무를 처리하는 종합행정의 특성을 지닌다. 둘째, 도시행정은 정해진 행정구역에서 시민의 생활을 지원하고 통제하는 행정활동을 수행하는 지역행정의 특성을 지닌다. 셋째, 도시행정은 시민의 생활 영역에서 발생하는 문제를 해결하고 예방하는 모든 활동을 포함한다. 시민들의 삶의 현장에서 발생하는 문제를 해결함으로써 시민들의 행복과 공공복리의 증진이라는 생활행정을 수행한다. 넷째, 도시행정은 국토의 일정한 지리적 경계 내에 거주하는 시민이 자신들의 대표를 구성하여 문제를 자율적·자치적으로 처리하는 방식을 따른다. 도시행정은 시민들의 일상생활과 밀접한 관계를 갖기 때문에 시민의 참여를 기반으로 독자적으로 처리하는 것이 중요하다(한국도시행정학회, 2022: 25-26).

3 도시행정 환경의 변화와 과제

1) 새로운 도시의제(New Urban Agenda)3)

2016년 10월 에콰도르 키토(Quito)에서 '모두를 위한 도시(cities for all)'란 모토를

3) 박세훈(2016), 해비타트Ⅲ '새로운 도시의제(New Urban Agenda)'의 성립배경과 의의, 『공간과 사회』

내건 유엔 해비타트Ⅲ(Habitat Ⅲ)가 개최되었으며, 이 회의에서 향후 유엔 회원국의 도시정책 가이드라인이자 국제사회 도시정책의 이정표가 될 「새로운 도시의제(New Urban Agenda)」를 채택하였다(박세훈, 2016: 9). 새로운 도시의제는 2014년부터 3년간 각국 정부, 지방자치단체, 전문가, 시민사회단체, 여성·청년·원주민 등 이해관계자가 포괄적으로 참여하여 작성되었다. 새로운 도시의제를 마련하기 위해 우선 유엔 해

[표 1-2] 유엔 해비타트 쟁점페이퍼와 정책페이퍼 목록

분야	쟁점페이퍼(Issue Papers)	정책페이퍼(Policy Papers)
1. 사회통합과 평등-살기 좋은 도시	1. 포용적 도시 2. 이주민, 난민 3. 안전한 도시 4. 도시문화 및 문화유산	1. 도시를 위한 권리 혹은 모두를 위한 도시 2. 사회-문화 도시체계
2. 도시체계	5. 도시제도와 법 6. 도시거버넌스 7. 지방재정	3. 국가도시정책 4. 도시거버넌스, 역량, 제도적 발전 5. 지방재정 및 지방회계체계
3. 공간발전	8. 도시 및 공간계획과 설계 9. 도시토지 10. 도시-농촌 연계 11. 공공공간	6. 도시공간전략: 토지시장과 분리
4. 도시경제	12. 지역경제발전 13. 일자리와 생계 14. 비공식 부문	7. 도시경제발전전략
5. 도시생태와 환경	15. 도시 회복력 16. 도시생태계와 자원관리 17. 도시와 기후변화, 재난위험관리	8. 도시생태와 회복력
6. 도시주택 및 기초서비스	18. 도시인프라와 기초서비스, 에너지 19. 교통과 이동성 20. 주택 21. 스마트도시 22. 비공식 주거지	9. 도시서비스와 기술 10. 주택정책

출처: 유엔 해비타트Ⅲ 홈페이지(WWW.habitat3.org), 박세훈(2016: 22).

2016년 제26권 제4호(통권 58호), pp.9-39를 참고하였다.

비타트는 전 세계 전문가들을 초빙해 새로운 도시의제의 쟁점들이 될 각 주제에 대해 페이퍼를 작성하도록 하였는데, 2015년도에는 22개 쟁점페이퍼(Issue Paper)를, 2016년에는 10개의 정책단위에 대해 정책페이퍼(Policy Paper)를 작성하였다(박세훈, 2016: 22).

새로운 도시의제는 2015년 유엔 정상회의에서 확정된 '지속가능발전목표(SDGs)'의 SDG 11(도시의제)와 연계되어 있다. 새로운 도시의제는 지속가능한 도시개발에 대한 국제적 이행을 재확인하며 통합된 방식으로 SDG 11을 포함한 SDGs 달성에 기여할 것이라고 언급하고 있다. 새로운 도시의제는 SDG 11의 도시의제 달성을 위한 이행계획의 성격을 지니고 있으며, SDG 11과 새로운 도시의제는 모두 도시와 정주환경의 포용성, 공정성, 회복력, 지속가능성 등을 강조하고 있다(이유경 외, 2018: 96).

새로운 도시의제는 175개 조항으로 구성되어 있으며, 선언문이라 할 수 있는 '모두를 위한 지속가능한 도시 및 거주지를 위한 키토선언'과 핵심기조를 설명하는 '공유된 비전: 원칙과 약속' 및 '실천을 위한 요청'이 있다. 새로운 도시의제의 실질적인 내용은 '새로운 도시의제를 위한 키토 실행계획'에 담겨 있으며, 이 부분은 '지속가능한 도시 발전을 위한 약속', '효과적 집행', '후속조치와 리뷰'로 구성되어 있다. 새로운 도시의제는 몇 가지의 특징을 나타내고 있다. 첫째는 도시화에 대한 전향적 인식이다. 바람직한 도시화는 우리에게 더 많은 기회, 삶의 질을 개선하고, 기후변화에 잘 대응하고, 지속가능한 미래를 설계할 수 있는 기회를 제공한다. 둘째, 내용적 측면에서 진보성 또는 이상주의적 성격을 띤다. '도시에 대한 권리(right to the city)', 비공식 부문, 난민과 이주민, 여성과 성(性)적 평등, 시민과 이해당사자의 참여가 지속적으로 강조되고 있다. 셋째, 매우 구체적으로 도시정책의 내용과 집행방식을 제시함으로써 실천을 촉구하고 있다. 즉, 도시정책의 내용으로 계획적 도시확장, 충진개발(infill development), 적정하고 안전한 공공공간, 비공식 주거지의 인정, 토지개발이익의 적절한 활용 등이 강조된다. 집행수단으로는 도시계획, 도시재정, 도시거버넌스, 국가도시정책, 토지이용계획 등을 지속적으로 언급하고 있다(박세훈, 2016: 16-17).

새로운 도시의제는 우리나라 도시정책에 시사점을 던져주고 있다. 첫째, 그동안 우리나라 도시화에 지배적인 영향을 미쳤던 중앙정부, 민간자본을 넘어 지방정부, 시민사회, 지역사회의 역할이 한층 더 강화되어야 하고, '모두를 위한 도시'로 만들어 나가야 한다. 둘째, 도시가 저성장 시대로 들어서면서 인구감소 · 고령화에 대한 대응, 사회적 양극화, 다문화·다인종의 사회적 통합문제 등이 사회적 과제로 대두되고 있는데, 이를 도시정책 과제로 적극 다루어야 한다. 셋째, 공간정책의 외연을 넓혀 사회정책과 공간정책 간의 연계를 도모해야 한다. 사회적 양극화에 따른 공간적 분리, 다문화·다인종화 현상이 가져오는 외국인 밀집지역의 형성과 분화에 대한 대응, 고령화에 대응한 고령친화적 지역사회 조성 등이다. 이에 대해서는 도시계획, 행정학, 정책학, 사회학 등 다학제적 접근이 요구된다. 넷째, 그동안 우리나라의 도시 분야 국제 진출이 기술 수출과 사업화 전략에 초점을 맞추어져 있었다면, 이제는 국제사회와 더 함께할 수 있는 의제를 선점할 수 있는 형태의 국제개발협력이 필요하다. 즉, 우리나라의 경제성장과 도시화에 따른 경험을 개발도상국과 보다 적극적으로 나누는 것이 필요하다(박세훈, 2016: 33-36).

2) 세계도시보고서

유엔 해비타트는 2016년 「새로운 도시의제(New Urban Agenda)」 채택 이후 2020년, 2022년, 2024년 격년 단위로 세계도시보고서(World Cities Report)를 출간하고 있다. 세계도시보고서는 세계도시의 주요 동향, 글로벌 도전과제, 정책의 방향성 등에 대한 종합적인 분석을 제공하고 있다.

2020년 세계도시보고서는 '지속가능한 도시화의 가치(The Value of Sustainable Urbanization)'라는 제목을 두고 있고, 경제적·사회적·환경적 관점에서 도시화의 가치

[그림 1-2] 유엔 해비타트의 세계도시보고서(2020, 2022, 2024)

2020년

2022년

2024년

출처: 유엔 해비타트 홈페이지(https://unhabitat.org/), 2024.11.23.

에 대한 증거 및 정책분석을 제공하고 있으며, 정량화할 수 없는 도시화의 가치를 포함시키고 있다. 또한 지속가능한 도시화의 가치를 육성하는 데 있어 혁신과 기술, 지방정부, 투자(인적·물적 자본, 제도, 효과적인 거버넌스, 혁신적인 기술, 도시인프라에 대한 적절한 투자), 새로운 도시의제의 이행을 강조하고 있다.[4)]

2022년 세계도시보고서는 '도시의 미래 구상(Envisaging the Future of Cities)'이란 제목을 두고 있고, 코로나19 팬데믹의 교훈을 포함한 파괴적인 상황뿐만 아니라 현재의 추세, 도전과제 및 기회를 기반으로 도시의 미래에 대한 보다 명확한 통찰력을 제공하며, 도시가 광범위한 충격에 대처하고 지속가능한 도시 미래로 전환하기 위한 방법들을 제안하고 있다. 본 보고서는 10개의 장으로 되어 있으며, 각 장은 본문 내용과 간략한 정보(Quick facts), 정책 포인트(Policy point)로 구성되어 있다.

[표 1-3] 유엔 해비타트의 2022 세계도시보고서 주요 내용

구분	장(chapter) 제목	정책 포인트(Policy Point)
제1장	도시의 다양성과 미래를 위한 비전	• 경제적·사회적·환경적 회복력 구축, 미래에 대한 예측, 보편적 기본소득/건강보장/주거를 포함한 새로운 사회계약 구현, '새로운 도시의제'와 SDG 11(지속가능한 도시와 공동체)의 지역화
제2장	도시 미래 시나리오: 도시화의 정도(Degree of Urbanization)	• 저소득국 도시밀도 관리(지나친 혼잡 및 지속불가능한 무분별한 확장 금지), 소도시와 신흥도시 계획역량 향상(도시-농촌 연속체 속에서 역할 강화), 고령친화적인 도시/마을 계획, 효과적인 지역 및 도시계획(부정적인 사회적, 경제적, 환경적 요인 완화)
제3장	빈곤과 불평등: 도시 미래의 지속적인 특징?	• 도시 빈곤과 불평등을 해소하기 위한 도시 및 지방정부의 과감한 조치 및 다차원적인 접근, 빈곤계층에 대한 사회기반시설과 서비스 투자 확대, 비공식 고용 지원

4) 2020년 세계도시보고서는 9개의 장을 두고 있다. ① 제1장 도시화와 도시: 새로운 글로벌 세력의 동향, ② 제2장 지속가능한 도시화의 가치 풀어내기, ③ 제3장 지속가능한 도시화의 경제적 가치: 모두를 위한 포용적 번영과 기회, ④ 제4장 지속가능한 도시화의 환경적 가치: 탄력적인 도시개발 추구, ⑤ 제5장 지속가능한 도시화의 사회적 가치: 누구도 소외되지 않고 어떤 장소도 소외되지 않기(Leaving No One and No Place Behind), ⑥ 제6장 혁신, 기술 그리고 지속가능한 도시화의 가치, ⑦ 제7장 지방정부와 지속가능한 도시화의 가치, ⑧ 제8장 지속가능한 도시화의 가치에 대한 투자, ⑨ 제9장 새로운 도시의제와 지속가능한 도시화의 가치

제4장	탄력적인 도시경제: 생산적인 미래를 위한 촉매제	• 도시경제의 다각화, 효과적인 거버넌스 구축을 통한 지속가능한 도시 및 지역계획, 안정된 사회와 도시경제의 생산성 제고, 소외계층 역량 강화를 위한 맞춤형 사회안전망 시행, 지속가능하고 혁신적인 도시재정
제5장	보다 친환경적인 도시의 미래 확보(Securing a Greener Urban Future)	• 넷제로(Net Zero) 달성 지원, 자연기반해법(NBS) 활용과 지역 차원의 행동(조치), 환경적 의사결정에서의 다양한 의견과 관점 경청, 국제 파트너십 잠재력 활용(초국가 네트워크 및 사회운동 등)
제6장	도시의 미래를 위한 도시계획	• 포스트 코로나 회복에서 경제 회복뿐만 아니라 사회적 포용과 기후행동(climate action) 강조, 도시밀도 관리 및 과밀 방지, 지속가능한 커뮤니티 계획/15분 도시/지속가능한 도시이동성계획(SUMP) 구현, 대중교통시스템과 지속가능하고 능동적인 모빌리티(active mobility) 통합, 도시 및 지역 통합 계획 접근법 확대
제7장	공중보건과 지속가능한 도시 미래	• 건강에 대한 우선적 조치, 진행 중인 분산 데이터 수집(빠르게 변화하는 도시건강 위험을 다층적으로 파악), 건강 불평등 문제 해소를 위한 주민 공동개발의 장소기반 이니셔티브(place-based initiatives), 보편적 의료서비스 확대, 반응적이고 책임감 있는 지방정부 역할 강화
제8장	도시의 미래를 위한 도시 거버넌스 재고(Rethinking)	• 유연하고 적응력 있는 도시거버넌스, 데이터 프라이버시 보호를 포함한 도시정부의 신뢰와 정당성 구축, 정치적/제도적 정당성을 지닌 정부, 보다 명확하고 분권화된 규제 프레임워크(frameworks), 정부와 민간부문, 시민사회 관계 개선을 통한 공동 전략 수립
제9장	혁신과 기술: 지식기반 도시 미래를 향해	• 도시맥락의 다양성에 맞춘 혁신과 기술 배치, 저탄소/디지털/연결기술 투자 시 부정적인 환경적 외부성 고려, 도시경제에 있어 자동화와 디지털화 발전에 따른 영향 대비, 포용적·협력적·권한부여(empowering) 디지털 수단(tools) 배치를 통한 하향식/단방향식 커뮤니케이션 회피
제10장	지속가능한 도시 미래를 위한 회복력(Resilience) 구축	• 글로벌 지속가능한 개발의제와 연계, 도시 회복력 구축을 위한 다부문적/다차원적/다중 이해관계자 프로세스로의 전환, 효과적인 도시 회복력 역량 구축의 주류화(mainstreaming), 도시 회복력 로드맵 마련, 도시 회복력 조치 설계 시 상향식 접근방식 우선적 적용, 혁신적이고 지속가능한 재정수단, 통합적 도시계획, 비공식 부문 근로자에 대한 사회보호 확대, 핵심 도시인프라에 대한 투자, 도시 위험 평가와 해결책 연결, 도시 회복력 계획 이행 시 가장 빈곤하고 취약한 공동체 우선적 고려, 공공 참여(public participation)

출처: 유엔 해비타트 2022년 세계도시보고서(World Cities Report 2022).

2024년 세계도시보고서는 ‘도시와 기후행동(Cities and Climate Action)’이란 제목을 두고 있으며, 도시와 기후변화, 기후행동에 대하여 광범위한 분석과 조치를 제시한다.[5] 도시는 기후변화의 희생자이자 가해자 중의 하나이며, 기후변화 영향에 불균형적으로 노출되어 있지만, 전 세계 온실가스 배출량의 상당 부분을 차지하고 있는 책임도 있다. 이는 저탄소, 지속가능한 도시화를 위해서 도시 차원에서 긴급한 조치를 취해야 하는 도덕적 의무뿐만 아니라 설득력 있는 실행 논리도 제공한다. 도시는 홍수에서 폭염, 폭풍, 가뭄에 이르기까지 기후 위기의 최전선에 직면해 있으며, 기후변화는 여러 면에서 기존의 불평등을 악화시키고, 도시 빈곤층과 기타 소외된 집단・지역사회에 부정적인 영향을 미친다. 기후변화의 복잡성은 즉각적인 환경적 증상뿐만 아니라, 취약성의 근본적인 사회적 동인(動因)을 포함하는 포괄적인 접근을 요구한다. 기후행동은 빈곤 감소, 고용, 탄력적인 인프라, 공중보건・복지 개선에서부터 기후변화 대응, 생태계 복원에 이르기까지 도시와 도시민에게 다양한 이점을 제공할 수 있다. 또한 기후행동은 포용과 사회정의라는 보다 광범위한 의제를 제공하는 중요한 도구가 될 수 있다. 2024년 세계도시보고서는 빈곤, 불평등, 민족, 성별, 장애 및 기타 특성으로 인해 도시인구가 직면하는 다양한 취약성뿐만 아니라 지역과 도시의 현재 및 향후 예상되는 기후 영향에 대한 광범위한 분석을 제공한다. 또한 도시들의 기후행동에 대한 협력적이고 포용적인 커뮤니티 주도 접근방식의 적용을 보여준다(https://unhabitat.org/, 2024. 11.12).

한편, UN 경제사회국(DESA)에서 발간한 ‘2024년 세계인구전망 보고서’에서는 세계 인구 전망과 구조를 분석하고 있다. 이 보고서는 2023년 현재 전 세계 인구의 27.0%를 차지하는 60개 국가는 이미 인구 정점을 지나 인구감소를 겪고 있으며, 2080년대 중반에는 전 세계 인구가 줄어들기 시작할 것으로 전망하였다. 2100년까지 0~14세 인구는 감소하고, 65세 이상 인구는 급증할 것으로 예상하면서, 전 세계적인 저출산과

5) 2024년 세계도시보고서는 10개의 장을 두고 있다. ① 제1장 기후행동 허브로서의 도시, ② 제2장 기후변화와 국제개발: 파리협정 채택 이후 우리는 무엇을 달성했는가?, ③ 제3장 기후 관련 위험에 대한 노출: 현재 및 미래 동향, ④ 제4장 기후행동과 취약한 도시 그룹, ⑤ 제5장 기후행동을 위한 솔루션(Solution) 공간 매핑: 도시계획 및 설계의 역할, ⑥ 제6장 도시의 변혁적 기후행동의 촉진제로서의 탄력적인 인프라(Resilient Infrastructure), ⑦ 제7장 포용적 기후행동을 위한 다층적 거버넌스, ⑧ 제8장 도시에서 포용적 기후행동을 위한 혁신 촉진, ⑨ 제9장 도시의 기후변화 대응을 위한 자금조달, ⑩ 제10장 도시지역의 기후 복원력 구축

고령화 현상이 빠르게 전개되면서 세계 인구감소 시점이 앞당겨지고 있다고 하였다. 우리나라의 인구구조 전망에 대해서는 세계 최하위 수준의 합계출산율을 가지고 있고, 저출산·고령화 문제가 심화되며, 2023년 5,175만 명 수준인 인구가 2100년 2,185만 명까지 감소할 것으로 전망하였다. 다만, 이러한 전망은 2023년 합계출산율 0.72명에서 2100년까지 1.30명까지 증가한다는 것을 전제로 한 것으로, 만약 현재의 합계출산율 수준을 유지한다면 1,703만 명까지 감소할 수 있다고 전망하였다. 연령별 인구 비중의 경우, 2023년 15~64세 생산가능 인구층이 70.7%를 차지하고 있으나, 2100년이 되면 46.2%로 감소하고, 65세 이상 고령층 비중 45.2%와 비슷해질 전망이다(현대경제연구원, 2024: 11).

이러한 전망에 기초하여 볼 때 정책적 시사점은 첫째, 장기적인 관점에서 인구정책 수립 및 추진이 필요, 둘째, 고령자에 대한 복지정책뿐만 아니라 경제적 역할을 제고할 수 있는 방안을 모색, 셋째, 생산가능인구 감소에 대응하여 노동력을 대체할 수 있는 AI나 자동화, 로봇 공학과 같은 첨단 기술 부문에 대한 투자 지속, 넷째, 젊은 세대의 출산과 보육에 대한 전(全) 사회적인 지지와 지원, 다섯째, 빠른 인구증가가 예상되는 아프리카, (중앙·서·남)아시아 지역에서 투자와 협력의 기회를 발굴하여 새로운 경제성장의 동력을 확보할 필요 등이다(현대경제연구원, 2024: 14-15).

[그림 1-3] 한국의 인구구조 전망(2010-2100년)

[한국 인구 전망] [한국 연령별 인구 비중]

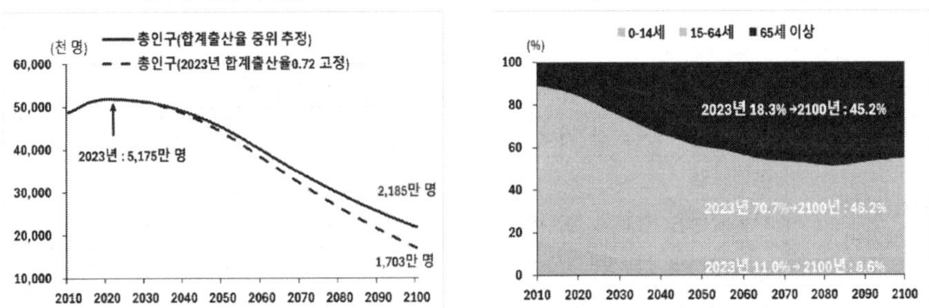

주: 2023년까지는 추계치, 2024~2100년은 중간 시나리오 전망치를 기준으로 재구성.
출처: UN DESA, World Population Prospects 2024.

3) 우리나라 도시 및 지역의 문제와 과제

한국도시행정학회(2022)는 우리나라 현대도시의 문제와 위기로 ① 지구환경문제와 생태 위기, ② 인구감소와 지속성장의 위기, ③ 사회적 배제와 형평성의 위기를 들고 있다. 도시는 기본적으로 공유지로 인식된다. 즉, 도시는 특정 개인이 소유하는 것이 아니라, 시민 모두가 함께 생활하고 일하며 살아가는 터전이다. 공유기반으로서 도시는 우리 모두의 삶을 담는 공동의 그릇으로서 크게 사회경제적 공유기반과 물리적 공유기반으로 나눌 수 있다. 사회경제적 공유기반은 우리를 둘러싼 사회경제적 환경이나 제도 등을 말하며, 물리적 공유기반은 자연환경(自然環境: natural environmental)과 건조환경(建造環境: built environmental)으로 구성된다(한국도시행정학회, 2022: 119). 오늘날 우리나라의 사회경제적 공유기반의 모습 및 과제는 ① 인구 저출산, 고령화, 인구소멸, ② 사회불평등, 양극화, 책임성, 지역자치: 세부적으로는 소득 불평등, 중산층의 붕괴, 책임부담의 불균형, 지역자치의 책임성, ③ 경제발전의 정체와 기회의 박탈 등을 들고 있다. 한편, 물리적 공유기반의 모습 및 과제는 ① 자연 지속가능성의 저하와 기후변화: 온도 상승과 재해 위험 증가, 공기오염과 미세먼지, ② 토지 과소비와 자연 침해, ③ 사회적 인프라와 공공공간의 변화: 공공공간의 실종과 사이비 공공공간의 양산 등을 제시하고 있다. 이러한 사회경제적 공유기반, 물리적 공유기반의 과제에 대하여 바람직한 미래의 방향을 [표 1-4]와 같이 제시하고 있다.

한편, 2016년 유엔 해비타트Ⅲ가 에콰도르 수도 키토에서 개최되어 지속가능발전목표(SDGs)의 달성을 위해 도시부문에서 다루어야 할 실천의제를 제안한 '새로운 도시

[표 1-4] 사회경제적 및 물리적 공유기반의 모습 및 과제와 미래 방향

구분	모습 및 과제		미래 방향
사회경제적 공유기반	인구소멸	⇨	인구 회복 및 유지
	사회불평등 악화와 양극화	⇨	포용성 증대와 사회적 연대 강화
	경제발전의 정체와 기회의 박탈	⇨	혁신을 통한 발전과 기회 창출
물리적 공유기반	자연 지속가능성 위협	⇨	지속가능성 제고
	토지 과소비와 자연 침해	⇨	토지절약과 자연 보전
	사회적 인프라와 공공공간의 악화	⇨	사회적 인프라 및 공공공간 강화

출처: 한국도시행정학회(2022: 154)를 참고로 재작성.

의제'가 채택된 지도 벌써 8년이 지났다. 당시 국가별로 4년마다 새로운 도시의제의 이행 현황을 평가하는 국가보고서를 제출하기로 합의한 바 있는데, 2024년 우리 정부는 이행 현황을 제출하기 위한 국가보고서를 작성하였다(국토교통부, 2024). 국가보고서는 국제사회가 합의한 포용적이고 지속가능한 도시를 향한 새로운 도시의제의 이행 현황을 각 국가가 자발적으로 검토하여 제출하도록 함으로써 글로벌 수준에서 합의된 목표와 진행 상황을 점검하고 분석할 수 있는 근거가 된다(정윤희, 2024: 5).

우리나라 국가보고서는 유엔에서 제시하는 새로운 도시의제 모니터링 프레임워크에 따라, 변혁적 기여와 효과적인 이행의 두 개 파트별 대중소 목차체계에 맞춰 변혁적 기여 25개 세부 항목, 효과적인 이행 26개 세부 항목에 대한 이행 현황을 제시하고 있다.

우리나라 국가보고서의 세부 항목에 따른 이행실적 모니터링 결과 대부분의 분야에서 개선된 것으로 나타났다. 특히, 기후위기 대응과 스마트시티, 주거 및 도시개발, 도시재생정책의 체계화와 지속적인 추진을 위한 정책적 노력이 두드러졌다. 그러나 새로운 도시의제가 강조하는 포용적 도시정책 측면에서는 적극적인 정책 개선 노력이 필요하다. 구체적으로 다문화·다인종 이민자, 기후위기 및 팬데믹 등 극단적인 상황에서 대응력이 낮은 취약계층을 고려한 도시정책이 미흡한 것으로 나타나, '모두를 위한 도시' 구현에 있어 보다 세심하고 포용적인 도시정책 구상이 요구된다. 또한 지방정부, 시민사회, 지역주민 등 이해관계자의 협력적 노력을 홍보하고 반영할 수 있는 채널이 부족한 것으로 나타나 다양한 이해관계자의 참여와 현지화 노력의 확대가 필요하다(정진훈·임상연, 2024: 23).

우리나라 도시환경과 글로벌 도시환경을 종합적으로 고려하여 볼 때, 오늘날 우리나라 도시행정의 변화와 주요 과제를 살펴보면 다음과 같다. 첫째, 저출산·고령화로 인한 인구구조의 변화와 이에 대한 대응이다. 청년인구 등 생산가능인구의 감소는 노동력과 경제활동에 큰 영향을 미친다. 특히 우리나라의 경우 수도권과 비수도권의 인구 불균형과 청년인구의 수도권 이동 및 집중은 단순히 지역의 인구감소를 넘어 지역간 인구, 청년인구의 불균등 문제를 다루어야 하는 과제를 안고 있다. 또한 우리나라는 2024년 12월 초고령사회6)로 진입하였다. 고령화 및 초고령화로 인해 노인복지

6) 초고령사회는 65세 이상의 인구가 전체 인구의 20% 이상인 경우를 말한다.

[그림 1-4] 새로운 도시의제 모니터링 프레임워크

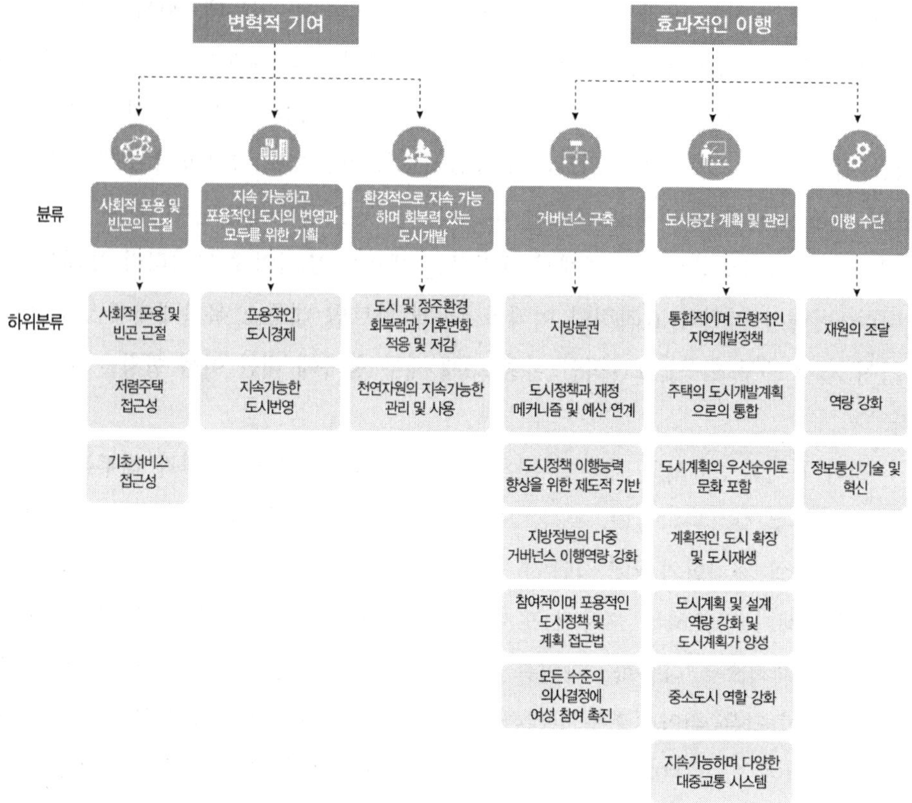

출처: 정진훈 · 임상연(2024: 19).

[표 1-5] 한국 국가보고서의 '지속가능한 도시를 위한 변혁적 기여' 부문

구분		접근성 지표(평가지표 · 계획지표)
지속가능한 도시를 위한 변혁적 기여(25)		
사회적 포용과 빈곤 근절을 위한 지속가능한 도시개발(11)	사회적 포용과 빈곤 근절(4)	• 모든 종류의 빈곤 감소 • 공평한 기회와 혜택 증진을 통한 도시 내 불평등 해소 • 취약계층(여성, 청년, 아동, 노인, 장애인, 이주민 등)에 대한 사회적 포용성 달성 • 자전거 도로, 보도, 일반 도로를 포함한 공공공간 접근성 확보
	적절한 주거에 대한 접근성(3)	• 적정하고 지불 가능한 주택에 대한 접근성 확보 • 안정적인 거주권 수립 • 슬럼 거주지 개선 프로그램 수립

	기초생활 서비스에 대한 접근성(4)	• 안전한 식수, 적절한 위생 및 폐기물 처리 환경 제공 • 안전하고 효율적인 대중교통 시스템 보장 • 현대적 재생에너지 공급 • ICT 서비스 접근성
모두를 위한 지속가능하고 포용적인 도시 번영과 기회(6)	포용적 도시경제(3)	• 청년 고용을 포함한 모두를 위한 생산적 고용 창출/장려 • 중·소규모 사업체 지원 • 사업과 혁신을 위한 합법적이며 공정하고 책임 있는 환경 조성
	모두를 위한 지속가능한 번영(3)	• 도시경제 다양화와 문화창조산업 장려 • 현대 도시경제의 번영을 위한 기술·사업적 기량 증진 • 생산성 증대를 위한 도·농 연계 강화
환경친화적인 지속가능성과 회복 탄력적인 도시개발(8)	인간 정주와 도시에 대한 회복력 및 기후변화에 대한 대응(4)	• 도시의 난개발 방지 및 무분별한 확산 최소화 • 기후변화 완화 및 대응안 실행 • 인재(man-made disaster) 및 자연에 대한 영향력 감소를 위한 시스템 구축 • 양질의 기반시설 및 공간계획을 통한 도시 회복력 구축
	천연자원에 대한 지속가능한 관리와 사용(4)	• 도시지역의 지속가능성 확보를 위한 자원 관리 • 자원 보존 및 폐기물 감소, 재사용 및 재활용 도모 • 수자원과 도시 해안지역의 적절하고 친환경적인 관리법 이행 • 디지털화 및 깨끗한 에너지와 기술을 활용한 스마트시티 접근법 적용

출처: 정진훈·임상연(2024: 20).

[표 1-6] 한국 국가보고서의 '효과적인 이행' 부문

구분	접근성 지표(평가지표·계획지표)
효과적인 이행(26)	
도시거버넌스 구조 수립: 효과적인 지원체계 설정(6)	• 지방정부의 분권화 및 지역정부의 적절한 책임 분배 • 재정 구조 및 예산 관련 도시정책의 연결성 강화 • 도시정책 이행을 위한 정부의 역량 강화: 법적·제도적 틀 개발 • 지방 및 대도시권의 다층위 거버넌스 이행: 지방정부 역량 강화 • 참여성을 보장하고, 연령 및 젠더의 영향력을 고려한 도시 제도 및 계획 실행 • 모든 분야의 전체 의사결정구조에서 여성의 참여를 보장
도시공간 개발에 대한 계획 및 관리 방법 설정(7)	• 통합적이며 국토의 균형발전이 가능한 정책 실행 • 주거와 도시개발계획의 결합 • 문화를 도시계획의 우선순위로 상정

		• 도시재생과 재활성화를 고려한 인필(infill) 도시개발 • 도시계획과 디자인 관련 모든 단계의 정부 도시계획가들의 역량 강화 지원 • 마을과 중소도시의 역할 강화 • 비차량(non–motorized) 교통선택권을 고려한 지속가능한 대중교통 시스템
구체적 실행(13)	경제자원 유동화(3)	• 모든 정부 수준에서 새로운 도시의제 이행이 가능한 재정틀 구축 • 지방 및 지역정부의 내부 자금 조달 및 수입(revenue)기반 확대 • 도시 재정을 위해 중개기관 동원 및 설립
	참여자 역량 강화(6)	• 도시문제 해결방안 공유 및 상호학습을 촉진하는 도시 간 협력 기회 확대 • 도시개발 정책의 수립, 실행, 관리, 모니터링 및 평가를 효과적으로 이행하기 위한 다각도의 접근과 역량 강화 • 도시 및 지역 개발 의사결정과정 내 취약계층의 참여와 협력을 보장할 수 있는 모든 정부 수준에서의 역량 강화 • 역량의 개발자 및 제공자로서 지역정부 및 의회의 참여 보장 • 합법적 토지 수입 및 재정 운용 등을 통한 역량 개발 프로그램 실행 • 지방 및 지역 정부의 재무 계획과 관리 역량 프로그램 개발
	정보 기술 및 혁신(4)	• 전자정부 및 시민 중심의 디지털 거버넌스를 통한 사용자 친화적이고 참여가 보장된 데이터 및 디지털 플랫폼 개발 • 도시 및 지역 계획, 토지 행정 및 도시 서비스 접근성 개선을 위한 지리정보 시스템을 포함한 디지털 도구 개발 • 도시개발 정책의 효과적인 실행과 모니터링을 위한 정부 역량 강화 • 정보 수집, 분석, 분류에 대한 정부 수준 및 시민사회 역량 강화

출처: 정진훈 · 임상연(2024: 20).

와 주거 · 의료 · 돌봄서비스의 강화가 요구되며, 그와 상응하여 노인복지 부분의 재정 확대에 대한 부담과 재정 효율성 확보는 또 다른 과제이다.

둘째, 경제구조의 변화와 일자리 문제, 경제 활성화이다. 경제가 4차 산업혁명으로 인해 지식기반 경제로 전환되면서 전통적 산업의 일자리는 감소하고, AI 등 과학기술 등의 새로운 분야에서의 일자리는 증가하고 있다. 경제구조의 변화는 도시 및 지역의 공간구조와 일자리의 변화 그리고 인구의 이동을 동반한다. 이러한 경제구조 및 고용 환경의 변화에 맞춰 이를 지원하는 산업정책 및 고용·교육정책의 변화가 요구된다. 한편 코로나19 팬데믹 이후에 도시경제의 회복력과 글로벌 경제침체와 저성장 시대를 맞이하여 경제 활성화란 숙제도 동시에 안고 있다.

셋째, 환경문제와 기후변화에 대한 대응이다. 기후변화와 환경문제는 도시의 지속가능성에 큰 영향을 미친다. 기후변화로 인한 자연재해, 대기오염, 생태계의 변화 등의 문제가 심각해지면서 환경적으로 지속가능한 도시를 만드는 것이 큰 과제가 되고 있다. 이를 위해 환경적 측면뿐만 아니라 경제적·사회문화적 측면에서도 지속가능성을 확보하는 것이 중요하다. 우선적으로 도시 내 탄소 배출을 저감하는 것이 필요하며, 이를 위해서는 친환경적 도시경제, 공원녹지 공간 및 재생에너지 확대, 친환경 건축·교통정책 시행, 사회문화 및 교육 측면의 환경성 강화 등의 대응이 필요하다. 탄소 배출을 줄이는 도시계획과 기후 재난 대비책 마련이 필수적이다. 최근 이를 실현하기 위해 탄소중립도시와 도시·지방정부의 ESG[Environmental(환경), Social(사회), Governance(지배구조)] 행정 구현이 요청된다.

넷째, 불균등 문제와 이에 대응한 격차 완화이다. 불균등 문제는 공간적 불균등과 계층적 불균등으로 나누어 볼 수 있다. 먼저 공간적 불균등은 수도권과 비수도권의 문제, 도시와 농촌 간의 문제, 도시 지역 내에서의 불균등으로 세분화될 수 있다. 국토의 균형발전, 지역 간 격차 해소, 지역 내 불균등 해소 정책 등이 요구된다. 특히 수도권 집중이 강화되고 지역소멸 문제가 대두되면서 국토 및 지역정책 측면에서 메가시티, 지역혁신체계(RIS)의 개선·보완, 지역의 자체역량 강화 등이 요청된다. 또한 최근에는 지역 내 공간적 불균등 문제도 중요하게 다루어지는 바, 서울시와 경기도의 갈등, 경기남·북도 분도(分道) 문제, 서울시 강남·강북 불균형 문제 등이 그것이다. 이러한 다층적 공간 불균형 문제를 어떻게 다룰 것인가가 중요한 과제이다. 한편 사회적 불균등 문제는 우리 사회의 포용성과 관련되어 있다. 여기서 불균등 문제는 사회 내의 다양한 취약계층의 문제를 다룬다. 성(性)·연령·소득·장애·인종(이민자·외국인) 등에 따른 사회적 배제와 공간적 분리가 일어나고 있는데, 이에 대한 다양한 측면에서의 대응이 과제로 부여되고 있다.

다섯째, 과학기술의 발전과 디지털 전환이다. 인공지능(AI), 빅데이터, 사물인터넷

(IoT), 자율주행, 드론 및 도심항공교통(UAM), 스마트시티 기술 등의 발전은 도시행정 및 도시정책에 혁신적인 변화를 일으키고 있다. 이러한 과학기술 및 정보통신기술의 발전은 도시행정에 있어서 전자정부를 넘어 보다 고도화된 디지털 플랫폼 정부(Digital Platform Government)를 추구하고 있으며, 스마트시티(Smart City) 건설을 추진하고 있다. 이러한 변화는 도시행정을 보다 효율적이고 투명하게 운영할 수 있지만, 이에 따른 개인정보 보호와 데이터 보안 문제 등이 쟁점이 되고 있다. 도시가 수집하는 방대한 데이터를 어떻게 관리하고, 시민의 프라이버시(Privacy)를 어떻게 보호하며, 디지털 취약계층의 격차를 어떻게 해소・완화할 것인지가 과제로 남는다.

여섯째, 거버넌스(Governance) 확대와 도시행정 운영의 효율성 증대이다. 도시행정 운영에 있어서 투명성・민주성 강화와 효과성・효율성 확보는 함께 달성해야 할 도시행정의 이념이다. 지방정부의 역량 강화를 비롯하여 중앙정부 국정참여에의 확대, 도시정부 내 시민참여 등 다양한 이해관계자의 참여 확대가 요구된다. 한편, 도시행정은 한정된 자원을 효율적으로 배분하고, 불필요한 지출을 줄이며, 재정 안정성을 확보하는 것이 중요하다. 지방정부의 재정여건이 충분하지 못하고, 복지예산 확대 및 물리적・사회적 인프라 투자 확대 등이 필요한 상황에서 안정적 재정 관리와 재정 운영의 효과성・효율성 제고가 요구된다.

4 새로운 도시행정의 구성

도시는 시민(인구)과 시민이 만들어 내는 활동(주거・경제・문화・여가 등), 시민과 활동의 기반이 되는 토지와 시설, 그리고 공간요소 간 상호작용(교통, 통신 등)과 공공행정 서비스 등으로 구성・운영된다. 본 저서는 크게 3개의 분야와 5개 부문으로 구성되어 있다. 먼저, 제1편은 도시행정의 기반에 해당하는 분야로 ① 도시행정 전체를 아우르는 이론과 과제, ② 인구문제와 청년정책, ③ 도시행정과 메가시티, ④ 정보통신・빅데이터・통계, ⑤ 도시브랜드와 도시경쟁력 등으로 구성되어 있다. 제2편은 도시 내 활동을 포함하며, 제1부는 지속가능한 주거 및 도시재생으로 ① 주거환경 정비

(빈집정비), ② 도시재생정책 등으로 구성되어 있다. 제2부는 균형적 공간발전과 포용적 도시경제로 ① 지역혁신정책의 종언과 새로운 탐색, ② 지방정부의 지역균형발전 정책(서울시), ③ 지역 고용정책, ④ 마을공동체와 사회적 경제 등으로 구성되어 있다. 제3부는 회복력(resilience) 있는 도시관리로 ① 안전한 도시와 재난관리, ② 웰빙, 의정갈등 시대의 공공보건의료 등으로 구성되어 있다. 끝으로 제3편은 도시 · 지방행정의 효율적 운영과 관련된 것으로 ① 도시행정 평가, ② 지방공기업 경영평가, ③ 지방정부의 국정참여, ④ 도시의 미래와 정책 방향으로 구성되어 있다.

[표 1-7] 본 저서의 구성

구분		제목
도시행정의 기반		도시행정 환경의 변화와 과제
		지방의 인구문제와 청년정책
		도시행정과 메가시티
		정보통신, 빅데이터, 통계
		도시브랜드와 도시경쟁력
분야별 도시행정의 실제	지속가능한 주거 및 도시재생	주거환경 정비: 빈집정비를 중심으로
		도시재생정책의 등장과 진화
	균형적 공간발전과 포용적 도시경제	지역혁신정책의 종언과 새로운 탐색을 위한 소고(小考)
		지방정부의 지역균형발전 정책, 그 한계 및 방향: 서울시를 중심으로
		지역 고용정책 현황 및 개선방안
		지속가능한 도시사회를 위한 마을공동체와 사회적 경제
	회복력(resilience) 있는 도시관리	안전한 도시와 재난관리
		웰빙, 의정갈등 시대의 공공보건의료
도시 · 지방행정의 운영		도시행정 평가와 메타평가
		지방공기업 경영평가의 제도적 특성과 정책 변화, 그리고 향후 과제
		지방정부의 국정참여제도
		도시의 미래와 정책 방향

5 새로운 도시행정 과제에의 대응

도시는 개방체계로서 도시 자체의 발전과 주변 환경, 시대적 환경, 국내・외적 환경에 발맞추어 지속적으로 진화・발전하면서 성장해오고 있다. 본 장에서는 우선적으로 도시 및 도시행정의 이론적 배경에 대하여 살펴보았다. 유엔 해비타트의 '새로운 도시의제(New Urban Agenda)'와 '세계도시보고서(2020, 2022, 2024)'를 중심으로 글로벌 차원의 도시환경의 변화와 도시의제를 알아보았다. 특히, 2016년 '새로운 도시의제'와 2024년 그 이행 현황을 보고하는 국가보고서에 대하여 자세히 살펴보았고, 2022년 세계도시보고서의 '도시의 미래 구상'에 대해서도 각 주제별 정책 포인트(Policy Point)에 대해서 면밀히 검토하였다. 코로나19 팬데믹, 지구온난화에 따른 기후변화, 과학기술의 발달과 정보통신 및 교통수단의 발달은 세계를 더욱 지구촌화하고 있다. 글로벌 도시 이슈와 한국의 도시 이슈가 크게 다르지 않고 동조화되어 있는 것이다. 여기에 더하여 우리나라 지역 및 도시가 지니는 보다 심화된 문제에 대해서도 살펴보았다. 수도권과 비수도권의 지역격차 심화, 저출산・고령화와 인구감소, 경제 및 산업구조의 변화와 일자리 문제, 사회적 불평등 심화 등 여러 가지 문제가 내재해 있다. 이에 본 장에서는 우리나라 도시행정의 과제로서 첫째, 저출산・고령화로 인한 인구구조의 변화와 이에 대한 대응, 둘째, 도시경제 구조의 변화와 일자리 문제 대응, 경제 활성화, 셋째, 환경문제와 기후변화에의 대응, 넷째, 불균등 문제와 이에 대응한 격차 완화, 다섯째, 과학기술의 발전과 디지털 전환, 여섯째, 거버넌스 확대와 도시행정 운영의 효율성 증대 등을 제시하였다. 이러한 과제에 기반하여 본 저서에서 다루고 있는 주제에 대하여 소개하였다. 도시의 문제, 과제를 해결하고 도시행정을 성공적으로 이끌기 위해서는 지방자치분권 차원에서 도시정부의 자치권 및 국정에의 참여가 확대되어야 하고, 정부 간 거버넌스 및 시민사회를 포함하여 다양한 주체 간의 다층적 거버넌스가 강화되어야 한다. 이러한 지방자치분권 강화와 지역균형발전이 상호 연계되어 통합적으로 추진될 필요가 있다. 즉, 우리나라 도시정부의 문제와 과제에 접근하는 방식은 분권 차원과 균형발전 차원이 서로 시너지를 내며 승화・발전하는 방향으로 나아가야 한다.

참고문헌

국토교통부(2024). 『새로운 도시의제 이행현황 대한민국 국가보고서』.

국토연구원(2021). 『코로나19와 국토전환』, 세종: 국토연구원.

노춘희 · 강현철(2013). 『新도시학개론』, 서울: 형설출판사.

노춘희 · 김일태(2006). 『(개정판)도시학개론』, 서울: 형설출판사.

대한국토 · 도시계획학회(2016). 『도시계획론』, 서울: 보성각.

박세훈(2016). 해비타트Ⅲ '새로운 도시의제(New Urban Agenda)'의 성립배경과 의의, 『공간과 사회』 제26권 제4호(통권 58호), pp.9-39.

이유경 · 이승호 · 조영태(2018). 유엔의 '지속가능발전목표(SDGs)'와 '새로운 도시의제(NUA)' 간 비교연구, 『한국도시설계학회지』 제19권 제3호(2018.6.), pp.91-110.

정윤희(2024). 새로운 도시의제(New Urban Agenda)와 우리 도시정책의 과제, 국토연구원 『국토』 2024.5., Vol.511., p.5.

정진훈 · 임상연(2024). 새로운 도시의제 이행에 관한 국가보고서의 주요 내용과 과제, 국토연구원 『국토』 2024.5., Vol.511., pp.16-24.

최상철(1985). 서울 도시기능의 구조와 개편방향, 『도시문제』 1985.5, 대한지방행정공제회.

통계청(2024.2.26). 통계적 지역분류체계로 본 도시화 현황, 통계청 보도자료.

한국도시행정학회 편저(2022). 『도시행정의 이론과 실제』, 고양: 대영문화사.

현대경제연구원(2024). 세계 인구구조 분석-UN '2024년 세계인구전망 보고서'를 중심으로-, 『현안과 과제』 24-05.

Crowther, D. & Elchenique, M.(1975). Development of model of urban spatial structure. in Leslie Martin & Lieval March(ed), *Urban Space and Structure*, Cambridge University, Press.

UN, Department of Economic and Social Affairs(2024). World Population Prospects 2024, Online Edition.

UN-Habitat(2020). World Cities Report 2020: The Value of Sustainable Urbanization.

UN-Habitat(2022). World Cities Report 2022: Envisaging the Future of Cities.

UN-Habitat(2024). World Cities Report 2024: Cities and Climate Action.

유엔 해비타트 홈페이지(https://unhabitat.org/) (2024.11.23. 검색)

02 CHAPTER

지방의 인구문제와 청년정책

김진아(백석대학교)

인구는 국가를 구성하는 기본단위이자 한 국가의 정치 · 사회 · 경제 · 문화적 특성을 집약적으로 보여주는 지표로서 중요한 의미를 지닌다. 저출산으로 인한 인구의 절대적 감소, 고령화에 따른 인구구조의 변화, 인구이동에 따른 지역 간 불균형과 지역소멸의 이슈는 우리가 해결해야 할 난제 중에 하나이다. 국가 총인구의 규모와 인구구조에 영향을 미치는 요인은 저출산과 고령화이지만 지역의 인구감소에 영향을 미치는 요인은 전입과 전출로 인한 인구이동으로, 특히 핵심 인적자원인 청년층의 지역이탈은 지역의 산업과 교육, 생활 전반의 연결구조를 무너뜨려 인구위기를 가속화시킬 수 있다.

따라서 현재 우리가 처한 인구변화의 현상과 원인을 살펴보고 이러한 변화가 우리 사회에게 미치는 영향에 대해 생각해 보고자 한다. 또한 정부에서는 인구문제 해소를 위해 어떤 정책들을 시행하고 있는지, 특히 지역소멸 위기의 주요 원인인 청년층의 지역이탈을 완화하기 위해 시도하고 있는 정책들은 무엇인지를 소개하고 그 의미에 대해 함께 고민해 보았으면 한다.

1 인구정책의 패러다임 전환

최근 한국은 유례없는 인구변화의 양상을 보이고 있다. 2018년에 합계출산율이 0.98명으로 OECD 회원국 중에서 합계출산율이 1.0 미만인 유일한 국가가 되었으며, 2019년에는 국토면적의 약 12%에 불과한 수도권의 인구가 비수도권 인구를 역전하여 수도권과 비수도권 간의 인구 불균형 문제가 가속화되고 있다. 또한 2020년에는 전년 대비 주민등록인구가 감소하는 인구의 데드크로스(dead-cross) 현상이 나타났고, 229개 지방자치단체 가운데 89%에 달하는 203개의 지자체는 이미 인구의 데드크로스 상태로 사망자 수가 출생아 수를 초월해 절대 인구가 감소하고 있다.

인구는 국가를 구성하는 가장 기본적인 단위로 국가의 정치 · 사회 · 경제 · 문화적 특성을 집약적으로 반영하는 지표이다. 정부는 저출산 · 고령화 등에 따른 저성장 시대가 도래하였음을 예견하고, '인구감소, 지역소멸, 초고령사회 임박'을 3대 인구 리스크로 규정하여 우리 사회의 대응 방안을 모색하고 있다(기획재정부, 2021). 특히 지역 간 인구 불균형이 인구의 자연감소에 영향을 미치고, 지속적인 지역 간 인구격차는 결국 국가경제의 안정과 성장기반을 약화시킨다는 점을 인지하고 인구의 불균형 문제를 해소하기 위한 다양한 정책들이 시도되고 있다.

2 인구변화의 현황과 전망

1) 인구규모의 변화

한국의 근대화와 함께 지속으로 성장하던 인구는 2020년 약 5,183만 명을 정점으로 감소세로 돌아섰고, 사망자 수가 출생자 수보다 많은 인구의 데드크로스 현상이 나타났다. 인구절벽은 통계청이 예상한 2028년보다 8년이나 앞당겨졌으며 인구의 자연감소는 빠르게 가속화될 것으로 예상된다.

[그림 2-1] 총인구 및 인구성장률(1960~2072년)

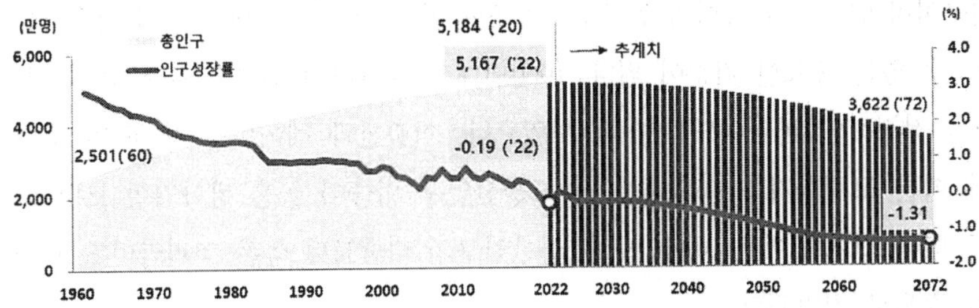

출처: 통계청(2023.12.14). 장래인구추계: 2022~2072년. p.1. 보도자료.

이러한 인구변화를 가져온 가장 주요한 요인은 출산율의 하락이다. 한국의 합계출산율[1]은 1970년 4.53명이었으나 1983년 2.06명으로 급격하게 감소되어 저출산 현상이 시작되었고 2002년에는 1.18명, 2018년에는 1.0명보다 낮은 0.98명, 2023년에는 0.72명을 기록하였다. 한국의 합계출산율은 지난 40년간 경제협력개발기구(OECD) 평균을 밑돌았으며, 현재 38개 회원국 중 합계출산율이 1명 미만인 유일한 국가이다.[2]

[그림 2-2] OECD와 한국의 합계출산율 비교

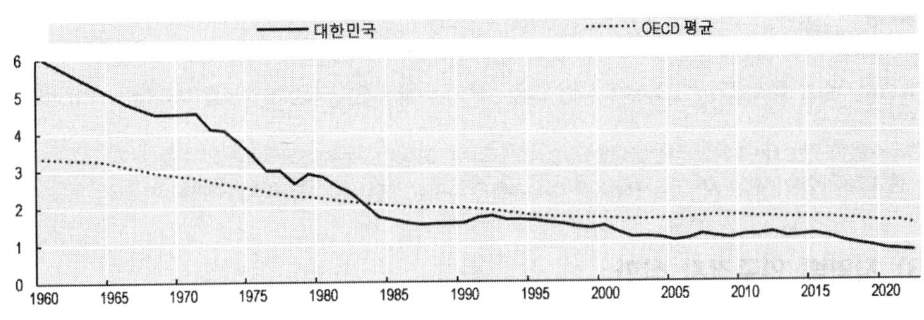

출처: OECD(2024). 한눈에 보는 사회 2024. https://stat.link/vxdlnc

1) 합계출산율(Total Fertility Rate: TFR)은 가임기 여성(15~49세) 1명이 가임기간(15~49세) 동안 낳을 것으로 예상되는 평균 출생아 수로 출산력 수준 비교를 위해 대표적으로 활용되는 지표이다. 인구가 안정적으로 유지되는 합계출산율은 2.1명 이상이며, 1.3명 이상~2.1명 미만은 저출산, 1.3명 미만이면 초저출산이라고 일컫는다.

2) 2022년 기준 OECD 전체 평균 합계출산율은 1.51명으로 스페인(1.16명), 이탈리아(1.24명), 폴란드(1.26명), 일본(1.26명) 등도 평균보다 낮지만, 한국만 유일하게 1명 미만이다.

2) 인구구조의 변화

인구피라미드는 한 사회의 인구구조와 인구변화 현상을 통해 사회의 지속가능성을 가늠할 수 있는 중요한 기준이 된다. 1960년대 우리나라의 인구는 유소년인구의 비중이 높은 전형적인 피라미드 형태를 보였으나, 저출산과 베이비붐 세대[3]의 고령인구 편입에 따른 고령화가 가속되면서 점차 생산인구 비중이 높은 항아리형 모양으로 변화하고 있다. 2072년에는 고령인구가 생산인구의 비중보다 높은 역피라미드형 구조로 변화할 것으로 전망된다.

[그림 2-3] 인구구조 변화(1960~2072년)

구분		1960년	2024년	2072년
인구피라미드		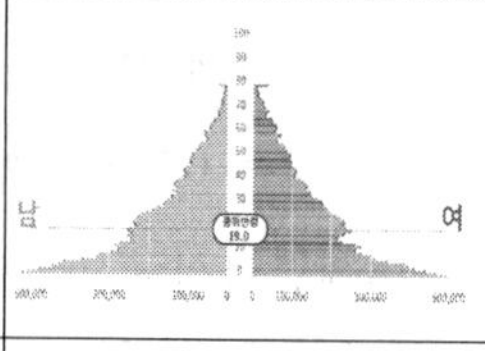	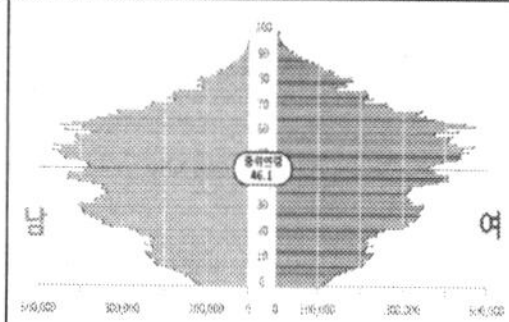	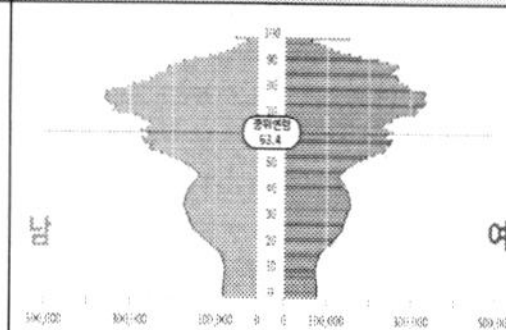
중위연령		19.0세	46.1세	63.4세
노령화지수*		6.9	181.2	726.8
연령 계층별 구성**	유소년	42.3%	10.6%	6.6%
	생산연령	54.8%	70.2%	45.8%
	고령	2.9%	19.2%	47.7%

주: *노령화지수는 유소년인구 100명에 대한 고령인구의 비율로 인구고령화 정도를 나타내는 대표적인 지표이다.
**유소년인구는 0~14세, 생산연령인구는 15~64세, 고령인구는 65세 이상 인구를 말한다.
출처: 통계청(2024). https://kosis.kr/visual/populationKorea/PopulationDashBoardMain.do

3) 지역별 인구격차 심화

국가 총인구의 규모와 인구구조에 영향을 미치는 요인은 저출산과 고령화이지만 지역의 인구감소에 영향을 미치는 요인은 전입과 전출에 의한 인구이동이다(박진경·

3) 베이비붐 세대는 전쟁 전후 등 일시적으로 출생이 폭발적으로 이루어져 특정 기간 동안 태어난 사람들이 거대한 인구집단을 이루고 있는 것을 말하며, 우리나라는 한국전쟁 이후인 1955년에서 1963년 사이에 태어난 사람들을 1차 베이비붐 세대, 1964년부터 1974년 사이에 태어난 사람들을 2차 베이비붐 세대라고 칭한다. 베이비붐 1세대인 1955년생이 2020년부터 고령인구로 편입되었고, 우리나라 단일 세대 중 규모가 가장 큰 2차 베이비붐 세대가 고령인구로 진입할 예정이다.

김도형, 2020: 4). 2020년을 기점으로 국토의 약 12%에 해당하는 수도권에 국내 인구 절반 이상이 집중되었는데, 이는 청년층이 일자리와 교육・의료・문화환경 등을 포함한 양질의 생활서비스를 찾아 수도권으로 이동한 것에 기인한다.

인구감소시대에 수도권 지역으로 인구가 집중하고 있다는 것은 단순히 수도권의 혼잡비용이 증가하는 정도의 문제가 아니라, 지방소멸의 심각한 현상이 일어나고 있음을 의미한다. 수도권으로 인구가 과도하게 집중하면서 비수도권 지역에서는 '인구절벽', '지방소멸' 등의 우려가 확산되고 있다. 인구감소에 따른 지방소멸에 대한 위기의식이 국가적 관심사로 대두되면서 한국고용정보원은 지방소멸지수를 제시하고 있는데, 2013년 전국 228개 시・군・구 중 75개(32.9%)였던 소멸위험지역이 2024년에는 130개(57.0%)로 급격하게 증가하였다. 특히 전체 시・군・구의 4개 중 1개소가 20~30대 여성인구가 65세 이상 인구의 1/5에도 못 미치는 소멸 고위험지역에 포함되었다(이상호, 2024). 이처럼 비수도권의 청년인구 유출은 자연적인 인구감소와 더불어 지역소멸위기를 가속화시키는 악순환 구조를 형성하게 된다. 청년이 떠난 지역은 출산이 줄고 고령화가 가속화되면서 산업성장과 일자리 다양성이 크게 줄어들고 이로 인한 지역경제 침체는 다시 인구유출의 요인으로 작용한다.

[표 2-1] 수도권-비수도권 인구변화

(단위: 천명)

구분	수도권	비수도권
1970년	9,126	23,115
	(28.3%)	(71.7%)
1980년	13,544	24,580
	(35.5%)	(64.5%)
1990년	18,342	24,527
	(42.8%)	(57.2%)
2000년	21,747	25,261
	(46.3%)	(53.7%)
2010년	24,431	25,123
	(49.3%)	(50.7%)
2020년	26,021	25,815
	(50.2%)	(49.8%)

출처: 통계청 「장래인구추계 시도편: 2022~2052」, 국토교통부 「지적통계」.

[그림 2-4] 수도권 연령별 순이동률(2000~2019년)

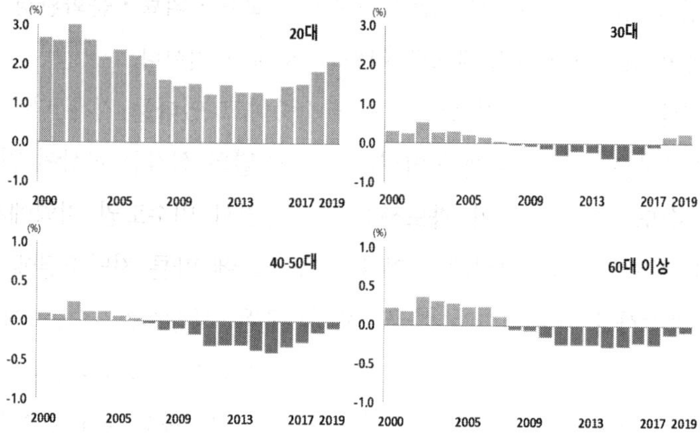

출처: 통계청(2020.06.29.). 최근 20년간 수도권 인구이동과 향후 인구전망. 보도자료.

[표 2-2] 소멸위험 시·군·구 수

(단위: 개)

구분	2013년	2024년
전국 시·군·구 수	228	228
소멸위험지역 소계	75	130
소멸위험 진입	73	73
소멸 고위험	2	57
소멸위험지역 비중	32.9%	57.0%

주: 소멸위험지역은 소멸위험지수(20~39세 여성 인구수를 65세 이상 고령 인구수로 나눈 값)를 통해 측정되며, 소멸위험지수 값이 0.5 미만이면 소멸위험진입단계, 0.2 미만이면 소멸 고위험단계로 구분된다.
출처: 이상호(2024). 지방소멸 2024: 광역대도시로 확산하는 소멸위험. 「지역산업과 고용」 2024년 여름호. 한국고용정보원.

3 인구감소가 지역에 미치는 영향

지역의 인구변화는 해당 지역의 경제, 교육, 주거여건 등에 영향을 미치며 이러한 변화는 다시 인구에 영향을 미칠 수 있다. 인구변화와 환경변화는 선후관계를 특정하기 어렵더라도 상호 강화하는 관계에 있을 것임을 짐작할 수 있다. 일본의 지리인구학자인 엘리스(Elis, 2008)는 일본의 저출산·고령화로 인한 지역경제 영향효과를 분석하면서 인구유출에 따른 인구감소 측면의 중요성을 강조하면서 지역의 경기쇠퇴, 교육서비스 저하 등 생활환경 악화가 인구이동으로 인한 인구감소와 부정적인 악순환의 관계를 형성하게 되는 메커니즘을 설명하고 있다(이상림 외, 2018). 이 메커니즘에 따르면 크게 인구감소, 상업 및 생산 분야에서의 경제활동 감소, 지방자치단체의 세수감소가 주요 요인으로 작용한다. 지역에서의 인구감소는 재화와 서비스의 수요를 감소시키고, 이로 인한 세수의 감소와 재정의 악화는 1인당 세금을 증가시켜 공공인프라 사업을 축소하게 하며 교육환경도 열악하게 만든다. 인구감소에 의한 아동인구의 감소는 학생 수 감소로 이어져 폐교가 증가하는 등 교육환경을 열악하게 만들고, 이는 젊은 세대의 가족이 자녀를 위해 보다 나은 교육환경을 찾아 다른 지역으로의 유출을 강화하도록 하는 요인이 된다.

인구감소에 의한 수요의 감소는 생활의 편리성을 약화시키며, 이는 지역의 매력을 떨어뜨리는 요인으로 작용한다(원광희 외, 2010). 즉 수요자가 부족하여 상업시설이 줄어들고, 공공시설도 인근 지역의 시설과 통·폐합될 수 있으며 고차 의료시설은 인구집중지역에 대한 입지를 선호하여 인구감소지역에서 고차서비스를 제공받는 것이 어렵다. 또한 인구감소에 따라 배차 간격이 증가하거나 아예 노선이 폐지되는 등 대중교통을 이용하는 데에도 많은 불편이 따른다. 또한 지역커뮤니티의 약화로 이어져 지역사회를 유지하기 어렵고, 지역침체의 악순환이 반복적으로 나타나 지역의 존폐 위기까지 내몰리는 상황에 직면할 수 있다.

또한 인구의 감소로 수요가 줄어들면 지역에서의 재화와 서비스에 대한 공급도 감소하게 된다. 기업이 입지하려 하지 않거나 산업의 기반이 약화되면 고용 창출이 발생하지 않고 취업의 기회가 상실된다. 따라서 일자리가 필요한 청년층은 더 이상 매력이 없는 지역에서 떠나려 하고, 그 결과 인구감소지역이 점차 확대되는 양상으로 악화될 수 있다.

[그림 2-5] 지역인구변동의 메커니즘에 대한 이론적 설명

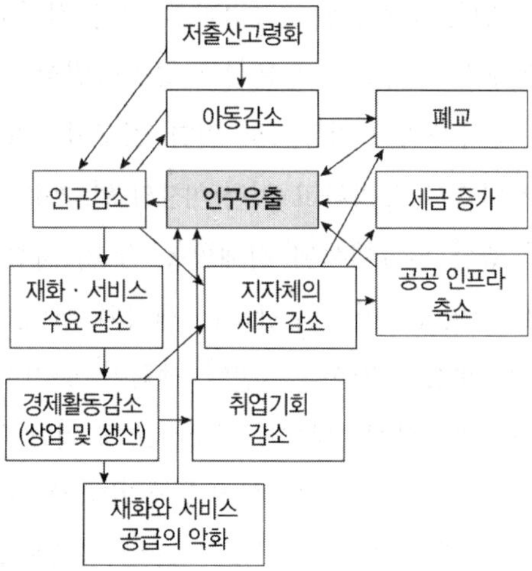

출처: Elis, V.(2008). The impact of the ageing society on regional economies. The demographic challenge: A handbook about japan; 이상림 외(2018)에서 재인용.

4 인구위기 대응정책

1) 정부의 법 · 제도

인구문제에 대한 사회적 · 정책적 관심이 저출산 · 고령화로 인한 국가 총인구 감소 문제에 집중되면서 정부는 2004년 대통령 직속 '고령화 및 미래사회위원회'를 출범시키고, 2005년에는 「저출산 · 고령사회기본법」을 제정하여 출산 · 양육 서비스 위주의 출산장려대책을 마련하였다. 그러나 지역의 인구감소 및 고령화는 본질적으로 저출산보다는 인구유출과 인구흡수 등 지역 간 인구이동에 의해 유발되고 있다는 점에 착안하여 2016년부터는 청년일자리와 주거예산이 저출산 대책에 포함되었고, 2018년 이후 모든 세대의 '삶의 질' 보장이 저출산 대책으로 확대되었다.

또한 국가균형발전의 측면에서도 청년인구 유출방지 및 유입촉진을 위한 제도가 마련되었다. 「국가균형발전 특별법」을 개정(2020.12.08)하여 일자리의 수도권 쏠림현상

에 대응하여 청년계층 지원을 통해 인구감소지역의 발전 방향을 수립하여 지원정책을 제시하였다(박진경 · 김도형, 2020: 97). 이후 2023년 「국가균형발전 특별법」과 「지방자치분권 및 지방행정체제개편에 관한 특별법」을 통합한 「지방자치분권 및 지역균형발전에 관한 특별법」을 제정하여 균형발전의 주체이자 객체를 지역으로 일원화하였다. 즉, 중앙주도형 균형발전 지원정책에서 지방정부가 주도하는 분권형 균형발전정책으로 방향을 전환하고 거주지에 상관없이 국민 모두가 균등한 기회를 누릴 수 있는 지방시대의 효율적 구현을 추구하고 있다(안소현 외, 2024: 3).

인구위기에 대응하기 위한 청년지원책은 청년인구 유출방지 및 유입촉진 측면과 청년의 기본권 보장 및 권익증진 측면이라는 두 가지 흐름으로 마련되었으며, 대표적으로 「청년고용촉진 특별법」과 「청년기본법」을 들 수 있다. 우선 2000년 이후 청년실업 및 고용문제가 중요한 사회적 이슈로 부각됨에 따라 2004년 「청년실업해소특별법」을 제정하고, 2009년 「청년고용촉진 특별법」으로 개정하여 청년실업을 해소하고 청년고용을 촉진하고자 하였다. 이런 흐름은 「중소기업창업 지원법」, 「지방세특례제한법」, 「전통시장 및 상점가 육성을 위한 특별법」 등에서 청년고용을 증진하고 청년상인, 청년기업 등을 지원하기 위한 조항들의 신설로 이어졌다.[4]

장기화되는 청년실업 문제와 정치 · 경제 · 사회 · 문화적 측면에서 어려움을 겪는 청년들이 늘어나면서 청년에 대한 체계적 · 종합적 지원을 위한 「청년기본법」이 2020년 제정되었고, 청년의 고용촉진, 일자리 질 향상, 창업지원, 주거지원, 복지증진, 금융생활 지원, 문화활동 지원, 국제협력 지원 등 권익증진을 도모하고 있다.

2) 부처별 관련 정책 및 사례

(1) 지역주도형 청년일자리 사업

'지역주도형 청년일자리 사업'은 청년이 지역의 일원으로 살아가며 정착할 수 있도록 각 지역의 상황에 맞게 맞춤형 일자리를 지원하는 사업으로 지역의 실정을 가장 잘 알고 있는 지방자치단체가 청년일자리 사업을 설계 · 시행하고 이를 국비로 지원하는

---

4) 「중소기업창업 지원법」 제39조의2(청년기업가정신 재단법인에 대한 출연 등) 신설, 「지방세특례제한법」 제29조의5(청년고용을 증대시킨 기업에 대한 세액공제) 신설, 「전통시장 및 상점가 육성을 위한 특별법」 제29조의6(중소기업 청년근로자 및 핵심인력 성과보상기금 수령액에 대한 소득세 감면 등) 신설

사업이다. 정책 초기에는 ① 지역정착지원형, ② 창업투자생태계조성형, ③ 민간취업연계형 등 3가지 유형으로 구분하였으나, 현재는 ① 지역혁신형, ②-1 상생기반대응형(소멸위기지역 창업), ②-2 상생기반대응형(창업성장플러스), ③ 지역포용형으로 구분하여 추진되고 있다. 행정안전부는 지역별 특성을 고려한 청년일자리 사업을 추진하여 1단계 사업기간(2018~2021) 동안 총 11.7만 명의 청년일자리 창출을 지원하였으며, 2단계 사업기간(2022~2024)에는 지속가능한 청년일자리 7.8만 명 창출 지원을 목표로 설정하였다(행정안전부 홈페이지: www.mois.go.kr/).

(2) 청년마을 만들기 사업

'청년마을 만들기 사업'은 지역 청년의 유출을 방지하고 외지 청년의 유입을 통해 지역에 활력을 제고하고자 행정안전부가 2018년부터 추진하고 있다. 청년들에게 일정기간 지역에 머물 수 있는 기회를 제공하고 지역체험, 창업교육 등을 통해 청년들이 지역에 뿌리내릴 수 있도록 지원하는 정책이다. 청년마을로 선정되면 매년 2억씩 최대 3년간 지원되며 청년 주도로 지역 살아보기, 일거리 실험, 유휴공간 활용 주거 · 커뮤니티 등 공간조성 및 지역주민 간 교류 · 소통 행사 등 운영을 추진하게 된다. 2018년 목포 '괜찮아 마을'을 시작으로 2019년 충남 서천 '삶기술학교', 2020년 경북 문경 '달빛탐사대'까지 매년 청년마을 1개소를 시범운영하며 성공 가능성을 확보한 후 2021년부터 매년 12곳의 마을을 선정하여 전국적으로 확산하고 있다.

[표 2-3] 청년마을 만들기 사업 추진 현황

구분	청년마을
부산(1)	('21년) 동구 이바구마을
인천(1)	('21년) 강화 강화유니버스
울산(1)	('21년) 울주 365발효마을
세종(1)	('23년) 농땡이월드
강원(5)	('21년) 강릉 강릉살자 ('22년) 태백 광광스토리지, 속초 라이프밸리, 영월 밭멍 ('23년) 홍천 와썹타운
충북(3)	('21년) 괴산 뭐하농스 ('23년) 보은 라이더타운회인ㅎㅇ, 진천 룰빌리지 진천

충남(7)	('19년) 서천 삶기술학교 ('21년) 청양 로컬몬스터, 공주 자유도 ('22년) 태안 오락발전소, 아산 DOGO온천 ('23년) 예산 내:일, 홍성 집단지성
전북(3)	('21년) 완주 다음타운 ('22년) 군산 술익는마을 ('23년) 익산 지구장이마을
전남(5)	('18년) 목포 괜찮아마을 ('21년) 신안 주섬주섬마을 ('22년) 강진 어나더랜드 ('23년) 고흥 신촌꿈이룸마을, 영암 달빛포레스트
경북(8)	('20년) 문경 달빛탐사대 ('21년) 영덕 뚜벅이마을, 상주 이인삼각 ('22년) 의성 나만의성, 예천 생텀마을, 경주 가자미마을 ('23년) 고령 뮤즈타운, 영천 취하리
경남(4)	('21년) 거제 아웃도어 아일랜드 ('22년) 하동 오히려하동, 함양 고마워 할매 ('23년) 의령 홍의별곡

출처: 청년마을 홈페이지 https://localro.co.kr/

(3) 청년마을 공유주거 조성사업

청년마을 사업은 청년들에게 지역에 머무를 수 있는 기회를 제공하여 지역체험과 창업실험 등을 경험하고 궁극적으로는 지역에 정착할 수 있도록 지원하는 정책이다. 청년마을 사업을 통해 지역에 유입된 청년들이 지역 특성에 맞는 새로운 사업을 추진하고 일자리를 창출하기 위해서는 주거공간이 절대적으로 필요하나, 이주를 원해도 주거할 공간이 없어서 지역정착이 어려웠다. 이에 농림축산식품부는 청년마을이 조성된 기초지자체를 대상으로 청년마을을 통해 유입되는 청년들의 안정적 지역정착 지원을 위해 공유숙소, 공유오피스, 생활편의시설 등이 갖춰진 청년주거공간을 조성하고 있다.

(4) 로컬크리에이터 육성사업

중소벤처기업부는 지역의 특성과 자원을 소재로 창의성과 혁신을 통해 사업적 가치를 창출하는 창업가를 로컬크리에이터로 정의하고 지역 관광, 문화 및 자원을 기반으로 사업모델을 접목시켜 지역문제를 해결하고 가치를 만드는 창업을 지원하고 있다. 로컬크리에이터는 침체기에 놓여 있는 중소도시들과 연계하여 지역의 활력을 창출할 수 있는 주체로 주목받고 있으며, 이들의 성장을 위해 비즈니스모델(BM) 구체화, 브랜딩, 마케팅, 네트워킹 등 성장단계별 맞춤형 프로그램을 제공한다.

[표 2-4] 로컬크리에이터의 7대 분야

구분	내용
지역가치	• 지역의 문화나 고유특성을 기반으로 혁신적인 아이디어를 융합하여 새로운 경제적·문화적 가치를 창출
로컬푸드	• 지역의 특산물, 미활용 작물 등 농수산물을 활용한 식품가공 및 유통
지역기반 제조	• 지역에서 생산되는 소재를 활용하거나 지역특색을 반영한 제조업
지역특화관광	• 관광자원(자연환경, 여행지 등)을 활용하여 해당 지역으로 관광객 유입 확대 • 지역 방문을 위한 원스톱 서비스 및 자연생태계의 지속가능성
거점브랜드	• 지역 내 복합문화공간 등 지역거점 역할 • 지역성과 희소성을 기반으로 지역의 가치를 재창출
디지털 문화체험	• 지역별로 역사와 문화가 담긴 유적지와 문화재 등을 과학기술 및 ICT를 활용하여 재해석 또는 체험
자연친화활동	• 지역별로 상이한 자연환경(바다, 산, 강 등)에서 진행되는 서핑, 캠핑 등 아웃도어 활동을 위한 다양한 사업모델

출처: 소상공인시장진흥공단(2024), 「2024년 로컬크리에이터(개인) 육성사업」 참여 소상공인 모집공고문.

(5) 청년창업농 영농정착지원사업

농림축산식품부는 급속한 고령화로 농업의 지속가능성이 심각하게 위협받고 있다는 위기의식에서 청년농업인들이 영농진입 초기에 겪는 소득 불안, 자금·농지 등 기반 확보 애로, 영농기술 문제 등을 해소하고자 청년창업농 영농정착지원사업을 추진하고 있다. 만 18세 이상~만 40세 미만의 독립영농경력 3년 이하인 자가 지원할 수 있으며, 영농경력에 따라 월 90만 원~110만 원의 영농정착지원금을 차등지급하고 있다.

5 인구위기 극복을 위한 제언

인구감소로 인한 저성장, 축소사회에 대한 대응전략이 필요한 시기이다. 저출산·

고령화로 인한 인구변화와 더불어 청년층의 지역이탈에 따른 수도권 쏠림현상은 인구과밀지역과 인구과소지역 모두에 영향을 미친다. 청년인구의 유입으로 과밀화된 수도권은 도시 내 한정된 자원을 둘러싼 경쟁이 심화되어 결혼과 출산을 미루거나 포기하는 현상으로 이어진다. 또한 비수도권 지역은 인구유출로 인해 경기가 침체되고 교육 및 생활서비스 기능 악화로 인구유출을 가속화하는 결과를 초래한다.

따라서 지역의 청년들이 지역에 대한 관심을 가지고 지역정주형 인재로 성장할 수 있도록 지원하고 지역의 매력도를 높여 청년인구가 더 이상 유출되지 않도록 해야 한다. 스스로 기회의 공간이 맞는지 검토하고, 미래 삶을 충분히 설계하고 신중하게 결정할 수 있도록 중앙정부와 지자체의 능동적 역할이 요구된다.

참고문헌

기획재정부(2021.7.7). 「인구구조 변화 영향과 대응방향」-인구감소, 지역소멸, 초고령사회 임박의 3대 인구리스크에 대응한 우리 사회의 적응력 강화방안-, 보도자료.

김상민 · 박진경(2018). 지방자치단체의 인구감소 및 인구구조 변화 대응전략: 강원도 화천군을 사례로, 『지방행정연구』 제32권 제1호, pp.125-160.

대한민국 정부(2023). 제4차 저출산 · 고령사회기본계획.

민보경(2022). 청년은 어느 지역에 살고, 어디로 이동하는가?, 『국가미래전략 Insight』 제58호.

민보경 · 허종호 · 이상직 · 최지선 · 이종혁 외(2023). 인구위기에 대응하는 지역의 미래전략, 국회미래연구원.

박진경 · 김도형(2020). 인구감소대응 지방자치단체 청년유입 및 정착정책 추진방안, 한국지방행정연구원.

법제처. 국가법령정보센터 홈페이지(https://www.law.go.kr/)

석호원 · 김소담(2020). 지방자치단체의 인구구조 변화에 관한 연구: 인구구조 유형분류와 유형별 특징분석, 고양시정연구원.

소상공인시장진흥공단(2024). 「2024년 로컬크리에이터(개인) 육성사업」 참여 소상공인 모집 공고문.

안소현 · 남기찬 · 정우성 · 유희연 · 강민석(2024). 로컬리즘 기반 지역발전 전략, 『국토정책 Brief』 No.957, 국토연구원, pp.1-8.

우하린 · 김정해 · 송방현(2024). 인구감소 대응을 위한 정부혁신 해외사례-일본과 호주사례를 중심으로, 『KIPA정부혁신트렌드』 제1호.
원광희 · 채성주 · 송창식(2010). 인구감소시대 축소도시 활성화 전략: 한국의 중소도시를 대상으로, 충북연구원.
이상림 · 이지혜 · 임소정 · 성백선(2018). 지역 인구공동화 전망과 정책적 함의, 한국보건사회연구원.
이상호(2024). 지방소멸 2024: 광역대도시로 확산하는 소멸위험, 『지역산업과 고용』 2024년 여름호, 한국고용정보원.
이소영 · 황남희 · 장인수(2024). 2024년 인구정책의 전망과 과제, 『보건복지포럼』, pp.64-80.
정민수 · 김의정 · 이현서 · 홍성주 · 이동렬(2023). 지역간 인구이동과 지역경제, 『BOK이슈노트』 제2023-29호, 한국은행.
청년마을 홈페이지(https://localro.co.kr/)
통계청(2020.6.29). 최근 20년간 수도권 인구이동과 향후 인구전망, 보도자료.
통계청(2023). 월 · 분기 · 연간 인구동향(출생, 사망, 혼인, 이혼) [데이터파일] https://kosis.kr/statHtml/statHtml.do?orgId=101&tblId=DT_1B8000G&conn_path=I3에서 2024.10.11. 인출
통계청(2023.12.14). 장례인구추계: 2022~2072년, 보도자료.
통계청(2024). KOSIS 인구로 보는 대한민국 https://kosis.kr/visual/populationKorea/PopulationDashBoardMain.do에서 2024.9.26. 인출
행정안전부 홈페이지(https://www.mois.go.kr)

Elis, V.(2008). The impact of the ageing society on regional economies. *The demographic challenge: A handbook about japan*, pp.861-878.

03 CHAPTER

도시행정과 메가시티

김진수(충남연구원)

필자는 사회초년생이던 2004년부터 근무지를 세종으로 옮긴 2017년까지 인천 자택에서 서울 직장까지 지하철로 출퇴근하였다. 그래서 수도권 광역교통정책은 필자에게 늘 관심 있는 정책이었는데, 특히 행정구역을 뛰어넘는 정책 분야(교통, 환경 등)를 전담하는 행정기구가 설치되면 좋겠다는 생각을 자주 하였다. 그 생각이 계기가 되어 박사과정 시절 「협력적 거버넌스 관점에서 본 광역행정 사례분석: 수도권 대중교통체계 개편을 중심으로」라는 학술논문을 『국토연구』(제74권, 2012.6)에 게재하기도 하였다.

필자는 국무조정실 세종시지원단 재직 시절(2017~2020) 세종시 도시개발사업을 조정 · 지원하는 업무와 함께 세종시와 주변 지자체와의 연계 · 협력 대상을 교통, 산업, 문화까지 확대하여 발굴하는 업무도 수행하였다. 그리고 자치분권위원회 재직 시절(2021~2022)에는 지방행정체제 개편방안을 검토하고 지자체 초광역협력사업을 검토 · 지원하는 업무를 수행하였다.

부산 · 울산 · 경남 특별지방자치단체 설치도 동남권 메가시티 구상의 정책수단으로 구현되었던 사례이고, 최근에는 김포시의 서울시 편입(행정통합)도 글로벌 메가시티를 염두에 둔 것으로 정책화되고 있는 등 메가시티는 도시행정에서 다루고 있는 지방자치, 광역행정, 균형발전을 모두 관통하는 키워드가 되었다.

이런 현장경험과 최근 지역이슈들 때문에 필자는 자연스럽게 '도시행정과 메가시티'라는 주제로 본 장을 집필하게 되었다. 이제는 광역행정을 지방자치, 균형발전 등과 연계하여 메가시티라는 큰 틀에서 포괄적으로 분석해야 하는 시대가 되었다.

1 메가시티 이슈 대두

저출산 · 고령화, 지역소멸, 수도권 인구집중 등에 대응할 수 있는 정책수단으로 최근 메가시티가 화두로 떠오르고 있다. 그 이유는 우리나라의 경제권역과 생활권역이 특정 행정구역(광역지방자치단체)에 한정되지 않고, 주변 행정구역(광역지방자치단체)으로 점차 확산되고 있는데 이는 교통, 환경, 문화 등의 도시인프라 공유를 통해 규모의 경제도 이룰 수 있기 때문이다. 윤석열 정부도 제1차 지방시대 종합계획을 통해 초광역 메가시티 조성을 지방시대 과제로 제시하였다. 특히 4+3 초광역권 특화발전으로 지역균형발전과 지방경쟁력을 제고하겠다는 의지를 내비쳤다.

그간 행정구역을 넘나드는 도시행정을 광역행정이라고 정의하고 지자체 간 연계 · 협력방안을 주로 협력적 거버넌스, 규모의 경제 등의 관점에서 분석해 왔다. 하지만 「지방자치법」 전부개정(2022.1 시행)으로 특별지방자치단체의 설치 및 운영이 가능해짐에 따라 지자체 간 협력의 기틀이 마련되었는데 이제는 초광역협력사업의 안정성 · 지속성을 담보하게 되었을 뿐만 아니라, 분야별 광역행정 수요에 선제적으로 대응하고 행정 효율성을 제고할 수 있게 되었다.

한편 국가균형발전위원회와 자치분권위원회가 통합되어 지방시대위원회가 2023년 7월 출범하였는데 지방시대위원회가 균형발전, 지방자치, 메가시티 등을 정책적으로 다룬다는 점에서 그 의미가 매우 크다고 하겠다. 이제는 광역행정을 지방자치, 균형발전 등과 연계하여 메가시티라는 큰 틀에서 포괄적으로 바라봐야 하는 시대가 도래하였다.

본 장에서는 메가시티의 개념과 필요성을 살펴본 후 메가시티와 관련된 정부, 국회의 그간 동향, 최근 메가시티 이슈를 사례 중심으로 살펴보고, 이를 토대로 메가시티 경쟁력 강화 방안을 논의하고자 한다.

2 메가시티의 개념 및 필요성

1) 개념 및 이론적 검토

메가시티(Megacity)는 핵심도시를 중심으로 통근·통학 등의 생활이 가능한 기능적으로 연결된 대도시권을 의미한다(KOTRA, 해외투자용어사전). 구체적으로 접근하면 인접지역 연계 수준인 도시집적 수준을 뛰어넘어 사회·경제적으로 상호연계가 활발한 지역들을 아우르는 대도시권(이정석, 2020), 복수의 거대도시가 하나의 경제사회 단위로서 밀접한 관계를 맺고 있는 연합도시 형태의 초광역공간(조재욱, 2023)을 의미한다. 또한 일상생활과 경제활동이 기능적으로 연계되고 동질성을 가진 지역, 더 나아가 중심도시와 주변지역이 글로벌한 규모의 네트워크를 형성하고 있는 지역(박재욱, 2024)을 의미한다. 한편 UN은 메가시티를 인구규모 기준으로 1,000만 명 이상의 거대도시라고 정의하고 있으며, 2018년 기준 인구 1,000만 명이 넘는 메가시티는 전 세계 33개, 2030년에는 43개로 증가할 것으로 전망하고 있다(이상대·이혜령, 2020).

우리나라는 수도권이 메가시티에 해당된다고 볼 수 있는데 그 이유는 서울·경기·인천이 단순한 도시집적 수준을 넘어서 철도, 도로 등의 교통인프라를 기반으로 지역 간 사회·경제·문화 등의 상호작용이 매우 활발하고, 더 나아가 세계적인 대도시권들과 경쟁관계에 있기 때문이다. 즉 메가시티란 지역 간 연계·협력이 활발한 인구 1,000만 명 이상의 도시권역을 의미하며, 단순히 수 개의 광역지방자치단체를 통합하여 하나의 광역행정구역으로 묶는 개념만이 아니라 정치·경제·사회·문화 등에서 공통분모를 지니며 같은 생활권으로서의 기능을 공유하고 있는 공간을 의미한다.

메가시티의 이론적 배경에는 중심도시와 배후도시의 관계를 설명한 크리스탈러(W. Christaller)의 중심지이론을 들 수 있는데, 메가시티를 중심지이론에 적용하면 메가시티는 배후도시 또는 대도시에 대한 고차지역을 의미한다(김찬동, 2024). 메가시티의 기반은 중심성과 연계구조이며, 메가시티는 단순한 행정구역의 결합이 아닌 도시와 지역의 연계활동 기반의 광역적 공간으로서 공간적 이슈, 이해관계, 연계활동 등에 따라 역동적으로 변화하는 속성을 지니고 있다(박경현 외, 2022). 특히 메가시티의 공간구조 논의는 고트망(Gottmann, 1961)에 의해 본격화되었는데 그는 보스톤-뉴욕-워싱턴으로 이어지는 다핵적 도시들이 긴밀히 연계된 하나의 거대한 권역체계를 이루고 있다는 점에 주목하였고, 이를 메갈로폴리스(Megalopolis)라고 명명하였다(조재욱, 2023).

[표 3-1] 메가시티의 이론적 배경

구분	정의	비고
메갈로폴리스 (Megalopolis)	연속적이고 내부적으로 상호 연결된 매우 거대한 다핵적 도시체계	고트망(1961)은 보스톤-워싱턴의 체인 형태로 연결된 거대 클러스터를 메갈로폴리스로 명명
글로벌도시지역 (Global city region)	거점도시와 주변지역이 자본, 노동, 사회적 활동 등으로 연계된 고밀집중체	주변지역 배후지, 주거지 등을 포함하는 대도시권의 확장 또는 연속된 대도시지역
메가시티리전 (Mega city region)	10~50개 도시들이 물리적으로 이격되어 있지만, 기능적으로 1개 대도시권 주변으로 연계되고 클러스터화된 공간 (Hall & Pain, 2006)	도시 간 수평적 협력 및 상호의존 중요
메가리전 (Megaregion)	노동과 자본이 비용에 따라 재배치되는 도시 및 주변 배후지역 통합체(Florida et al., 2008)	1990년대 이후 아시아의 거대한 인구집중 및 성장패턴을 메가리전으로 설명

출처: 박경현 외(2022), 국토균형발전을 위한 지역주도 초광역권 육성전략 재정리.

2) 필요성

서두에서 밝혔듯이 메가시티는 저출산 · 고령화, 지역소멸, 수도권 인구집중 등 다양한 요인에 대응할 수 있는 정책수단으로 급부상하였다. 그러므로 메가시티의 필요성을 해당 요인 관점에서 각각 논의하는 것이 필요하다. 국회입법조사처도 수도권 메가시티와 비수도권 메가시티의 접근방식을 달리해야 한다고 주장하고 있다(정진도, 2023).

첫째, 인구집중에 대응하기 위한 필요성이다. 우리나라에서의 인구집중은 수도권에 해당되는데 수도권의 인구집중은 서울시, 경기도, 인천시가 교통, 주택, 환경 등의 각종 현안을 독자적으로 해결할 수 없는 문제를 초래하였다. 특히 수도권의 대표적인 이슈가 일터와 주거지의 불일치에 따른 교통문제이다. 양질의 일자리는 서울에 있는데 서울의 높은 주택가격을 감당 못하는 사람들이 신도시 개발이 활발한 경기, 인천으로 이주함에 따라 통근거리가 연장되고 통행량도 증가하고 있다. 따라서 수도권 교통혼잡 및 통근 · 통학 수요 등에 대응하기 위해서는 수도권의 광역교통망 확충, 대중교통 관리체계 등을 위한 협력이 필요하다. 최근 김포시의 서울시 편입 이슈도 교통문제에 기인했다고 해도 과언이 아니다. 환경문제의 경우도 광역적으로 발생한다. 국지적으로 환경오염이 발생하지만 한 지역에서의 환경오염은 행정구역의 경계를 넘어 인접지역에도 영향을 미친다. 수도권의 대기오염 또는 팔당상수원의 수질개선 문제도 메가시티 관점에서 풀어야 할 이슈들이다.

둘째, 지역소멸에 대응하기 위한 필요성이다. 여기에는 균형발전도 내포되어 있다. 부산·울산·경남의 메가시티 추진목적을 살펴보면 수도권 중심의 일극체제를 극복하고 국토의 균형발전을 통해 국가경쟁력을 제고하기 위함에 있다(박진호, 2020). 이와 같이 수도권 메가시티와 비수도권 메가시티는 그 지향점이 다른데, 수도권 메가시티가 인구집중에 따른 경제적 비효율성을 해소하여 수도권의 경쟁력을 강화하는 데 있다면, 비수도권 메가시티는 광역교통계체 구축, 성장거점 조성 등을 통해 규모의 경제를 실현하여 세계 대도시권과 경쟁할 수 있는 기반을 마련하는 데 그 필요성이 있다고 하겠다. 특히 비수도권은 계속되는 인구감소로 인해 지역소멸을 걱정해야 하는 상황으로 시·도 간 연계·협력으로 새로운 산업생태계를 조성하여 지역경쟁력을 강화해야 한다.

3 정부·국회 메가시티 추진동향

1) 정부

(1) 이명박 정부

이명박 정부의 광역경제권 계획은 행정적으로 구분된 핵심도시를 중심으로 통근권이나 생활권 등 기본적 일상생활뿐만 아니라 산업 간 연계성 및 인재의 양성, 수출과 외자유치 등과 같은 경제활동의 광역적 상호보완성이 강조되었다(박재욱, 2021).

메가시티 개념이 이명박 정부 때부터 본격적으로 논의되기 시작되었다고 볼 수 있는 이유는 당시 16개 시·도를 7개 권역으로 구분한 5+2 광역경제권 전략을 마련하였기 때문이다. 5대 광역경제권은 수도권, 충청권, 호남권, 대경권(대구 · 경북), 동남권(부산 · 울산 · 경남)으로 구분되며, 2대 특별광역경제권은 강원권, 제주권으로 구분된다. '5+2 광역경제권 전략'은 기존 시 · 도 행정구역을 뛰어넘어 지역의 인구규모, 인프라 및 산업집적도, 역사 · 문화적 특수성과 지역정서 등을 고려하여 전국을 7개 권역으로 구분하여 개발하는 전략이었으며, 권역별로 비전 및 목표를 수립하고 연계 · 협력사업을 추진하였다. 이명박 정부가 발표한 '5+2 광역경제권별 발전 비전'을 살펴보면 수도권은 '선진 일류국가를 선도하는 글로벌 비즈니스 허브'를 기치로 내세웠다.

하지만 5+2 광역경제권 전략은 지역의 필요에 의해 지역 주도로 기획되고 합의된 것이 아니라, 시 · 도 입장에서는 광역 차원에서 협력해야 할 동기 부여와 인센티브가 적었고, 그 결과 지역 간 나눠먹기식 사업이 추진되는 한계가 있었다(강현수 · 강민규, 2020). 즉 정부 주도의 하향식 추진전략에 따른 지자체 동기부여 결여, 인위적 광역화에 따른 지역 간 갈등 초래, 일률적 자원배분에 따른 투자의 비효율성 등 지역의 자생적 발전에 한계가 있었던 사업으로 평가된다.

(2) 박근혜 정부

박근혜 정부는 광역경제권 육성 전략이 너무 넓고 막연하다는 점, 지역민들이 체감하기 어렵다는 점에서 이명박 정부의 5+2 광역경제권 정책을 비판하면서 기초생활권 단위의 상향식 지역행복생활권 정책을 추진하였다(한국일보, 2022.4.7). 지역행복생활권이란 전국 어디서나 양질의 기초 인프라, 일자리, 교육, 문화, 의료 · 복지 서비스를 향유할 수 있는 주민의 일상생활 공간을 의미하는 것으로 인접 시(특별시, 광역시 포함) · 군이 자발적으로 협력하여 구성하는 공간이며, 중심도시, 농어촌 중심지(읍 · 면), 인근 마을을 포괄하는 개념이다(지역발전위원회, 2013). 하지만 박근혜 정부 시기에는 기초생활권 단위의 사업을 다수 수행하면서 광역권 사업이 부실해지고 축소되었으며(박진호, 2020), 각 지방 도시들이 각자의 특성과 자생력을 극대화해 성장거점으로 발전하고 그 성과가 주변지역으로 확산되지도 않았다(브레이크뉴스경남, 2022.1.27)는 평가가 주를 이루고 있다.

물론 박근혜 정부도 초광역협력사업[1])을 추진하였다. 하지만 박근혜 정부는 초광역

1) 비수도권 14개 시 · 도를 대상으로 2~3개 시 · 도가 한 개의 협력산업을 선정하여 공동육성하는 사업으

협력보다는 지역경제 활성화를 도모하는 데 중점을 두었다(김예성·하혜영, 2022). 박근혜 정부는 지역 중심의 활력 증진을 목표로 공공서비스 질 향상, 도시재생 활성화 등 도시의 생활여건 개선, 이를 통한 국민의 삶의 질 향상에 집중하는 모습을 보였다. 물론 인접 시·군이 자발적으로 협력한다는 내용이 지역행복생활권 전략에 담겨 있었지만 보통 논의되고 있는 시·도 간 상생협력 개념의 메가시티와는 거리가 있는 정책이었으며, 박근혜 정부의 메가시티 정책이 정부정책에서 제외된 시기였다고 판단된다.

(3) 문재인 정부

전 지역이 고르게 잘사는 국가균형발전(국정과제 78번)을 내세우며 출범한 문재인 정부는 초광역협력 지원전략(2021.10.14)을 정책화하였다. 초광역협력 개념을 지역 주도(주체)의 연계·협력(방식)을 통해 단일 행정구역을 넘어(공간) 초(超)광역적 정책·행정수요에 대응(내용)하여 지역의 경쟁력을 제고(목적)하는 것이라고 설명하고 있다. 특히 초광역협력과 메가시티와의 관계도 설명하고 있는데, 메가시티는 인접지역 간 협력의 한 형태로서 경쟁력이 있는 대도시권 형성을 지향하는 것이며, 반면 초광역협력은 기능적·공간적 협력을 포괄하는 것(관계부처 합동, 2021.10.14)이라고 구분하고 있다.

초광역협력의 안정성·지속성을 담보할 수 있는 추진체계 구축 시 국가 차원의 획기적 지원을 통해 성공사례 창출 및 확산을 유도하겠다는 전략을 내세웠는데, 특히 고도화된 협력을 위한 정책수단으로서 특별지방자치단체 설치에 대한 법적 근거를 마련(지방자치법 개정, 2022.1 시행)한 바 있다. 또한 분야별 초광역협력을 촉진하는 전략으로서 ① 단일 경제·생활권 조성을 위한 지원 확대(공간), ② 초광역협력 전략산업 육성(산업), ③ 지역대학 혁신 및 교육·일자리·정주여건 연계(사람)를 제시하였다.

문재인 정부는 과거 정부와는 달리 지역이 주도하는 초광역협력에 방점을 뒀다고 볼 수 있는데 그 이유는 부산·울산·경남의 「동남권 메가시티 구축 전략보고」(2021. 2)가 정부의 초광역협력 지원전략을 마련하게 된 결정적 계기였다고 평가[2]하고 있기 때문이다. 즉 지역 주도의 메가시티 필요성에 정부가 응답했다는 것에 그 의미가 있다

로, 연접하지 않은 시·도들이 산업생태계를 반영한 경제협력권을 구성하였다(지역발전위원회, 2013).

2) 문 대통령은 "초광역협력은 지역이 주도하고 정부가 지원하는 전략"이라며, "지난 2월 부·울·경에서 동남권 메가시티 전략을 제시하고 가장 먼저 본격화했다. 우리 정부 임기 안에 특별지자체가 출범할 수 있도록 지원할 것"이라고 약속했다(연합뉴스, 2021.10.14).

[표 3-2] 문재인 정부 초광역협력 지원전략(안) 주요 내용

구분	정책	내용
(공간) 단일 경제·생활권 조성을 위한 지원 확대	네트워크 연계의 핵심요소인 광역 교통망 조성	• (광역철도) 초광역권 핵심축인 선도사업 절차 간소화, 지정기준 개선을 통한 광역철도 활성화 및 역세권 개발 등 초기 운영부담 경감 방안을 적극 강구 • (광역교통시설) 철도와 연결되는 광역 BRT·환승센터, 순환형 도로망에 연결되는 방사축 신규 도입 등으로 중심부·주변도시 간 연결성 대폭 강화
	인재·자본·일자리 선순환을 위한 단계별 거점 육성	• (중심거점) 광역교통 중심지에 최고 수준 특례가 적용된 도심융합특구와 기업·주거·청년인재가 융합된 캠퍼스 혁신파크 조성하여 거점으로 육성 • (자족거점) 자족기능 확보를 위한 주거플랫폼(주거+생활SOC+일자리) 확대, 지역 전략산업 육성을 위한 투자선도지구·도시재생 추진 병행
(산업) 초광역협력 전략산업 육성	지역 주도의 초광역권 전략산업 선정·지원	• 초광역권 단위 미래 전략산업을 선정하고 범부처 공동 지원 • 제도 마련과 지역의 준비 상황을 고려하여 선도, 후속사업 순차적 추진
	초광역권 전략산업 지원체계 확충	• 초광역권 전략산업의 핵심 인프라 우선 구축을 위한 추진체계 마련 • 초광역 단위의 산학협력 및 산업·기술인력 공급체계 구축
	기업의 지역 투자 확대 환경 조성	• 초광역지역의 투자에 필요한 다양한 투자 재원 지원 검토 • 지역 투자유치 활성화를 위한 새로운 인센티브 제도 마련
(사람) 지역대학 혁신 및 교육·일자리· 정주여건 연계	초광역 지역대학 혁신 및 지역인재 양성	• 초광역권 공유대학을 중심으로 국제경쟁력을 갖춘 인재양성 체계 마련 • 초광역권 메가시티에 산·학·연 공간 융합 우선 지원
	초광역권 지역인재 양성을 위한 인센티브 마련	• 지역혁신플랫폼 간 단계적 연계, 확장·전환 지원 및 확대 검토 • 고등교육 규제 혁신을 통한 초광역형 인재양성체계 구축
	초광역권 단위 지역 협업체계 및 범부처 거버넌스 구축	• 지역혁신 플랫폼 구축으로 초광역 지역혁신 동력 확보 • 사회관계장관회의 내 범부처 초광역 인재양성 협업 거버넌스 구축

출처: 관계부처 합동(2021.10.14), 초광역협력 지원전략(안) 재정리.

고 하겠다. 이와 관련하여 2022년 4월에는 전국 최초로 부산·울산·경남특별연합이 출범하는 성과가 있었지만, 같은 해 12월 경남도의회와 울산시의회에서 규약 폐지안이 통과되면서 출범 8개월 만에 해산되었다(연합뉴스, 2022.12.14).

(4) 윤석열 정부

윤석열 정부는 제1차 지방시대 종합계획(2023~2027)을 발표하면서 4+3 초광역권 특화발전으로 지역균형발전과 지방경쟁력을 제고하겠다는 비전을 제시하였다. 4대 초광역권은 충청권, 광주전남권, 대구경북권, 부울경으로 구분되며, 특별자치권은 강원권, 전북권, 제주권으로 구분된다.

[그림 3-1] 4+3 초광역권 발전구상도

출처: 지방시대위원회(2023). 제1차 지방시대 종합계획(2023~2027). pp.112-115 재정리.

윤석열 정부의 4+3 초광역권은 이명박 정부의 5+2 광역경제권과 비슷한 형태를 띠고 있지만 수도권이 초광역권에서 빠졌고, 전북이 별도의 특별자치권으로 분류됐다는 것에 차이가 있다.

2) 국회

메가시티가 국회에서 본격적으로 입법화되기 시작한 시점은 21대 국회부터이다. 우선 「지방자치법」 개정(2022.1)을 통해 특별지방자치단체 설치가 가능해져 메가시티의 정책화가 실현되었고, 이는 부산울산경남특별지방자치단체(이하 '부울경특별지방자치단체')를 출범시키는 계기가 되었다.

특히 메가시티가 전국적인 이슈가 되기 시작한 것은 21대 국회 후반기부터이다. 그중 대표적인 것이 2024년 11월 발의된 김포시와 구리시를 서울시에 편입한다는 것을 골자로 한 경기도와 서울특별시 간 관할구역 변경에 관한 특별법안이며, 본 법안은 당시 김포시가 서울편입을 추진하면서 이에 대한 법적 근거를 마련하기 위해 발의되었다. 제안이유는 생활권과 행정구역의 불일치에 따른 불편사항 해소와 김포시민의 편익을 증진하기 위함이며, 주요 내용은 김포시를 서울시의 김포구로 편입하는 것이다. 하지만 21대 국회 임기종료로 자동폐기되었다. 22대 국회 총선 준비과정에서 국민의 힘은 '서울 메가시티'를 앞세웠다. 비록 2023년 국민의힘에서 발의한 김포 · 서울 통합 특별법이 21대 국회에서 통과가 불가능해졌지만, 김포의 서울 편입을 통한 '메가시티' 추진을 지속하겠다는 뜻을 재확인한 것이다(매일경제, 2024.3.31).

더불어민주당(이하 '민주당')은 '정부 · 여당은 부울경 메가시티 등의 정책이 전부 문재인 정부와 민주당의 공으로 돌아갈 것 같으니 사실상 폐기를 했는데, 이후 뜬금없이 서울-김포 메가시티를 들고 나왔고, 수도권 외 지역에서 반발이 일자 그제서야 부울경 메가시티를 하겠다'고 태도를 바꿨다고 비판했다(헤럴드경제, 2024.3.27). 이와 관련하여 민주당 대표는 경남을 찾아 "집권여당이 '부울경 메가시티'는 좌초시키고, '메가시티 서울'만 주장해 수도권 일극체제를 가속화한다"며 "부울경 메가시티를 부활시키겠다"고 강조했다. 민주당은 이 외에도 대전 · 세종 · 충청을 묶어 충청 메가시티로 발전시키기 위해 이들을 하나로 잇는 교통망 구축을 약속했다(매일경제, 2024.3.31).

[표 3-3] 22대 국회 메가시티 관련 여야 공약 비교

국민의힘	더불어민주당
김포 등 인접 도시 편입을 허용해 서울부터 메가시티 추진	부산 · 울산 · 경남, 대전 · 세종 · 충청 등 지방부터 메가시티 추진

출처: 매일경제(2024.3.31), 메가시티엔 한뜻인데 … 與 "서울 우선", 野 "부울경부터" 재정리.

22대 국회가 시작된 이후 국민의힘 뉴시티프로젝트 특별위원회 조경태 위원장은 2024년 8월 9일 '경기도와 서울특별시 간 관할구역 변경에 관한 특별법안'을 대표 발의하였다. 국민의힘 조경태 의원 등 13명이 발의한 법안에는 김포시를 경기도 관할구역에서 제외하고 서울시에 김포구를 설치한다는 내용을 담았다(경기일보, 2024.8.13). 21대 국회에서 자동폐기되었던 법안이 다시 발의된 것이다.

한편 김정호 더불어민주당 의원도 전재수 · 민홍철 의원 등과 함께 2024년 6월 6일 부산 · 울산 · 경남(PK) 메가시티 특별법을 발의했다. 특별법에는 부울경 메가시티에

[표 3-4] 부산 · 울산 · 경남특별지방자치단체 설치 및 지원 등에 관한 특별법안 제안이유 및 주요 내용

구분	내용
제안이유	비수도권은 다양한 측면에서 수도권과의 격차가 커지고 있으며, 수도권 일극체제로 인해 단일 시 · 도 단위의 정책과 지원으로는 더 이상 수도권과 경쟁하기 어려운 상황에 놓여 있음. 이러한 수도권과 비수도권의 격차 문제를 해소하기 위해서 부산광역시 · 울산광역시 · 경상남도는 이른바 메가시티로 불리는 특별지방자치단체 구성을 위한 협력과 논의를 지속으로 해왔음. 이에 부산 · 울산 · 경남특별지방자치단체 설치 및 지원 등에 관한 특별법을 제정함으로써 효율적인 특별지방자치단체 운영과 국토의 균형 있는 발전에 이바지하려는 것임.
주요 내용	가. 부산 · 울산 · 경남특별지방자치단체(이하 "부울경특별지방자치단체"라고 함)에 대한 국가 및 지방자치단체의 지원, 협력 및 특례 등에 관하여 규정함으로써 효율적인 특별지방자치단체 운영과 국토의 균형 있는 발전에 이바지함을 목적으로 함(안 제1조). 나. 「지방자치법」 제199조에 따라 부울경특별지방자치단체를 설치하고, 부울경특별지방자치단체는 「지방자치법」과 이 법에서 정하는 범위에서 특수한 지위를 가지도록 함(안 제4조). 다. 부울경특별지방자치단체에 대한 국가사무 위임 및 이양에 관한 사항 등을 협의하기 위하여 국무총리 산하에 부울경특별지방자치단체지원협의회(이하 "협의회"라고 함)를 설치함(안 제5조). 라. 중앙행정기관의 장은 부울경특별지방자치단체에 대해 행정상 · 재정상의 특별한 지원을 할 수 있음(안 제8조). 마. 부울경특별지방자치단체는 시 · 도지사 간의 협의를 통해 위임되거나 중앙행정기관의 장이 협의회를 거쳐 위임한 사무를 처리할 수 있음(안 제9조). 바. 부울경특별지방자치단체는 지방직영기업을 설치 · 경영하거나 지방공사 또는 지방공단을 설립할 수 있음(안 제12조). 사. 부울경특별지방자치단체에 관한 사업을 재정적으로 지원하기 위하여 부울경특별지방자치단체 특별회계를 설치하고, 행정안전부장관이 관리 · 운용하도록 함(안 제15조). 아. 특별지방자치단체장은 부울경특별지방자치단체의 발전 및 사무처리 지원에 필요한 재원을 확보하기 위하여 부울경특별지방자치단체 발전기금을 설치하도록 함(안 제24조).

출처: 국회 의안정보시스템([2200179] 부산 · 울산 · 경남특별지방자치단체 설치 및 지원 등에 관한 특별법안 (김정호 의원 등 10인).

대한 국가 및 지방자치단체의 지원, 협력 및 특례 등에 대해 규정하였다(머니투데이, 2024.7.2a). 본 법안의 제안이유를 살펴보면 수도권 일극체제로 인해 단일 시・도 단위의 정책과 지원으로는 더 이상 수도권과 경쟁하기 어려운 상황에 놓여 있어 특별법을 제정하여 효율적인 특별지방자치단체 운영과 국토의 균형 있는 발전에 이바지하고자 함이라고 되어 있다.

주요 내용은 부울경특별지방자치단체에 특수한 지위를 부여하고, 국무총리 산하에 지원협의회 설치, 중앙행정기관장의 특별지원이 가능토록 했다. 특별지자체가 지방직영기업을 설치・경영하거나 지방공사 또는 지방공단을 설립할 수 있다는 규정도 담았다. 부울경 메가시티 특별법을 대표발의한 김정호 의원은 국토의 12%인 수도권 인구가 전체 절반을 넘어섰고, 100대 기업 본사의 90%와 국내 20위권 내 대학의 90%가 수도권에 초집중된 현 상황에서 부울경 메가시티는 지역 생존전략이라고 말했다(국제신문, 2024.6.6).

이처럼 국회에서도 국민의힘은 수도권을 중심으로, 민주당은 동남권을 중심으로 메가시티 관련 법안을 발의하며 해당 지역 메가시티 사업에 힘을 실어주는 모습을 보여주고 있다. 이제는 행정통합이든, 특별지방자치단체 설치든 어떤 모양으로도 메가시티 사업을 추진하려는 의지를 보이고 있다.

4 최근 메가시티 이슈

1) 부산・울산・경남 메가시티

우리나라에 메가시티 정책을 적극 추진한 지역은 부산・울산・경남이다. 부산・울산・경남의 메가시티는 수도권 집중을 막고 동남권 경제공동체를 만들 수 있는 국가균형발전의 대안으로 주목받았다.

부산・울산・경남은 2018년 6월 공동협력기구 설치 등에 협력하기로 하면서 메가시티 사업이 본격 시작되었다. 특히 부산・울산・경남은 2020년 부울경 발전계획 수립을 위한 연구용역을 진행했고, 2021년 4월 부울경특별지방자치단체 합동추진단을 설치했다. 2022년 4월엔 특별연합 규약안이 부산시의회 · 울산시의회 · 경남도의회를 통과했고, 행정안전부 승인을 거쳐 특별지방자치단체로 출범하게 되었다(매일경제, 2024. 2.14).

[표 3-5] 부울경(동남권) 특별지방자치단체 추진과정

일시	내용
2018.6	• 공동협력기구 설립
2019.3	• 동남권이 제2의 국가성장축이 되는 것을 목표로 동남권 메가시티 플랫폼 구축 계획으로 동남권 상생발전협의회 구성
2020~2021	• 부산연구원, 경남연구원, 울산연구원이 동남권 발전계획 수립 연구 공동 수행
2021.1	• 지방자치법 전부 개정(시행 '22.1.13)을 통해 2개 이상의 지자체가 연합하는 특별지방자치단체 설치 근거 마련
2021.7	• 부울경특별지방자치단체 합동추진단 구성
2021.10~11	• 관계부처 합동 초광역협력 지원전략 발표('21.10) • 초광역협력 지원 관계부처 TF회의('21.11)를 통해 3개 분야(교통, 환경, 보건) 사무위임 건의
2022.4	• 부울경특별지방자치단체 규약(안) 3개 시 · 도의회 통과, 행안부 승인
2022.6	• 제8회 전국동시지방선거에서 부울경 단체장 모두 국민의힘 후보 당선
2022.12	• 울산시의회 · 경남도의회 특별연합 규약 폐지
2023.2	• 부산시의회 특별연합 규약 폐지

출처: 박재욱(2024); 매일경제(2024.2.14) 재정리.

동남권 메가시티 실행계획 구상에서 동남권 메가시티의 개념을 부울경이 인구 1,000만 명에 가까운 대도시권을 형성하여 1일 생활권이 가능한 기능적으로 연결된 단일 생활권이라고 규정하였다(부산연구원 · 울산연구원 · 경남연구원, 2021).

특히 행정공동체, 생활공동체, 경제공동체, 문화공동체로 구분하고 관련 사업을 추진하는 것으로 되어 있다. 행정공동체의 정책수단으로 특별지방자치단체 출범을 제시하였고, 생활공동체의 정책수단으로는 광역교통 인프라 구축, 보건의료 자원 공동활용 등을 제안하였다.

[표 3-6] 동남권 메가시티 실행계획 구상

구분	내용	정책수단
행정 공동체	• 동남권 전체의 광역행정을 담당할 책임주체 확립 • 교통, 안전, 환경, 산업, 의료 등의 분야별 추진체계 마련	• 특별지방자치단체 출범
생활 공동체	• 1일 생활권을 위한 교통망 구축 및 신교통수단 도입 • 교육, 건강, 먹거리 등을 공유할 수 있는 기반 조성	• 광역교통 인프라 구축 • 대학 간, 대학-기업 간 연계협력 및 보건의료 자원 공동활용 등
경제 공동체	• 물류플랫폼 구축, 제조업 혁신 등 동남권만의 강점 산업 연계 • 수소경제권, 신재생에너지 확산 등의 신성장산업 발굴	• 동북아 물류플랫폼 구축 • 수소경제권 구축과 신재생에너지 확산 등
문화 공동체	• 부산월드엑스포의 동남권 연계지원 및 성공적 유치 환경 조성 • 동남권 문화자산 확대 및 역사 · 문화 · 자연자원 연계로 광역관광벨트 구축	• 동남권 국제도시 브랜드 구축 • 광역관광벨트 조성 및 체계 구축 등

출처: 부산연구원 · 울산연구원 · 경남연구원(2021). 동남권(부울경) 메가시티 기본구상 및 전략, 한국지방정부학회 하계학술대회, 재정리.

특히 부울경특별지방자치단체의 초광역사무는 광역철도망 · 도로망 · 대중교통망 구축, 수소경제권 구축, 항공산업 · 조선산업 · 자동차산업 육성 등 총 18개 사무를 선정하였고, 중앙행정기관으로부터 위임받은 사무로는 3개로 대도시권 광역교통 관리에 관한 사무, 광역간선급행버스체계 구축운영에 관한 사무, 2개 이상 시 · 도에 걸친 일반물류단지 지정에 관한 사무가 있다(김예성 · 하혜영, 2022).

하지만 순조롭게 특별연합을 추진하는 과정에서 2022년 6월 제8회 지방선거 결과 부울경 지방자치단체장 모두 당적이 다른 후보로 바뀌는 일이 생겼다. 즉, 울산시장, 부산시장, 경남도지사 모두 바뀌었다. 이와 같이 리더십에 교체가 이루어지면서 부울경특별지방자치단체가 좌초되기 시작하였다.

울산시장은 2022년 8월 2일에 포항시 · 경주시에 공식적으로 해오름연합시를 제안하였다. 9월 19일에는 경남도가 부울경 메가시티가 실효성 없음을 이유로 부울경 행정통합을 대안으로 제시하였는데 울산은 이를 거부하면서 2023년 4월 출범을 앞둔 부울경특별지방자치단체는 좌초될 운명에 처했다. 그리고 10월 12일 경남과 울산의 부울경특별지방자치단체 폐기 요구에 부산시장도 동의하면서 메가시티 구상을 염두에 둔 특별지방자치단체 출범은 무산되었다(박재욱, 2024).

한편, 경남도지사는 “재정의 권한 없는 정부의 권한이양은 지자체에 부담이 될 수 있고 부산 중심의 광역화로 빨대 효과, 경남 산업의 경쟁력 저하, 서부권 경남의 소외 우려가 있다”며 “옥상옥을 만드는 것은 행정적으로도 낭비”라고 주장했다. 그러면서 부산과 경남의 행정통합을 대안으로 제시했다. 부산과 경남의 행정통합 시도와는 별개로 법적 구속력이 약하고 협의체 수준인 ‘부산경남울산 초광역 경제동맹’ 추진단을 운영 중이다(뉴시스, 2024.6.22). 하지만 이에 대해 부울경특별지방자치단체는 수도권 일극체제에 대응한 가장 현실적인 국가균형발전정책이자 대안이라는 주장이 있다(한겨레, 2023.11.8). 한편, 국회에서도 민주당을 중심으로 부산·울산·경남(PK) 메가시티 특별법을 발의(2024.6.6)하여, 부울경특별지방자치단체를 복원하려는 움직임을 보이고 있다.

2) 김포시 서울 편입

김포시장이 김포시의 서울 편입을 주장하는 이유는 크게 2가지이다. 하나는 경기도 분도에 따른 이유이고, 다른 하나는 지지부진한 5호선 김포 연장, 김포골드라인 혼잡도 등 교통현안 때문이다.

경기도지사는 2023년부터 경기북부특별자치도 설치를 본격적으로 추진하기 시작했다. 이에 김포시장은 경기도가 추진하는 분도가 실현되면 김포는 남도, 북도 어디에도 속하지 못하는 외딴섬이 될 것이라고 주장했다. 김포시가 경기북도에 포함되면 한강 이북 다른 시·군과 같은 행정구역이 되는데 경기북부와 김포시는 엄연히 다른 생활권인 만큼 경기북도 편입보다는 서울시 편입이 낫다고 주장했다(매경이코노미 2234호, 2023.11).

또한 김포한강신도시 개발 등에 따른 인구수 증가와 교통혼잡이 상당하다. 특히 김포경전철 김포골드라인의 출근시간대(오전 7~9시) 최대 혼잡도는 208%로 국내 지하철 가운데 가장 높은 수준을 보이고 있으며, 김포골드라인의 교통수요를 김포~서울 광역버스로 분담시키겠다는 정부의 계획도 해당 구간의 병목현상 해소 대책이 먼저 추진되어야 한다는 서울시 요구에 의해 차질을 빚고 있다(연합뉴스, 2024.9.10).

특히 2022년 말 5호선 연장의 반대급부로 서울시로부터 건물폐기물 처리장까지 떠안았지만 인천 검단신도시 인구유입에 따른 인천시의 5호선 노선 변경 요구에 5호선 연장계획안이 표류되면서 김포시장은 김포시가 서울로 편입되면 김포의 교통·문화·복지 등 인프라가 지금보다 좋아지는 기회가 될 수 있다고 주장하고 있다(한경 BUSINESS 2534호, 2023.11).

2023년 10월 30일 당시 국민의힘 대표는 수도권 신도시 교통대책 간담회에서 김포시의 서울 편입을 당론으로 채택하겠다고 공언하면서 김포시장 주장에 힘을 실어 주었다. 그리고 국민의힘은 편입론을 현실화하기 위해 뉴시티 프로젝트 특별위원회를 출범(2023.11.6)시켰고, 조경태 의원 등 12인이 경기도와 서울특별시 간 관할구역 변경에 관한 특별법안을 발의하였다. 제21대 국회 임기종료로 해당 법안은 자동폐기되었지만, 제22대 국회에서 다시 발의한 상태이다.

[표 3-7] 김포시 서울 편입 관련 추진 경과

시기	내용	비고
2023.3	• 경기도, 분도 추진 본격화, 김포시 북도 편입 유력 전망	
2023.9	• 국민의힘 김포시을 당협위원장, 김포시 서울 편입론 요구	
2023.10.1	• 김포시장, 서울 편입 제기	
2023.10.30	• 국민의힘 대표, 편입론 당론 추진	
2023.11.6	• 국민의힘, 뉴시티 프로젝트 특별위원회 출범 • 서울시–김포시, 편입론 공동연구반 구성	
2023.11.16	• 조경태 의원 등 12인, 경기도와 서울특별시 간 관할구역 변경에 관한 특별법안 제안	제21대 국회 임기종료로 자동폐기
2024.8.9	• 조경태 의원 등 13인, 경기도와 서울특별시 간 관할구역 변경에 관한 특별법안 제안	

출처: 더스쿠프 571호(2023.11), 국회의안정보시스템 재정리.

한편 이와 별개로 김포시는 서울시와의 행정구역 통합을 대비해 생활권 편입을 지속적으로 추진하고 있다. 2024년 3월 30일부터 김포골드라인에서 서울시의 기후동행카드 사용이 가능해졌는데 김포시는 5호선·9호선 연장, 기후동행버스 등 교통통합부터 관광과 교육, 문화 분야까지 전방위로 서울과의 행정통합을 진행 중임을 밝혔다(머니투데이, 2024.7.2b). 김포시의 서울시 편입에 대한 쟁점은 경기도 김포시와 서울특별시의 통합을 통한 김포시민의 생활편익 증진, 서울특별시의 세계 5대 글로벌 메가시티 발전 등이다. 생활편익 증진이라 함은 서울시의 각종 사회간접자본을 공유하며, 서울시의 경제 · 교육 · 문화 등의 다양한 서비스를 주민들에게도 확대 · 적용시킴으로써 김포주민의 삶의 질이 향상된다는 의미를 갖고 있다. 한편 서울시의 세계 5대 글로벌 메가시티 발전은 포화상태에 이른 현재의 서울시 면적에 더해 외곽지역에 위치한 연담도시 편입을 통해 수도 서울의 도시경쟁력을 향상시킨다는 의미를 담고 있다. 김포시장은 김포가 서울에 편입되면 서울이 항구도시로서의 가능성을 열게 되는 것이라고도 주장하였다.

하지만 이에 대한 반론도 만만치 않다. 해외에서도 우선 커질대로 커진 수도권과 균형을 맞추기 위해 지방의 도시들이 몸집을 키우는 사례가 대부분이며(더스쿠프 571호, 2023.11), 메가시티의 본질은 지자체 간 협력구조를 만드는 데 있다는 것이다(경향신문, 2023.11.21). 즉 메가시티의 특징은 행정통합을 지향하는 것이 아니라 도시 간 연계 · 협력을 통한 생활권 · 경제권의 통합에 방점을 두고 있다는 것이다.

한편 서울의 면적과 인구를 늘려 서울을 세계 5대 글로벌 메가시티로 발전시키겠다는 구상에는 메가시티 서울이 수도권을 더욱 과밀화시켜, 비수도권의 지역소멸을 오히려 부추길 수 있다는 우려도 있다(더스쿠프 571호, 2023.11). 실제로 경기도 구리시, 하남시도 서울시 편입 관련 여론조사에 착수하였고, 특히 하남시 위례신도시 감일지구 주민들도 서울 편입 추진위원회를 구성하기도 하였다(매경이코노미 2234호, 2023.11). 특히 부산 · 울산 · 경남의 메가시티의 목적이 수도권 일극체제를 극복하고, 동남권을 세계적인 거점으로 육성하겠다는 것인데, 서울 · 김포의 행정통합을 통한 메가시티 전략은 자칫 수도권과 비수도권 간의 지역갈등으로 비화될 가능성이 있다.

행정통합은 그 추진과정이 지난하다. 정부입법으로 행정구역개편 특별법을 발의하려면 해당 기초 · 광역의회의 동의를 얻거나 주민투표를 거쳐야 하기 때문이다. 의원입법으로 발의하더라도 여소야대의 22대 국회에서 추진이 쉬워 보이지는 않는다.

김포시의 서울 편입은 절차적 정당성을 확보하면서 추진해야 하며, 사회적 공론화 과정, 즉 숙의과정을 반드시 거쳐야 한다.

3) 베이밸리

베이밸리(Bay Valley)사업은 충남 북부권과 경기 남부권 등 아산만 일대를 반도체, 수소경제, 미래모빌리티 등 대한민국 4차 산업을 선도하는 글로벌경제 거점으로 육성하기 위한 충남도·경기도 공동 프로젝트이다. 베이밸리는 전통적인 공동생활권 개념으로 접근하고 있는 수도권, 부산·울산·경남을 포괄하고 있는 동남권과 달리 해당 권역을 경기도 남부지역과 충남도 북부지역을 아우르고 있는 아산만권을 지칭하는 것이 특징이다.

아산만권은 충남도의 아산, 천안, 당진, 서산과 경기도의 평택, 화성, 오산, 안성을 아우르는 충남과 경기의 경계지역으로서, 우리나라 인구의 6.2%, 지역내총생산의 10.6%, 수출의 21.7%를 차지(충남도·충남연, 2023.6)하고 있다. 아산만권의 미래신성장산업 중 충남·경기가 공통적으로 강세를 보이고 있는 산업은 반도체, 디스플레이 장비, 미래차부품 등이다(충남연, 2022). 2022년 9월 충남도지사와 경기도지사의 상생협력 체결로 베이밸리사업의 속도감 있는 추진에 유리한 여건이 형성되었다.

충남도는 베이밸리사업에 2050년까지 33조 원을 투입하여 아산만 일대 지역내총생산(GRDP)을 세계 20위권 규모로 끌어올린다는 계획이다(서울신문, 2024.7.6). 이를 위해 2024년 하반기에 베이밸리 조성 지원 특별법 작성 및 입법 검토 작업을 거쳐 2025년부터 입법을 본격 추진할 예정이며, 해양수산부에는 당진항, 대산항 등의 개발계획을 제4차 항만기본계획에 반영해 줄 것을 건의하였다. 또한 당진평택항을 중심으로 수소산업 핵심거점을 육성해 대한민국 수소산업을 선도하여 국가경제 성장을 견인한다는 계획이다(월간수소경제, 2024.8).

[표 3-8] 충남도·경기도 베이밸리사업 추진 경과

시기	주요 내용
2022.9	충청남도지사, 경기도지사 상생협력 업무협약
2023.3	공동연구협약(충남연–경기연) 및 세미나, 연구용역 착수보고
2023.4	충남도·경기도·충남연·경기연 합동 현장 답사
2023.9	베이밸리 기본계획 수립(충남연), 경제자유구역 지정(산업연) 합동회의
2023.11	충남도, 충남도의회/시군협의체/민관합동추진단 등 의견수렴
2024.2	공동연구 보고회 개최(兩 부지사)
2024.2	베이밸리 충남 비전선포식

출처: 김찬동(2024); 충남도청 홈페이지(2024.10.3) 재정리.

[표 3-9] 충남도 · 경기도 베이밸리 20개 핵심사업

목표	10대 프로젝트	20개 핵심사업 (* 충남도 단독)
목표1 신성장동력 창출	베이밸리 메가클러스터 조성	① 베이밸리 탄소중립 산업벨트 구축 ② Economic Security Sector 조성*
	미래 신성장산업 육성	③ 반도체 · 미래모빌리티산업 육성 ④ 바이오신소재산업 육성*
	지산학연 R&D 혁신생태계 구축	⑤ 지산학연 R&D 혁신역량 강화*
	대한민국 청년일자리 전진기지 시범 조성	⑥ 기업 지역인재채용목표제 도입* ⑦ 청년 창업생태계 조성
목표2 글로벌 네트워크 가교역할	지속가능한 외국인 직접투자기반 조성	⑧ 충남 경제자유구역 개발* ⑨ 베이밸리 개발청 설립
	글로벌 우수인력 유치기반 구축	⑩ 선진 이민제도 기반 조성* ⑪ 한국형 국제교육도시 조성*
	환황해 직교류 교통망 구축	⑫ 한중 초국경 고속교통 구상* ⑬ 중부권 특화항공거점 조성* ⑭ 글로벌 복합항만 조성
목표3 메가리전의 중심지로 육성	베이밸리 K-SPACE 조성	⑮ K-SPACE 개발*
	베이밸리 초광역교통망 구축	⑯ 베이밸리 순환고속도로 건설* ⑰ 베이밸리 순환철도 건설
	메가시티 지원 인프라 구축	⑱ K-골드코스트 조성 ⑲ 지속가능한 생태환경 조성 ⑳ 베이밸리 생활지원 인프라 확충*

출처: 충남도청 홈페이지(2024.10.3) 재정리.

천안 · 아산에는 세계적 반도체 기업인 삼성전자(패키징사업부), 패키징 관련 중견기업(하나마이크론, 엑시콘, TSE 등) 등이 위치하고 있으며, 경기도 남부지역(화성 · 평택)에는 글로벌 반도체생산 대기업인 삼성전자와 후공정 중견기업도 입지하고 있다. 그간 정부가 발표한 K-반도체 벨트 구축(2021.5), 반도체 메가클러스터 조성(2023.3) 등과 연계하여 후공정 중심으로 정부 · 경기도와 공동으로 사업을 추진하여 시너지효과를 극대화할 필요가 있다.

충남 · 경기의 베이밸리 메가시티의 특징은 전통적인 행정구역을 뛰어넘어 4차 산업의 경제지도를 기반으로 권역을 설정하여 신산업을 육성할 계획을 마련하고 있다는 것이다. 경제권 · 생활권이 다른 충남도와 경기도가 상생 · 협력하여 메가시티 사업을 추진하는 이유는 공통분모가 되는 산업(반도체, 자동차 등)을 기반으로 규모의 경제를

[그림 3-2] 베이밸리 종합 구상도(충남도청, 2024.10.3)(좌) 및 서해선 · 평택선 · 장항선 복선선철 개통 사업(우)

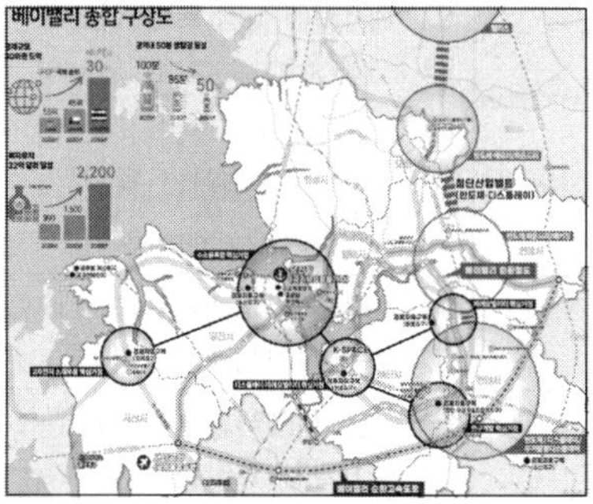

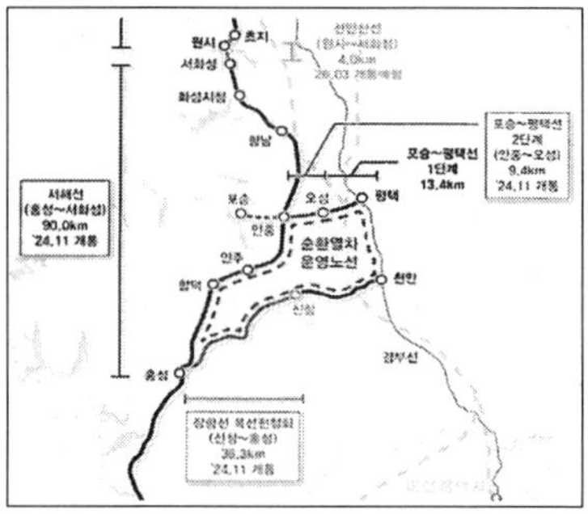

출처: 국토교통부(2024.11.1). 보도자료(우).

이룰 수 있다고 판단하고 있기 때문이다. 본 사업이 성공적으로 추진된다면 생활권 · 경제권 불일치 해소를 위한 특별지방자치단체 설치, 행정통합 등과는 결이 다른, 공통의 산업과 경제를 기반으로 한 새로운 메가시티 모델로 제시될 수 있다.

한편, 2024년 11월 2일 서해선(홍성~서화성), 장항선 신창~홍성 복선전철, 평택선(안중~평택) 3개 노선 개통에 따라 장항선, 경부선, 평택선, 서해선 4개 노선을 연계하여 홍성~천안~평택~안중~홍성을 순환하는 노선도 개통되었다. 이는 충남 서북부와 경기 남부가 하나의 생활권으로 연결되었다는 것에 의미가 있으며, 특히 베이밸리 메가시티를 활성화시킬 수 있는 인프라로 적극 활용될 것으로 전망된다.

5 메가시티 경쟁력 강화 방안

1) 메가시티 개념 설정

모두에서 밝혔듯이 메가시티란 지역 간 연계 · 협력이 활발한 인구 1,000만 명 이상의 도시권역을 의미하는데, 메가시티를 단순히 행정통합을 의미하는 것으로 생각하는 경우가 많다. 이는 김포의 서울 편입 이슈화, 부울경특별지방자치단체 출범 등을 통해 각인된 결과이다.

하지만 메가시티를 단순히 행정통합을 염두에 두고 추진할 필요는 없으며, 지자체 간 연계 · 협력을 활성화하는 데도 방점을 두어야 한다. 충남도와 경기도의 베이밸리 메가시티가 지자체 간 연계 · 협력의 대표적인 사례이다. 메가시티를 구축하기 위해서는 광역적 시각에 기반하여 생활권 · 경제권 단위로 중심지체계를 구상하고, 중심지를 연계하는 것이 필요하다(경향신문, 2023.11.21). 그러므로 학계, 법조계 등이 메가시티의 권역을 생활권 · 경제권 중심으로 설정하는 것을 공식화하고, 정부는 이를 정책화할 필요가 있다.

2) 수도권 · 비수도권 메가시티 접근방식의 재정립

메가시티의 접근방식을 수도권과 비수도권에 달리 적용할 필요가 있다(정진도, 2023). 수도권에는 수도권의 외연적 확장에 따른 교통, 환경 등 행정체계 불일치를 해소하기 위한 정책을 추진해야 한다. 그리고 비수도권에는 수도권에 대응할 수 있는 경제의 규모를 구현하기 위해 메가시티 조성 정책, 즉 지방거점도시를 성장시키고 주변 도시와의 연계 · 협력을 활성화시킬 수 있는 정책을 펼쳐야 한다.

그 이유는 앞서서 언급했지만 교통 · 산업 등의 발달로 인한 생활권 확대로 광역적인 사무를 효율적으로 처리해야 할 필요성이 더욱 커졌고, 특히 비수도권의 경우 수도권 집중으로 인한 지방소멸 위기 극복을 위해 지방자치단체 간 연계 · 협력이 필수불가결한 요소가 되었기 때문이다.

한편, 비수도권의 경우 정부 단위 공공기관을 지역별 산업특성에 맞게 분산시켜 지역별 수도화 전략(동남권: 물류 · 해양, 광주전남: 에너지 · 농수산 등)을 추진하는 것도 검토해 볼 필요가 있다(이상대 · 이혜령, 2020).

3) 비수도권 지역소멸 대응을 위한 지방행정체제 개편, 지방자치단체 기관구성 다양화 등 추진

제17대 · 제18대 국회 당시 특별위원회를 구성하여 지방행정체제 개편방안을 지속적으로 논의하였다. 특히 2010년 「지방행정체제 개편 특별법」을 제정하고, 2012년 지방행정체제 개편 기본계획을 마련하였으나 행정구역 통합의 경우 국민적 공감대 부족 등으로 통합창원시(2010), 통합청주시(2014) 출범 이외에는 성과가 미흡하였다.

자치분권위원회는 자치분권 종합계획(2018)에 인구규모, 재정상황 등을 감안한 지자체 형태 다양화를 주요 과제로 선정하였다. 자치분권 시행계획(2021)에 지자체 기관구성 변경 표준모델(안) 마련, (가칭)지방자치단체 기관구성[3] 형태에 관한 특별법 제정 추진 등을 반영하였다. 특히「지방자치법」전부개정(2021.1)을 통해 지방자치단체의 기관구성 다양화를 위한 근거를 마련(제4조)하였으나 후속 법률 부재로 실행력에는 한계가 있다.

그러므로 인구감소 및 고령화, 취약한 재정상황 등에 대응하기 위해 인구 5만 명 이하 지역 중심으로 행안부, 지방시대위원회 등이 해당 지방자치단체들과 협업하며 행정통합을 추진할 필요가 있다. 행정통합은 고령화 등에 따라 인구가 계속 감소하는 비수도권 중심으로 지역의 행정비효율을 해소하고, 지역경쟁력 재구조화 등을 위해 추진하는 것으로 군 단위 간 행정통합[4]이 바람직하다.

최근 정부도 지방자치 출범 후 30년간 유지되어 온 행정구역을 개편하는 것에 대한 논의를 추진할 것으로 보이는데, 행정안전부는 2024년 3월 15일 업무보고를 통해 30년간 유지되어 온 지방행정체제의 새로운 방향을 검토하기 위해 관련 위원회를 출범하여 지역별로 진행되어 온 자치단체 통폐합, 특별지방자치단체 구성 등 다양한 방식의 행정체제 개편에 대해서 논의한다고 밝혔다(머니투데이, 2024.5.8).

한편, 특별지방자치단체가 출범하면 교통 · 환경 등 행정구역을 넘어서는 현안들을 해결하는 것이 훨씬 수월해져 주민들의 삶의 질도 향상될 것이며, 생활권 · 경제권 단위의 사업추진을 통해 규모의 경제 및 집적이익 등을 실현할 수 있어 해당 권역의 지역경쟁력도 강화될 수 있으므로 특별지방자치단체들을 정치적 이해관계 유불리와 상관없이 설치해야 한다.

---

3) 박근혜 정부 시절 지방자치발전위원회(2014)도 지방자치발전 종합과제로 지방자치단체 기관구성 형태 다양화 방안을 제시하였다(지자체장 권한분산형, 지방의회 분산형 등).

4) 인천광역시의 경우도 원도심 인구감소 및 공동화에 대응하기 위해 중구와 동구가 통합되어 제물포구로 출범하는 것을 골자로 한 인천형 행정체제 개편을 추진하였고, 2024년 1월 '인천광역시 제물포구 · 영종구 및 검단구 설치 등에 관한 법률' 제정으로 확정되었다(인천뉴스, 2024.9.19).

4) 광역행정사무 선정 및 안정적 재원 마련

메가시티 사업은 초광역 단위 거점투자방식 사업이기에 초광역 권역 내 지역 간 특성화, 연계 · 협력에 기반한 거시적 재정투자 계획과 그 궤를 같이 하지 않을 경우 권역별 거점으로의 인구집중과 주변지역의 인구유출을 초래할 수 있다(오마이뉴스, 2024.9.12).

그러므로 지방자치단체 간 성공적인 협력을 위해서는 지역에 맞는 광역행정사무를 선정하는 것이 무엇보다 중요하다. 일반적으로 지방자치단체 간 광역행정사무로 지역경제 · 산업개발, 교통, 환경, 지역 · 공간계획, 치안 · 방재, 보건, 문화 등이 포함되어 있다(김예성 · 하혜영, 2022). 부울경특별지방자치단체 출범 당시에도 광역행정사무를 어디까지 둘지를 놓고 지자체 간 이견이 있었는데, 해당 사무를 명확히 구분해야 한다.

한편, 지방자치단체 간 협력의 주된 동기가 경제적 편익임을 고려할 때 경제적 편익이 될 수 있는 행정영역들을 지속적으로 발굴하는 노력이 필요하다(김순은 외, 2009: 114-115). 특히 자치사무 중 어느 사무를 지방자치단체 간 광역행정사무로 선정할지를 명확히 할 필요가 있다. 그리고 정부는 초광역협력 지원전략(안)(2021.10)을 통해 국가사무 중 특별지방자치단체가 필요로 하는 국가사무의 위임을 분권협약을 통해 적극 추진한다고 밝혔는데 이와 관련된 세부규정 및 추진체계가 마련되어야 한다. 광역행정사무 선정 못지 않게 광역행정사무의 지속적인 수행을 위해서는 안정적 재원이 마련되어야 한다.

지역균형발전특별회계에는 지역자율계정, 지역지원계정 등이 있다. 이 중 지역지원계정 내에 초광역협력 사업군 예산항목을 확충하는 것을 검토(김예성 · 하혜영, 2022)하거나, (가칭)초광역계정을 신설(박경현 외, 2022)하는 것도 검토해 볼 필요가 있다. 즉 특정 광역지자체에 지원하던 예산을 지자체 간 광역행정사무에 적극적으로 재분배하는 것이 필요하다.

5) 지방시대위원회 및 저출산고령사회위원회 협력체계 구축

메가시티 관점에서 지방시대위원회 및 저출산고령사회위원회가 협력하여 수행할 수 있는 업무들이 많다. 특히 저출산고령사회위원회의 고령사회 관련 사업은 인구감소에 대응하기 위해 비수도권 광역자치단체들이 추진하고 있는 메가시티 사업과 정책목표가 유사하다. 그러므로 저출산고령사회위원회에서도 메가시티에 대응할 수 있는 아이템을 적극 발굴할 필요가 있으며, 이를 위해 지방시대위원회와 협력할 필요가 있다.

[표 3-10] 지방시대위원회 및 저출산고령사회위원회 기능 비교

구분	지방시대위원회	저출산고령사회위원회
기능	1. 지방자치분권 및 지역균형발전 기본방향과 관련 정책 조정, 국정과제의 총괄·조정·점검 및 지원 2. 지방시대 종합계획 수립 3. 지역균형발전시책 및 사업, 지방자치분권 과제 등 추진·조사·분석·평가·조정 4. 기회발전특구 지정 및 지원 5. 공공기관 등 지방이전, 혁신도시 활성화 및 신설 공공기관의 입지 결정 6. 지역혁신융복합단지 지정·육성, 지역발전투자협약 체결 및 운영 등	1. 저출산 및 인구의 고령화에 대비한 중·장기 인구구조의 분석과 사회경제적 변화 전망에 관한 사항 2. 저출산·고령사회정책의 중·장기 정책목표와 추진방향에 관한 사항 3. 기본계획에 관한 사항 4. 시행계획에 관한 사항 5. 저출산·고령사회정책의 조정 및 평가에 관한 사항 6. 그 밖에 저출산·고령사회정책에 관한 중요사항으로서 제5항의 간사위원이 부의하는 사항
주요 부서	지역정책지원과, 광역개발특별자치지원과, 지역공간정책과 등	인구전략총괄과, 기업지역협력과, 고령사회정책총괄과 등

출처: 지방시대위원회 및 저출산고령사회위원회 홈페이지(2024.10.9. 검색).

더 나아가 비수도권의 지역경쟁력 강화, 인구감소 대응 관련 정책을 종합적으로 다룰 수 있도록 지방시대위원회 및 저출산고령사회위원회를 통합하여 운영하는 것도 검토할 필요가 있다. 통합된 위원회는 공정거래위원회, 국민권익위원회 등처럼 예산과 권한을 가진 행정위원회로 운영될 필요가 있다. 한편, 정부는 저출산·고령화 문제 대응을 위해 정부부처 신설도 추진하고 있다.[5)]

5) 저출산·고령화 문제에 대응하기 위해 정부는 2024년 6월 '인구전략기획부' 신설을 추진하기로 하였다(아시아경제, 2024.6.19).

6 메가시티의 성공적 추진을 기대하며

도시행정에서 메가시티는 이제 지역균형발전, 지방자치, 광역행정을 관통하는 키워드가 되었다. 메가시티 관점에서 지역 간 균형발전, 지방자치단체 간 협력, 광역행정 사무 발굴 등과 관련된 현안들을 적극적으로 발굴해야 하는 시점이 도래하였다.

본 장에서는 메가시티와 관련된 그간 정부와 국회의 동향, 그리고 최근 이슈 중심으로 살펴보았다. 지금까지 살펴본 정부·국회 동향, 최근 이슈의 공통분모는 규모의 경제다. 즉 메가시티 사업에는 초광역권이라는 공간적 범위 내에서 인구, 지역경제, 인프라 등의 규모를 키워 규모의 경제를 이루고자 하는 목적이 담겨 있다.

이에 규모의 경제를 실현하기 위한 대안으로 지자체 간 연계·협력, 행정통합, 광역행정사무 선정 및 안정적 재원 마련, 정부 차원의 독립적인 기구 설치 등을 살펴보았다. 위와 같은 대안들이 적극 추진되기 위해서는 광역교통망과 같은 인프라를 적극 확충하는 것이 무엇보다 중요하다. 메가시티 사업의 요체를 교통체계 구축을 통한 지역 간 연결에 두고 있는데(조재욱, 2023), 수도권이 우리나라의 대표적인 메가시티가 된 것은 수도권 광역철도, 고속도로 등 광역교통망을 지속적으로 확충했기 때문이다. 그러므로 교통인프라 구축을 통해 중심도시와 주변도시와의 기능적 연계를 강화해야 한다.

더 나아가 메가시티 사업을 성공적으로 추진하려면 지자체 간 연계·협력뿐만 아니라 지역주민들의 공감대를 형성해 가는 과정이 선행되어야 한다(육동일, 2023).

부울경특별지방자치단체도 출범 후 바로 좌초된 이유는 당시 광역지방자치단체장의 리더십에 의존한 경향이 매우 크다. 지역주민 설득 및 공감대 형성이 우선되었다면 단체장이 교체되어도 부울경특별지방자치단체가 쉽게 해산되지는 않았을 것이라고 판단된다. 그러므로 추진 초기부터 협력적 거버넌스 체계가 구축되고 실질적으로 운영될 필요가 있으며, 공동사무 발굴, 재정분담, 지방의회·집행기관의 구성·규약제정 등 전 과정에 걸쳐 해당 지방자치단체, 지역사회가 서로 소통하고 협력하는 것이 무엇보다도 중요하다.

참고문헌

강현수 · 강민규(2020). 균형발전을 위한 광역 협력사업 추진방안, 『국토이슈리포트』, 제23호, 국토연구원.

경기일보(2024.8.13). 김포시 "서울편입 포기 NO" … 국힘 의원 13명 '특별법' 재발의.

경향신문(2023.11.21). 메가시티, 서울 아닌 비수도권에 절실 … 최소 세 군데는 만들어야[논설위원의 단도직입].

관계부처 합동(2021.10.14). 초광역협력 지원전략(안).

국제신문(2024.6.6). 부울경 메가시티 다시 불붙나 … 김정호 · 전재수 등 특별법 발의.

국토교통부(2024.11.1.). 서해안 철도 교통시대 개막 … 서해선 · 장항선 · 평택선 동시 개통, 보도자료.

국회홈페이지 의안정보시스템(2024.10.3. 검색). 경기도와 서울특별시 간 관할구역 변경에 관한 특별법안(조경태 의원 등 12인).

국회홈페이지 의안정보시스템(2024.10.3. 검색). 부산 · 울산 · 경남특별지방자치단체 설치 및 지원 등에 관한 특별법안(김정호 의원 등 10인).

김순은 · 채원호 · 최진혁 · 김선기(2009). 지방정부간 협력방안에 관한 연구, 『한국지방자치학회보』 제21권 제1호, pp.97-119.

김예성 · 하혜영(2022). 국가균형발전을 위한 초광역협력 현황과 향후 과제, 『NARS 입법 · 정책』 제105호, 국회입법조사처.

김찬동(2024). 한국의 메가시티구상의 현황과 사례: 대전충청의 메가시티 구성의 관점에서, 『사회과학연구』 제35권 제2호, 충남대 사회과학연구소, pp.243-262.

뉴스1(2024.5.28.). '빈수레' 된 '서울시 김포구' … 21대 국회 임기종료로 특별법 자동 폐기.

뉴시스(2024.6.22). 부울경 '특별연합' 무산 아픔 딛고 '초광역 경제동맹' 띄운다.

대한민국 정책브리핑(2008.9.10). 5+2 광역경제권 활성화 전략.

더스쿠프 571호(2023.11). 김포: 서울 편입론의 허상 ② 여당만 모르는 '차면 기운다'는 섭리.

매경이코노미 2234호(2023.11). 김포 · 하남 · 구리를 서울로 편입? 메가시티의 경제학.

매일경제(2024.2.14). 5년 공들인 '부울경 메가시티' … "우리가 더 손해" 이기주의에 와르르.

매일경제(2024.3.31). 메가시티엔 한뜻인데 … 與 "서울 우선", 野 "부울경부터".

머니투데이(2024.5.8). '메가시티 특별법' 폐기 수순인데 … 지자체는 "지속 추진".

머니투데이(2024.7.2a). 부울경 메가시티, 꺼지지 않는 불씨 … 특별법 발의.

머니투데이(2024.7.2b). "정쟁 아닌 지역의 문제" … 서울편입 논의 재추진되나.

박경현 외(2022). 국토균형발전을 위한 지역주도 초광역권 육성전략, 『국토정책브리프』 제892호, 국토연구원.

박재욱(2021). 메가시티는 지역균형발전의 미래를 찾아 줄 것인가-메가시티 연계 협력을 위한 광역 거버넌스 구축 전략-, 국가균형발전위원회 NABIS 뉴스레터 21호.
박재욱(2024). 메가시티 추진과 특별지방자치단체의 무산: 부울경 특별연합을 중심으로,『21세기정치학회보』 제34집 제1호.
박진호(2020). [부울경 메가시티 플랫폼 구축과 동남권 발전 비전] 동북아의 새로운 메가시티로 진입 등 2가지 방향 동남권 발전 비전 구상 중,『부산발전포럼』 제184호, 부산연구원, pp.8-13.
부산연구원 · 울산연구원 · 경남연구원(2021). 동남권(부울경) 메가시티 기본구상 및 전략, 한국지방정부학회 하계학술대회.
브레이크뉴스경남(2022.1.27). [칼럼]메가시티, 그 뻔한 소모적 논쟁에 대해.
서울신문(2024.7.6). "아산만을 실리콘 밸리로" … 비상하는 '베이밸리 메가시티'.
아시아경제(2024.6.19). 尹 '인구 국가비상사태' 선언 … 男 육아휴직률 임기 내 50%로.
연합뉴스(2021.10.14). 문대통령 "초광역협력으로 수도권 일극체제 타파".
연합뉴스(2022.12.14). 부울경 특별연합 폐지 속도 차이 … 부산은 제동, 경남 · 울산 의결.
연합뉴스(2024.9.10). 김포골드라인 열차 추가 투입했는데 더 혼잡 … '지옥철' 여전.
오마이뉴스(2024.9.12). 메가시티 전략, 어디로 표류하고 있는가.
월간수소경제(2024.8). 아산만, K-실리콘밸리로 변신한다 초광역 첨단메가시티 베이밸리.
육동일(2023). 다양한 메가시티 조성으로 연대와 협력의 지방시대 열어야,『월간 KIET 산업경제』 제303호, 산업연구원, pp.92-96.
이민정 · 홍원표(2022). 충남의 미래신산업 네트워크분석 및 '지역간 상생일자리 창출모델' 연구: 자동차산업 전후방산업연관을 중심으로, 충남연구원.
이상대 · 이혜령(2020). 수도권도 살고, 지방도 사는 메가시티 전략,『이슈&진단』 제433호, 경기연구원, pp.1-26.
이정석(2020). [부울경 메가시티 플랫폼 구축의 추진체계] 부울경 메가시티 플랫폼 구축의 추진 주체로 동남권특별연합 설치 필요성 제안,『부산발전포럼』 제184호, 부산연구원, pp.14-27.
인천뉴스(2024.9.19). 인천 중구 · 동구, 2026년 '제물포구' 출범 합의문 체결 … 부담 · 불이익 배제 등.
자치분권위원회(2018). 자치분권 종합계획.
자치분권위원회(2021). 자치분권 시행계획.
정진도(2023). 지역균형발전 전략으로서의 메가시티, 쟁점과 과제,『이슈와 논점』 제2163호, 국회입법조사처.
조재욱(2023). 초광역적공간전략의 정치경제: 메가시티 구상의 의의와 과제를 중심으로,『한국과 국제정치』 제39권 제4호, 경남대 극동문제연구소, pp.1-35.

지방시대위원회(2023). 제1차 지방시대 종합계획(2023~2027).
지역발전위원회(2013). 지역행복생활권 가이드라인.
충남도 · 충남연구원(2023.6). 베이밸리 메가시티 건설 기본계획 제1차 중간보고회 자료.
충남도청 홈페이지(2024.10.3. 검색).
한겨레(2023.11.8). '김포 서울 편입' 논란에 '부울경 메가시티' · '부경 행정통합' 다시 수면 위로.
한경 BUSINESS 2534호(2023.11). '서울시 김포구' 4대 쟁점.
한국일보(2022.4.7). '초광역 메가시티' 두세 개만 구축해도 새 정부 지역균형 발전 성공.
헤럴드경제(2024.3.27). 부울경 메가시티 민주당 공약… 균형 발전 · 지방 분권에 총력.

KOTRA, 해외투자용어사전.

04 CHAPTER

정보통신, 빅데이터, 통계

임성은(서경대학교)

디지털 혁신은 도시행정도 피해갈 수 없는 영역이다. 스마트시티는 물론 도시계획이나 도시발전에 있어서 기술의 발전, 정보통신, 데이터의 활용 등 떼려야 뗄 수 없는 환경이기 때문이다. 최근에는 AI까지 폭넓게 도입되면서 도시의 변화와 발전을 주도하는가 하면 예측이나 계획에도 주요 수단으로 등장하고 있다. 그동안 도시행정에서는 전자정부를 비롯하여 디지털 플랫폼 정부 등으로 이어져오고 있다. 반면 데이터 활용이나 정보공개 등의 측면은 과거를 완전히 벗어났다고 하기 어려운 실정이다. 행정데이터를 넘어 빅데이터 그리고 정보통신, 통계 이런 영역들과 도시행정의 관계에 대해 살펴보고자 한다.

필자는 1996년 경부고속철도 건설 프로젝트에서 미국 벡텔사의 자문을 받아 자료관리(Document & Drawing Control) 업무를 맡게 되었다. 통상의 자료관리가 도서 위주인 것을 벗어나 문서와 도면 등을 포함하는 개념이었고, 단순한 기록 전산화를 넘어서 스캔, 주요한 조치항목(Action Item)까지 관리하도록 세팅되어 있었다.

당시 코볼을 바탕으로 데이터베이스 프로그램을 운용하였고 이후 윈도우 기반으로 업데이트하는 과정에 전산시스템 설계 업무를 지원하게 되었다. 이후 국회에서 전자정부, 서울시에서 오픈 시스템, 대학에서 전자정부론을 강의하였고, 서울기술연구원장을 하면서 AI, 디지털 플랫폼, 빅데이터 등을 활용하여 행정을 디지털로 전환하는 연구를 관리한 바 있다.

1 개요

1) 정보통신, 데이터, 통계의 정의

이태원 사고, 대중교통체계 개편 등을 거치며 도시행정의 각 분야에서 정보통신기술의 활용과 적용이 활발해지고 있다. 빅데이터 등의 발전과 함께 행정데이터에 대한 데이터 자치권이라는 개념도 등장하고 있다.

정보통신, 혹은 정보통신기술(Information and Communications Technology, ICT)은 정보기술(IT)의 확장형 동의어로 사용된다. 통합 커뮤니케이션, 원거리 통신(전화선 및 무선 신호), 컴퓨터, 부가적으로 정보를 저장하고 전송하고 조작할 수 있게 하는 필수적인 전사적 소프트웨어, 미들웨어, 스토리지, 오디오 비주얼 시스템을 강조하는 용어이다.[1] 우리나라 정부체계에서는 정보통신부에서 과학기술부로 통합되었다가 교육부와 통합하였다가 과학기술정보통신부로 재편되었다.

데이터는 자료로 번역할 수 있다. 자료(data)를 가공해 얻는 것이 정보(information)라는 점을 유념할 필요가 있다. 설문조사를 통해 우리나라 특정 집단의 신장이나 체중을 조사하여 획득되는 것은 몇만 개의 자료점(data point)이다. 이것을 통계 처리하여 도출한 것이 정보가 된다. 영어로는 Personal Data Protection Act가 존재하나, 우리나라에는 개인정보보호법은 있어도 개인자료보호법은 없다는 것도 특징이다. 연구방법에서는 연구에 직·간접적으로 이용되는 일체의 자료로 사용되며 1차 자료와 2차 자료로 구분된다.

통계는 집단현상에 대한 구체적인 양적 기술(量的記述)을 반영하는 숫자로 정의된다. 특히 사회집단 또는 자연집단의 상황을 숫자로 나타낸 것이다. 통계는 사회의 발전과 함께 발달해 왔는데, 오늘날의 사회생활과 과학은 통계 없이는 존재할 수 없다(두산백과, 2024).

---

1) https://web.archive.org/web

2) 전자정부의 정의

"전자정부(電子政府, e-Government, e-gov)"란 정보기술을 활용하여 행정기관 및 공공기관(이하 "행정기관등"이라 한다)의 업무를 전자화하여 행정기관 등의 상호 간 행정업무 및 국민에 대한 행정업무를 효율적으로 수행하는 정부를 말한다(전자정부법 제2조 제1호) "디지털 정부(digital government)", "온라인 정부(online government)"라고도 한다.

전자정부는 2001년 3월, 「전자정부 구현을 위한 행정업무등의 전자화 촉진에 관한 법률」이 제정되면서 본격화되었다. 그 취지는 행정사무 및 민원서비스의 전자적 처리를 통하여 행정의 생산성 및 민주성을 제고하기 위함이다. 행정부 외에 국회, 법원 등 기타 헌법기관에서도 정보기술을 활용하여 행정기관의 사무를 전자화하고, 업무처리 과정은 국민의 편익을 중심으로 설계되도록 하고, 행정기관은 업무의 처리과정 전반을 전자적 처리에 적합하도록 혁신하는 등을 목적으로 하였다(국회, 2001).

3) 디지털 플랫폼 정부의 정의

디지털 플랫폼 정부(Digital Platform Government)는 모든 데이터가 연결되는 디지털 플랫폼 위에서 국민, 기업, 정부가 함께 사회문제를 해결하고 새로운 가치를 창출하는 정부로 요약된다. 2022년 윤석열 정부에서 데이터에 기반한 국정운영 원리이자 국민 편의를 강화하기 위한 정부 서비스 혁신 프로젝트를 말한다. 정부가 일방적으로 서비스를 제공하는 공급자에서 벗어나 민관이 협업해 새로운 공공서비스 모델을 만들어 내고 기업이 혁신의 동반자가 되는 모델이다.

[그림 4-1] 전통적 정부와 디지털 플랫폼 정부의 서비스 모델 비교

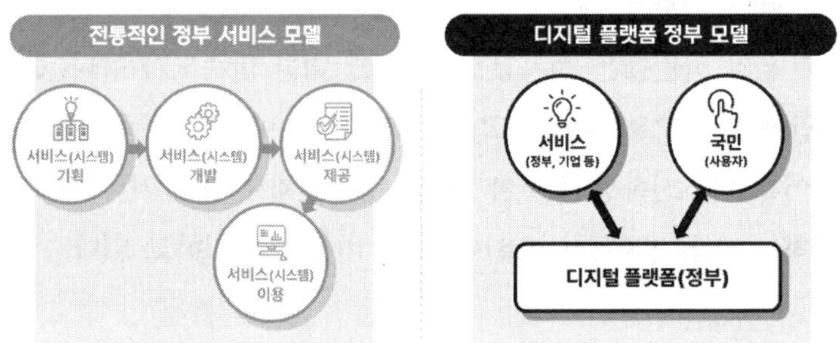

출처: 한국지능정보사회진흥원(NIA)(2022: 9).

2 전자정부

1) 전자정부의 개념

전자정부는 정보통신과 매우 밀접하다. 전자정부의 개념 자체가 행정정보체계를 초고속 정보통신망으로 네트워크화하여 행정업무의 생산성과 효율성을 크게 높이는 정부이기 때문이다. 쉽게 말해서 전자정부란 컴퓨터와 초고속 정보통신망을 통해 행정사무의 자동화와 대민 서비스를 신속히 그리고 적시(適時)에 수행할 수 있게 네트워크화(network化)된 정부를 말한다(이종수, 2009).

「전자정부법」의 주요 내용으로는 ① 행정의 생산성 및 민주성을 제고하기 위해 행정부 외에 국회, 법원 등 기타 헌법기관에서도 정보기술을 활용하여 행정기관의 사무를 전자화하도록 하였다(제2조). ② 행정기관의 업무처리과정은 국민의 편익을 중심으로 설계되도록 하고, 행정기관은 업무의 처리과정 전반을 전자적 처리에 적합하도록 혁신하는 등 전자정부의 구현 및 운영 등에 관하여 필요한 원칙을 정하였다(제6조 내지 제15조). ③ 행정기관의 문서는 전자문서를 기본으로 하여 작성 · 관리되도록 하고, 행정기관은 전자문서에 적합한 서식을 마련하여 활용할 수 있도록 하였다(제16조). ④ 전자공문서에는 전자관인을 사용하되, 행정기관의 전자거래의 경우에는 전자서명법에 의한 전자서명을 사용할 수 있도록 하고, 중앙사무관장기관의 장이 전자관인에 대한 인증업무를 행하도록 하였다(제20조).

2) 주요 사업과 이용도, 만족도

전체적으로 우리 국민들은 전자정부서비스에 대한 만족도가 높다. 2021년도를 기준으로 국민 만족도는 97.8% 수준이고, 전 연령대의 이용자 만족도가 유사한 수준이다. 만족하는 이유로는 신속성(빠른 일 처리), 유용성(필요 정보, 서비스에 대한 적정한 도움), 접근성(원하는 시간, 장소에서 이용)이 높은 비율을 차지하고 있다.

[그림 4-2] 전자정부서비스 주요 홈페이지별 이용률

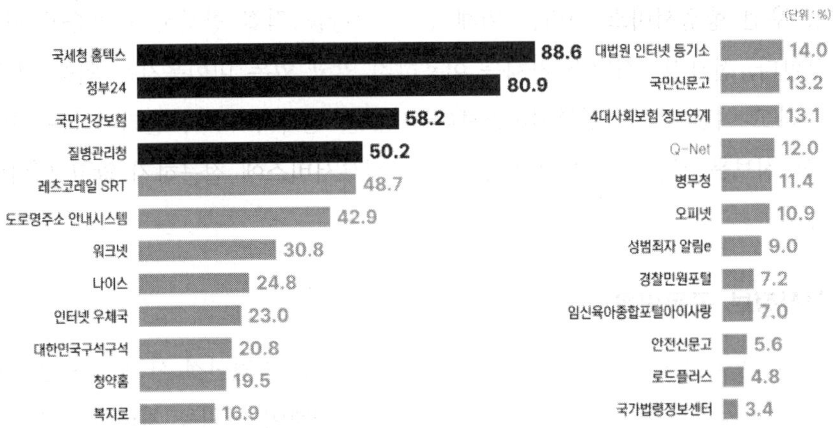

출처: 한국지능정보사회진흥원(NIA)(2022: 21).

[그림 4-3] 행정서비스 이용방법 및 전자정부서비스 미이용 이유

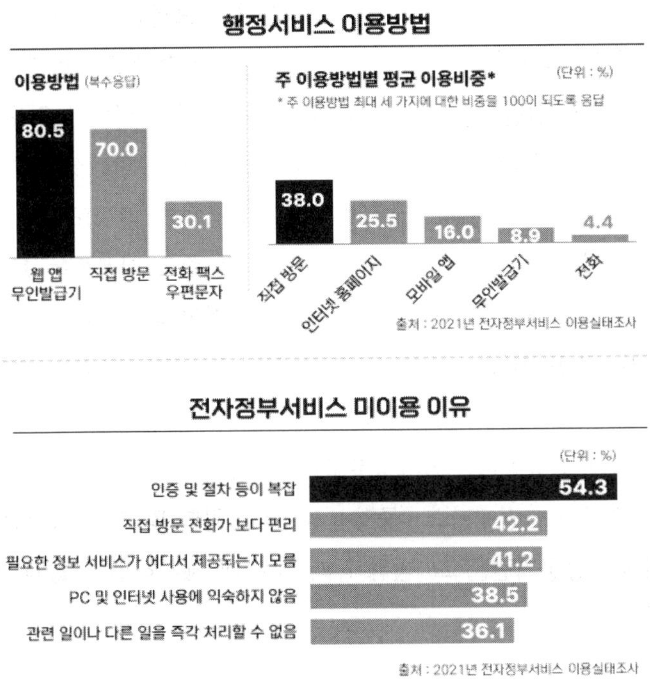

출처: 한국지능정보사회진흥원(NIA)(2022: 21).

전자정부서비스에 대한 높은 만족도에도 불구하고 근본적인 변화가 필요한 부분도 존재한다. 우선 행정서비스 처리를 위해 관련 기관을 직접 방문하는 비중이 여전히 70%에 달한다. 전자정부서비스 자체를 이용하지 않고 있는 미이용자는 인증 및 절차 등이 복잡하고 여전히 전자정부서비스보다는 대면, 전화서비스가 편리하다는 것이다. 즉, 필요한 정보를 찾는 어려움으로 인해 전자정부서비스에 접근하지 않고 있다(NIA, 2022: 21).

3) 행정정보 공동이용

'행정정보 공동이용'이란 국민들이 인・허가 등 각종 민원신청 시에 필요한 구비서류를 제출하지 않아도 민원담당자가 전산망으로 확인하여 민원을 처리하는 전자정부 서비스를 말한다. 예를 들어 여권발급(변경) 민원신청 시에는 별도의 구비서류를 제출하지 않고 신청서만 작성하여 민원담당자에게 제출하면, 민원담당자가 여권발급(변경)에 필요한 각종 행정정보를 전산망으로 확인하게 된다.

장점은 편리성, 안전성, 경제성 등이다. 구비서류 정보열람은 민원인의 동의하에서만 이루어지며, 정보열람내역은 본인이 언제든지 확인할 수 있으므로 민원인의 개인정보가 철저히 보호된다. 민원신청 시에 필요한 구비서류를 준비하기 위해 소요되는 교통비, 서류발급비용, 시간낭비 등을 줄일 수 있어 경제성과 편리성이 확보된다.

과제도 존재한다. 모든 민원신청에 구비서류를 제출하지 않아도 되는 것은 아니고, 현재는 주민등록표 등・초본, 토지등기사항증명서 등 주로 사용되는 160종의 구비서류만 해당된다. 앞으로 대상 서류를 확대해야 하는 것이 과제이다.

또 다른 문제는 적용 가능한 구비서류도 제출을 요구하는 경우가 존재한다는 점이다. 특히 공동이용 기관이지만 이를 인지하지 못하거나, 담당자의 편의를 위해 여전히 구비서류를 요구하는 현상이다. 「전자정부법」이 허용하는 기관은 흔히 관공서로 불리는 정부로 국회・법원・헌법재판소・중앙선거관리위원회 및 그 소속기관, 지방자치단체까지를 포함한다. 공공기관은 그 범위가 더 넓은데 제시하면 다음과 같다.

가. 「공공기관의 운영에 관한 법률」 제4조에 따른 법인 · 단체 또는 기관
나. 「지방공기업법」에 따른 지방공사 및 지방공단
다. 특별법에 따라 설립된 특수법인
라. 「초 · 중등교육법」, 「고등교육법」 및 그 밖의 다른 법률에 따라 설치된 각급 학교
마. 그 밖에 대통령령으로 정하는 법인 · 단체 또는 기관

그 외에 「은행법」 제8조 제1항의 인가를 받은 은행, 금융감독원의 검사대상기관(전자정부법 제36조 제2항)과 민원처리기준표에 올라 있는 민원사무처리기관(전자정부법 시행령 제39조 제1항)도 포함된다.2)

민원처리기준표상 민원사무처리기관으로는 소프트웨어산업협회, 엔지니어링협회, 전기공사협회, 정보통신공사협회, 중견기업연합회, 소방시설협회, 주택건설협회, 벤처캐피탈협회 등도 해당되는 만큼 이들 기관에 업무처리 시 구비서류에 대해 행정정보 공동이용을 요청할 수 있다.

4) 여전한 아날로그 행정

아날로그 행정의 몇몇 사례를 예시해 본다. 우선 행정기관, 공무원들의 경우 급여와 관련된 가족수당, 맞춤형 복지 업무 등을 부서별로 관리하는 경우가 있는데, 소속 직원들에게 가족관계등록부나 주민등록등본 등을 요구한다.

주택분양이나 임대주택 업무를 담당하는 곳에서도 계약은 물론 청약신청 시에도 구비서류를 요구하고 심지어 방문접수를 강요하는 경우도 있다.

공공기관인 신용보증재단에서 대출보증을 신청할 경우, 금융기관에서도 마찬가지이다.

사립대학도 「고등교육법」에 의한 대상기관으로 입학서류는 간소화되었으나, 교수채용 업무 등에는 여전히 종이서류를 요청하고 있다.

2) 민원을 신청하기 전에, 행정정보 공동이용시스템(www.share.go.kr)이나 정부24(www.gov.kr) 또는 민원접수기관에 문의하여 민원신청에 필요한 구비서류를 확인할 수 있다.

3 디지털 플랫폼 정부

1) 추진 배경

추진 배경은 크게 높아진 국민의 눈높이, 협업의 필요성 증대, 생존을 위한 필수전략으로서 디지털 전환, 기존 방식의 문제점 등으로 정리된다(김병준 · 김종호, 2019). 기존 전자정부 체제가 20여 년간 진행되었으나 고질적인 칸막이, 미흡한 공공데이터 개방, 업무방식의 뒤처진 변화속도, 미흡한 민간 역량의 활용 등이 지속되어 새로운 변화를 필요로 하게 되었다.

(1) 높아진 국민의 눈높이

국민들은 민간에서 제공하는 혁신적인 서비스에 익숙해지면서 눈높이가 지속적으로 높아지고 있다. 구글, 네이버, 카카오 등 민간 플랫폼 기업의 맞춤형 서비스와 편리한 사용자 경험(UI/UX)이 대표적이다. 이에 비해 정부가 제공하는 여러 서비스는 일관성이 낮은 수많은 시스템을 통해 제공되고 있다. 수요자 중심을 지향하지만 관리 주체 중심으로 시스템을 개발하고 관리하면서 공급자 중심으로 파편화되었으며, 사용자 인터페이스는 지속적으로 업그레이드를 하지 못해 민간 서비스의 편리함에 미치지 못하고 있다. 이런 이면에는 정보통신에 능숙하고 빠른 적응력을 보이는 특정 개인은 물론 변화에 적응하기 어려운 국민들도 고려할 수밖에 없어 안정성을 추구하는 행정문화도 작용하는 것으로 해석할 수 있다.

(2) 협업의 필요성 증대

민간과의 협업은 선택이 아니라 필수가 되었다. 최근 사례들을 보더라도 코로나19, 미중 갈등, 글로벌 공급망 위기 등 예측이 어려운 위기와 재난이 동시다발적으로 발생하고 있다. 극도의 불확실성 시대 속에서 정부의 개별 부처나 분야별 대응에는 한계가 존재한다. 정부 단독이 아니라 민간과 협업했을 때 훨씬 더 효과적이고 효율적으로 문제를 해결할 수 있는 만큼 자원활용 플랫폼을 필요로 하게 되었다.

(3) 생존을 위한 필수전략으로서 디지털 전환

디지털은 생존을 위한 필수전략이다. 데이터, 네트워크, 인공지능 등 디지털 기술은 특정 분야에 국한되지 않고 사회 전반을 재편하고 있다. 이제는 정부가 디지털 기술을 단순히 활용하는 것에 그치지 않고 정부의 조직, 운영방식, 업무 프로세스 등 전반에 근본적인 혁신을 요청받고 있는 상황이다.

(4) 기존 방식의 문제점

행정 전산화는 1980~1990년대에 시작하여 2000년대 전자정부로 이어지면서 높은 평가를 받는 것도 사실이다. 기존 방식의 그대로 답습하면서 주어진 틀 안에서의 전자화만으로는 데이터의 연계와 활용이 어려워지는 역효과도 발생하고 있다.

먼저, 정부부처 · 기관 간 고질적인 칸막이로 인한 문제이다. '분업화와 전문화의 원리'에 따라 부처별로 예산 · 조직 · 시스템을 각자 운영하는 것은 변화가 없다. 정부부처들이 정보자원을 칸막이식 형태로 독자적으로 구축하고 운영하고 있기 때문에, 국민들의 새로운 통합 서비스에 대한 기대와 괴리가 생길 수밖에 없다.

두 번째는 공공데이터 개방의 미흡함이다. 공공데이터 개방을 지속적으로 확대해 왔으나, 쓸 만한 데이터가 여전히 부족하다고 호소하고 있다(이정민, 2023). 46만 개 공공데이터 중 14.8만 개가 개방되어 있으나 32%에 불과하다. 재정금융, 보건복지 등 개방률이 10%에 머무르는 분야 또한 존재하고 있다. 근본적으로는 데이터 개방을 저해하는 개별 법령, 기관의 소극적인 법 해석, 담당 공무원의 인센티브 및 전문성의 부재로 인한 결과로 볼 수 있다.

현장에서는 가명정보 처리를 해주는 인력이나 시스템이 존재하지 않아 어쩔 수 없다는 의견도 존재한다. 가명정보 처리기관을 설립하거나 신속히 체계를 갖추는 것도 큰 원칙에 못지 않게 중요한 문제로 판단된다.[3)]

세 번째는 업무방식의 뒤처진 변화속도이다. 부처 · 기관 간 데이터를 공유하는 것을 가능케 한 공공마이데이터, 전자서명 등의 기술이 도입되었다고 하나, 일하는 근본적인 방식과 프로세스 재설계가 없었기 때문이다. 주택 매수 시 소유권 이전 등기를 하려면, 온라인에서 9곳의 홈페이지, 전산화되지 않는 행정관청 3군데를 방문하여 제

3) AI 전문가인 서울연구원 연구위원 ○○○과의 인터뷰

출서류 17종을 떼고, 4번의 온라인 결제를 해야 하는 상황이다. 공동명의나 대리 업무를 처리하려면 서류는 더 늘어나고 복잡해져 현장에서는 법무사에게 위임을 하는 실정이다.

네 번째는 미흡한 민간 역량의 활용이다. 민 · 관 협업을 통한 사회문제 해결 사례들이 존재는 하지만, 일회성의 사후대처에 머물렀다. 이후에도 민간과 공공의 협업이 정부 전반으로 제도화되지는 못했다. 지금까지 공공과 민간의 영역을 엄격하게 구분하여 민간의 활발한 참여를 위한 제도적 기반이 부족했기 때문이다.

2) 주요 사업

디지털 플랫폼 정부의 주요 사업은 [그림 4-4]와 같다. 하나의 정부 등 4개의 전략과 세부 16개 사업을 제시하고 있다.

[그림 4-4] 디지털 플랫폼 정부의 주요 사업

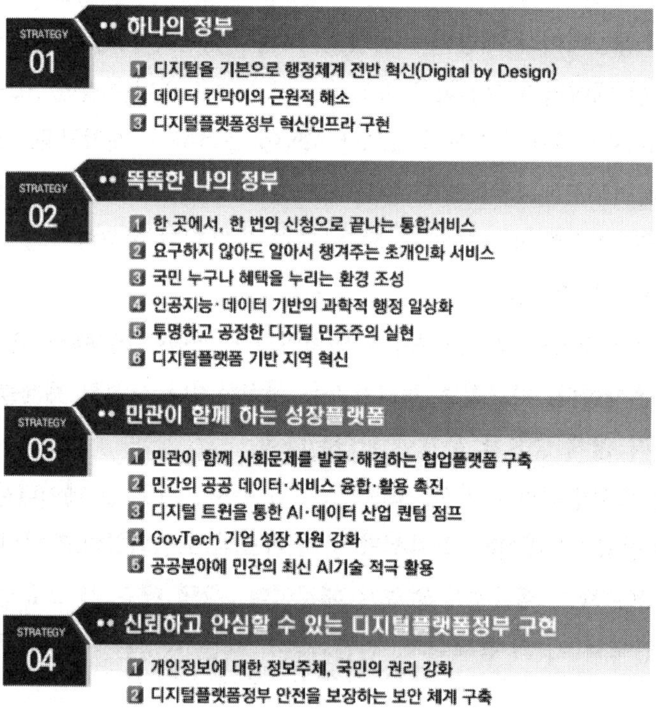

3) 중간 평가

전자정부서비스는 공급자 중심의 '신청주의' 성격을 띠고 있다. 단점은 국민의 행정적 부담이 크고, 행정 사각지대가 발생할 가능성이 높다. 신청하지 않으면 서비스를 받을 수 없다. 특히 민생과 가장 밀접한 복지서비스에서 대상자 미신청 및 공급자 오류, 과실 등 자동화되지 않은 행정제도와 문화가 사각지대 발생의 주요 원인이다. 신청하지 않는 이유로 대상자가 서비스에 대해서 인지하지 못하거나, 신청절차 및 선정과정의 복잡성 등으로 인해 이용자의 부족을 탓할 수 있으나, 디지털 약자도 행정의 대상이고 이들까지 포용하는 것이 정부의 역할이기에 신청주의를 보완할 필요가 있다 (NIA, 2022).

[그림 4-5] 사각지대 발생 사유, 대상자의 비신청 사유

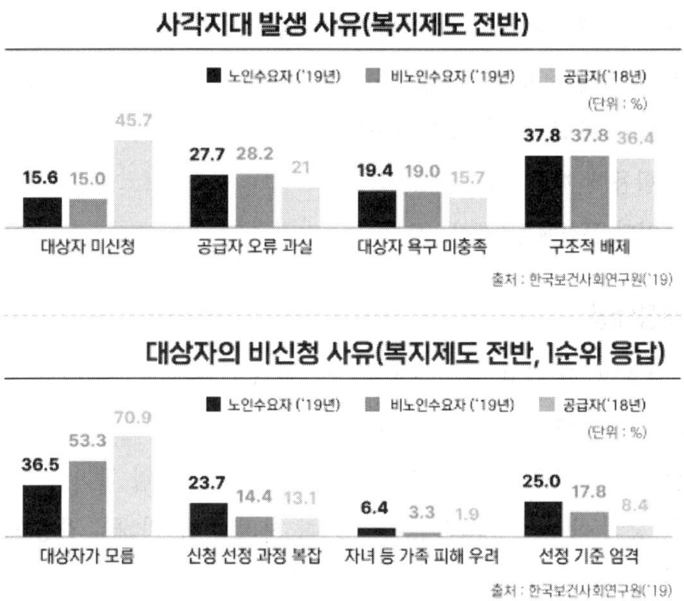

4 데이터 관련 법률과 활용

1) 데이터 3법

데이터 3법이란 데이터 이용을 활성화하는 「개인정보 보호법」, 「정보통신망 이용 촉진 및 정보보호 등에 관한 법률(이하 정보통신망법)」, 「신용정보의 이용 및 보호에 관한 법률(이하 신용정보법)」 등을 칭한다.

4차 산업혁명 시대를 맞아 핵심 자원인 데이터의 이용 활성화를 통한 신산업 육성을 위하여 제도 정비 차원에서 2018년 발의되어 2020년 1월 국회를 통과하였다. 데이터 이용에 관한 규제 혁신과 개인정보 보호 협치(거너번스) 체계 정비의 두 문제를 해결하기 위한 것으로 오랜 시간 동안 관계부처, 시민단체, 산업계, 법조계 등 각계 전문가가 참여했으나 법 개정에 오랜 시간이 소요되었다.

주요 내용은 데이터 이용 활성화를 위한 가명정보 개념 도입, 관련 법률의 유사 중복 규정을 정비하고 추진체계를 일원화하는 등 개인정보 보호 협치(거버넌스) 체계의 효율화, 데이터 활용에 따른 개인정보 처리자의 책임 강화, 모호한 '개인정보' 판단 기준의 명확화 등이다(문화체육관광부, 2020).

2) 주요 개정내용

「개인정보 보호법」의 주요 개정내용으로는 먼저, 개인정보의 개념을 명확히 해서 혼선을 줄이고, 안전하게 데이터를 활용하기 위한 방법과 기준 등을 새롭게 정했다. 데이터를 기반으로 한 새로운 기술, 제품, 서비스의 개발, 산업 목적을 포함하는 과학연구, 시장조사, 상업 목적의 통계작성, 공익기록 보존 등을 위해서 가명정보를 이용할 수 있도록 했다.

둘째, 개인정보처리자의 책임성을 강화하기 위해 각종 의무를 부과하고, 법 위반 시 과징금 도입 등 처벌도 강화해서 개인정보를 안전하게 보호할 수 있도록 제도적 장치를 마련했다.

[표 4-1] 개인정보 관련 주요 개념과 활용가능 범위

	개념	활용가능 범위
개인정보	특정 개인에 관한 정보 개인을 알아볼 수 있게 하는 정보	사전적이고 구체적인 동의를 받은 범위 내 활용 가능
가명정보	추가정보의 사용 없이는 특정 개인을 알아볼 수 없게 조치한 정보	다음 목적에 동의 없이 활용 가능 (EU GDPR 반영) ① 통계작성(상업적 목적 포함) ② 연구(산업적 연구 포함) ③ 공익적 기록보존 목적 등
익명정보	더 이상 개인을 알아볼 수 없게 (복원 불가능할 정도로) 조치한 정보	개인정보가 아니기 때문에 제한 없이 자유롭게 활용

셋째, 개인정보의 오·남용과 유출 등을 감독할 감독기구는 개인정보보호위원회로, 관련 법률의 유사·중복 규정은 「개인정보 보호법」으로 일원화했다.

「정보통신망법」의 주요 개정내용은 개인정보 관련 다른 법령과의 유사·중복 조항을 정비하고 협치(거버넌스)를 개선한 것이 핵심이다. 세부적으로는 개인정보 보호 관련 사항은 「개인정보 보호법」으로, 온라인상 개인정보 보호 관련 규제와 감독 주체를 방송통신위원회에서 '개인정보보호위원회'로 변경한 것이 핵심이다.

「신용정보법」 개정의 주요 내용은 빅데이터 분석·이용의 법적 근거 명확화와 빅데이터 활용의 안전장치 강화, 「개인정보 보호법」과의 유사·중복 조항을 정비하는 등 데이터 경제의 활성화를 위한 규제 혁신, 금융 분야 데이터산업으로서 신용정보 관련 산업에 관한 규제체계 선진화, 새로운 개인정보 자기결정권의 도입, 정보활용 동의제도의 개선, 개인신용정보의 전송요구권(Right to data portability), 자동화평가(Profiling)에 대한 신용정보 주체의 설명요구권 등이다.

3) 개정 이후 현황과 과제

이러한 개정 조치에도 불구하고 가장 큰 문제는 가명정보 처리의 실무처리이다. 누가, 어떻게 할 것인가에 대해 세부적인 규정이 미흡한 상황이다. 우선, 정보공개 청구 등의 처리와 관리 주체는 각 부처, 각 부서의 담당자가 맡고 있다는 점을 고려해야 한다. 대부분 비공개 결정을 내리게 되는데, 그 사유 중 개인정보 보호가 작용한다. 가명정보 처리를 인지하지 못하는 경우가 많다. 인지 후에는 누가 가명정보로 처리할 것

인가의 문제에 봉착하게 된다. 방법론에 있어 가명정보 처리를 자동으로 형성하는 시스템 개발을 고려할 수 있으나 기술적으로, 기간적 측면에서 아직 미제의 상태로 남아 있다. 가명정보 처리 전문기관의 설립 내지 처리부서의 설치, 처리 담당자의 채용 등이 필요하다는 의견도 나오고 있다. 큰 장벽은 허물었으나 세부적 준비가 다소 부족한 상황으로 평가할 수 있다.

지속적으로 제기되는 개인정보 유출 논란도 해결할 과제이다. 2024년 법원 판결에 의하면, 국회의원이 국정감사 기간에 얻은 자료를 비실명 처리한 후 시민단체에 제공했더라도, 가명 처리된 사업 주체가 정신적인 피해를 봤다면 그 손해를 배상해야 한다는 것이다.[4] 국회의원이 행한 고도의 공적 활동(형사 면책 특권)이라도, 그에 따른 개인 손해를 배상해야 할 민사적 책임까지 모두 사라지지는 않는다는 취지다(한국일보, 2024. 10.2). 이러한 판결은 현장의 공무원에게 국민 개인이 청구하는 자료에는 더욱더 보수적이고 폐쇄적으로 작용할 가능성이 높다.

5 향후 발전방안

정부의 변화에 있어 가장 중요한 것은 플랫폼 정부 구현을 위한 공공부문의 재구조 및 재창조의 필요성이다. 디지털 플랫폼 정부는 다양한 요소와 이해관계자의 통합과 참여 내지 개입이 필요하기에 기존 공공부문의 법·제도 및 조직문화 등과 갈등을

4) 이 전 의원은 2017년 국정감사 당시 환경부로부터 '전국 개 사육시설 현황자료'를 엑셀 파일 형태로 제공받았고, 이를 비실명화해서 카라에 제공했다. 당시 이정미 의원실은 농가 이름 첫 글자만 살린 뒤 개농장 이름을 '고○○○○'와 같이 처리해 카라 측에 넘겼다. 카라는 의원실에서 받은 자료를 바탕으로 개농장 실명을 유추한 다음 △사업장명 △주소지 △규모 △관련 법령에 따른 신고사항 이행 여부 등을 지도에 표시해 2019년 인터넷 홈페이지에 올렸다. 이 전 의원 측은 공개된 정보는 사업주 개인정보가 아니라 사업장 정보이고, 사업장 첫 글자만 표시해 「개인정보 보호법」을 위반하지 않았다고 맞섰다. 법원은 '가명정보 역시 개인정보'라며 농장주들 손을 들어줬다. 재판부는 "일부 혹은 전부를 삭제하거나 대체하는 식으로 특정 개인을 식별할 수 없게 처리된 정보도 개인정보에 해당한다"고 판단했다. 이어 "이런 개인정보를 (이 전 의원이) 시민단체에 제공하고, 이를 게시할 때 원고들로부터 별도 동의를 받지 않은 점은 위법하다"며 "정보 주체들에게 정신적 손해를 입힐 수 있다"고 봤다. 1심 판결은 2024년 3월에, 항소심이 진행 중이다.

일으킬 소지가 많다. 반면 공공부문의 형식주의(Red Tape), 부처 이기주의(Silo Effect) 등은 고질적으로 지적되어 온 문제로 협업에 장애요인으로 작용하기 때문이다. 미국 클린턴 정부에서 전자정부를 구현하면서 전산화보다 공공부문 내부 혁신 차원을 중점적으로 다루었다(Gore, 1993; Moon, 2002)는 점을 참조할 필요가 있다. 디지털 플랫폼 정부의 운영 주체인 공공부문의 구조적 변화가 필요하다(서형준, 2023).

세부적으로는 부처 간 정책의 중첩성 및 복잡성의 개선, 외부환경 변화에 대한 기민한 대응을 위한 조직체계가 필요하다. 다양한 조직의 협력적 관계와 유연성이 필요하고, 공무원의 디지털 역량 강화에 주력할 필요도 있다. 전통적 근무방식에서 탈피하여 시공간 하이브리드(space-time hybrid) 근무체계로 변화도 검토할 수 있다. 여기에 핵심 관건은 업무의 생산성 및 성과 견인, 최적의 근무방식 채택이다(주효진 외, 2022).

싱가포르 사례도 참조할 수 있다. 총리실 직속의 일원화한 조직(Smart Nation Program Office, SNPO), 데이터 고유 생태계의 확립(Application Programming EXchange, APEX), 민관협력 생태계(Open Government Products, OGP) 등이다(이정민, 2023). 우리나라는 디지털 플랫폼 정부위원회를 구성·운영하고 있으나, 위원회의 조직구성이나 추진체계 등이 가져왔던 권한과 책임성, 연속성, 집행력 등을 보완할 필요가 있다.

궁극적으로 아날로그 행정의 디지털 전환, 데이터 간 연결과 경계 제거와 쌍방향 소통 기술을 활용한 정부의 일방향적 행정관행 타계가 전제되어야 한다. 기존의 관료제적 질서를 새로운 질서로 교체하는 패러다임의 전환을 넘어서, 관료제가 옹호하는 공공가치, 합리주의와 법치주의를 실현하는 새로운 수단으로 자리 잡을 필요가 있다(은종환 외, 2024).

특히 데이터의 수집·활용 등이 지방정부에서 활발하게 이루어진다는 점에서 지방행정, 도시행정에서 관심과 권한 이양 등의 문제도 해결될 필요가 있다.

참고문헌

국회(2001). 심사보고서(전자정부 구현을 위한 행정업무 등의 전자화 촉진에 관한 법률), 국회법률정보시스템.

김병준 · 김종호(2019). 지능정보사회 공공정책 수용성 관점에서 본 한국 전자정부 방향성 탐구: 전자정부 · 정보통신기술 정책전문가 인식 설문조사 분석을 중심으로, 『한국지역정보화학회지』 22(3), pp.57-76.

디지털플랫폼정부위원회(2023). 디지털플랫폼정부 실현계획.

문화체육관광부(2020). 키워드로 보는 정책, 대한민국 정책브리핑.

서형준(2023). 국내 디지털플랫폼정부 구현을 위한 정책연구: 국내 · 외 플랫폼 정부 사례의 유형화를 중심으로, 『정보화정책』 30(4), pp.113-137.

은종환 · 류진(2024). 윤석열 정부의 디지털 플랫폼 정부와 정부혁신 방향에 대한 탐색적 연구: 관료제혁신과 디지털 전환의 관점에서, 『한국지역정보화학회지』 27(1), pp.55-93.

이수인 · 허덕원 · 이홍근(2020). 전자정부 성과관리 평가로서 정보시스템 성과지표의 적정성 분석: 업무성과 달성도, 『입법과 정책』 12(2), pp.35-62.

이용건(2022.6.22). 공공데이터 추진성과와 디지털플랫폼정부 구현을 위한 공공데이터 기본계획 방향. 한국지능정보시스템학회 학술대회논문집, 대구.

이정민(2023). 싱가포르 사례를 통해 알아보는 디지털플랫폼정부의 핵심 성공 요인, 『월간 공공정책』 208, pp.37-39.

이종수(2009). 행정학사전.

정지혜(2023). 디지털 플랫폼 정부 성과평가 프레임워크 및 지표 개발 연구: 전자정부, 디지털 정부, 플랫폼 정부와의 차이를 중심으로, 『한국지역정보화학회지』 26(4), pp.71-110.

주효진 · 최희용 · 최윤희(2022). 디지털 플랫폼 정부와 정부혁신: 정부 역할 및 기능 재정립을 중심으로, 『지방정부연구』 26(3), pp.307-327.

한국일보(2024.10.2). ×× 처리한 국감 자료도 개인정보 유출.

한국지능정보사회진흥원(NIA)(2022). 디지털플랫폼정부의 개념과 특징, 『IT & Future Strategy』 제7호.

Gore, A.(1993). Creating a Government that Works Better and Costs Less: Reengineering Through Information Technology. *Report of the National Performance Review*. Washington DC: Government Printing Office.

Moon, M.(2002). The evolution of e-government among municipalities: rhetoric or reality?. *Public Administration Review*, 62(4), 424-433.

05 CHAPTER

도시브랜드와 도시경쟁력

강현철(경기대학교)

최근 도시브랜드는 도시경쟁력과 직결된 중요한 요소로 떠오르고 있다. 이는 글로벌화와 도시 간 경쟁이 심화됨에 따라, 각 도시가 자신의 고유한 정체성을 통해 매력적인 이미지를 구축하고, 이를 기반으로 경제적 · 사회적 · 문화적 자산을 강화해야 할 필요성이 대두되고 있기 때문이다. 도시브랜드는 단순히 도시의 로고나 슬로건을 넘어, 지역의 고유한 특성과 가치를 담아내며, 이를 통해 도시의 지속가능성과 경쟁력을 높이는 데 핵심적인 역할을 한다.

특히, 도시브랜드 전략은 지역의 자연적, 사회적, 문화적 요건을 기반으로 하여 지역주민 및 이해관계자의 참여를 이끌어내고, 인적 · 물적 자원을 효과적으로 활용하는 과정에서 그 중요성이 강조되고 있다. 그러나 현실적으로 많은 지방자치단체의 도시브랜드가 지역 특성을 충분히 반영하지 못하고 있으며, 이에 따라 도시의 정체성과 차별화를 이루는 데 한계가 있다는 비판을 받고 있다.

이에 본 장에서는 지방자치제도 실시 이후 도시브랜드의 개념과 관련 계획, 법률적 근거를 면밀히 살펴보고, 국내 도시브랜드 정책 사례를 분석하여 도시브랜드 전략의 방향성을 모색하고자 한다.

1 지방자치와 도시브랜드

1991년 지방의회를 구성할 수 있게 되고, 1995년 지방자치단체장을 직접선거로 선출하게 되면서 지방자치제도가 본격적으로 시작되었다. 지방자치제로의 전환은 과거 중앙정부 체제와는 달리 각 자치단체별 경제적, 제도적 자율성을 부여하게 되었다. 도시는 이제 행정구역의 의미를 넘어, 재정적 경쟁력을 갖추고 국내 타 지역뿐만 아니라 세계의 여타 도시들과 하나의 브랜드로서 무한경쟁을 해야 하는 시대가 도래한 것이다(정수진 · 김초원, 2012).

이처럼 지방자치단체가 본격화됨에 따라 도시지역을 기반으로 한 도시마케팅이 활성화되고 이에 전 세계적으로 도시브랜드 개발을 통해 관광 · 레저와 투자유치, 전문인력 및 인구유입 경쟁이 치열해지고 있다(권영훈 · 김상덕, 2013; 김상만 외, 2019). 많은 도시들은 도시 간 경쟁이 심화되고 있는 가운데 차별화된 도시 정체성과 이미지를 만들어 내고(윤태환 · 김영표, 2010; 정젤나 외, 2024), 도시를 알리는 도시마케팅 수단으로 도시브랜드를 활용하기 시작했다(김유경 · 김유신, 2015). 대내적으로는 도시 정체성 확립과 주민의 삶의 질 향상, 대외적으로는 지역홍보 및 마케팅을 목적으로 도시에 적합한 상징물(CI)과 지역을 대표할 수 있는 자원을 활용하여 상품을 개발하여 사용하고 있다(이정 · 김사랑, 2023). 세계 각국의 도시는 그들만의 독자적인 브랜드를 구축하며, 도시 정체성과 결합한 도시브랜딩을 통해 도시 이미지를 강화하고 있다. 도시브랜드 자체가 도시의 본질적 가치와 색다른 매력을 강조하여 도시경쟁력을 높이는 전략적인 브랜딩 활동을 하는 것이다(부산디자인진흥원, 2024.7.22).

그러나 도시브랜드가 해당 도시의 발전 정도와 지방자치단체장의 치적과 연계된다는 점에서 도시브랜드 평판을 둘러싼 과열경쟁이 심화되고 있다. 도시브랜드와 관련된 순위가 발표되면, 지방자치단체는 홍보에 열을 올리고, 언론에 기사화하여 적극적인 홍보를 하게 된다. 실제 도시브랜드를 정량적으로 평가해 줄 세우는 방식은 무의미할 수 있는데(디트뉴스24, 2024.11.4), 4년마다 선거를 통해 평가받는 지방자치단체장의 입장에서는 도시브랜드 자체를 자신의 중요한 선거전략으로 받아들이고 있다. 이처럼 도시브랜드에 대한 비판이 발생하는 가장 큰 요인이 지방자치단체장이 바뀔 때마다 새로운 도시브랜드가 생겨나기 때문이다. 도시브랜드의 정체성은 내부에서 만들어지지만 브랜드 이미지는 외부에서 형성되는 것이기 때문에, 브랜드 정체성과 브랜드 이미지를 일치시키기 위한 과정을 일정 기간 지속하는 것이 무엇보다 중요하다(The PR 더피알, 2023.5.15).

이처럼 도시브랜드는 각 도시마다 지역여건에 부합하는 도시브랜드 전략을 수립하는 것도 중요하지만, 지속가능한 관점에서 시간을 두고 공무원, 전문가, 지역주민이 충분한 논의를 거쳐서 추진하는 것이 무엇보다 중요하다. 본 장에서는 도시브랜드와 도시경쟁력의 개념, 구성요소 등과 최근 우리나라 지방자치단체의 정책사례를 살펴보고, 이를 토대로 도시경쟁력 강화를 위한 도시브랜드 추진 방향에 대해 논의하고자 한다.

2 도시브랜드와 도시경쟁력

1) 도시브랜드

(1) 도시브랜드의 개념

브랜드(brand)의 어원은 노르웨이의 옛말인 'brandr'로 알려져 있으며, 불이 타다(burn)라는 뜻을 내포하고 있어, 불에 달군 인두로 소나 말 같은 가축에 낙인을 찍어 자신의 소유물임을 표기한 데서 유래되었다는 설이 있다(박상희 외, 2023). 가축에 낙인을 찍어 소유권을 표시했던 그 당시 브랜드의 의미는 수 세기 동안 이어져 왔으며, 특히 기원전 5000년에 프랑스 남부지역의 라스코 동굴(Lascaux Caves) 주민들은 소유권을 표시하기 위해 벽에 들소의 이미지를 그렸으며, 기원전 3000년의 이집트 묘비에도 가축의 브랜드가 새겨져 있었다(Steenkamp & Zwakala, 2023). 또한 이집트, 그리스, 로마와 같이 고대문명이 발견된 곳에서는 여러 종류의 항아리와 식기, 접시 등이 발굴되었는데, 이들 물건에는 도공의 이름이나 특정 상징이 새겨져 있었다. 이러한 상징은 접시뿐만 아니라 벽돌이나 기와에도 새겨져 있다(매일경제, 2000.12.14).

[그림 5-1] 프랑스 라스코 동굴(Lascaux Caves) 벽화

출처: Tuul & Bruno Morandi/Getty(左), Alamy(右); The Guardian(2019.12.12), 'Humans were not centre stage': how ancient cave art puts us in our place

이처럼 브랜드의 유래가 가축의 소유자를 표시하기 위한 엉덩이의 낙인으로 시작하였지만, 현대 사회에서 브랜드는 복잡한 존재이고 긍정적 효과를 목표로 하는 귀중한 자산으로 발전되었다. 브랜드에는 제품의 속성, 이미지, 이름, 가격, 품질, 역사, 철학 그리고 그것을 사용하는 소비자의 심리 등 모든 것이 녹아 있는 복합적 상징이 있다(매일경제, 2023.6.2). 미국마케팅학회에서는 브랜드를 '판매자가 자신의 상품을 고객들이 식별하고 다른 판매자의 것과 구분 짓게 하려는 의도로 만든 이름, 말(terms, 단어, 구, 문장), 기호, 상징이나 디자인, 또는 이들의 조합'으로 정의하고 있다(박홍식, 2021). 또한 제품의 생산자 또는 판매자가 제품이나 서비스를 경쟁자들의 것과 차별화하기 위해 사용하는 독특한 이름이나 상징물의 결합체로서 의미를 부여하고 있다.

최근 들어 브랜드는 단지 다른 제품과 구별할 뿐만 아니라 제품의 성격과 특징을 쉽게 전달하고 품질에 대한 신뢰를 끌어올려 판매에 영향을 끼치는 사회문화적 중요성을 지니는 상징체계로 주목받고 있다(특허청, 2015). 특히 오랜 시간에 걸쳐 이어온 마케팅 활동은 브랜드자산을 기업의 수익성과 시장점유율 그리고 소비자로부터 높은 기업가치를 형성하게 되어, 브랜드는 마케팅 전략 자산으로 평가되고 있다(김용만 · 강석정, 1999; 이애리, 2022).

도시브랜드란 홍보 및 판매를 목적으로 하는 기업이나 제품에 적용하던 브랜드의 개념을 '도시'라는 특정 공간 또는 지역에 적용한 것으로, 한 도시가 가진 유무형적 특성이나 가치의 총합으로 정의할 수 있다(박대아, 2017; 심인단 · 박상희, 2023). 또한 특정 도시가 그 지역만이 가지고 있는 자연환경, 역사적 특징, 문화적 자산 등을 바탕으로

다른 도시와 차별적 경쟁력을 갖기 위해 사용하는 도시의 명칭, 상징물, 디자인 혹은 그들의 결합체라고도 정의할 수 있다(이수태 · 임정은, 2008; 심인단 · 박상희, 2023). 특히 일반 기업의 제품과는 달리 '장소'라는 다양한 속성을 지닌 제품을 특징짓고 차별화하는 것이므로 장소의 특성에 맞는 브랜드 요소를 고려해야 한 점에서 의의가 있다(이소영 · 이제연, 2020). 또한 광의적 개념으로는 도시가 보유하고 있는 자연환경과 역사 · 문화적 매력과 행정서비스 등을 수반하는 차별적 속성을 의미하고, 협의적 개념으로는 한 도시를 다른 도시들과 구별하기 위해 사용하는 명칭과 슬로건, 로고 · 캐릭터 등 상징화할 수 있는 디자인 결합체를 의미한다(거제시, 2023).

도시브랜드의 목적은 도시내부적으로 자긍심을 고취시키고, 애향심을 갖게 하는 것이고 외부적으로는 도시에 대한 이미지 제고와 인지도 상승을 통해 도시브랜드 자산 가치를 높이는 것이다(박상희, 2021). 도시브랜드를 강화함으로써 해당 도시를 차별화하고, 그곳에 대한 관심과 인식을 높이게 된다. 또한 도시브랜드에 대한 인지도를 높이면 외자 유치나 우수인력, 관광객 유치에 도움이 되며 갈수록 전 세계 많은 도시들이 지역 고유의 브랜드 정체성을 개발하여, 그것을 홍보하는 데 주력하고 있다(최영조 · 남용현, 2012).

[표 5-1] 도시브랜드의 주요 개념 및 내용

구분	주요 내용
거제시(2023)	도시브랜드는 정치 · 사회 · 경제 · 문화적인 정책 요소를 중심으로 시민과 소통과 공감을 통해 도시의 정체성을 확보하여 도시경쟁력을 강화하고자 하는 커뮤니케이션 활동
김동경(2023)	도시문화에서 형성된 도시의 정체성이 갖는 도시이미지의 언어적 상징으로 소비자의 마음속에 새겨진 일종의 고정관념
Shirvan iDastgerdi & De Luc(2019)	도시의 정체성과 이미지를 형성하는 포괄적 차원의 공정
원제무(2016)	타 도시와의 차별화를 위한 도시만의 요소들이 모여 하나의 이미지를 구축하고 도시만의 특별한 정체성을 형성하는 과정으로 도시를 이용하는 고객과 브랜드 구성요소들을 통하여 가치를 형성해 가는 과정
박찬국(2016)	도시브랜드란 특정 도시가 그 지역만이 가지고 있는 자연, 역사, 문화 등을 표현하기 위해 도시의 차별화된 명칭, 상징물, 디자인 혹은 그들의 결합체로 이미지를 구축하는 것으로, 지역주민과 잠재적 고객은 그 도시를 인식하기 위한 효과적인 수단으로 활용하며, 자신의 정체성과 이미지를 표출하는 폭넓은 행위수단으로 간주될 수 있음

허용훈 · 한경성(2015)	도시이미지, 신뢰도, 호감도를 대변하는 종합적인 가치
김유경 · 김유신(2015)	특정 도시가 그 지역만이 가지고 있는 자연환경이나 역사적인 특성, 문화적인 매력, 행정서비스, 그리고 고유한 정체성 등을 인식하는 총체적인 상징체
박혜영 · 김상수(2015)	도시브랜드는 도시와 브랜드의 합성어로 행정조직과 시민사회를 포함한 도시 거버넌스체계 위에 상징적으로 드러난 이미지들의 총합
반정화(2015)	도시를 하나의 상품으로 보고, 지역특성화, 관광산업의 활성화, 기업 및 인재 유치 등 구체적인 목표를 세우고 추진하는 도시 차별화 전략
원선미 · 한백진(2014)	도시가 가지는 다양한 환경, 기능, 시설, 서비스 등에 의해 다른 도시와 구별되는 상태
전기흥 · 이종관 · 김남기(2014)	타 도시와 구별되는 유 · 무형적인 색깔에 의해 형성된 브랜드이미지
박현주 · 이시철(2014)	도시가 가진 자연경관, 역사와 전통, 관광 자원, 비즈니스 자원, 문화와 예술 자원, 시민들의 역량 등을 수반하는 유 · 무형적인 가치 자원을 의미
허용훈 · 한경성(2009)	도시이미지, 신뢰도, 호감도 등을 대변하는 종합적인 가치
이재순 · 김미경 · 박송희 · 오동훈(2008)	도시정부가 추구하는 이념이나 한 도시가 추구하는 가치가 함축되어 있는 도시의 상징체계

출처: 이호우(2024); 윤혜진 · 오유리(2022); 반정화(2015) 등을 참고하여 재구성.

(2) 도시브랜드의 유형 및 구성요소

도시브랜드가 제공하고자 하는 가치의 성격에 따라 3가지 전략 유형으로 구분할 수 있다. 도시브랜드의 제공가치는 기존 핵심가치, 잠재가치, 새로운 가치로 구분이 가능하며, 이에 따라 도시브랜드 전략은 기존 핵심가치를 더욱 강화하고 확장하는 전략, 기존의 잠재가치를 발굴하여 새로운 시대적 흐름에 맞게 개발 · 발전시켜 핵심가치화하는 전략, 기존에 그 도시가 가지고 있지 않던 새로운 가치를 창조 · 개발하여 그 도

[표 5-2] 도시브랜드 전략 유형

구분	REINFORCing	REPOSITIONing	RECREATing
유형	기존 핵심가치의 강화	잠재가치의 핵심가치화	새로운 핵심가치의 실현
개념	기존에 보유한 자연, 문화적 요소 등 핵심가치를 지속적으로 강화함으로써 Originality인 Core Value를 확장시킨 도시브랜드 전략	잠재적으로 보유하고 있던 가치를 발굴하여 새로운 시대적 흐름에 맞게 개발 · 발전시켜 핵심가치화하는 도시브랜드 전략	기존에 존재하지 않았던 새로운 가치를 도입, 개발 창조하여 지역에 맞게 적용, 새로운 핵심가치로 도시를 재창조하는 도시브랜드 전략

출처: 김영수(2011); 반정화(2015).

시에 접목함으로써 그 도시의 핵심가치로 실현하는 전략이라는 3가지 유형으로 구분할 수 있다(김영수, 2011).

이처럼 도시브랜드는 도시의 기존 핵심가치를 강화하고, 잠재가치를 핵심가치화하며 새로운 핵심가치를 실현하는 3가지 전략에 따라, 방법을 기존 이미지 또는 핵심가치를 강화하여 문화인프라와 상품을 재정비할 것인지, 새로운 이미지를 만들어 내기 위하여 이미지 마케팅 타깃과 목표시장을 정하고 상품개발을 진행할 것인지 결정할 수 있음을 알 수 있다(이진경 외, 2023). 또한 도시브랜드에 참고하기 위한 도시의 이미지 형성은 크게 자연요소와 물리적 요소, 비물리적 요소로 구성된다. 자연요소는 자연환경, 물리적 요소는 건축물과 도시 외관, 상징물 등의 인공물, 비물리적 요소는 시민의 가치관과 도시의 역사성, 문화 등으로 구성된다. 이는 실체적 이미지와 상징적 이미지로 나누어 다음과 같이 제시할 수 있다(권재경 · 최원수, 2012; 이진경 외, 2023).

[표 5-3] 도시브랜드 이미지 유형과 구성요소

구분	구성요인	구성요소
실체적 이미지	도시시설, 건축	기념물, 박물관, 교통시설 등
	자연환경	해변, 바다, 기후, 소음 등
	도시공간, 장소	광장, 활동/거주 공간, 지역, 건축물, 특정 공간 등
	도시환경	연속경관, 산업구조, 스카이라인, 공간질서 등
상징적 이미지	역사성	전통, 관습, 역사적 맥락, 시간적 연속성
	도시생활 기반	즐거움, 물가, 범죄, 친절성, 라이프 스타일 등
	도시기능	위치, 크기, 도시명칭, 상징성 등
	외적 이미지	활력, 쾌적, 밝음, 안전 등

출처: 권재경 · 최원수(2012); 이진경 외(2023).

(3) 도시브랜드 트렌드

한국기업평판연구소는 매월 대한민국 도시에 대해 브랜드 평판조사를 실시하고 있다. 도시브랜드는 대한민국의 시(市)에 대한 브랜드를 분석한 것으로, 시(市)는 1949년 8월 15일 19개의 부(府)를 일괄 개칭하여 탄생되었다. 시(市)는 다음의 세 종류로 나눌 수 있으며, 광역자치단체인 특별시 · 광역시, 기초자치단체인 시, 특별자치도의 하부 행정구역으로 지방자치단체가 아닌 행정시가 있다.

브랜드에 대한 평판은 브랜드에 대한 소비자들의 활동 빅데이터를 참여가치, 소통가치, 소셜가치, 시장가치, 재무가치로 나누게 된다. 대한민국 도시브랜드 평판지수는 참여지수, 미디어지수, 소통지수, 커뮤니티지수로 분석하였다. 도시브랜드 평판분석에는 거버넌스(governance) 분석을 가중치로 포함했다. 거버넌스는 일방적인 정부 주도적 경향에서 벗어나 정부, 기업, 비정부기구 등 다양한 행위자가 공동의 관심사에 대한 네트워크를 구축하여 문제를 해결하는 방식을 말한다. 브랜드 평판지수는 소비자들의 온라인 습관이 브랜드 소비에 큰 영향을 끼친다는 것을 찾아내서 브랜드 빅데이터 분석을 통해 만들어진 지표로 브랜드에 대한 긍정·부정 평가, 미디어 관심도, 소비자의 참여와 소통량, 소셜에서의 대화량으로 측정된다(한국기업평판연구소, https://brikorea.com/).

[그림 5-2] 대한민국 도시브랜드 2024년 10월 빅데이터 분석결과

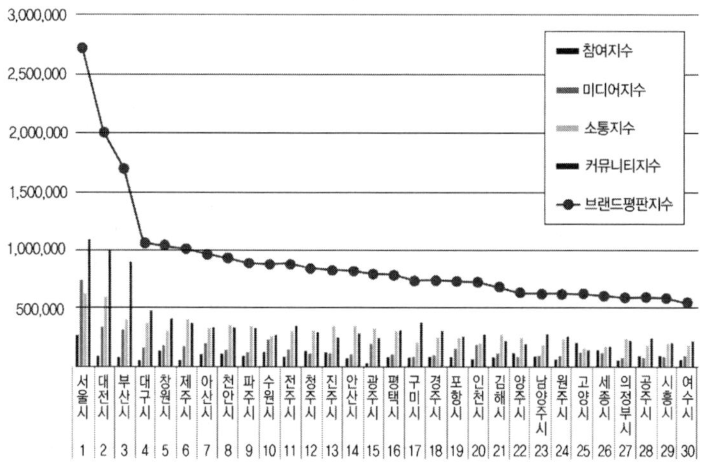

출처: 한국기업평판연구소(https://brikorea.com/).

2) 도시경쟁력

(1) 도시경쟁력의 개념

경쟁력이란 유사한 성격의 다른 것보다 더 나은 상태나 자질을 뜻하는 것으로, 도시경쟁력이란 도시 단위의 공간범위 내에서 다른 도시에 비해 어떤 강점을 지녔는가를 중심으로 전개되는 개념으로 도시발전의 목표를 달성할 수 있는 도시자원과 도시

능력의 전체이다(변미리 외, 2013; 변미리 외, 2021).

도시경쟁력은 협의의 개념과 광의의 개념으로 구분할 수 있는데, 협의의 도시경쟁력은 한 도시가 가지고 있는 삶의 질, 환경 및 생산에 관계된 총체적인 역량으로 여타 지역에 대한 상대적인 우위 정도를 의미한다. 최근에는 도시의 양극화, 인구감소, 주민참여, 다양성 존중, 도시안전 등에 대한 사회적 해결과제와 미래도시 비전이 융합된 새로운 경쟁력이 대두되고 있다. 광의의 도시경쟁력은 협의의 개념보다 넓은 의미에서 규정하는 지역의 경쟁력을 지칭한다. 특히 지역경제뿐만 아니라 인구, 관광객 등을 유치하여 지역의 경쟁력을 향상시키고, 삶의 질, 인프라 등의 직·간접적인 수단까지를 포함하고 있다(박승규 외, 2015).

즉 도시경쟁력에서 우위를 점하는 것은 해당 도시의 경제 활성화에 이바지할 수 있으며 국가 차원의 경쟁력보다 효과적인 수단이다. 도시의 경쟁력은 경제적으로 도시가 성장하며 이에 따라 도시가 가지는 다양한 측면에서 삶의 질을 향상시킨다고 볼 수 있다(이한수 외, 2023).

[표 5-4] 도시경쟁력의 개념

저자(연도)	주요 개념
송선영(2021)	• 도시에 '대한' 경쟁력을 강화하기 '위한' 정책이며, 도시의 정치·경제·사회·문화적 요소를 중심으로 시민소통과 공감을 통해 도시의 정체성과 브랜드 자산을 확보하여 도시경쟁력을 강화하는 커뮤니케이션 전략
대전세종연구원(2020)	• 창조적 인재가 창의적 사고를 발굴·구현할 수 있는 유형·무형의 도시 시스템
WEF(2015)	• 도시의 지속가능한(경제적, 환경적, 사회적 성과 포괄) 생산성의 수준을 결정하는 정책, 기관, 전략, 과정 등 요인의 집합체
변미리 외(2013)	• 도시의 발전목표를 달성하는 데 필요한 도시자원과 도시능력의 전체
김봉진(2012)	• 도시별로 특화된 산업 또는 산업군에 기반을 두며, 지속적인 도시관리를 통한 도시매력의 증진과 그 결과로 나타나는 도시민의 삶의 질을 증대시킬 수 있는 잠재력
최유진·홍준현(2007)	• 광의의 개념: 한 지역이 보유하고 있으면서 동원 가능한 인적·물적 자원과 이를 바탕으로 지방정부, 기업, 도시주민이 개별적으로 혹은 삼위일체가 되어 만들어 내는 창출요소로 도시의 산업경쟁력, 도시사회의 인적 자원과 통합력 등 도시의 총체적 잠재력 • 협의의 개념: 도시의 내부효율과 외연능력이 다른 도시보다 우월한 상태

OECD(2006)	• 시민들의 노동생산성, 경제활동참가율, 고용률 등 경제적 성과에 기반하여 파악
국토연구원(2005)	• 삶의 질이 높고, 기업하기 좋으며, 혁신하기 좋은 환경을 갖추고 있어서 시민과 기업을 비롯한 경제 주체들의 경쟁력을 강화시켜 주는 종합적인 능력
사스키아 사센(2002)	• 글로벌 도시화론에서 도시경쟁력 개념 제시
Douglas Webster · Larissa Muller(2000) Webster · Larissa Muller(2000)	• 재화와 서비스 등의 상품을 생산 및 판매하는 도시지역의 능력으로, 다른 도시지역의 상품과 비교하여 좋은 가치(꼭 낮은 가격을 의미하지는 않음)를 의미. 경쟁력은 기업의 안전한 활동을 유지할 수 있는 경제능력과 시민들의 삶의 질을 증가시키고 안정을 유지하는 것을 포함

출처: 조재호(2017); 임병호(2020); 송선영(2021); 변미리 외(2021) 참고 재구성.

도시경쟁력에 대한 기존 연구는 지속적으로 확대되어 왔으며, 학술적 연구 외에도 실제 도시경쟁력을 비교하고 평가하는 연구도 진행되고 있다. 대표적으로 Global Urban Competitiveness Report와 The Competitiveness of Cities가 있으며, 국제기관의 도시경쟁력 평가에는 The Global Livable City Index(EIU), Global Power City Index (Mori Foundation), Quality of Life(Mercer) 등이 있다. 특히 The Global Livable City Index(EIU)와 Quality of Life(Mercer)는 도시에 대한 삶의 질의 측정을 통해 도시경쟁력을 평가한다(윤은기 · 박소연, 2022).

이제 도시브랜드는 국가브랜드의 자산을 형성하는 기반이자 초석이 되고 있다. 글로컬화, 세계의 공동체화로 인해 앞으로는 국가 간 경쟁보다 도시 간의 경쟁이 더 심화될 것이라는 전망이다. 특히 코로나19 팬데믹을 겪으면서 지역 특성과 정체성을 중시하는 시대가 도래하여, 도시경쟁력이 국가경쟁력을 대체하는 시대를 맞이하고 있다. 이에 대비하고자 하는 세계의 많은 도시들이 자신들만의 여건을 반영한 도시정체성을 부각시켜 차별화된 도시이미지를 창출하는 도시브랜드를 추진하고 있다(시사저널, 2023. 3.2). 즉 도시브랜드는 도시가 가진 여러 자원을 중심으로 형성된 그 도시만의 고유한 정체성과 이미지를 기반으로 구축되는 브랜드이며, 마케팅 관점에서의 다양한 활용을 통해 궁극적으로 도시경쟁력 강화수단으로서 역할을 할 수 있는 도시의 핵심 자원 중 하나로 볼 수 있다(글로벌도시연구단, 2023).

[표 5-5] 글로벌 주요기관별 도시경쟁력 체계

<table>
<tr><th>지수명</th><th>기관</th><th>개별지표</th><th>공동지표</th></tr>
<tr><td>OECD,
Better life Index</td><td>OECD</td><td>• 총 11개 영역 24개 지표(주거, 소득, 일자리, 커뮤니티, 교육, 환경, 시민참여, 건강, 생활만족도, 치안, 일과 생활의 조화)</td><td rowspan="9">기본지표
– 인구
– 인구밀도
– GDP
– GRDP

8개 분야
– 주거
– 일자리
– 문화 · 여가
– 기술혁신
– 교통 · 환경
– 사회통합
– 건강 · 안전
– 참여 · 관용</td></tr>
<tr><td>글로벌
파워도시 지수
(GPCI)</td><td>모리기념
재단</td><td>• 6개 분야 70개 세부지표(경제, 문화, 거주 적합성, 환경, 접근성, 연구개발)</td></tr>
<tr><td>세계에서 가장
살기 좋은 도시</td><td>Economic
Intelligence
Unit</td><td>• 5개 분야 30개 지표(사회안전, 의료서비스, 문화 · 환경, 교육, 인프라 구축)</td></tr>
<tr><td>머서의
삶의 질 지수</td><td>Mercer
Human
Resource
Consulting</td><td>• 10개 분야 39개 세부지표(정치 · 사회적 환경, 경제적 환경, 사회 · 문화적 환경, 의료 및 보건위생, 교육환경, 공공서비스 및 교통, 휴식제공, 소비재, 주거환경, 자연환경)</td></tr>
<tr><td>FDI,
Asia–Pacific
Cities of the
future</td><td>영국 FDI
매거진
미래도시
평가</td><td>• 7개 영역 72개 지표(경제적 잠재력, 인적자원, 삶의 질, 기업친화도, 비용 대비 효과, 인프라, FDI전략)</td></tr>
<tr><td>Hub Culture,
Zeitgeist</td><td>Hub Culture</td><td>• Emotion의 정량화 평가</td></tr>
<tr><td>글로벌 도시
글로벌 도시전망</td><td>AT Kearney</td><td>• 5개 분야 27개 세부지표(비즈니스 활동, 인적자원, 정보 교류, 문화적 체험, 국제정치 리더십)
• 4개 분야 13개 세부지표(개인웰빙, 경제, 혁신, 거버넌스)</td></tr>
<tr><td>경제사회
중심도시 지수</td><td>PwC/뉴욕&
파트너</td><td>• 10개 분야 60개 세부지표(지적 자본과 혁신, 기술준비 수준, 보건위생 · 안전 및 보안, 교통 및 사회 인프라, 지속가능성, 경제적 영향력, 친기업 환경, 비용, 인구통계와 거주환경, 관문도시)</td></tr>
<tr><td>영향력 있는
도시 순위</td><td>Forbes</td><td>• 9개 분야 총 101개 지표(인적자본, 사회적 응집력, 경제, 환경, 거버넌스, 도시계획, 국제 봉사활동, 기술, 이동성 및 운송 등)</td></tr>
</table>

출처: 송선영(2021).

[그림 5-3] 도시브랜드와 도시경쟁력 간 관계성

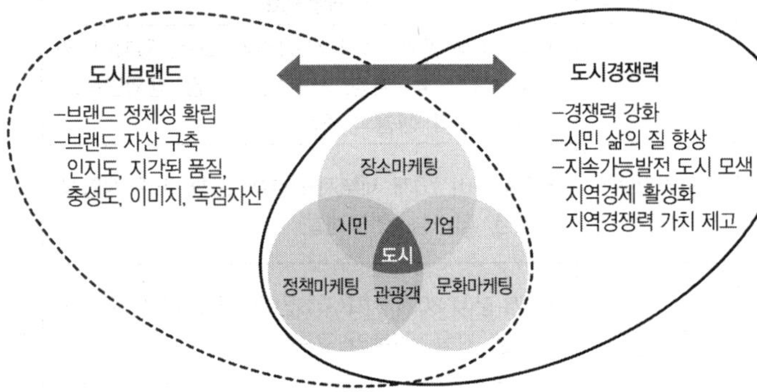

출처: 송선영(2021); 글로벌도시연구단(2023).

3 도시브랜드 법적 근거 및 정책 사례

1) 지방자치단체 도시브랜드 법적 근거

자치법규정보시스템(https://www.elis.go.kr/) 기준으로 '도시브랜드'라는 키워드 관련 조례는 총 11건으로 광역지방자치단체 3건, 기초지방자치단체 8건이 검색되었다(검색일 2024년 11월 16일). 광역지방자치단체 조례 중에서는 1996년 3월 4일 제정된 인천광역시 조례가 가장 오래되었으며, 제정 당시 조례명은 '인천광역시 도시개성 창조사업 운용 관리조례'로 2023년 11월 9일에 전부개정을 통해 현재 조례명인 '인천광역시 도시브랜드 가치 제고에 관한 조례'로 명명하였다. 또한 기초지방자치단체 조례의 경우 1993년 7월 8일 제정된 광주광역시 북구 조례가 가장 오래되었으며, 제정 당시 조례명은 '광주광역시 북구 상징물 조례'로 2024년 4월 4일 전면개정을 통해 '광주광역시 북구 도시브랜드 가치 제고에 관한 조례'로 명명한 것이 특징이다. 조례는 아니지만 안양시는 훈령으로 2007년 9월 5일 '안양시 도시브랜드 및 비전브랜드 사용 규정'을 제정하여 활용하고 있다.

지방자치단체 도시브랜드 관련 조례에 나타난 도시브랜드 조례 목적은 '대내・외적인 도시위상과 품격을 높이고 도시경쟁력을 강화하는 등의 도시브랜드 가치 제고, 상징물의 체계적 관리' 등으로 한다는 점이 유사하다. 또한 도시브랜드는 도시의 유·무형 자산을 모두 합친 것이며, 해당 도시의 정체성과 미래상을 함축적으로 담은 확장형 디자인 또는 공중(公衆)의 인지도와 이미지의 총합으로 정의하고 있다.

[표 5-6] 도시브랜드 관련 조례 현황

구분		제정일	주요 내용(목적 및 정의)
광역 지자체	부산광역시 도시브랜드 관리 및 가치 제고에 관한 조례	2022.12.28	• 부산광역시의 대내·외적인 도시위상과 품격을 높이고 도시경쟁력을 강화하는 등 도시브랜드 가치를 제고하고, 상징물을 체계적으로 관리하는 데 필요한 사항을 규정함 • 도시브랜드란 부산광역시의 상징물 및 경제, 문화, 환경, 시민, 기반시설, 인프라, 여가생활 등 도시의 유형자산과 무형자산을 말함
	대구광역시 도시브랜드 가치 제고에 관한 조례	2009.11.10	• 대구광역시의 대외적인 도시위상과 품격을 높이고 도시경쟁력을 강화하는 등 도시브랜드 가치를 제고하기 위하여 필요한 사항을 규정함 • 도시브랜드란 도시의 경제, 문화자산, 환경, 시민, 인프라, 여가생활 등 도시의 유·무형 자산을 모두 합친 것임
	인천광역시 도시브랜드 가치 제고에 관한 조례	1996.3.4	• 인천광역시의 대내·외적인 도시위상과 품격을 높이고 도시경쟁력을 강화하는 등 도시브랜드 가치를 제고하고, 상징물을 체계적으로 관리하는 데 필요한 사항을 규정함 • 도시브랜드란 인천광역시의 역사, 경제, 문화, 환경, 시민, 상징물 등 도시의 유형자산과 무형자산을 말함
기초 지자체	김포시 도시브랜드 제고에 관한 조례	2024.3.27	• 김포시의 대내·외적 도시위상과 품격을 높이고 도시경쟁력을 강화하는 등 도시브랜드를 제고하기 위하여 필요한 사항을 규정함 • 도시브랜드란 김포시의 경제, 문화자산, 환경, 시민, 인프라, 여가생활 등 도시의 유·무형 자산을 모두 합친 것임
	나주시 도시브랜드 가치 제고에 관한 조례	2023.12.29	• 나주시의 대내·외적 도시위상과 품격을 높이고 도시경쟁력을 강화하는 등 도시브랜드 가치를 제고하기 위하여 필요한 사항을 규정함

		• 도시브랜드란 나주시의 자연환경, 역사적 특징, 문화자산, 행정서비스 등을 기반으로 다른 도시와 차별화하기 위하여 사용하는 시의 상징물, 디자인 등의 유・무형 요소의 합이자 시에 대한 공중(公衆)의 인지도와 이미지의 총합임
군산시 도시브랜드 가치 제고에 관한 조례	2023.12.15	• 군산시의 대내・외적 도시위상과 품격을 높이고 도시경쟁력을 강화하는 등 도시브랜드 가치를 제고하기 위하여 필요한 사항을 규정함 • 도시브랜드란 군산시의 자연환경, 역사적 특징, 문화자산, 시민, 인프라, 여가생활 등 도시의 유형자산과 무형자산임
파주시 도시브랜드 가치 제고에 관한 조례	2023.11.1	• 파주시의 대내・외적 도시위상과 품격을 높이고 도시경쟁력을 강화하는 등 도시브랜드 가치를 제고하기 위하여 필요한 사항을 규정함 • 도시브랜드란 파주시의 경제, 문화자산, 환경, 시민, 인프라, 여가생활 등 도시의 유형자산과 무형자산임
하남시 도시브랜드 가치 제고에 관한 조례	2021.7.6	• 하남시의 대내・외적 도시위상과 품격을 높이고 도시경쟁력을 강화하는 등 도시브랜드 가치 제고를 위하여 필요한 사항을 규정함 • 도시브랜드란 하남시의 자연환경, 역사적 특징, 문화자산, 행정서비스 등을 기반으로 다른 도시와 차별화하기 위하여 사용하는 시의 상징물, 디자인 등의 유・무형 요소의 합이자 시에 대한 공중(公衆)의 인지도와 이미지의 총합임
고양시 도시브랜드 가치 제고에 관한 조례	2020.9.29	• 고양시의 대내・외적 도시위상과 품격을 높이고 도시경쟁력을 강화하는 등 도시브랜드 가치를 제고하기 위하여 필요한 사항을 규정함 • 도시브랜드란 고양시의 자연환경, 역사적 특징, 문화자산, 행정서비스 등을 기반으로 다른 도시와 차별화하기 위하여 사용하는 시의 상징물, 디자인 등의 유・무형 요소의 합이자 시에 대한 공중(公衆)의 인지도와 이미지의 총합임
춘천시 도시브랜드 관리 조례	2019.10.10	• 춘천시의 가치와 품격을 높이고 도시경쟁력을 강화하기 위하여 도시브랜드 관리에 필

		요한 사항을 규정함 • 도시브랜드란 춘천시의 경제, 문화, 환경 등 유형 및 무형 자산의 개념을 시각화한 것으로 시의 정체성과 미래상을 함축적으로 담은 확장형 디자인임
광주광역시 북구 도시브랜드 가치 제고에 관한 조례	1993.7.8	• 광주광역시 북구의 대내·외적인 도시위상과 품격을 높이고 도시경쟁력을 강화하는 등 도시브랜드 가치를 제고하고, 상징물을 체계적으로 관리하는 데 필요한 사항을 규정함 • 도시브랜드란 광주광역시 북구의 정체성과 미래상을 함축적으로 담고 있는 역사, 경제, 문화, 환경 등 유형 및 무형자산 등임

2) 지방자치단체 도시브랜드 정책 사례

(1) 서울특별시

대한민국의 수도인 서울시는 글로벌 도시로의 성장으로 인해 공간 및 인프라 개발에 걸맞은 서울의 미래상 달성을 위해 삶의 질 제고, 도시정체성 확립, 균형발전, 도시의 지속가능성 확보를 중심으로 추진하고 있다. 특히 글로벌 도시들과의 경쟁심화는 도시브랜드를 부각시켰으며, 서울시 조직 내에서 도시브랜드 및 마케팅, 홍보기능을 확대하고 있다(반정화, 2015).

현재 서울시는 핵심 시정운영 방향 중 '글로벌 Top5 도시' 도약을 위한 '매력적인 글로벌 선도도시' 실현을 핵심 정책으로 설정하고 '한강 르네상스 2.0', '서울페스타 2024' 등을 통한 해외관광객 3천만 시대를 선도하는 전략으로 계획하고 있다. 특히 서울 상징물 활용 도시브랜드 마케팅 추진, 해치 캐릭터 리디자인 및 소울프렌즈 캐릭터 개발, 상품화 추진, 전략적 해외 현지 홍보 프로모션을 통해 국제도시의 위상을 제고하여 서울시 도시브랜드 고도화를 추진하고 있다.

서울시는 2022년 8월「서울의 가치 찾기」키워드 공모전을 시작으로 슬로건 선호도 조사, 디자인 선호도 조사 및 디자인 공모전에 약 85만여 명의 국내·외 시민들이 참여하였다. 키워드 공모전에서 서울의 정체성 및 매력에 대한 핵심가치를 도출하고 이를 토대로 슬로건을 개발하여 선호도 조사를 통해 'Seoul, My Soul'이 선정되었다.

[그림 5-4] 서울시 브랜드 슬로건 및 BI

출처: 서울시 홈페이지(https://www.seoul.go.kr/newbrand/).

최근 서울시는 새로운 도시브랜드 발표 이후, 도시의 매력을 널리 알리기 위해 서울시 굿즈 제작 및 민간협업 제품개발 등 대대적인 활동을 펼치고 있다. 특히 서울라면부터 서울패션까지, 서울브랜드와 민간기업 간 다양한 협업제품을 선보이고 있다.

서울브랜드 첫 민간협업 상품인 서울라면은 출시 5개월 만에 판매량 100만 봉을 돌파할 정도로 큰 인기를 끌고 있고, 이후 의류 브랜드 무신사와 협업을 통해 티셔츠, 모자 등 협업제품 18종을 발매하였다. 또한 서울라면은 2024년 8월부터 미국에서도 판매 중이며, 할랄 인증을 받은 비건제품으로 터키, 이란 등을 대상으로 판매될 수출용 제품 및 신메뉴인 볶음면 또한 제품개발 중에 있다. 무신사는 'SEOUL MY SOUL'를 활용하여, 반소매 티셔츠, 스트링백, 양말, 3단 우양산 등 18종의 상품을 개발하여, 무신사 스탠다드 명동점에서 한정판으로 판매하였다. 또한 서울마이소울 1주년을 기념하여 서울시×바프 새로운 협업 상품인 건강한 서울 먹거리 '서울아몬드'를 발매하였다(서울시, 2024.8.26).

[그림 5-5] 서울시 민간협업 제품

서울라면 2종

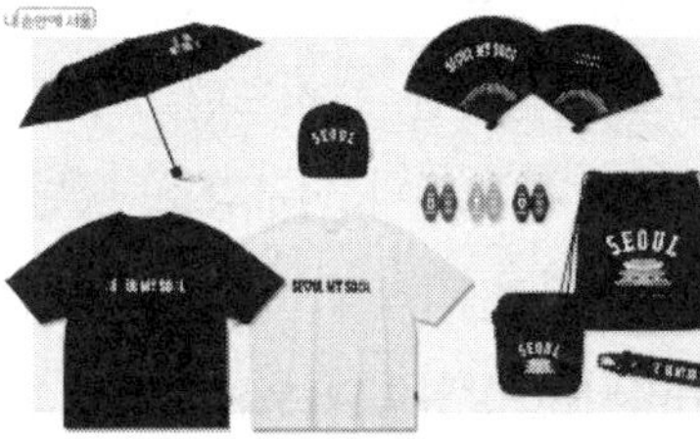

서울시X무신사 스탠다드 협업 패션굿즈

출처: 내손안의 서울(2024.6.17); 내손안의 서울(2024.3.7).

또한 서울시 브랜드는 「2024년 iF 디자인 어워드」에서 '커뮤니케이션, 시티브랜딩' 본상을 수상하였다. iF 디자인 어워드는 독일 '레드닷 디자인 어워드', 미국 'IDEA'와 함께 국제적 권위를 인정받고 있는 세계적 디자인 공모전으로, 서울마이소울은 iF 디자인 어워드 수상작 중 도시브랜드로는 유일하다. 특히 도시 이름 서울을 전면에 배치하고, 전 세계인 누구나 브랜드에 담긴 의미를 직관적으로 파악할 수 있도록 경쾌한 색상의 그림문자를 적용했다. 현시대의 다양한 사회문제와 버려진 자원들을 디자인과 예술로 해결한 사례를 통해 서울 도심 곳곳을 시민들을 위한 매력적이고 활기찬 공간의 디자인으로 채워 서울의 도시브랜드를 강화해 나가는 전략이다(서울시, 2024.3.19).

[그림 5-6] 서울시 공간적 도시브랜드 계획

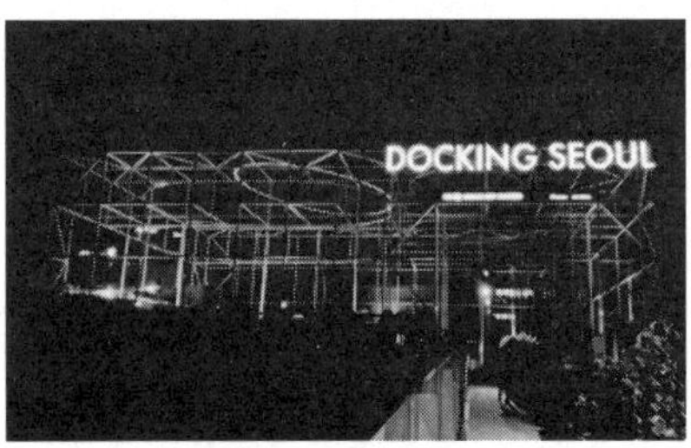

도킹서울 추진 후 이미지

예스! 키즈존 구현대상지

출처: 서울시(2024.3.19).

(2) 부산광역시

현재 부산시는 천혜의 자연환경과 지정학적 위치, 주거환경, 편의시설, 도시인프라, 대규모 산업기반, 도시브랜드(부산국제영화제 등) 등 타 도시에 비해 많은 잠재력을 보유하고 있다. 그러나 인구감소, 청년유출, 일자리 부족, 저출산, 고령화 등과 같은 사회구조적 위기가 지속적으로 발생함에 따라 현재 부산이 가진 지역위상 및 잠재력 약화가 우려되는 상황이다(부산광역시, 2024).

부산시는 '부산광역시 도시브랜드 가치 제고에 관한 조례' 제4조를 근거로 제4차 도시브랜드 기본계획(2024~2026)을 수립하여, 지역여건에 부합하는 도시브랜드 정책을 추진하고 있다. 2022년 도시브랜드 전담조직 정비를 시작으로, 시민·전문가 참여를 통해 도시브랜드 이미지 개발 및 브랜딩 대상을 선정하였다. 특히 '부산 도시브랜드 가치 제고에 관한 조례'(2022.12), '부산 상징물 관리조례'(2023.5) 개정을 통해 도시브랜드의 법적 근거를 마련하였다. 또한 도시브랜드 의제 선점을 위한 국내·외 네트워크 구축을 통해 국내·외 도시브랜드 홍보뿐 아니라, 글로벌 도시브랜드 의제 선점 도시로서 역할을 수행하고 있다.

부산시 도시브랜드 비전은 '부산 먼저 미래로 그린스마트 도시 부산'으로 하고 'Busan is good(부산이라 좋다)'을 브랜드 슬로건으로 설정하였다. 부산시는 2005년 U-City 마스터플랜 수립을 시작으로 국내 최초 지방자치단체 자가망 구축 서비스 실증 사업, 에코델타 스마트시티(EDC) 시범사업 등 국내에서 스마트시티 사업을 선도적으로 추진하고 있는(부산광역시, 2018), 대표적인 지방자치단체로서 이와 같은 정책사업을 도시브랜드와 연계하여 추진하고 있다. 글로벌 허브도시+최고의 행복도시라는 목표를 두고 글로벌 허브도시, 문화관광매력도시, 행복공동체도시 등 3대 전략과 9개 실행과제로 구성하였다.

최근 지역경제에 활력을 불어넣고 부산의 도시브랜드를 알리는 도시브랜드 전문 편집숍 'Big Shop(Busan is good Shop, 부산 브랜드숍)'을 개소하였으며, 민간 중심의 도시브랜드 협력 거버넌스 체계 확립을 위해 도시브랜드위원회, 민·관 네트워크 운영을 통해 민간(전문가, 지역기업 등) 중심의 도시브랜드 진단 및 설계를 실시하고 있다. 또한 도시브랜드 홍보 극대화를 위해 식품, 패션, 디자인, 공예, 유통 등 다양한 분야의 지역기업으로 구성된 '부산 브랜드 파트너스' 기업을 모집했으며, 기업 특성을 살려

자사 제품에 부산 도시브랜드를 적용한 팬 상품(굿즈)과 콘텐츠를 개발할 예정이다(부산시, 2024.11.22).

부산시가 새롭게 선포한 도시브랜드 상징표시(심벌마크)와 브랜드 슬로건(Busan is good)을 활용한 제품 가운데, 부산의 가치(good)를 담고 부산에 대한 애착(goodness)을 느낄 수 있는 굿즈(goods)를 발굴하기 위해 지역의 대표기업 등과 협력해 도시브랜드 홍보・확산을 추진해 나가고 있다. 대표적으로 컵홀더에는 지역커피업체 '카페 051'의 고유 컵홀더에 부산시의 새로운 도시브랜드 슬로건 '부산이라 좋다(Busan is good)'와 '커피도시 부산'의 이미지를 접목한 'Busan is good for COFFEE'라는 문구를 담은 것이 그 예이다(부산시, 2024.7.4).

[그림 5-7] 부산시 민간협업 제품 및 부산 브랜드숍 전경

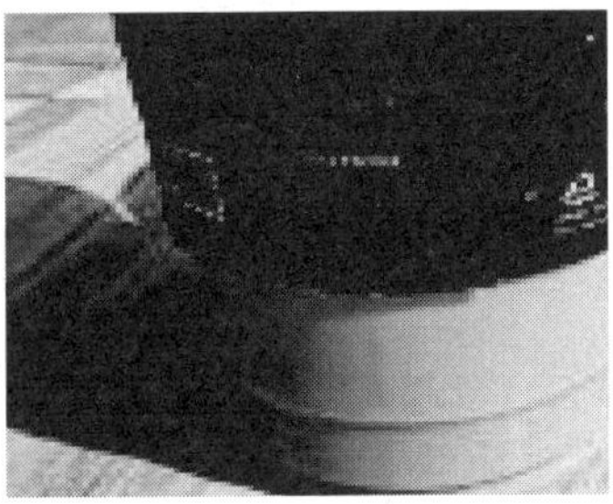

출처: 부산시(2024.7.4); 부산시(2024.11.25).

(3) 광주광역시 북구

광주시 북구는 현재 도시브랜드인 '당신이 북구'와 공식 캐릭터인 '부끄・부부'의 민간 분야 활성화를 통해 매력적인 도시이미지 구축을 추진 중에 있다. 특히 지역 특산물, 문화예술 공연 등과 연계한 브랜드・캐릭터 대중화로 지역사회에 도시브랜드를 확산하고 경쟁력을 강화하고 있다(전남매일, 2024.4.24). 그동안 광주시 북구는 도시브랜드 부재, 심볼마크와 캐릭터 노후화 등으로 차별화된 도시 비전과 가치를 외부에 알리는 데 어려움이 많아 이를 해소하기 위한 전략적인 도시브랜드 개발 필요성이 내・외부에서 지속 제기되어 왔다. 이에 효과적인 도시마케팅 수단 마련을 위해 지난 2022년

도시브랜드 기본 계획 수립에 착수하였으며, 이후 광주디자인진흥원과 '도시브랜드 개발 협약'을 체결하였고 도시브랜드 개발용역과 도시브랜드 슬로건 공모 · 선호도 조사 등 주민참여 과정을 거쳐 도시브랜드 개발을 추진하였다(광주시 북구, 2024.1.29).

또한 광주시 북구의 도시브랜드 · 캐릭터를 지역사회에 확산하기 위해 공공임대주택 입주 청년기업 8곳과 '북구 도시브랜드 · 캐릭터 무상 사용 업무협약'을 체결했다. 북구 도시브랜드 · 캐릭터 무상 사용 업무협약은 청년기업 제조제품에 북구 공식 도시브랜드 · 캐릭터를 활용할 수 있도록 저작권을 무료로 개방하여, 청년기업 마케팅 활동을 지원하기 위함이다. 이번 협약에 따라 청년기업 8곳에서는 북구 도시브랜드 · 캐릭터를 접목한 상품을 제작 · 개발하여 도시브랜드 · 캐릭터의 민간 확산에 앞장서고 북구는 관련 사업이 활성화될 수 있도록 디자인 무상 제공 · 자문 등을 지원할 계획이다.

도시브랜드 · 캐릭터 접목에 활용될 주요 상품은 방향제, 비누, 키링, 명함꽂이, 타월, 도자기 잔, 인형, 수세미 등 일상생활에서 주로 사용하는 품목으로 총 10종 16개 제품이 개발되어 판매될 예정이다. 이번 협약을 시작으로 지역 제조업체 제품, 지역특산품, 문화 · 관광 콘텐츠에도 도시브랜드 · 캐릭터를 연계할 수 있도록 협업방안을 적극 발굴 · 추진해 도시브랜드 민간 분야 활용도를 지속 높여 나갈 방침이다(광주시 북구, 2024.6.18). 또한 광주시 북구 도시브랜드 홈페이지에서는 도시브랜드 홍보뿐만 아니라 북구 도시브랜드를 활용하여 세상에 하나밖에 없는 도시브랜드를 만들 수 있어

[그림 5-8] 도시브랜드 의미더하기

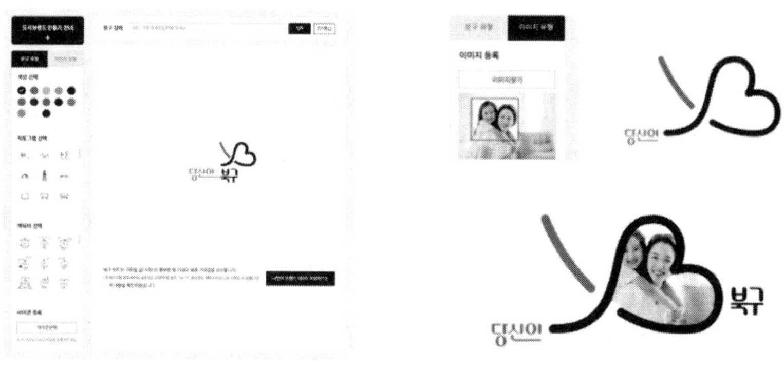

출처: 광주시 북구 홈페이지(https://bukgu.gwangju.kr/).

주민들에게 도시정체성을 부여할 수 있다.

4 도시경쟁력 강화를 위한 도시브랜드 추진 방향

우리나라에서 지방자치제도 실시 이후 항상 도시브랜드가 존재해 왔다. 도시를 방문하고 제품과 서비스를 구매하며, 비즈니스와 투자, 관광과 방문의 대상은 물론 잠재적인 시민으로 거주하도록 하는 도시경쟁력은 도시브랜드가 실질적으로 좌우하게 되었다(이희복, 2014).

이제 지방자치단체마다 도시브랜드를 수립하여 도시경쟁력을 강화하는 것은 선택이 아니라 필수인 시대이며, 이를 토대로 지역주민뿐만 아니라 단순 방문객, 관광객들도 지역의 정체성과 가치를 느낄 수 있다. 도시브랜드란 도시에 대한 경쟁력을 강화하기 위한 정책이며, 도시의 정치 · 경제 · 사회 · 문화적 요소를 중심으로 시민소통과 공감을 통해 도시의 정체성과 브랜드 자산을 확보하여 도시경쟁력을 강화하는 커뮤니케이션 전략(송선영, 2021)으로 볼 수 있다.

그러나 많은 지방자치단체들의 도시브랜드 전략이 일관적이지 못하거나, 브랜드 주체의 변동에 따른 혼란과 명확하지 못한 목표의식의 결여 등 많은 문제점들이 노출되고 있다. 또한 대부분의 지방자치단체 슬로건이 천편일률적이며 지역 특성이나 정서를 제대로 반영하지 못했다는 비판을 받기도 한다(이슈메이커, 2012.5.25). 이에 따라 도시브랜드가 단순히 로고와 슬로건 개발에 그치는 것이 아닌 지역자원을 활용하고 지역의 정체성을 반영해야 지속가능한 도시경쟁력 자원으로 발전할 수 있는 근거가 될 수 있다. 특히 최근에는 지역기업과의 협업을 통해 지역여건에 부합하고 주민이 직접 참여하여 도출한 재화를 판매 및 홍보하고 있다는 점에서 의의가 있다. 이처럼 도시브랜드 마케팅 활성화 방안에 대한 실효성 있는 전략이 필요한 때이며, 도시브랜드 전략에 대한 종합적이고 체계적인 접근이 필요하다. 이에 본 장에서는 지방자치단체에서 도시브랜드 정책을 추진할 때 나아가야 할 방향을 다음과 같이 제안하고자 한다.

첫째, 해당 지방자치단체의 명확한 도시브랜드 가치와 정체성을 객관적으로 도출해야 한다. 도시정체성 개발을 위해 가장 중요한 작업은 시장조사와 내부적 조건, 도시실체에 대한 정밀한 분석이 뒷받침되어야 하며, 이를 통해 주민이 직접 참여하고, 숙의하는 과정을 반드시 거쳐야 한다(이소영, 2022). 또한 광주광역시 북구의 사례처럼 주민이 직접 도시브랜드 활용이 가능한 플랫폼을 개발하고, 더 나아가 상품 개발에도 참여 가능하도록 설계하는 방안이 요구된다.

둘째, 해당 지방자치단체의 지역적 여건 및 특성이 반영된 도시브랜드 설계전략이 필요하다. 특히 그 지역에 대해 잘 인지하고 있고, 생활하며, 주민과의 접점이 있으면서 공동의 아이디어와 방향성을 설정할 수 있는 유관기관과의 연계가 무엇보다 중요하다(현승현 · 정지훈, 2023). 최근 도시브랜드 트렌드와 같이 지역기업 및 지역공동체와 도시브랜드를 공유하여 창조적인 상품을 만들어 낼 수 있는 기반을 마련해야 맞춤형 지역기반 도시브랜드 전략을 수립하여 실행할 수 있다.

셋째, 도시브랜드는 단기간에 성과를 낼 수 없기 때문에 장기적인 관점에서 접근해야 한다. 추진목표에 부합하는 전략과 정책들이 얼마나 잘 수행되고 있는지에 대해 주기적으로 모니터링하여 피드백하는 과정이 수반되어야 한다(반정화, 2015). 또한 한 번 정립한 도시브랜드는 지속가능한 정책적 기간이 보장되어야 한다. 실질적으로 지방자치단체장이 교체가 되면 필연적으로 도시브랜드를 다시 정립하는 관행이 일반적으로 일어나게 된다. 도시브랜드를 교체하는 것도 중요하지만 지방의회에서는 먼저 지역의 가치와 정체성을 담보할 수 있는 조례와 훈령 같은 법률적 근거를 마련하고, 지방자치단체에서는 이를 근거로 지속가능한 정책을 수립하여 실행해야 한다.

마지막으로, 내부적으로는 지역주민과 최근 인구소멸 시기에 주목받고 있는 생활인구, 관계인구 등과 같이 주민등록이 되어 있지 않지만, 해당 지방자치단체에 기여할 수 있는 계층을 대상으로 맞춤형 도시브랜드 전략을 수립해야 한다. 도시브랜드 전략 수립을 통한 도시매력 창출은 도시의 다양한 문제 해결을 위한 길을 제시하고, 나아가 궁극적으로 국내 도시뿐만 아니라 세계도시들과의 경쟁우위에 기여할 것으로 판단된다(시사저널, 2023.3.2). 앞서 제안한 방향성이 도시 간 경쟁이 심화되는 현 시점에서 지방자치단체가 지속가능한 도시브랜드 전략을 수립하는 데 중요한 기반이 되기를 기대한다.

참고문헌

거제시(2023). 거제시 도시브랜드 제고 전략 수립 연구용역.

광주시 북구(2024.1.29). 북구, '전국 최초' 참여? 확장형 도시브랜드 '당신이 북구' 공개, 보도자료.

광주시 북구(2024.6.18). 북구, 청년 창업가와 함께 '도시브랜드 · 캐릭터' 지역 확산 나서. 보도자료.

권영훈 · 김상덕(2013). 통합적 마케팅 커뮤니케이션(IMC)전략과 도시브랜드 자산간 관계 사례연구: 창원시 시정홍보 효과분석을 중심으로, 『지역산업연구』 36(1), pp.219-240.

권재경 · 최원수(2012). 도시이미지 유형에 따른 도시브랜드 정체성 형성의 영향요인, 『브랜드디자인연구』 10(4), pp.15-26.

글로벌도시연구단(2023). 인천의 글로벌 도시경쟁력 진단과 제언, 인천연구원.

김상만 · 김상덕 · 이성애 · 안시연(2019). 도시브랜드가치가 도시매력도에 미치는 영향: 경남 18개 시군을 중심으로, 『지역산업연구』 42(4), pp.67-90.

김영수(2011). 어떻게 도시 브랜드를 만드는가?(Ⅱ), 『자치발전』 2011년 3월호, 한국자치발전연구원.

김용만 · 강석정(1999). 브랜드자산가치의 구성요소에 미치는 영향에 관한 연구. *Journal of Global Academy of Marketing Science*, 4, pp.51-86.

김재구 · 하희현 · 배진아(2023). 글로벌 도시경쟁력 강화를 위한 새만금사업 중장기 전략 수립 연구, 전북연구원.

내손안의 서울(2024.3.7). 화제의 서울라면 2종 드디어 시식! 하나만 고를 수 없는 맛!.

내손안의 서울(2024.6.17). 21일부터 한정판매 … 무신사와 '서울마이소울' 패션굿즈 제작.

디트뉴스24(2024.11.4). 정체 몰라도 1위면 좋다? … 브랜드평판에 빠진 도시들.

매일경제(2000.12.14). [브랜드의 유래] 5천년 전 가축 낙인이 효시.

매일경제(2023.6.2). [매경경영지원본부 칼럼] 낙인 없는 브랜드를 위하여!.

박대아(2017). 도시브랜드 슬로건의 변화 경향과 요건, 『한국학연구』 63, pp.101-128.

박상희(2021). 해항도시 리브랜드 사례를 통한 도시브랜드 전략 유형화 연구, 『브랜드디자인학연구』 19(1), pp.5-16.

박상희 · 이한기 · 이광호(2023). 『도시×리브랜딩』, 서울: 오마이북.

박승규 · 김선기 · 조창덕(2015). 광주광역시 도시경쟁력 강화를 위한 지표 개발 및 실태 분석, 한국지방행정연구원.

박현주 · 이시철(2014). 도시브랜드 구성요인이 도시충성도에 미치는 효과: 대구시 도시마케팅 사례 분석, 『한국행정논집』 26(2), pp.293-313.

박혜영 · 김상수(2015). 도시 비전과 전략으로서 도시브랜드 활용방안 연구: 경기도 포천시 사례를 중심으로, 『브랜드디자인학연구』 13(2), pp.53-66.
박흥식(2021). 『정부마케팅: 마케팅에 의한 공공가치 생산의 길을 말하다』, 서울: 박영사.
반정화(2015). 서울시 도시브랜드 가치제고 전략방향, 서울연구원.
변미리 · 박민진 · 김해란(2013). 도시경쟁력 평가체계 비교 분석, 서울연구원.
변미리 · 이민규 · 박민진 · 박은현 · 탕웨이 · 김지영(2021). 도시경쟁력 진단에 근거한 서울시 도시경쟁력 강화 전략: 서울, 베이징, 상하이, 도쿄를 중심으로, 서울연구원.
부산광역시(2018). 부산 에코델타 스마트시티 시행계획(안).
부산광역시(2024). 부산발전 비전 및 전략 2050 BUSAN PLAN, 부산연구원.
부산광역시(2024). 제4차 도시브랜드 기본계획.
부산디자인진흥원(2024.7.22). 차별화된 도시브랜드, 도시발전을 선도하다.
부산시(2024.11.22). 부산 도시브랜드 「Busan is good」, 지역업체와 함께 팬 상품(굿즈)으로 새 활력!, 보도자료.
부산시(2024.11.25). 도시브랜드 전문 편집숍 '부산 브랜드숍(Big Shop)' 개소, 보도자료.
부산시(2024.5.23). 부산시, 부산 도시브랜드 굿즈 디자인 공모전, 뜨거운 반응! 경쟁률 9:1, 보도자료.
부산시(2024.7.4). 부산시, 'Busan is good' 담은 컵홀더로 도시브랜드 확산나서, 보도자료.
서울시(2024.3.19). 서울시, 세계 3대 디자인 어워드서 지자체 최초 4년 연속 수상 … 총 3관왕, 보도자료.
서울시(2024.8.26). SEOUL MY SOUL 출범 1주년 … 국내외 대표 도시브랜드로 성공적 안착, 보도자료
송선영(2021). 도시경쟁력 강화를 위한 도시브랜드 정책 연구: 주요 도시의 도시브랜드 정책 비교를 중심으로, 아주대학교 박사학위논문.
시사저널(2023.3.2). 글로벌 도시브랜드 대상, 대한민국 도시경쟁력 키우는 기폭제 될 것.
심인단 · 박상희(2023). 지방자치단체의 도시브랜드 슬로건 현황 연구: 한국 5대 도시를 중심으로, 『브랜드디자인연구』 21(2), pp.335-344.
윤은기 · 박소영(2015). 세대 · 계층별에 따른 삶의 질 영향요인 분석과 도시경쟁력 발전을 위한 연구: 부산시를 중심으로, 『정책분석평가학회보』 32(4), pp.23-53.
윤혜진 · 오유리(2022). 부천시 도시브랜드 상징체계 정립을 위한 전략방안 고찰, 『브랜드디자인학연구』 20(1), pp.109-120.
이소영(2022). 도시 경쟁력 강화를 위한 도시 브랜드 제고 방안, 『대전세종포럼』 통권 제80호, 대전세종연구원.
이소영 · 이제연(2020). 세종시 도시브랜드 제고방안, 한국지방행정연구원.
이수태 · 임정은(2008). 도시브랜드 디자인이 국가 이미지에 미치는 영향과 도시브랜드 디자

인 방향에 관한 연구, 『브랜드디자인학연구』 6(1), pp.51-62.
이슈메이커(2012.5.25). 아이러브뉴욕 따라하기! 누구를 위한 슬로건인가.
이애리(2022). 스타벅스 마케팅믹스활동에 대한 소비자인식이 브랜드자산에 미치는 영향 연구, 『호텔리조트연구』 21(1), pp.355-373.
이재순 · 김미경 · 박송희 · 오동훈(2008). 도시브랜드 개발 유형에 따른 도시마케팅 특성에 관한 연구, 『도시행정학보』 21(3), pp.157-184.
이정 · 김사랑(2023). 도시 브랜드 구축을 위한 전라남도 상징물(CI)의 시각적 특성 분석: 전남도와 22개 지자체 심볼마크를 중심으로, 『인문학술』 11, pp.193-218.
이정훈(2007). 도시 브랜드 정체성 개발 방법론 연구: 경기도 주요 도시 사례, 경기개발연구원.
이진경 · 곽미정 · 최성윤(2023). 지역문화자원을 활용한 도시브랜드 활성화 방안: 정동 지역 문화자원과 시민의견을 중심으로, 『한국자치행정학보』 37(3), pp.263-286.
이충훈(2010). 도시브랜드 마케팅수단으로서 공공디자인 적용방향 연구, 충남발전연구원.
이한수 · 김세진 · 박정배(2023). 문화적 도시경쟁력 강화를 위한 문화정책 연구: 공주시 문화도시센터의 역할과 사업 운영 사례를 중심으로, 『인간과 자연』 4(2), pp.167-184.
이호우(2024). 국가정원이 도시브랜드 이미지 형성에 미치는 영향과 향상 전략: 순천시, 울산광역시 중심으로, 상명대학교 박사학위논문.
이희복(2014). 서울시의 도시브랜드 개성: 주요 도시와의 비교를 중심으로, 서울연구원.
이희복 · 최지윤(2021). 우리나라 도시브랜드 슬로건의 개성 비교: 광역시와 도를 중심으로, 『광고연구』 128, pp.69-96.
인천도시브랜드센터(2010). 인천도시브랜드 가치 제고를 위한 브랜드경영 추진방안.
임병호(2020). 도시경쟁력 강화를 통한 대전시의 중부권 허브도시화 전략에 관한 연구, 대전세종연구원.
장준호 · 서민정(2022). 안양시의 도시마케팅 활성화 전략에 관한 연구, 『지역사회발전학회논문집』 45(2), pp.37-52.
전남매일(2024.4.24). 문화 · 관광 콘텐츠 대중화 도시브랜드 가치 높인다.
정수진 · 김초원(2012). 지방자치단체 도시브랜드의 컬러 전략 연구: 경기도 지방자치단체의 도시브랜드 마크를 중심으로, 『한국디자인포럼』 37, pp.255-264.
정젤나 · 권기준 · 김성범(2024). 도시 브랜드 개성에 대한 이미지, 관광 만족도가 재방문 의도에 미치는 영향: 대전광역시를 중심으로, 『이벤트컨벤션연구』 53, pp.253-272.
채지선 · 전형연(2023). 도시 브랜드가치 평가를 위한 기호학적 접근: 광주광역시를 중심으로, 『감성연구』 26, pp.141-187.
최영조 · 남용현(2012). 도시브랜드 심벌의 제작의도와 표현의 정체성에 관한 연구: 의미구조 모형에 근거하여, 『한국디자인포럼』 34, pp.393-402.
최원주(2011). 도시브랜드의 아이덴티티 구축을 위한 탐색: 브랜드 심벌과 슬로건을 중심으로,『주관성연구』22, pp.5-21.
현승현 · 정지훈(2023). 스마트 브랜드시티로의 도약, 용인의 도시브랜드 이제는 바꿔야 한다!!,『YRI Insight』No.75, 용인시정연구원.

The Guardian(2019.12.12). 'Humans were not centre stage': how ancient cave art puts us in our place.
The PR 더피알(2023.5.15). 브랜드 3.0시대, 도시는 어떻게 브랜딩하는가?.

광주시 북구 홈페이지(https://bukgu.gwangju.kr)
서울시 홈페이지(https://www.seoul.go.kr/newbrand)
한국기업평판연구소(https://brikorea.com)

PART

02

지속가능한 주거 및 도시재생

06 CHAPTER

주거환경 정비: 빈집정비를 중심으로

이자은(대전세종연구원)

빈집은 우리의 주거환경에 얼마나 깊숙한 문제로 자리잡고 있을까?

저출산 · 고령화, 인구감소라는 피할 수 없는 사회문제의 하나로 자리 잡고 있는 것이 빈집이다.

본 장은 우리 생활 속에 어느새 깊숙이 자리 잡으며, 주거환경을 해치는 빈집의 위험성에 대해 이야기한다. 빈집의 전염성으로 지역에 어떤 문제를 일으키고 왜 발생하는지를 살펴보고, 빈집정비를 위한 정책 시도에도 불구하고 빈집이 줄어들지 않는 이유에 대해서도 논의한다.

마지막으로 우리가 달성하고자 하는 빈집정비정책이 무엇인지에 대한 질문을 던진다.

1 빈집의 전염성

빈집은 우리의 주거환경에 얼마나 깊숙한 문제로 자리 잡고 있을까?

1) 빈집의 공간적 고착화

빈집 발생이 우리의 주거환경에 끼치는 위험성을 '깨진 유리창 이론(broken window theory)'으로 설명하곤 한다. '깨진 유리창 이론'은 1982년 미국의 범죄학자 조지 켈링(George Kelling)과 정치학자 제임스 윌슨(James Wilson)이 발표한 이론으로, 우리 주변에서 발생하는 사소한 쓰레기 문제나 안전문제가 처음에는 불편할지라도 시간이 흐르면 아무도 신경 쓰지 않고 양심의 가책을 느끼지 않는 도덕적 해이를 경험하게 되면서 타인을 생각하지 않는 이기적인 행위를 조장한다는 문제를 잘 설명한다.

지역 곳곳에 노후화된 채 방치된 빈집은 깨진 유리창과 같다. 소유자의 무관심으로 방치된 하나의 빈집은 지역의 위생 · 안전 · 미관 등의 문제를 일으키고, 이러한 빈집들이 공간적으로 고착되어 발생하면 낙후지역이라는 이미지를 심어주고 지역의 가치를 하락시킬 뿐 아니라 사회적 비효율을 유발하게 된다. 결국, 지역 전체에 침체와 쇠락을 불러오는 큰 사회문제로 확산되면서 무질서를 야기하게 되는 것이다.

2) 빈집의 지속 증가

2023년 국토교통부, 농림축산식품부, 해양수산부가 발표한 자료에 따르면, 2022년 전국의 빈집 수[1]는 127,925호로 집계되며, 2021년 105,084호 대비 22,841호(21.7%)나 증가하였다. 전체 빈집 중 도시지역에 41,709호(32.6%)가 분포하고, 농촌지역 66,004호(51.6%), 어촌지역 20,212호(15.8%)로, 농촌지역에 절반 이상의 빈집이 분포하고 있는 것을 알 수 있다.

17개 광역지자체를 살펴보면, 빈집이 가장 많이 분포하는 지역은 전라남도(28,019호)로 전국 빈집의 21.9%를 차지한다. 다음으로 경상북도는 21.963호(17.2%), 전라북도는

1) 지자체별로 실시한 빈집실태조사를 국토교통부, 농림축산식품부, 해양수산부가 취합하여 제공한 자료이다. 충청북도와 세종시는 도시 · 농촌 · 어촌지역의 구분이 잘못되어 수정하여 데이터를 활용하였다.

[그림 6-1] 빈집 수 및 전국 빈집 수 대비 비율

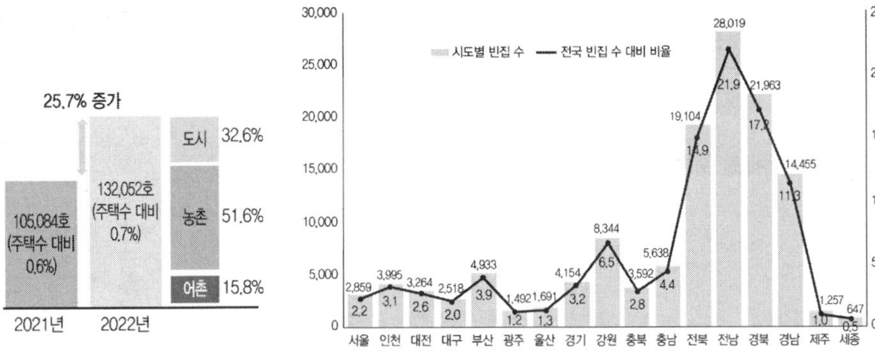

출처: 관계부처 합동(2023) 보도자료 재구성.

19.104호(14.9%), 경상남도는 14.455호(11.3%)로 매우 높게 나타나는 것을 볼 수 있다.

한편, 세종시는 전국에서 빈집(647호, 0.5%)이 가장 적으며, 제주도(1.257호, 1.0%), 광주(1.492호, 1.2%), 울산(1.691호, 1.3%) 순으로 나타난다.

광역지자체별 주택 수 대비 빈집 비율은 조금 다른 결과를 볼 수 있다. 통계청 주택총조사(2022)에 따르면, 전국 주택 수는 19,155,585호이며, 이 중 약 0.7%를 빈집으로 추정하고 있다.

각 지역의 주택 수 대비 빈집의 비율을 살펴보면, 전라남도의 경우 전체 주택 수 894,935호 중 3.4%가 빈집으로 나타나 빈집 수뿐 아니라 주택 수 대비 빈집 비율도 높게 나타나고, 전라북도는 2.5%, 경상북도 2.0%로, 빈집 수에서는 경상북도가 전라북도보다 높았지만, 주택 수 대비 빈집은 낮게 나타난다. 서울시는 주택 수(3,111,323호) 대비 빈집 비율이 0.1%이며, 경기도도 마찬가지로 주택 수(4,725,372호) 대비 빈집 비율이 0.1%로 전국에서 가장 낮게 나타난다.

반면 세종시는 주택 수(150,278호) 대비 빈집 비율이 0.4%로 나타나는데, 빈집 수는 전국에서 가장 적었으나, 빈집 비율은 높게 나타나는 현상을 보인다. 단독주택을 중심으로 살펴보면, 그 차이가 더 크게 나타나는데, 세종시 단독주택 수 대비 빈집 비율은 3.1%로 타 지자체와 비교했을 때 매우 높게 나타난다.[2)]

2) 세종시 아파트 비율은 86.8%로 전국에서 가장 높게 나타난다.

전국 단독주택 수의 1.6%는 빈집으로 추정되고, 전라북도가 가장 높은 비율로 나타나고, 전라북도는 전국 대비 빈집 비율, 주택 수 대비 빈집 비율, 단독주택 수 대비 빈집 비율 등 모든 측면에서 상위권에 속하고 있다.

[그림 6-2] 지자체별 주택 수 대비 빈집

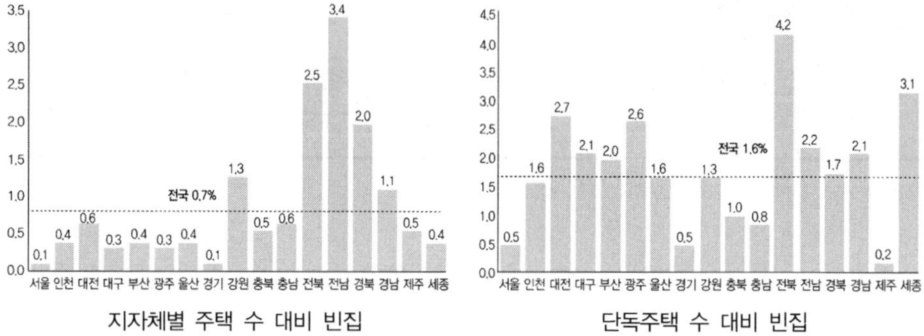

주: 지역별 단독주택 빈집 수는 한국부동산원을 참고했으며, 2018년~현재 기준으로 작성되어 관계부처 합동 보도자료(2023)와는 차이가 있음.
출처: 관계부처 합동(2023); 통계청 주택총조사(2022) 재구성.

3) 빈집의 속성

빈집은 왜 계속 생겨나는 걸까? 우리의 주거환경을 해치는 빈집은 다양한 이유로 발생하는데, 이를 빈집이 발생한 기간, 물리적 상태, 소유자 배경 및 행태 등에 따라 구분하여 설명할 수 있다. 도시지역과 농촌지역에서 발생하는 빈집의 속성은 조금 다르게 나타나기 때문에, 구분해서 살펴보도록 하자.

(1) 일시적 빈집

도시지역에서 대부분 나타나는 일시적 빈집은 매매 · 임대 · 이사, 미분양 · 미입주 등 주택시장의 영향이나 집수리 등의 이유로 발생는데, 이는 일시적 현상이기 때문에, 주택시장의 영향으로 자연스럽게 해소되거나 소유자에 의해 관리가 되고 있으므로 공공의 빈집관리 대상에서 제외할 수 있다. 농촌지역에서는 도시와 마찬가지로 주택시장의 영향으로 나타나기도 하지만, 별장 등의 용도로 활용되거나 부모에게 상속받은 자녀들이 간헐적으로 방문하여 관리하거나 일시적으로 거주함으로써 발생하는 요인이 더 크게 작용한다(정문수 외, 2020: 156). 이러한 빈집은 소유자의 관리가 소홀해지고 그대로 방치할 가능성이 크기 때문에 지속적인 관리가 필요하다.

(2) 의도적 빈집

의도적 빈집은 농촌지역에서 주로 발생하는데, 미래에 고향으로 복귀할 것을 염두에 두고 의도적으로 주택을 비워두거나, 주택이 상속되는 과정에서 소유권 분할 문제가 발생하면서 장기간 빈집으로 방치되기도 한다(정문수 외, 2020). 또한 해당 지역의 개발로 인한 가치상승에 대한 기대감으로 빈집이 발생하기도 한다. 즉, 외지인이 투자 목적으로 빈집을 매매하고 자산가치가 오르기를 기다리며 빈집을 방치하면서 의도적으로 발생하는 것이다.

(3) 방치된 빈집

방치된 빈집은 주로 농촌지역에서 많이 볼 수 있는데, 인구감소와 노령화, 산업구조 변화에 영향을 더 많이 받으며, 특히 청장년층이 도시로 이동하고 인구가 급격하게 줄어들면서 자연스레 버려진 빈집이 발생한다. 이렇게 버려진 빈집은 기능의 유지와 자원으로의 활용 여부에 따라 잠재적 자원으로서의 빈집, 제 기능을 상실한 빈집 등 2가지로 구분할 수 있다.

먼저 잠재적 자원으로의 빈집은 건물의 기능을 유지하고 있음에도 비어 있는 상태로 방치되어 사회적 비효율이 발생하는 상태의 빈집으로, 물리적 상태가 양호하여 붕괴 등의 안전 및 범죄위험에는 노출되지 않았지만, 장기간 방치될 경우 지역의 이미지 훼손, 부동산 가치가 하락한다. 만약 철거상태까지 방치된다면 추가적 행정비용을 발생시키는 등 사회적 비효율이 발생할 수 있다. 이런 상태의 빈집이 군집화를 이룬다면 지역의 슬럼화뿐 아니라 주거환경 악화의 가속화로 이어질 수 있다.

다음으로 제 기능을 상실한 빈집은 인구유출과 자연적 감소로 인해 농촌 공동화 현상이 진행되면서 제 기능을 하지 못하는 철거가 필요한 빈집으로, 지역의 자원으로 활용할 수 없는 상태이다. 장기간 방치되어 지역의 이미지가 훼손되고, 이로 인해 지역의 가치가 하락할 뿐 아니라 건물 붕괴 등의 안전사고와 범죄의 가능성을 위협하는 상태로, 경제・사회・환경・물리적 측면에서 부정적 외부효과를 발생시킨다. 즉, 방치된 빈집은 가장 위험한 빈집이면서, 앞으로 꾸준한 고민이 필요한 우선정비 대상이다.

[그림 6-3] 빈집 속성별 현황

일시적 빈집

방치된 빈집

방치된 빈집

출처: 저자 직접 촬영.

2 빈집정비, 왜 어려운가?

2017년 2월 「빈집 및 소규모주택 정비에 관한 특례법」(이하 소규모주택정비법)을 제정하였다. 빈집의 체계적 정비를 위한 제도적 근거를 마련한 이후, 다양한 빈집정비정책을 시행하고 있음에도 빈집은 지속해서 증가하고 있으며, 지역에서 해결하기 어려운 문제로 자리하고 있다. 이유가 무엇일까? 법·제도적 관점과 소유자 관점에서 살펴보면 그 답을 찾을 수 있다.

1) 빈집 관련 법률의 이원화

현재 빈집정책의 법률적 근거는 도시지역과 농촌지역으로 구분되어 있다. 도시지역은 「소규모주택정비법」에 근거하며 국토교통부가 관할한다. 반면 농어촌지역은 「농어촌정비법」을 근거로 농림축산식품부와 해양수산부가 관할한다. 법률과 관할부처의 이원화는 빈집의 정의, 등급의 구분, 그리고 활용과 관리 측면에서 차이가 나타나고, 이로 인해 도시・농촌・어촌지역이 혼재하는 지역에서는 일관된 빈집정책을 수행하는 데 어려움을 겪었다. 이러한 문제를 개선하기 위해 2023년 6월 국토교통부, 농림축산식품부, 해양수산부는 관계부처 합동 보도자료를 통해 전국 빈집실태조사 통합 가이드라인과 빈집관리체계(실태조사)를 개선하면서 빈집 정의, 등급 구분 체계, 빈집 평가항목, 실태조사 대행기관, 빈집 통계관리 등 추진 절차 측면에서 체계를 일원화하였다.

[표 6-1] 법・제도적 개선: 빈집실태조사 체계 일원화

구분	이전	개선
정의	(도시) 1년 이상 미거주 또는 사용하지 아니하는 주택 (농어촌) 1년 이상 아무도 거주 또는 사용하지 않는 주택이나 건축물	1년 이상 아무도 거주 또는 사용하지 않는 주택
구분	(도시) 1~4등급 (농어촌) 일반빈집, 특정빈집	1~3등급으로 통일
빈집 조사	(범위) 도시 및 농어촌 지역별 조사 (기관) 한국국토정보공사, 한국부동산원, 지자체 산하 공공기관 등	(범위) 행정구역 단위(지자체)별 조사 (기관) 한국부동산원으로 단일화
조사 절차	(도시) 사전조사 → 조사계획 고시 (농어촌) 조사계획 고시 → 사전조사	사전조사 후 조사계획 고시
빈집 정보	(도시) 시・도지사가 정보시스템 구축・관리 (농어촌) 시・군・구에서 구축・관리	한국부동산원에서 지자체별 빈집정보 수집 및 관리

출처: 관계부처 합동(2023) 보도자료.

2) 빈집현황 파악의 어려움

2021년 4월 「소규모주택정비법」을 개정을 통해 빈집실태조사를 통한 빈집정비계획의 수립을 의무화하면서 지방자치단체의 역할을 강조하였다. 이로써 지역의 빈집을 정확히 파악할 수 있는 제도적 여건이 마련된 것이다.

이전에는 빈집현황을 보여주는 공식 통계로 「통계법」에 근거하여 실시하는 주택총조사의 빈집자료가 유일했으며, 농림축산식품부 농촌빈집실태조사도 있지만 각 지자체에서 조사하는 농촌의 공・폐가 현황으로 공식 통계는 아니었다. 주택총조사에 의한 빈집현황은 일시적 빈집까지 포함한 것으로, 사람이 거주하지 않는 실제 빈집과 차이가 크게 나타났다. 예를 들면, 대전시의 경우 2019년 통계청 빈집통계에서의 빈집 수는 29,640호가 추정되었으나 자체 실태조사 결과 3,858호로 약 8배 정도 차이가 발생했으며, 세종시도 주택총조사에서는 13,223호, 자체 실태조사에서는 467호로 3배가량 차이가 났다.

이후 2021년 법 개정으로 각 지자체에서 빈집실태조사를 실시하면서 좀 더 정확한 빈집현황을 파악할 수 있게 되었다. 현재 빈집현황은 한국부동산원이 전국 단위의 빈집 정보를 수집 및 관리하며 '소규모 & 빈집정보 알림e'를 통해 공개하고 있다. 하지만 이 데이터 역시 현재 시점에서의 빈집현황을 제대로 파악하기에는 한계가 있다. 기초자치단체별 빈집의 유형, 등급, 용도지역, 건축연수, 대지면적, 건축면적에 따라 정보를 공개하고 있으나, 지역별로 빈집실태조사 시점이 달라 최신자료와는 차이가 있고, 또한 자료의 통합과정에서 도시・농촌・어촌 데이터가 중복되거나 누락되는 경우가 발생하고 있다. 공공이 빈집문제에 적극적으로 대응하기 위해서는 빈집현황을 정확히 파악하는 것이 중요하다.

3) 재산권 침해와 행・재정력의 한계

빈집정비가 어려운 가장 큰 이유 중 하나는, 빈집이 개인소유라는 점이다.

「소규모주택정비법」 제11조와 「농어촌정비법」 제65조의4와 5에 따르면 안전, 범죄, 위생상 문제나 경관 등을 훼손하는 빈집(특정빈집)에 해당하면 소유자에게 철거・개축・수리 등 필요한 조치를 명할 수 있고, 조치명령에도 불구하고 정한 기간 내(60일)에 이행하지 않을 시 이행강제금을 부과하거나 직권 철거할 수 있다. 하지만 사유재산에 대한 재산권 침해 논란으로 법정 분쟁까지 발생할 수 있어, 지자체 입장에서는 소유자의 자발적 동의 없이 직권 철거하기에 조심스러운 부분이다. 실제 전국에서 직권 철거한 사례는 매우 드물게 나타나며, 법적 분쟁으로 이어져 행정력을 소모하는 경우가 많다.

이행강제금은 도시와 농촌지역에서 기준이 다른데, 도시지역은 해당 건축물에 적용되는 1m^2 시가표준액의 50%에 해당하는 금액에 연면적을 곱한 금액 이하의 범위로 정하는데, 철거명령을 이행하지 않은 경우에는 80%, 이 외의 사항에는 40%로 하되, 시 · 도 조례에 따라 낮추어 정할 수 있다. 농촌지역은 도시지역과 달리 이행강제금을 부과할 수 있는 법적 근거가 없었으나 농촌 빈집문제의 심각성을 인지하고 해당 제도의 필요성이 강조되면서, 2024년 1월 2일 법 개정을 통해 관련 조항을 신설하였다. 1년에 2회 이내 범위에서 소유자에게 500만 원 이하의 이행강제금을 부과 · 징수할 수 있다.

이행강제금에 대한 실효성 논란도 물론 존재한다. 관광지나 마을 초입 등 일부에만 영향이 있을 뿐 농촌 빈집정비에는 큰 효과가 없을 것으로 보는 입장도 있지만, 빈집 소유주에게 경각심을 불러일으키고, 직권 철거 이전에 자발적 빈집정비를 유도한다는 측면에서는 긍정적 효과가 있을 것이라 기대한다.

4) 제도의 사각지대, 무허가 빈집

현행 법률상에서는 「건축법」상 사용승인 또는 「주택법」에 따른 사용검사를 받지 아니한 주택, 즉 무허가 주택은 정책대상에서 제외된다.

무허가 빈집의 문제점은 세 가지로 정리할 수 있는데, 첫 번째, 건축물대장이 없는 빈집은 정책의 사각지대에 있어 위험성을 인지하고 실태를 파악하는 데 어려움이 있으며, 사업을 추진하고 예산을 투입할 근거가 부족하다. 두 번째, 무허가 빈집이 법률상 정의에 포함될 경우, 허가 빈집과 정책적으로 동일하게 취급되어 불합리성을 조장할 수 있다. 예를 들어 재산세를 살펴보면, 무허가 빈집은 「지방세법」 제106조 제3항에 따라 재산세 현황부과 원칙이 적용되기 때문에 허가 빈집과 동일하게 주택분 재산세가 과세되지만, 철거할 경우에는 부속토지에 대해 종합합산과세가 적용된다. 다시 말해, 허가 빈집은 「지방세법」 제106조 제1항에 근거하여 철거 이후 6개월간 토지분 재산세[3] 중 별도합산과세로 적용받게 되어 소유자의 재산세 부담을 일부 줄여주고 있는데, 무허가 빈집이 법률상 정책대상이 될 경우 해택의 대상이 되어 불합리성을 조장

3) 「지방세법」 제106조(과세대상의 구분 등) ① 토지에 대한 재산세 과세대상은 다음 각 호에 따라 종합합산과세대상, 별도합산과세대상 및 분리과세대상으로 구분한다.

할 수 있다는 문제가 있다. 세 번째로, 위험성이 있는 무허가 빈집이라도 소유자 동의 없이 임의철거하면 재물손괴죄 및 「건축법」 위반으로 처벌받을 가능성이 있으므로, 법원판결에 근거한 강제집행(토지인도 청구, 지료 청구, 처분금지 가처분 청구, 철거) 절차를 이행하는 것이 원칙이다(정지선 · 윤성만, 2023: 105).

무허가 빈집은 전체 빈집에서 상당 부분을 차지하고 있는데, 일부 지자체에서는 무허가 건물이 법률상 빈집에 포함되지 않지만, 실태조사에 포함되는 경우도 있다. 예를 들어, 부산시 서구의 경우 2022년 기준으로 2년 전(398동)보다 3배 이상 증가한 1,218동[4]으로 조사됐는데, 늘어난 빈집 수의 대부분이 무허가로 나타났으며(부산일보, 2025.3.30), 무허가 빈집을 별도의 예산을 편성하여 지원하는 경우도 있는데, 인천시의 경우 무허가 빈집은 742동으로, 도시 및 주거환경 정비기금으로 운영하여 시비 : 구비(5 : 5) 매칭으로 지원하고 있다(일간경기, 2023.5.11). 세종시는 647호의 빈집 중 127호가 무허가 건축물로 나타났는데, 농촌 주택의 건축물대장 생성을 위해 건축물이 「건축법」 및 관계 법령에 적법한 경우 건축물 현황도 및 현황측량 성과도 작성과 건축물대장 생성을 지원하고 있다. 세종시건축사회와 협약을 통해 건축물 현황도 등 작성 비용의 70%를 감면한다.[5]

5) 소유자 측면에서의 한계점: 철거비용의 부담

지자체 조례에서 규정하는 한도 내에서 빈집의 철거비용을 지원할 수 있는데, '세종특별자치시 농촌주거환경정비 조례' 제5조에 따르면 빈집정비사업은 최고 3백 만 원, 빈집활용 시는 최고 1천만 원까지 지원할 수 있다.

빈집 철거비용은 지역, 건물 형태에 따라 다르다. 농촌지역의 100m^2(약 30평) 빈집을 예를 들면, 해체계획서 작성 및 건축물 해체 신고 비용, 중장비 대여료, 건축폐기물 처리비, 철거 후 청소 · 정비 비용 등 제반 철거비용을 모두 합하면 약 700~1,000만 원 정도 소요된다. 이렇듯 실제 빈집을 철거하는 데 필요한 비용이 지원받는 비용보다 크기 때문에 소유자 입장에서는 자발적 철거보다는 방치하는 것을 선택하게 된다.

---

4) 허가 빈집은 398동으로 2년 전보다 23동 증가하였다.
5) 비도시지역(관리 · 농림 · 자연환경보전지역)에 신축된 200m^2(약 60평) 미만이고 2층 이하 단독주택을 대상으로 한다.

6) 소유자 측면에서의 한계점: 재산세와 양도소득세의 부담

토지에 대한 재산세 과세대상은 「지방세법」 제106조 제1항에 따라 종합합산과세대상, 별도합산과세대상, 분리과세대상 등 세 가지로 구분되는데, 현행 세제에서 빈집은 재산세(주택) 과세대상이며, 만약 빈집을 철거하게 되면 과세대상이 주택에서 부속토지로 변경되어 재산세(토지)를 부과하게 된다.

종합합산과세대상은 납세의무자가 소유하고 있는 토지 중 별도합산과세대상 또는 분리과세대상으로 분류되지 아니하는 토지가 해당하며(지방세법 제106조 제1항 제1호), 별도합산과세대상은 납세의무자가 소유하고 있는 토지 중 공장용 건축물의 부속토지, 차고용, 보세창고용, 시험·연구·검사용, 물류단지시설용 토지, 철거·멸실된 건축물 또는 주택의 부속토지 등이 해당된다(지방세법 제106조 제1항 제2호). 마지막으로 분리과세대상은 납세의무자가 소유하고 있는 토지 중 국가의 보호·지원 또는 중과가 필요한 토지로, 공장용지·전·답·과수원 및 목장용지, 임야 및 종중 소유 임야, 고급오락장용 토지, 국가 및 지방자치단체 지원을 위한 특정목적 사업용 토지, 에너지·자원의 공급 및 방송·통신·교통 등의 기반시설용 토지, 국토의 효율적 이용을 위한 개발사업용 토지 등이 해당된다(지방세법 제106조 제1항 제3호).

빈집은 「지방세법」 제106조 제1항에 근거하여 철거 이후 6개월간 별도합산과세를 적용하고 이후에는 종합합산과세대상으로 부과하는데, [표 6-2]에서 보듯이 「지방세법」에 따른 주택분 표준세율은 0.1 ~0.4%인 데 반해 토지분 표준세율은 0.2~0.5%로 약 2배 정도 차이를 보이며, 실제 납부 세액이 증가하는 것을 볼 수 있다.

빈집이 철거된 토지는 양도소득세 부담액도 늘어나는데, 이는 비상업용 토지로 보

[표 6-2] 재산세 비교: 재산분과 토지분

구분	과세표준	표준세율
주택	6천만 원 이하	0.1%
	6천만 원 초과~ 1억 5천만 원 이하	6만 원 + 6천만 원 초과 금액의 0.15%
	1억 5천만 원~ 3억 원 이하	19만 5천 원 + 1억 5천만 원 초과 금액의 0.25%
	3억 원 초과	57만 원 + 3억 원 초과 금액의 0.4%

토지 (종합합산과세대상)	5천만 원 이하	0.2%
	5천만 원 초과~1억 원 이하	10만 원 + 5천만 원 초과 금액의 0.3%
	1억 원 초과	25만 원 + 1억 원 초과 금액의 0.5%

출처: 위택스 홈페이지.

기 때문에 토지가 투기에 쓰이지 않고 이용되도록 유인하려는 목적이다.

[그림 6-4]를 보면, 주택분 양도소득세율은 6~45%지만, 비사업용 토지분은 16~55%로 10% 포인트 더 높게 나타난다. 10% 포인트라는 최고세율 차이도 크지만, 과세표준이 낮은 구간에서는 2배 이상 차이가 나타난다.

[그림 6-4] 빈집 철거 시 재산세율과 양도소득세율 비교

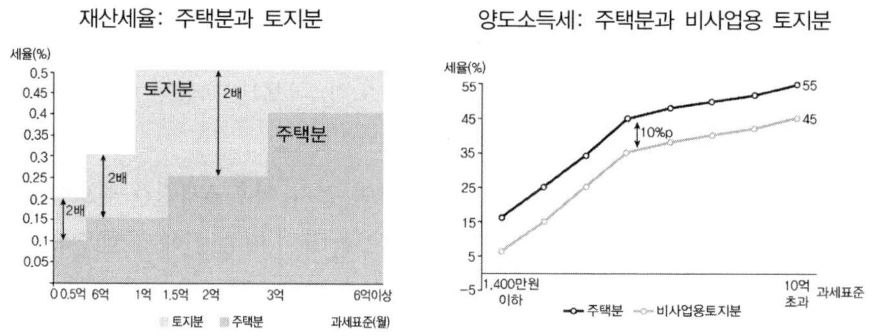

출처: 국회예산정책처 보고서(2023) 참고하여 재작성.

소유자 입장에서는 빈집의 철거비용, 철거 뒤 재산세와 양도소득세 등의 세금 증가에 대한 부담 때문에 빈집의 철거를 꺼리며, 이러한 현상은 소규모 빈집일수록 더욱 크게 나타난다. 빈집이 사회적 비효율을 야기시키고 지역사회에 부정적 영향을 미침에도 소유자들이 자진 철거하지 않는 이유에 대한 이해를 바탕으로 하는 법·제도적 개선이 필요하다.

3 빈집정비를 위한 그동안의 노력

지금까지 빈집문제, 이로 인한 주거환경의 악화는 사회적 문제를 낳았고, 법·제도적 관점과 소유자 관점에서 빈집정비의 어려움을 살펴보았다.

그러면, 중앙정부와 지방자치단체는 이러한 상황 속에서 어떤 방식으로 빈집문제를 해결해 왔을까?

1) 법적 근거 마련

중앙정부 차원에서 도시지역의 빈집문제 해결에 본격적으로 대응하기 시작한 것은 2017년 「소규모주택정비법」을 제정하면서부터이다. 방치된 빈집을 효율적으로 정비하고 소규모 주택정비를 활성화하기 위하여 필요한 사항을 규정함으로써 주거생활의 질을 높이는 데 이바지함을 목적으로 제정되었고, 빈집정비계획 수립, 실태조사, 직권철거 조치, 빈집정보시스템 등의 내용을 담고 있다. 법 제정 이후 빈집정비와 관리에 있어서의 실질적 문제를 해결하기 위해 2021년 4월 일부 개정을 했는데, 주요 내용은 빈집정비계획의 실효성 확보를 위한 지방자치단체의 역할을 강화한 부분이다. 게다가 공익신고를 도입하고 안전사고의 발생 등 공익을 저해할 우려가 있는 빈집에 대한 안전조치 등 필요한 조치를 할 수 있도록 했으며, 공공의 필요에 따라 빈집정비사업을 시행하는 경우 빈집의 수용 및 사용 등의 근거를 마련하고, 또한 필요한 조치를 이행하지 아니한 소유자에게 이행강제금을 부과할 수 있도록 법률을 정비했다. 농촌지역 빈집정비정책의 근거가 되는 「농어촌정비법」도 마찬가지로, 빈집정비계획의 수립과 빈집실태조사를 지자체장이 수립·시행하도록 의무화하는 내용을 일부 개정하였다.

2) 중앙부처의 빈집정비정책들

빈집 관련 법률을 제·개정하면서 법적 근거를 마련하고, 지자체 역할을 강화했음에도 불구하고, "2. 빈집정비, 왜 어려운가?"의 내용처럼, 빈집정비의 문제점들이 실제 사업을 수행하는 지역 현안에서 여실히 드러나기 시작하였다.

이에 대응하여 중앙부처는 빈집정비정책을 개선하였다. 농림축산식품부는 2023년

4월 '농촌 빈집정비 활성화 대책'을 발표했는데, 2027년까지 현재 농촌 빈집의 절반 수준으로 감축하여 쾌적하고 지속가능한 주거공간을 조성한다는 내용이다. 즉, 2027년까지 현재 농촌 빈집 66,000동의 50% 수준인 33,000동까지 감축하는 중장기 목표를 설정하고 주거환경 개선 효과가 미미했던 점(點) 단위 개별주택 정비에서 공간(마을) 단위의 정비를 추진한다는 것이다. 또한 현재 운용 중인 '농촌주택개량사업'의 주택개량 융자금을 개편하여 마을 단위 빈집정비에 대한 융자지원을 확대한다는 내용을 담고 있다. 이와 더불어 「농어촌정비법」상 빈집정비계획에 따라 빈집을 매입하여 활용할 수 있는 범위를 농어업 분야의 내·외국인 근로자로 확대함으로써 빈집을 매입하여 활용할 수 있는 범위를 확대시켰다.

2023년 6월에는 법·제도적 관점에서 서술했던 빈집정비의 어려움을 해결하기 위해 관계부처 합동(국토교통부, 농림축산식품부, 해양수산부)으로 전국 빈집실태조사 통합 가이드라인과 빈집관리체계(실태조사) 일원화를 발표하였다. 주요 골자는 빈집 정의, 등급 구분 체계, 빈집 평가항목, 실태조사 대행기관, 빈집 통계관리 등 추진 절차 측면에서 체계를 일원화하고 도·농복합지역에서 실태조사와 정비계획을 수립할 때 혼선이 발생하지 않도록 지자체별 빈집관리 전담부서를 지정하도록 권고했으며, 빈집 발생현황과 추이, 정비현황 등 전국 빈집현황을 종합적으로 파악할 수 있도록 한국부동산원에서 빈집모니터링체계를 구축하도록 하였다([표 6-1] 참조).

2023년 10월 행정안전부는 빈집철거 시 부담되는 재산세 제도를 개선하였다. 주택보다 세율이 높은 토지로 과세됨에 따라 증가하는 재산세 부담을 경감하는 내용을 발표했으며, 도시뿐 아니라 농촌과 어촌지역까지 확대 적용하였다. 주요 내용은 빈집철거 후 토지세액의 급격한 증가를 막기 위해 철거 전 납부하던 주택세액으로 인정해 주는 기간을 현재 3년에서 5년으로 확대하고 토지세액의 부과 기준이 되는 기존 주택세액의 1년 증가 비율을 30%에서 5%로 인하했으며, 별도합산과세(토지)를 현재 6개월에서 3년으로 연장하였다.

[표 6-3] 재산세 제도 개선 비교: 행정안전부

구분	빈집(주택)	철거(토지)	
		현행	개선
① 산출세액(시가표준액 × 공정시장가액비율 × 세율)			
시가 표준액	주택 공시가격	토지 공시지가	좌동
공정시장 가액비율	• 1주택자(43~45%) • 다주택자(60%)	70%	좌동
세율	• 주택 세율 적용 (0.05~0.4%)	• 토지 세율 적용 • 별도합산(0.2~0.4%) 6개월 적용 후 종합합산(0.2~0.5%)	• 토지 세율 적용 • 별도합산(0.2~0.4%) 3년 적용 후 종합합산(0.2~0.5%)
② 세부담 상한(직전년도 세액 × 세부담 상한율)			
직전년도 세액	직전년도 주택세액	• (도시) 철거 전 주택세액을 3년간 직전년도 세액으로 간주 (年증가율 30%) • (농촌) 직전년도 토지세액* * 철거 1년차에는 직전년도 토지세액이 없으나, 직전년도에 주택 없이 토지만 존재한 것으로 보아 세액 산정	• 도시 · 농촌 구분 없이 철거 전 주택세액을 5년간 직전년도 세액으로 간주 (年증가율 5%)
세부담 상한율	• 3억 이하 105% • 3~6억 이하 110% • 6억 초과 130%	150%	좌동

출처: 행정안전부(2023.10.25) 보도자료.

2024년 1월, 행정안전부는 재산세 부담 경감과 더불어 도시 및 농어촌지역에서 증가하는 빈집을 정비하기 위해 2024년 1월부터 50억 원을 편성하여 빈집철거 및 활용, 철거 후 부지의 공공 활용에 대한 시범사업을 추진하기 위한 지자체의 신청을 받았고, 47개 시 · 군 · 구에서 총 871호의 빈집을 철거대상으로 선정하였다.

같은 시기 농림축산식품부는 2023년 4월 '농촌 빈집정비 활성화 대책'에서 발표했던 이행강제금 제도를 농어촌지역에 도입했다. 「농어촌정비법」 제133조(이행강제금) 조항을 신설하여 지자체장의 조치명령을 이행하지 않는 빈집 소유자에게는 500만 원 이하의 이행강제금을 부과할 수 있도록 했으며, 1년에 2회 이내의 범위에서 조치명령이 이행될 때까지 반복하여 부과 · 징수할 수 있다. 이제 농어촌지역도 도시지역과 마찬가지로 이행강제금을 부과할 수 있게 되었지만, 2024년 7월 본격적으로 시행되면서 지역에서의 실효성 논란도 피할 수 없게 되었다.

2024년 8월에는 행정안전부·국토교통부·농림축산식품부·해양수산부 등 범정부 태스크포스(TF)가 꾸려져 빈집철거 등 정비에 나서고 있다. 이를 시작으로 2024년 12월까지 빈집현황을 재조사하고, 전국 빈집정보를 통합 제공·관리하는 '빈집 플랫폼' 업무를 시행하고 있다. '빈집 플랫폼'은 빈집 지도·현황·매물 등 대민서비스와 업무시스템으로 구성되는데, 인터넷 대민서비스는 전국 빈집 지도, 현황, 실태조사 결과, 매물정보, 활용사례 등을 제공하고 소유주와 지자체의 자발적 빈집정비 및 활용을 유도한다. 업무시스템은 빈집 현황조사, 모니터링 및 현행화, 실태조사결과 관리, 자료관리 등 일원화된 빈집 관리체계를 구축하여, 업무 효율성을 제공하고 협업을 강화하고자 한다. '빈집 플랫폼'은 한국부동산으로 일원화한다.

4 빈집정비를 위한 앞으로의 노력

빈집정비를 위한 많은 노력에도 불구하고, 왜 빈집은 계속 증가하는 걸까? 우리가 앞으로 지속해서 고민해 봐야 할 부분들이 있다.

먼저, 무허가 건축물에 대한 부분이다. 무허가 빈집의 건축물대장 생성을 지원함으로써 합법 건축물로 등록할 수 있도록 유인하고, 정책대상으로 포함하는 방법이 있다. 또 하나는 빈집 정책대상으로 무허가 건축물을 포함하되, 재산세 부과는 「재산세법」 제106조 3항에 따라 부과하고 세제 혜택 대상에서는 제외하는 방법이 있으며, 세부담 확대 대상으로 관리하는 방안도 고려해 볼 수 있다.

다음은 빈집세이다. 최근 빈집세 도입에 대한 사회적 여론이 확산되고 있다. 일본, 영국 등 일부 해외국가에서는 빈집세나 재산세 중과세를 적용하기도 한다. 나라마다 빈집의 사회적 문제는 상이하게 나타나는데, 일본의 경우, 우리와 비슷하게 인구감소, 주택의 노후, 소유자 사망 등으로 빈집이 발생하며, 특정빈집에 대한 주택용지 과세특례를 제외하는 등 제도적 패널티를 적용하고 있다. 영국은 빈집을 활용한 저렴주택 확보에 좀 더 초점을 둔다. 빈집에 대한 지방정부세 감면 혜택을 축소 및 폐지하고, 2년 이상 장기 빈집에 대해서는 지방정부세 중과세(빈집 프리미엄)를 적용한다.

우리나라에 빈집세를 도입할 경우, 일정 기간 이상 빈집을 대상으로 부과함으로써 소유자의 자발적 정비를 기대할 수 있는 반면 주택 소유자의 재산권을 침해할 수 있으며, 빈집 소유자가 고령층이거나 저소득층 경우에는 세부담이 가중되고 납세자의 조세 저항을 초래할 수도 있다. 따라서 정교한 세제 설계로 불필요한 위험부담을 줄일 필요가 있다.

우리가 앞으로 추진해야 할 빈집정책의 궁극적 목표는, 인센티브와 패널티를 적절히 적용하면서, 소유자의 자진 철거와 정비를 유도하는 것이다.

우리 사회에서 발생하는 모든 변화와 이해를 바탕으로 개선해 나가야 할 것이다.

참고문헌

관계부처 합동(2023.6.8). 전국 빈집 현황 정확하게 파악 가능해진다, 보도자료.

국회예산정책처 보고서(2023). 2023 대한민국 조세.

부산일보(2025.3.30.). 무허가 주택 포함했더니 '빈집' 폭증.

위택스 홈페이지(https://www.wetax.go.kr/html/01tax/taxinfo_09.html)

이자은(2021). 세종시 빈집의 공간특성 분석 및 효율적 관리를 위한 연구, 대전세종연구원 기본과제 연구보고서.

이자은(2024). 세종형 농촌주거환경 개선사업의 안정적 추진을 위한 연구-세종미래마을을 중심으로, 대전세종연구원 정책과제 연구보고서.

일간경기(2023.5.11.). 인천 무허가 빈집 '골칫덩이'… 정비 대상서도 제외.

정문수 · 박시현 · 김남훈 · 김민석 · 홍진현 · 이종혁 · 윤문석(2020). 농촌 빈집 실태와 정책과제, 한국농촌경제연구원 연구보고서.

정지선 · 윤성만(2023). 빈집에 대한 재산세 문제점 및 개선방안, 『세무와 회계연구』 12(2), 한국세무사회 부설 한국조세연구소, pp.103-148.

통계청(2022). 주택총조사.

한국부동산원 소규모&빈집정보 알림e

행정안전부(2023.10.25). 빈집 철거 시 재산세 부담 완화된다, 보도자료.

07 CHAPTER

도시재생정책의 등장과 진화

유병권(서울시립대학교)

도시확산의 시대가 지났다. 국토의 도시화율이 91%에 이르렀고, 전국의 주택보급률도 100%를 넘어섰다. 일부 도시를 빼고는 지역 간 순인구 이동률도 0에 가까워졌다. 전체 인구가 감소세로 돌아서고 도시화율도 정체상태에 있는 것을 보면 '도시의 시대'인 것은 맞지만 '도시화의 시대'는 아닌 것으로 보인다. 자세히 보면 도시화 시대에 주축을 이뤘던 산업은 쇠퇴하고, 시설물은 노후화되고 있으며, 상당수의 도시들이 젊은 층의 이탈로 활력을 잃고 있다. 경제성장률 저하, 저출산 · 고령화, 디지털화, 기후온난화, 엔데믹과 같은 새로운 사회환경에 처해 있기도 하다. 이에 더하여 민주화, 분권화, 분절화가 가속화됨에 따라 인구의 대부분이 살고 있는 도시가 적응하고 극복해야 하는 과제는 훨씬 복잡하고 불확실해졌다. 이전의 도시화 시대를 겨냥한 도시정책의 모듈을 전반적으로 재검토해야 할 시점에 이르렀다.

이 장은 필자가 국토교통부에서 국토 · 도시정책을 담당하면서 겪었던 국토 · 도시 문제에 대한 대응수단으로서의 도시재생정책의 출발과 진화과정을 기술했다. 학계에서는 우리보다 산업화를 앞서 겪은 선진국의 도시발달과정을 참고하여 도시재생의 필요성을 일찍부터 주장했다. 그러나 정부정책으로 받아들여지기까지는 약 10여 년이 걸렸다. 일반적 정책처럼 도시재생정책도 정부, 지자체, 국회와 같은 행정 · 공공기관뿐만 아니라 학계, 연구기관 나아가 시민사회와의 상호작용을 통해 이루어진다. 이 과정에서 담당공무원들이 제도 형성의 주축을 맡으므로 이 장의 내용은 참여관찰을 토대로 한 의미도 있다. 물론 관련 문헌을 참고했다. 도시재생정책에 대한 공무원들의 일반적 시각이 아니라 집필자에게 특화된 경험과 지식에 입각한 내용이 포함될 수 있음을 밝혀 둔다.

1 도시재생정책의 등장

전통적 농업국가에서 기술의 발달과 도시기반의 산업화정책으로 인해 인구가 도시로 몰려들었다. 교육열과 취업기회 또한 도시화를 부추겼다. 1960년대에 40%에도 미치지 못했던 도시인구는 2020년에 90%를 넘어섰다. 매년 수십만 명의 인구가 도시로 몰려들었고, 도시화와 산업화가 지난 60년간 우리나라 사회변동의 중심적 역할을 했다.

경제협력개발기구(OECD)는 우리나라가 압축적 경제성장 과정에서 성공적 도시화를 이루었고 OECD 선진국들과 유사한 수준의 도시화 성숙기에 도달했다고 평가하고 있다(OECD, 2013: 60-74). 도시화는 경제발전의 동력이고 번영과 행복을 가져왔던 셈이다(Glaeser, 2021: 22). 그러나 도시화 과정은 주택부족 및 환경훼손과 같은 도시문제를 수반했고 이를 정부 주도로 해결하려는 과정에 자원 및 경험 부족, 제도미비 등으로 많은 시행착오도 겪었다.

선진국처럼 우리나라도 도시화, 도시확산 및 재도시화를 순차적으로 겪었다. 지난 10여 년간 도시화율은 정체상태에 접어들었고, 전국의 주택보급률은 100%를 상회했다. 지역 간 순 인구이동률 또한 0에 가까워졌다. 더욱이 저출산·고령화와 경제성장률 저하 등으로 인해 지역소멸까지 걱정해야 하는 '축소시대'에 접어들었다는 평가가 확산되고 있다(Mallach, 2024: 14-19).

이 같은 배경에서 시작된 도시재생은 후기산업사회에 발생하는 도시쇠퇴라는 도시문제에 직면하여 등장했다고 할 수 있다(주대관, 2023: 56). 산업화 과정에서 성장해 온 국내 여러 도시들이 인구감소, 전통산업의 이탈, 열악한 생활환경 등으로 쇠퇴국면에 진입하면서 도시정책의 새로운 대안으로 부각한 셈이다. 또한 민주화와 분권화가 진전되면서 정부 주도의 도시정책이 지역사회 내지 주민주도방식으로 전환되는 정책결정과정의 선진화된 모습이기도 하다. 특히 지방재정이 열악한 가운데 지방자율을 빌미로 도시계획권한은 이양되었으나 도시쇠퇴에 스스로 대응하기 힘겨운 지자체를 대상으로 정부가 부분적이나마 재정지원을 통해 도시문제를 해결하도록 돕는 것이 도시재생의 추동력이 되었다.

2 도시재생제도

도시화 과정에는 주거환경 개선, 산업기반 구축, 기반시설 확충 등이 도시정책의 핵심의제였다. 제도적으로 「도시계획법」에 의해 수립되는 도시계획이 도시의 형성과 변화에 능동적으로 대처하는 역할을 했다. 그러나 서구 도시계획과 달리 재정적 · 행정적 뒷받침 없이 토지이용계획에 의지해 형식적으로 운영되었고, 변화하는 환경에 탄력적으로 대응할 역량이 부족했다. 특히 도시화 과정에서 부각된 주택공급 및 주거환경개선 같은 정책수요 해결에 제대로 부응하지 못했다. 국민소득 수준이 향상되고 민주화되면서 이전의 공공 주도 도시개발은 시민욕구 반영이 미흡했고, 환경 및 문화자산 등의 보전에도 상대적으로 소홀했다.

도시화 과정에서 인구의 도시집중은 가용토지 및 기반시설 부족을 초래했다. 도시 내부의 지가상승과 혼잡을 피해 도시주변의 토지개발수요가 늘어나자 시가화예정용지를 확대하고, 도시 바깥의 토지확보를 위해 보전과 개발의 중간영역에 있는 준농림지역과 준도시지역을 개발용도로 전환했다. 이로 인해 토지공급은 늘렸으나 소규모 난개발을 초래하게 되자 2000년대 들어 도시계획제도를 전면개편하고 도시확산 방지를 위해 묶어두었던 개발제한구역을 도시용도로 활용한 데 이어 광역교통망 구축에도 힘을 기울였다. 신도시 건설과 도시주변의 확산적 개발은 도심공동화의 원인이 되기도 했다.

2000년을 전후하여 도시화율이 포화상태에 접어들고 민간부문이 성장하면서 도시 안팎의 개발을 위한 제도, 방식, 형태에 있어서도 변화가 있었다. 도시계획제도는 '선계획 후개발' 기치하에 도시와 농촌을 아우르는 형태로 개편되었다. 민간 주도의 개발을 보다 원활하게 하기 위한 「도시개발법」이 제정되었고, IMF 금융위기를 거치면서 프로젝트금융이 부동산개발과 결합되어 민간부동산개발의 전면에 등장했다. 도시 내부의 개발 또한 주택재정비 위주에서 항만, 역세권, 시장, 산업단지 등으로 확대되었다. 국가균형발전정책 또한 사회간접자본 확충에 초점을 둔 국토종합계획에서 산업육성, 지역소멸 대응 등의 형태로 전략이 바뀌었다. 정책수단 또한 훨씬 다양해졌으며 정부부처 간, 정부와 지자체 간, 정부와 민간 간의 협업도 촉진되었다.

1) 도시재생법 제정 논의

2013년에 제정된 「도시재생 활성화 및 지원에 관한 특별법(이하 도시재생법)」은 학계, 정부, 국회의 상호작용에 의해 이루어졌다. 도시재생과 관련된 기초연구는 2006년에 수립된 "건설교통 R&D 로드맵"에 의해 정부의 지원하에 도시재생사업단이 주도한 연구가 출발점이 되었다. 사업단은 국내 · 외의 도시재생제도와 정책을 폭넓게 탐구했고, 전주와 창원에 테스트베드를 구축하여 실증사업을 수행했으며 우리 실정에 적합한 도시재생모델을 찾기 위해 노력했다. 연구내용은 각종 발표회를 거쳐 검증과 확산과정을 거쳤다.

연구결과를 참고하여 국가경쟁력강화위원회는 2011년 3월 '아름답고 품격 있는 국토공간 창출'에 대한 대통령 보고회에서 도시재생에 대한 방향을 제시했다(국토교통부, 2011.3.23.). 주요 내용은 첫째, 주택 및 도시 관련 정비제도를 통합하고, 둘째, 관련 법상의 상충된 점을 보완하며, 셋째, 철거 · 신축 · 보존을 병행하는 주거환경관리방식을 통해 다양한 재정비사업을 추진하는 것 등이었다.

지역발전위원회도 도시재생에 대해 관심을 보였다(국토교통부 내부자료). 기존의 도시개발 · 정비 및 국가균형발전정책이 물리적 환경정비에 치중했고, 중앙정부 및 개별부처의 사업 중심으로 이루어져 왔다는 인식하에 일자리창출형 창조적 도시재생 추진, 지역주민 및 지자체 주도의 사업 추진, 범정부적 복합적 사업 추진의 필요성 등을 강조했다.

도시재생 법안의 제정 필요성은 첫째, 도시쇠퇴 방지와 도심활력 회복을 위해 별도의 법률 제정이 필요하고, 둘째, 기존의 정비사업은 지구 중심으로 운영됨으로써 지구 안팎의 조화를 이루지 못했다는 점이 있으며, 셋째, 정부부처마다 기능에 맞게 나누어 수행하고 있는 공간정책을 장소중심적으로 모아 선택과 집중을 통한 효율화를 기할 필요가 있다는 점에 있었다(국회 국토교통위원회, 2013.4).

사업단과 정부 내에서의 합의 도출에 이어 정부와 여당의 정책협력플랫폼을 통해 도시재생 법안의 주요 내용이 정리되었다. 이를 토대로 총선을 앞둔 2012년에 의원입법 형태로 법안이 제출되었다. 그러나 부동산 경기가 살아났고 총선을 앞두고 있었으며 지역마다 정비사업에 대한 관심이 집중되었던 때라 도시재생에 대한 국민적 공감을 얻기 어렵다고 판단했던지 폐기되었다. 이듬해인 2013년 국회가 새로 구성되면서 법안의 내용상으로는 이전과 별 차이가 없는 새로운 법안이 국회를 통과했다.

2) 도시재생법의 주요 내용

「도시재생법」에서는 그간의 도시재생 개념을 포괄적으로 수용하여, 단순한 물리적 개발이 아닌 도시 전체의 경제적 · 사회적 · 환경적 측면도 함께 회복하는 것을 주요한 목표로 설정하고 있다. 「도시재생법」의 주요 내용은 다음과 같다(국회 국토교통위원회, 2013).

첫째, 도시재생을 종합적 · 계획적 · 효율적으로 추진하기 위하여 국가도시재생기본방침을 10년마다 수립하고, 필요한 경우 5년마다 그 내용을 재검토하여 정비하도록 한다. 둘째, 도시재생에 관한 정책을 종합적이고 효율적으로 추진하기 위하여 국무총리 소속으로 도시재생특별위원회를 두고, 도시재생계획과 도시재생정책 등의 심의를 위해 지방자치단체에 지방도시재생위원회를 둔다. 셋째, 도시재생계획의 수립 지원, 도시재생사업 시행의 지원, 전문가 육성 · 파견 등을 위해 도시재생지원기구(중앙)와 도시재생지원센터(지방)를 설치한다. 넷째, 전략계획수립권자는 도시재생전략계획을 10년 단위로 수립하고, 필요한 경우 5년 단위로 정비한다. 다섯째, 전략계획수립권자는 도시재생활성화지역에 대해 도시재생활성화계획을 수립할 수 있도록 하고, 구청장 등은 도시재생활성화지역에 대해 근린재생형 활성화 계획을 수립할 수 있도록 한다. 여섯째, 국토교통부장관은 도시재생활성화계획의 추진실적 등을 평가한다. 일곱째, 국가 또는 지방자치단체는 도시재생활성화를 위해 도시재생기반시설의 설치 · 정비에 필요한 비용 등에 대하여 그 비용의 전부 또는 일부를 보조하거나 융자할 수 있다. 여덟째, 전략계획수립권자는 도시재생활성화 및 도시재생사업의 촉진과 지원을 위하여 도시재생특별회계를 설치 · 운영할 수 있다. 아홉째, 도시재생사업의 촉진을 위해 건폐율, 용적률, 주차장 설치기준 및 높이 제한 등의 건축규제에 대한 예외를 규정한다.

3 도시재생정책

1) 도시재생정책의 흐름

2005년부터 균형발전정책의 일환으로 '살고 싶은 지역 만들기' 사업이 추진되었다.

도시를 사람들의 삶터, 일터, 놀이터로 보고 주거 · 교육 · 안전 · 교통 · 일자리 · 환경 · 경관 · 문화 등 9개 핵심구성요소를 강조했다. 매년 150여억 원의 예산을 들여 지자체나 마을에 사업비의 50%를 보조하겠다는 구상이었다. 또한 지역행복생활권 사업 중의 하나로 추진된 도시활력증진사업은 경제기반형, 중심시가지형, 일반근린형, 도시생활환경 개선, 지역역량 강화 등의 형태로 나뉘어 시행되었으며 2017년 도시재생뉴딜 사업유형 구분의 기반이 되었다. 2014년에 지역발전위원회 주도로 추진한 주거취약지역 생활여건 개조사업('새뜰마을사업')은 「도시재생법」에 의해 추진된 사업은 아니었지만 도시지역의 생활 · 위생 인프라, 일자리 · 문화 · 복지 등 휴먼케어, 집수리 등 주택정비, 주민역량 강화 등을 내용으로 한 도시재생사업의 하나이다.

2013년에 마련된 「도시재생법」에 의한 국가도시재생기본방침(국토교통부, 2013.12.31)은 도시재생의 비전으로 '국민이 행복한 경쟁력 있는 도시 재창조'로 설정하고, 5대 목표로 창조경제 중심 일자리 창출 및 도시경쟁력 강화, 국민의 삶의 질 제고 및 자생적 복지 달성, 건강하고 행복한 생활환경 조성, 지역 정체성 기반의 문화가치와 경관 회복, 주민역량 강화 및 공동체 활성화 등을 두었다. 5대 추진전략으로는 기성시가지 중심으로 도시개발 · 관리방식의 대담한 전환, 지역 · 주민의 창의성을 바탕으로 자율적으로 추진, 정부는 재생이 시급한 지역에 정책 · 지원 집중, 지역별 맞춤형 특례, 재정 · 금융지원 등 복합적 정책수단 활용, 시혜적 복지가 아닌 자생적 · 공간적 복지의 달성 등을 제시했다. 중점시책으로 도시재생을 우선시하는 도시정책 패러다임의 전환, 도시재생사업 재정지원 확대, 민간활력 유입을 위한 금융지원 및 규제 완화, 지역역량 강화 및 공동체 활성화 등을 제시했다.

「도시재생법」 제정 이후 2017년까지는 도시재생정책의 필요성은 인정했지만 전국 46곳을 대상으로 연평균 1,500억 원의 적은 예산을 지원하는 데 그쳐 균형발전정책으로 추진했던 마을만들기 사업 수준을 벗어나지 못했다. 2017년에 시작한 '도시재생뉴딜'은 5년간 50조 원(재정 10조, 기금 25조, 공기업투자 15조)의 지원을 통해 지역을 활성화하고자 했다. 부동산 시장을 안정시키고, 지역 주도 맞춤형 재생을 지향하면서 지역공동체의 상생을 강조했다. 도시재생뉴딜은 주거재생형(우리동네살리기, 주거지지원형), 일반근린형, 중심시가지형, 경제기반형 등 5가지 사업유형으로 나뉘어 시행했으며 매년 100여 개 내 · 외의 사업지를 선정하여 중앙과 지방의 협력하에 사업을 추진했다.

제2차 국가도시재생기본방침(2024~2033)(국토교통부, 2024.1.17)은 국가가 중점으로 시행해야 할 도시재생 시책을 새로이 제시하고 있다. 첫째, 인구감소 등 사회경제적 환경변화에 대응하고, 외곽 개발 위주의 도시계획이 아닌 기성시가지의 도시관리에 중점을 두며, 원활한 사업추진을 위해 마중물 사업에 재정을 지원하고 규제 완화 등을 통해 민간투자를 유도하며 도시재생지원기구 지정, 인력・교육 등 역량 강화를 지원한다. 둘째, 도시재생 전략계획은 도시의 쇠퇴원인을 명확히 진단하고, 지역의 역사・문화・산업 등 잠재력과 도시공간구조 및 생활권을 고려하여 구상하며, 활성화계획은 활성화지역 내에 각 사업을 집중하여 시너지를 창출하고, 공공 중심의 단위 사업에 대해서는 구체적 사업계획을 수립하도록 한다. 셋째, 도시쇠퇴기준은 인구・사회, 산업・경제, 물리・환경 등 영역별 쇠퇴지표를 발굴하고 기초생활 인프라 확충을 위해 일상생활에 필요한 편의・복지시설 등의 기준을 제시하도록 하고 있다.

2022년에 정부가 바뀜에 따라 이전의 도시재생뉴딜과는 달리 선택과 집중을 통한 경제거점 조성과 지역특화재생에 중점을 두었다(국토교통부, 2022.7.27). 첫째, 사업효과 극대화를 위해 기존의 5개 사업유형을 경제재생과 지역특화재생으로 통폐합하고, 매년 40곳 내・외로 대상지를 줄임으로써 지원효과를 늘린다. 둘째, 경제재생을 위해 쇠퇴한 원도심에 경제적 파급효과가 큰 거점시설을 조성하는 혁신지구사업을 추진한다. 셋째, 지역특화재생을 위해 지역별 고유자원을 활용한 도시브랜드화를 추진하고 창업공간 조성, 중심・골목상권 활성화 등을 도모하는 지역맞춤형 사업을 추진한다. 넷째, 민간참여 활성화를 위해 사업구상 단계부터 공공과 민간이 협업하는 민관협력형 리츠 사업을 확대한다. 다섯째, 도시재생사업을 통해 재정지원과 특례인정 등을 통해 양질의 주택을 공급하고 다양한 정비사업과 연계하여 기반시설 설치를 지원한다.

2) 실천적 수단

(1) 경제적 도시재생

경제적 재생은 경제활동의 정체나 침체로 쇠퇴되어 가는 도시에 활력을 불어넣는 일체의 활동이다. 주축산업의 쇠퇴는 거주인구의 이탈, 구매력의 감소 등으로 시설물의 공실과 가치하락을 가져오고 세원을 감소시켜 지자체의 운영재원을 위협하고 지역 전체의 경제적 위축을 가져온다. 대도시의 경우는 이와 같은 쇠퇴현상이 부분적으로 발생하기도 하지만, 중소도시는 해당 도시뿐만 아니라 인근 지역에까지 영향을 미친다.

산업구조의 변화는 도시별 산업침체의 원인이 된다. 임금, 품질 등에서 경쟁력을 잃게 되면 도시산업을 지탱하던 주된 공장은 다른 나라나 다른 지역으로 이전하거나 문을 닫는다. 우리 산업의 주축을 이루고 있는 자동차, 조선, 반도체 등의 산업동향을 보면 이러한 현상을 엿볼 수 있다. 이러한 변화는 일자리의 형태와 수를 달라지게 하므로 국가뿐만 아니라 도시 차원에서도 지대한 관심사이다. 경제적 도시재생을 위해 조세감면, 재정금융 지원, 토지이용규제 완화 등에 대해 국가와 지자체가 긴밀히 협력하는 이유이기도 하다.

도시 차원의 경제적 재생노력은 [표 7-1]에서 예시하고 있는 것처럼 참여방식에 따라 공공주도, 공공과 민간의 협력, 공공과 민간 나아가 시민과의 협력을 토대로 한 다양한 방식이 시행되고 있다.

[표 7-1] 경제적 도시재생 수단

참여방식	주요 정책수단
공공주도	도시계획(용도지역 변경, 기반시설 확충, 개발제한구역 해제), 성장관리, 허가절차 단축, 재정지원
공공 + 민간	개발사업자에게 수용권 부여, 공기업과 민간기업의 협업 및 협업촉진을 위한 신용보강, 기업이전 보조금, 산업단지 진입로 조성, 커뮤니티 비즈니스, 로컬 크리에이터
공공 + 민간 + 시민	공동체지원협정(Community Benefits Agreement), 사회적 경제, 도심개발협의체(Downtown Development Authority)

도시의 경제적 재생을 염두에 둘 때에는 도시경제 주체인 소상공인의 역할이 중요하다. 전국적으로 소상공인 사업체 수가 411만 7천 개이고, 종사자도 720만 5천 명에 달한다. 소상공인은 품목도 다양하고 국민경제뿐만 아니라 도시에 기반을 두고 경제활동을 하므로 도시의 경제적 재생과 소상공인은 불가분의 관계를 갖는다. 중심시가지의 상권을 경제적으로 활성화할 경우 수반되는 영세 소상공인의 둥지 내몰림에 대해 정책적 관심을 갖는 이유도 여기에 있다.

(2) 사회적 도시재생

도시는 물리적 공간으로서뿐만 아니라 사회적 특성도 가진다(폴 김, 2011: 172). 민주화를 거치면서 권력작용으로 인식되었던 도시정책이 시민들의 참여에 의해 이루어지고 있다. 도시구성원이 자원배분을 매개로 원활하게 상호작용함으로써 인적·물적·지적 자본 못지않은 사회적 자본을 형성한다. 도시문제가 날로 복잡해지면서 구성원 간의 합의와 협력을 통해 갈등을 최소화하는 것은 민주주의적 원리에 부합하기도 하고 사회적 비용을 줄여 지속가능한 발전의 토대가 되기도 한다.

시민들의 참여방식도 공청회나 주민공람에서 계획의 입안제안(국토계획법 제26조), 도시재생활성화지역의 지정제안(도시재생법 제18조), 건축협정(건축법 제8장의2), 경관협정(경관법 제4장) 등으로 진화하고 있다. 각종 조례 및 시민참여 예산편성 등을 통해 보다 적극적으로 수요를 반영하기도 한다.

행정조직이 시민들의 사회적 활동을 촉진하는 데 한계가 있다는 인식하에 「도시재생법」은 시민과 지자체의 중간조직 형태로 도시재생지원센터를 설치할 수 있도록 하고 있다(도시재생법 제11조). 도시재생지원센터는 근린재생활성화계획을 수립하는 것을 비롯하여 도시재생 차원에서 주민들의 사회적 활동을 지원한다. 도시재생지원센터를 중심으로 활동하는 도시재생활동가는 사회적 가치와 경제적 이익을 함께 창출하는 다양한 형태의 사회적 기업 양성을 지원함으로써 지속가능한 공동체 형성에도 기여한다.

사회통합, 도시재생, 기술도입을 성공적으로 융합하려는 시각으로 시간도시계획이 제시되고 있다(Moreno, 2023: 127-147). 합리성에 기반한 전통적 계획은 도시생활자의 입장에서는 접근성(시간 및 기회)을 저하시키는 경우가 많다. 초연결시대에 산다지만 디지털격차 해소도 관건이다. 시민의 삶과 밀접한 관련을 갖는 주거, 일, 생필품 조달, 건강, 학습, 자아실현 등의 활동이 도시재생을 통해 원활하게 접근 가능하도록 정책적으로 노력할 필요가 있다.

(3) 물리적 도시재생

건설한 지 30년이 지난 교통시설이 전체의 40%에 달하고 있다. 2020년을 기준으로 30년 이상의 노후건축물 동수가 약 37.8%에 육박하고 20년 이상 노후화된 빈집도 35만 호에 달한다. 도시를 구성하는 물리적 시설이 적절히 공급·활용되고 지속적으로 개량되어야 도시민의 삶의 질이 개선되므로 주택, 건축 및 기반시설의 물리적 개선을 도시재생 차원에서 모색해야 한다.

① 주택

주거지는 거처로서뿐만 아니라 안전, 보육, 공동체 형성 등 다양한 가치가 내포된 복합적 기능공간이다(Kaiser et al., 1995: 389-390). 주거지역은 도시지역의 16%를 차지하고 있어 면적에 있어서도 도시재생의 중심이 된다. 주거복지 차원에서도 주거지가 제대로 기능하기 위해서는 주택과 기반시설이 조화를 이루어야 하며 주거지 재생을 위해서는 물리적·기술적 개선 외에 사회적·경제적 지원, 문화적·예술적 요소 활용 등이 함께 고려될 필요가 있다(대한국토·도시계획학회, 2015: 305).

주택은 단독주택과 공동주택으로 나뉜다(건축법 시행령 별표1). 공동주택이 전체 주택의 60%를 차지하고 있고 노후 공동주택은 주로 정비사업대상이 되므로 도시재생 차원에서의 주거지 재생은 저층 단독주택단지가 중심이 된다. 주택개량지원, 자율주택정비 혹은 가로주택정비사업처럼 생활여건을 개선하고 기반시설을 보완하는 소규모 정비사업이 주거지재생의 중요한 부분을 차지한다(도시재생법 제2조 제7호). 정부나 지자체가 재정지원을 매개로 주민과 공동체의 에너지 절감, 범죄예방, 경관개선 등을 유도하는 재생방식도 주거지 위주로 이루어진다.

빈집이 늘어나면서 안전, 미관 등의 문제를 야기함과 동시에 도시쇠퇴의 표면적 현상으로 떠올랐다. 관련법이 제정되면서 실태조사와 기본계획을 토대로 빈집을 청년임대주택, 창업공간, 마을 공공시설 등으로 활용하는 정책이 시행되고 있다. 열악한 지방재정 여건을 감안하여 공기업이 빈집정비사업을 주관하기도 하고, 공공부문의 지원하에 공동체 활성화를 위한 노력의 일환으로 마을협동조합이 빈집재활용을 위한 설계, 시공에 참여하기도 한다.

주거지 위주의 정비사업에 대한 관심은 부동산경기와 밀접한 관련을 갖는다. 민간이 주도하는 정비사업은 사업성을 확보할 수 있는 규제 완화와 재정적·행정적 지원을 필요로 한다. 반면, 재생사업은 정비사업이 시행되기 어려운 지역과 시기에 정부지원과 시민참여로 활성화된다. 정비사업이나 재생사업의 중간적 특성을 가진 수단이 민간주도의 공동주택 리모델링이다. 리모델링을 활성화하기 위해 건축규제를 일부 완화했지만 사업성 확보 및 안전진단에 대한 기준과 적용이 쉽지 않아 활성화되지는 못했다. 수도권 1기 신도시의 경우 상당수 단지가 리모델링을 시도했으나, 리모델링이 갖는 장점에도 불구하고 추진이 어려워 결국 대대적인 정비사업이 추진되고 있는 실정이다.

② 건축

건축은 도시라는 유기체 속에서 세포역할을 한다. 도시에서의 건축은 공익에 기반한 규제가 따르지만 사적 자치와 창의성이 인정된다. 토지이용에 대한 기본적 규율은 「국토의 계획 및 이용에 관한 법률」에 의하지만, 「건축기본법」, 「건축법」, 「건축물관리법」 등을 위시한 각종 법률에 의해 안전성, 공공성, 환경성, 전통성, 경관 등의 다양한 가치를 실현하도록 규율되고 장려된다.

건축행위를 통한 도시재생은 공공성과 창의성의 조화가 관건이다. 사선, 동 간 거리, 주차, 대지 내 조경, 공개공지, 높이규제 등은 공공성에 기반한 규제이다. 반면, 개별건축물은 창의성에 기반하여 해당 건축물 및 공간과 지역의 가치를 더한다. 도시계획 차원에서 건축행위를 직접 규율하는 지구단위계획이 간편하고 획일적인 토지이용계획에 머물고 있어 도시계획과 건축을 조화시키려는 노력으로 도시건축 통합심의위원회, 건축협정, 특별건축구역, 총괄・공공건축가 등의 제도가 보완적으로 운영되고 있기도 하다.

건축물의 용도변경, 리모델링, 장수명화는 도시재생을 촉진하고 장소성을 유지하며 자원을 효율적으로 이용하는 데 기여한다. 이러한 활동은 집수리사업과 인테리어산업의 활성화와 결부되어 있다. 전통건축물을 문화시설로 용도를 바꿔 물리적 재생과 문화적 재생을 함께 도모하기도 한다. 리모델링은 시설개량, 에너지 절감, 안전확보, 기반시설 확충 등을 위해 규제특례가 인정되고 있지만, 비용부담능력이 없는 건축주에게는 그림의 떡에 불과하므로 도시재생 차원에서의 활성화를 위해 행정뿐만 아니라 재정・금융적 지원대책이 뒤따를 필요가 있다.

도시에서의 범죄예방을 위해 범죄예방 도시설계(CPTED) 기법이 「건축법」 및 관련 기준에 도입되었고 지자체에 따라서는 조례로 채택되고 있기도 하다. CPTED는 감시와 접근통제를 기본개념으로 하고 공동체 강화를 보조적인 개념으로 하여 출발했다. 그러나 지역사회를 건강하게 유지하기 위해서는 청소년의 건전한 활동을 장려하고 비행예방을 위해 건축공간이 현명하게 활용될 수 있도록 정책 및 건축설계 차원에서의 각별한 관심이 필요하다.

③ 기반시설

기반시설은 공공재이고 민간부문이 공급하기 어려운 특성이 있다. 기반시설을 사용할 인구의 예측과 공급 및 유지관리 부담재원이 늘 관건이 된다. 도시계획과정에서 대부분의 도시가 성장촉진을 희망한 나머지 인구를 과다예측하는 경향이 있고, 결과적으로 기반시설 설치예산이 부족하여 장기미집행시설이 발생하고 있다. 이 같은 시설부지를 묶어둘 수만은 없어 재산권을 보호하고 공공성을 견지하기 위한 타협책으로 규제 완화가 시행되고 있고, 민간특례 도시공원처럼 일부 토지를 개발하고 나머지를 기부채납하게 하고 있다.

대부분의 기반시설은 도시재생과 직·간접적으로 관련되어 있다. 특히 많은 도시들이 하천의 일부를 공원처럼 활용하고 있다. 도로는 구조변경을 통해 보행로 및 자전거길을 확보하거나 지하화하기도 하고, 폐도를 공원화하는 등 도시공간의 효율적 활용에 기여하고 있다. 철도 또한 이전 혹은 지하화를 통해 분절된 공동체를 복원하고 토지를 효율적으로 이용하여 쇠퇴한 도심을 활성화하려고 노력하고 있다. 광장이 갖는 상징성을 활용하고, 공원을 확충하여 시민의 사회적 교류를 촉진하려는 움직임도 빈번히 일어나고 있다.

정원은 도시공간의 심미감을 개선하여 문화적 가치를 더하는 데 기여한다. 저출산의 영향으로 학령아동이 줄어들면서 유휴 학교시설을 지역사회를 위한 공간으로 활용하고 폐교를 재활용하는 시도 또한 이루어지고 있다. 도시개발과 맞물려 기존의 군사시설 이전수요가 발생하면서 군공항과 군사기지가 도시용도로 개발됨으로써 도심활성화의 소재가 되고 있다. 부족한 주차장이 도심활성화를 저해하므로 도시재생인정사업을 통해 주차장 공급을 확충하고 있고 정보통신기술을 활용하여 주차장 탐색을 돕기도 한다. 이동수요의 선택과 집중, 녹지공간의 확충 등을 위해 역세권 및 대중교통 중심의 개발전략도 압축도시(compact city)라는 형태로 도심활성화에 기여한다.

(4) 환경적 도시재생

지구표면의 3%에 자리잡은 도시가 60%의 에너지를 소비하고 있다고 한다. 주된 에너지원인 탄소 배출은 지구온난화와 직결되고 생태계 파괴, 기상이변, 미세먼지를 통해 건강을 위협하고 생활불편을 초래한다. 환경문제는 도시가 출발점이지만 도시 간의 협력, 국가 차원의 관심이 필요한 의제이다. 기후온난화에 대한 모든 주체의 책임 있는 대응이 있어야 더 큰 재난을 막을 수 있다.

건축물은 에너지 소비, 쓰레기 방출 등 환경오염 배출원이다. 2030 온실가스 감축 로드맵에 의하면 건축물 부문에서 2030년 배출 전망치의 32.7%를 감축하도록 하고 있다. 2025년부터는 모든 신축 건축물에 대한 제로에너지 의무화가 시행된다. 규제가 새로이 적용되는 신축 건축물에 비해 오래된 건축물의 그린리모델링 사업, 신축 공립학교의 녹색건축물화 등이 도시재생 차원에서 이루어져야 할 과제이다.

환경보전에 대한 도시계획적 헌장기능을 하고 있는 뉴어버니즘은 걷기 좋은 거리, 대중교통 중심 개발, 에너지 절감 등을 통한 지속가능성 등을 제시하고 있다(김경배, 2007: 69-83). 독일 프라이부르크나 영국 레시터(명성준, 2011: 5-27)는 재생에너지, 지속가능한 교통수단, 에너지 절감 건축물, 쓰레기 감축, 녹색공간 확충 등을 핵심정책으로 제시하고 있다. 노르웨이 릴레함메르의 경우 동계올림픽을 개최한 후 대부분의 시설을 원상복구하고, 행사과정에서도 오염을 최소화하는 노력과 함께 환경산업을 육성하는 계기로 삼고 있는 것은 환경적 도시관리대책이 취약한 가운데 시설 확충에 전념하는 도시관리전략에 경종을 울린다(경향신문, 2013.4.12).

최근 프랑스, 독일, 벨기에, 이탈리아 등은 도심지에 저공해구역을 지정하여 이산화질소 농도를 감축시킬 계획을 공간계획 차원에서 시행하고 있다(국민일보, 2023.11.18). 프랑스의 경우 2030년까지 파리 외곽 순환도로의 일부를 덜어내 그레이벨트에서 그린벨트로 변신하려는 환경재생 움직임도 보이고 있다(SMARTTODAY, 2022.5.22).

2017년 포항지진을 계기로 「도시재생법」을 개정하여 '특별재생구역'을 도입하였다. 이 같은 사후적 도시재생 조치 못지않게 방재를 위한 노력도 중요하다. 도시계획 기법을 이용한 방재, 안전한 건축물의 건축, 도시계획시설의 적절한 확충 및 배치, 안전진단의 적기 실시 및 대응 등이 중요한 이유이다.

코로나19의 등장 및 정보통신기술의 발달로 원격근무가 활성화되면서 일터로서의 사무실 공간에 대한 인식이 바뀌었다. 집은 넓어지고, 도시는 세분화되고, 물류수요는 급격히 늘어나면서 기존 상권은 침체되고 있다(신재욱, 2021: 12-28). 도심활성화에 대한 기존의 대책들이 보완되어야 함을 뜻한다.

(5) 문화적 도시재생

문화적 재생은 유무형 문화적 자산을 활용한 지역의 장소에 기반한 도시재생이다(대한국토 · 도시계획학회, 2015: 348-383). 서구의 경우 이 같은 장소자산을 활용하여 쇠퇴한 도심을 재생시키려는 노력을 시도한 지 오래다. 이 같은 재생방식의 등장은 소득수준의 향상과 함께 그동안의 중앙집권적 도시계획제도 운영이 도시의 개성과 정체성을 잃게 했다는 자성에서 비롯되기도 한다.

문화적 재생은 도시 전체 혹은 특정 공간을 토대로 축제와 같은 이벤트를 통해 이루어지기도 한다(이원근 외, 2010). 이러한 축제는 전통성에 입각한 것도 있지만 영화와 같은 새로운 소재를 바탕으로 하기도 한다. 공간이 문화적 콘텐츠와 결합됨으로써 장소자산화되고 있어 콘텐츠의 발굴노력이 관건이 된다. 마을기업처럼 지역 고유의 특산물이나 제조기법 등을 토대로 지역의 경제적 재생과 문화적 재생을 결합된 형태의 재생노력도 이루어진다.

문화유산을 문화적 재생과 결부시키는 노력도 있다. 과거 우리 민족의 정치 · 문화의 중심지로서 역사상 중요한 의미를 지닌 경주 · 익산 등은 고도로서의 특성에 맞는 문화적 도시재생의 소재가 된다. 근대문화유산도 마찬가지이다. 화력발전소를 미술관으로 바꾼 영국 런던의 테이트 모던 미술관이나 인천과 군산의 근대 건축물을 문화시설로 바꾼 사례가 대표적이다. 창의적 설계를 통해 공간가치를 더하는 일본의 나오지마섬, 건축개념을 도입한 노르웨이의 고속도로 휴게소(Statens vegvesen, 2010), 색채디자인을 통한 신안 퍼플섬 등은 문화적으로 지역재생을 도모하려는 노력이다.

문화적 도시재생은 역사문화유산 탐방이나 축제관람과 같은 특정 장소와 이벤트에 집중되기보다 상대적으로 넓은 공간과 결부되어 있고, 소비활동과 연계되어 있는 만큼 상업적 · 경제적 도시재생과도 불가분의 관계가 있다. 실제로 폐기된 조선소나 근대유산이 박물관이나 미술관으로 바뀌기도 하고 숙박, 음식점 등의 소비활동과도 연계되는 경향이 크다. 상업지역의 활성화는 임대료 상승으로 이어져 기존 세입자를 몰아내는 전치(diplacement) 현상을 불러일으키기도 한다(주대관, 2023: 199). 임차인 보호를 위해 「상가임대차보호법」 개정, 임대인과 임차인의 협력 유도, 청년들을 위한 낮은 임대료의 공공상가 제공 등의 정책이 뒤따르기도 했다.

먹거리가 도시의 문화로 자리 잡고 특정 도시를 방문할 이유가 되기도 하면서 음식문화를 도시 및 지역재생과 결부시키는 경향도 늘어나고 있다. 음식이 있는 재래시장을 여행코스로 설정하는 것이 확산되고 있다. 지역 특성을 잘 살린 음식이 도시의 문화적 매력도를 높이고 도시재생의 촉매기능을 하기도 한다.

재래시장의 디자인을 바꿔서 매력도를 높이는 경우도 문화적 재생으로 분류할 수 있다. 문화체육관광부가 전통시장에 창의성을 불어넣는 노력도 문화적 · 상업적 · 경제적 도시재생이 결합된 모습이다. 대형유통시장과 플랫폼 경제가 확산되면서 시들어가는 전통시장을 살리기 위해 대형유통시장의 휴무일을 정하거나, 지역화폐를 활용하는 사례도 도시재생을 위한 노력이다. 대형서점이 유명작가의 소설을 판매독점하지 않는 자발적 노력도 마찬가지다.

(6) 스마트 도시재생

컴퓨터와 인터넷에 기반을 둔 디지털혁명이 세상을 바꿔놓고 있다. 정보통신기술이 자율주행, 로봇, 신소재 같은 신기술을 창출하고 있고 인공지능은 기술의 변화와 기술 간의 융합을 촉진하고 데이터를 활용한 정확하고 신속한 예측으로 의사결정에 도움을 준다. 도시는 기술을 개발하고 시현할 수 있는 공간으로 인식되고 있다. 도시는 과도한 집적에 따른 문제를 양산하기도 하지만 도시재생과정을 통해 문제를 스스로 해결할 수 있는 역량도 있다.

디지털혁명은 새로운 공간개념인 메타버스를 가져왔다. 메타버스는 ICT 기술을 활용해 가상세계와 현실이 융합된 세계이며 증강현실, 라이프로깅(lifelogging), 거울세계, 가상현실 등을 포괄한다. 이 같은 확장현실을 통해 도시공간은 혼성화되고 기계 · 전자 인터페이스가 부각되며, 현실공간의 문제점도 복사한다. 현실과 메타버스는 공간적으로 대체되거나 경쟁하면서 도시계획에 영향을 미칠 것으로 보인다. 일상이 더욱 디지털화되면서 생활양식이 바뀌고 각종 시설이나 서비스 이용자는 시공간적 한계를 벗어날 수 있다. 도시공간 관리에 있어서도 물리적 건설에 치중하던 관행에서 벗어나 메타버스 프레임에 입각한 일터, 삶터, 놀이터에 대한 조성방안이 나와야 하는 이유이다.

메타버스에서는 공간활용의 양상변화도 나타난다. 집의 역할이 바뀌어 직주근접에서 직주일치로 바뀌고 근린생활권의 중요성이 강화된다. 업무공간이 집으로 변화하며 집 주변 및 근린의 중요성이 높아진다. 장기적으로 동네생활권의 중요성이 부각된다.

상업공간의 변화와 도심 내 물류창고의 등장도 새로운 변화이다. 이에 따라 부동산시장에서의 변화도 주목되는 부분이다. 주민참여기법 및 유형이 진화하고 기존의 대면위주 산업구조도 변화한다.

코로나19로 인해 이러한 양상은 더욱 뚜렷해졌다(정희선, 2022). 디지털혁명과 감염병 팬데믹으로 인해 공간혁명이 일어나고 이동패턴, 산업지형뿐만 아니라 부의 전환도 초래되었다. 대체사무실이 등장하고 사무실이 분산되며 호텔로 출근하거나 스마트 오피스가 등장하고 있다. 원격근무가 노동의 중심이 되는 시대이다. 유통공룡이 몰락하고 자율주행하는 편의점까지 등장하고 있다. 공간구조가 집중에서 분산으로, 도심에서 교외로 이전되는 양상도 감지되고 있다. 미래의 공간은 보다 유연해지고 데이터와 스마트 공간이 핵심이 될 전망이다.

스마트시티는 '도시의 경쟁력과 삶의 질의 향상을 위하여 건설·정보통신기술 등을 융·복합하여 건설된 도시기반시설을 바탕으로 다양한 도시서비스를 제공하는 지속가능한 도시'로 정의되고 있다(https://smartcity.go.kr/). 스마트시티정책은 여러 가지 방식으로 진화되고 확산되고 있다. 국가 스마트도시 시범사업, 스마트도시형 도시재생, 스마트도시 통합플랫폼, 거점형 스마트시티 조성, 강소형 스마트시티 조성, 스마트시티 솔루션 확산 등이 대표적인 예이다. 빅데이터·인공지능으로 도시계획을 수립하는 실증사업도 시행되고 있다.

4 평가 및 전망

1) 복합적 가치 추구해야

문재인 정부가 사회적 가치 내지 시민참여를 강조했다면, 윤석열 정부는 민간부문의 창의성과 도전정신을 기반으로 한 경제적 가치를 강조하는 듯하다. 그러나 시민들이 어울려 일상생활을 향유하는 공간인 도시는 문제해결에 있어 진영 간의 구분짓기 경쟁보다 더 중요한 복합적 가치를 안고 있다(내일신문, 2024.6.24).

첫째, 2016년 유엔 해비타트(UN-Habitat)는 '모두를 위한 도시'를 주제로 향후 20년간의 새로운 도시아젠다를 채택하면서, 특히 도시정책에서 아무도 소외되지 않는 포용성과 다양한 계층의 참여 확대를 권고한 바 있다. 주거 · 이동환경 개선뿐 아니라 모두가 어울릴 수 있는 공공공간을 잘 배치하라는 뜻이기도 하다. 임차인 · 임대인 간 상생환경 조성도 같은 맥락이다.

둘째, 도시는 전통산업과 신산업, 하이테크와 로우테크가 공존하는 복합적 경제생태계를 가지고 있다. 80% 이상의 부가 창출되는 공간이기도 하다. 그래서 다양한 경제활동이 가능하도록 도와주고, 일하는 문화도 조성해 줘야 지속가능해진다. 도시경제를 이끌 우수인재가 양성되고 머물 수 있게 해야 하고, 디지털경제로의 전환과 생산가능인구 감소에도 대응해 나가야 한다.

셋째, 심각한 기후변화와 초미세먼지가 시민의 삶을 위협하고 있다. 지구 표면의 3%를 차지하는 도시지역이 전체 온실가스 배출량의 60%를 차지한다고 한다. 기후위기에 대응하고 적응하기 위해 도시를 새로운 모듈로 재구성해야 하고, 시민들의 행동변화도 필요하다. 도로를 줄여 나무를 심고, 도시 간 환경협약을 맺어 공존하려는 선진 사례를 타산지석으로 삼아야 한다.

넷째, 도시에서의 삶에 있어 시간의 연속성을 회복시키는 것이 중요하다. 우리가 이어받아 살고 있는 도시공간은 미래세대에게도 유산이다. 문화유산은 도시의 정체성이자 매력의 원천이다. 그래서 우리 모두가 보전을 위한 부담을 공유해야 한다. 문화유산의 보전을 둘러싼 갈등을 균형감 있고 슬기롭게 해결해가는 것이 매우 중요한 가치임을 자각해야 한다.

2) 축소시대 재생방식, 이전과 달라야

인구감소 추세는 지역소멸은 물론 장기적으로 국가소멸 우려까지 자아내고 있다. 계속되는 경제성장률 둔화추세를 두고 축소시대로 접어들었다고 평가하기도 한다. 여기에 우리의 삶과 경제에 영향이 커지고 있는 지구온난화까지 국가정책적 부담으로 작용한다. 저출산, 고령화, 저성장, 지역소멸 등 뉴노멀 시대에 맞추어 그간 인구와 제조업 기반하에 생산과 수출 주도의 양적 경제성장을 뒷받침했던 국토관리를 새로운 시각으로 바라봐야 할 때이다(무등일보, 2024.4.25).

첫째, 국토는 다양한 가치를 가진 복합공간이다. 물리적 개발방식이 아니라 지역과 사람을 관계 짓는 비물질적 · 사회적 · 문화적 자원을 활용하는 지역발전전략이 필요하다. 사람들에게 매력을 주는 콘텐츠 개발에 주력해야 한다. 지역고유의 문화와 역사를 바탕으로 창의적이고 혁신적인 일자리를 창출하는 로컬 크리에이터의 역할이 강조되는 시대임을 인식해야 한다(모종린, 2021).

둘째, 이전보다 진화된 도시활력 증진방안을 모색해야 한다. 인구증가 중심의 확대 지향형 도시계획의 틀은 고쳐야 한다. 인구감소로 늘어나고 있는 빈 건축물과 유휴 시설물의 용도를 수요에 맞춰 융통성 있게 활용할 수 있도록 장애요인을 제거해 주어야 한다. 도시민의 삶의 질을 보장하기 위한 수요에 적시적으로 적절히 부응할 수 있는 '시간도시계획'이 필요하다.

셋째, 축소시대에는 적은 인력과 조직이 많은 일을 감당하게 된다. 지방행정 서비스권역을 재편하고 가용자원을 효율적으로 배분해야 한다. 은퇴인구를 환경 및 문화유산관리를 비롯한 국토관리에 활용하는 전략을 강구해야 한다. 특별행정기관, 지자체, 공기업과 같은 공공조직을 혁신해야 하고, 공공과 민간의 협력조직을 꾸리는 전략 또한 필요하다.

3) 도시계획의 틀 속에서 도시재생 인식해야

도시계획의 근간이 되는 계획인 도시기본계획은 도시재생을 중요한 도시정책의 방향으로 설정하고 있다(도시기본계획수립지침 제6절). 도시재생계획은 제도 및 운영 차원에서 도시공간에서 이루어지는 도시재생 이슈는 기존의 도시계획의 맥락 위에서 추진하는 것이 필요하다. 현행 도시기본계획이나 도시관리계획의 기본적 내용에 도시재생에 관한 사항이 포함되어 있기도 하다. 따라서 도시재생의 개념이 물리적 재생에서 다양한 재생양식으로 바뀜으로써 기존의 물리적 계획에 치중한 도시계획과의 조화와 균형을 이룰 수 있을 것이다.

도시재생계획의 영역과 주체를 설정함에 있어 계획적 맥락으로 보면 생활권 개념으로 접근하는 것도 필요하다. 이는 정비사업 관련법에 의한 정비구역 단위의 정책이 내포했던 한계를 극복하는 방안이기도 하다. 더욱이 기존의 도시계획과의 연계 없이 도시재생계획에만 의존할 경우 계획 간의 부조화 및 계획의 남발만 초래하는 결과를 가져올 수도 있다.

4) 지방재정 확충이 지역의 자율권 확보의 기초

개발허가 권한은 지방에 이양되어 있고 지방재정은 빈약한 가운데 성과를 내야 하는 지자체장은 가시적 성과를 내기 위해 민자에 의존해 과도한 개발을 지향하는 경우가 빈번하다. 특히 민자에 의존하는 경향은 대도시권의 경우 개발제한구역과 같은 보호지역의 해제요구로 이어지고, 개발유인이 많지 않은 중소도시의 경우 케이블카 설치, 국제행사 유치, 규제 완화 특구 등에 깊은 관심을 갖거나 사업추진 부진으로 방치된 개발현장을 늘리고 있기도 하다.

지방재정의 국가재정의존도가 지금처럼 높은 상황에서는 자율적 자치권 행사에 제약을 받는다. 축소시대임에도 불구하고 부풀리기식 개발이 성행하지 않도록 제약을 가하는 한편, 지자체가 재정적 자율성을 확보할 수 있도록 재정시스템을 획기적으로 개선하고 보다 다양한 자원확보전략을 찾는 노력이 필요하다.

참고문헌

경향신문(2013.4.12). 재활용 원칙으로 '릴레함메르' 환경올림픽 별칭 … '덴버'는 환경파괴 반대목소리에 개최권 반납.

국민일보(2023.11.18). 기후위기까지 진영논리 … 위태로운 유럽 녹색정책.

국토교통부 스마트시티 종합포털: https://smartcity.go.kr/

국토교통부(2011.3.23). 아름답고 품격있는 국토공간 창출한다, 보도자료.

국토교통부(2013.12.31). 국가도시재생기본방침('14~'23).

국토교통부(2022).『2021 도시계획현황』.

국토교통부(2022.7.27). '선택과 집중'을 통한 경제거점 조성과 지역 특화재생까지! 도시공간 재창조를 위한 새정부 도시재생사업을 추진한다, 보도자료.

국토교통부(2024.1.17). 제2차 국가도시재생기본방침('24~'33).

국회 국토교통위원회(2013.4). 도시재생 활성화 및 지원에 관한 특별법안(대안).

김건우(2009). 21세기를 향한 새로운 도시의 창조-독일의 '환경도시' 프라이부르크(Freiburg),『대구사학』96(0), 대구사학회, pp.231-258.

김경배(2007). 지속가능한 근린주구계획-에코빌리지, 어번빌리지, 뉴어버니즘 운동의 핵심개념 고찰, 『서울도시연구』 8(1), 서울연구원, pp.69-83.
내일신문(2024.6.24). 유병권, 지속가능 도시 만드는 핵심가치들.
내일신문(2024.8.21). 유병권, 지역사회 차원의 범죄예방.
대한국토 · 도시계획학회(2015). 『도시재생』, 서울: 보성각.
명성준(2011). 친환경 도시건설에 관한 연구; 영국 레스터시와 브라질 꾸리찌바시의 사례를 중심으로, 『국가정책연구』 25(2), 국가정책연구소, pp.5-27.
모종린(2021). 『머물고 싶은 동네가 뜬다』, 서울: 알키.
무등일보(2024.4.25). 유병권, 축소시대, 국토관리전략 바꿔야 할 때.
신재욱(2021). 『포스트 코로나 시대 부동산 & 도시계획』, 서울: 주택문화사.
앨런 말라흐(2024, 김현영 역). 『축소되는 세계』, 서울: 사이.
에드워드 글레이저(2021, 이진원 역). 『도시의 승리』, 서울: 해냄출판사.
유병권(2013). 「도시재생 활성화 및 지원에 관한 특별법」의 입법과정, 『국토계획』 48(6), 대한국토 · 도시계획학회, pp.367-385.
유병권(2022). 『사람을 생각하는 도시담론』, 서울: 바른북스.
이원근 · 김병준(2010). 도시재생을 위한 문화축제 활성화 방안 연구, 『지역사회발전학회논문집』 35(2), 한국지역사회발전학회, pp.33-44.
정희선(2022). 『공간, 비즈니스를 바꾸다』, 서울: 미래의 창.
주대관(2023). 『도시재생의 사회학』, 서울: 한울.
카를로스 모레노(2023, 양영란 역). 『도시에 살 권리』, 서울: 정예씨.
카이저 등(1995, 권기욱 · 유병권 역). 『도시토지이용계획론』, 서울: 태림문화사.
테오도르 폴 김(2011). 『도시클리닉』, 서울: 시대의창.

OECD(2013, 국토연구원 역). OECD 한국도시정책보고서.
SMARTTODAY(2022.5.25). 안 이달고 파리 시장, “탄소 제로 위해 순환도로 차선 줄이고 나무 심는다” https://smartcity.go.kr/
Statens vegvesen(2010). DETOUR, Architecture and Design along 18 National Tourist Routes in Norway.

PART

03

균형적 공간발전과 포용적 도시경제

08 CHAPTER

지역혁신정책의 종언과 새로운 탐색을 위한 소고

이흥권((주)로운인사이트)

지역균형발전을 위해 정부는 2000년을 전후하여 대규모 재정투자와 여러 지역혁신정책을 추진하였다. 특히 지역혁신역량을 높이고 지역의 혁신인프라를 조성하기 위해 국가균형발전특별회계 및 일반재정 등으로 과학 및 산업기술 혁신 투자를 지속하여 왔다. 그러나, 2010년대를 경과하면서 정부의 지역혁신정책은 그 성과가 지역보다는 서울, 경기 지역에 더 크게 나타나고 있으며 점점 수도권 일극화 현상이 심화하고 있다.

이에 본 장에서는 과학 및 산업혁신정책을 중심으로 한 지역혁신체계(Rigional Innovation System) 및 지역혁신정책의 성과와 문제점을 각종 정부통계 등에 대한 조사·분석을 통해 밝히고 개선방안을 제시하였다. 특히 그간의 지역혁신정책이 중앙정부 주도로 이루어졌으며, 지역은 그 과정에서 정책의 객체이자 무대화된 점을 지적하였다. 끝으로 지역주도성 확보, 지역에 맞는 혁신정책의 추진을 위한 몇 가지 이슈를 제기하며 지역혁신정책의 개선 방향성을 제시하였다.

1 중앙 주도 지역혁신의 시대, 종언을 고하다!

1) 지역혁신역량 하락, 성과는 수도권 집중 심화

우리나라 성장 잠재력 및 산업 경쟁력의 기초체력이자 저변을 형성하는 지역[1]이 지속적인 혁신동력을 창출하지 못하고 정체현상을 겪고 있다. 급속한 고령화・저출생 현상의 심화에 더해, 혁신 인재와 자원의 수도권 집중으로 지역의 경제기반 붕괴 우려가 매우 커지고 있다.

2023년 3월 기준으로 전국 228개 시・군・구 중 소멸위험 이상이 113곳(전체의 49.6%), 소멸주의 이상인 지역은 205곳(전체의 89.9%)에 달한다(통계청, 2023). 최근 들어 지역혁신역량평가지수(R-COSTII)도 수도권과 비수도권의 혁신역량 격차가 심화하였다. 서울・경기 이외 극히 일부 지역을 제외한 대다수의 비수도권 지역은 지역혁신역량지수가 하락하였다(한국과학기술기획평가원, 2023).

지역혁신역량 강화의 중요한 지표 중 하나인 연구개발 투자는 중앙정부에 대한 의존도가 더욱 높아지고 있으며, 지역 주도의 R&D 기획과 투자 기회는 제한적이고 중앙정부 종속성이 심화하였다. 2020년 기준 전국 17개 지자체의 지역 자체적인 연구개발 사업 투자 비중은 2.1%에 불과한 현실이다.

지역혁신을 주도하고 있는 거버넌스는 주체 간 정책조정의 실패 현상이 자주 발생하고 있다. 지역혁신정책을 총괄하고 있는 지방시대위원회, 과기부, 중기부, 산업부 등 주요 중앙부처 간 정책조정은 그 체계적 작동 여부를 찾아보기 어렵다. 이들 부처 간 연계 역할을 해야 할 하위의 연구개발 분야 거버넌스 체계(워킹그룹, 경제・산업・기업・사업정보 플랫폼 등)는 부재하여 지역이라는 혁신주체의 관점에서 볼 때 전략적 R&D 투자에 한계를 드러내고 있다.

그동안 역대 정부에서는 국가균형발전특별회계 설치(2004년), 지역전략산업 지정,

---

1) 이 글에서 '지역'은 지리적인 면에서 다른 곳과는 구별되는, 특히 수도권 이외의 공간적 범위이자, 정책 분석 대상으로서는 수도권역과 비교 대상이 되는 정책 공간을 의미한다. 가끔 적확한 표현을 찾을 수 없는 경우 지방자치단체와 지역주민, 지역의 혁신주체를 아울러서 표현하기도 하였다. 정부 정책에서는 '지방' 표현이 자주 쓰이고 있어 부득이 상호 혼용한 곳도 있다.

각종 과학·산업 클러스터 설치 등 초대형 지역혁신정책사업 추진을 통해 지역의 혁신을 도모하였다. 그럼에도 불구하고 수도권으로의 자원, 인재, 혁신 결과물의 쏠림 현상은 오히려 심화하는 추세이다. 특히 정부 지역혁신정책 집행의 성과가 2010년대를 관통하는 과정에서 수도권-지역 간 역전 현상 또는 모순적 결과로 드러나고 있다.

2) 중앙 주도, 정책 단절, 지역 실종 현상

국가 차원의 R&D 예산 투자의 성과로 예산 규모에서 미·중 등에 이어 5위를, 연구원 1인당 연구개발비 역시 미·독 등에 이어 5위로 급성장(2022년)하였다. 그렇지만, 지역내총생산 비중 역전, 기업 R&D 투자의 수도권 집중 현상 심화 등 질적 측면 지표는 격차가 오히려 더욱 커지고 있다.

출연연 지역분원, 테크노파크(TP) 등 수많은 지역 R&D 조직의 설치 및 중앙에서 지역으로 내려가는 막대한 연구개발 예산에도 불구하고 국가 차원의 양적 성장에 따른 과실이 지역에 착근하지 못하고 있다. 지역소멸이 아주 가까운 미래로 다가온 현시점에서 지방은 매우 절박하고, 질적 성장 중심으로의 정책 전환이 시급한 상황이다.

그야말로 중앙 주도의 지역혁신정책에 종언을 고해야 할 시점이 아닌지 그간의 정책 성과와 문제점에 대해 실증적 평가를 해야 할 때이다.

이를 위해 본 장에서는 우리나라 지역혁신체계의 문제점을 진단하고, 지역혁신정책의 추진 결과가 최근 들어 역전되어 나타나는 현상에 대해 데이터 분석을 통해 증명한다. 중앙과 지역혁신정책의 괴리 문제, 지역 내 여러 혁신조직 간 단절 현상, 산업구조적 변화 양상 등에 대한 분석을 통해 지역 주도 혁신정책으로의 방향 전환이 필요함을 역설하고자 한다.

2 우리나라 지역혁신정책의 제도적 발전과정

1995년에 지방자치제가 본격적으로 시작되었지만, 그 당시에는 지역 단위에서 지역혁신체계(Regional Innovation System, RIS)나 과학기술을 수단으로 한 혁신정책에 대한 관심이 많지 않았다. 그렇다 보니 중앙부처인 과학기술처 주도로 1999년에 지방과학기술진흥협의회를 구성하여 운영하게 된다. 과기처는 지방과학기술 시책을 효율적으로 추진하기 위해 지방과학기술진흥협의회의 구성·운영 근거를 마련하고 2001년에 국가과학기술위원회에 통합하였다. 2000년에는 지방과학기술진흥종합계획을 수립하여 지역 단위에서의 혁신을 구체적으로 추진할 계획을 수립하기 시작했다.[2] 이러한 역사적 맥락과 절대적으로 부족한 지역재원 등의 원인으로 한국의 지역혁신정책은 오늘날까지도 철저히 중앙 주도의 국가혁신체계(National Innovation System, NIS)에 종속된 하위체계 아래의 정책 속성을 강하게 띠고 있는데, 그 증거들은 정책의 추진 재원, 계획의 주도적 수립 주체, 정책 방향 설정의 자율성 측면에서 확인할 수 있다.

이러한 중앙 의존적 지역혁신정책이 불러일으킬 수 있는 문제는 다음과 같은 것들을 들 수 있다. 첫째는 경제기반을 다지던 1960년대부터 2010년대 초중반까지도 유지해 왔던 추격형 경제성장정책의 하위 체제로서 성장의 과실을 나누어 왔던 지역혁신체제가 더 이상 작동하지 않을 수 있다는 점이다. 주력산업의 정체 또는 변화, 뉴노멀 국제 경제환경으로의 전환, 제4차 산업혁명시대로의 진입 가속화 등 산업구조 대전환이 시작되었기 때문이다.[3] 둘째는 2010년대 중·후반부터 시작된 미국의 신보호무역주의 경향과 자국우선주의정책[4]의 강력한 추진, 미·중 패권 경쟁의 격화에 따라 국가 차원의 총력전(대표적으로 2023년 12월 발표된 산업통상자원부의 '산업공급망 3050정책'을 보라) 양상을 띠면서 수도권 등 이미 투자기반을 확보한 지역으로 혁신 자원이 집중되는 현상이 가속할 것이라는 점이다. 데이터 분석 결과 실제로 2015년을 전후한 시점

---

2) 한편, 지역 스스로 주도적인 혁신계획을 입안하여 추진하는 움직임이 태동하였다. 경기도가 자체 조례를 만들어 2010년 경기과학기술진흥원(현 경기도경제과학진흥원)을 설립하고 2013년 제1차 경기도 과학기술진흥기본계획을 추진하였다. 부산시도 자체 조례를 만들어 2015년 부산과학기술기획평가원(현 부산산업과학혁신원)을 설립하고 2018년 제1차 부산과학기술진흥종합계획을 수립하여 추진하기 시작했다. 다만, 지자체의 노력에도 불구하고 재원의 절대적인 종속성, 높은 정책의존도 등을 감안할 때 서울과 경기도 정도만이 스스로의 지역혁신정책을 이끌어가고 있다고 평가할 수 있겠다.

3) 1997년 외환위기 사태를 극복하는 과정에서 고부가가치 산업 중심으로의 전환이 본격화 된다. 산업정책 측면에서 볼 때 추격형 체계에서 탈추격형 체계로 전환이 이루어지기 시작한다. 주력산업이 탈추격 기술로 접어들면서 반도체, ICT, 디스플레이, 휴대폰 등으로 변모하고, 기존의 철강, 자동차, 조선 등의 주력 제조업은 고부가가치화를 달성하기 위한 변화를 요구받기 시작한다. 최근에는 디지털 전환, 탄소중립, 인공지능 등 거대한 글로벌 경제질서의 변화에 조응해야 한다.

4) 미국의 자국우선주의정책이 노골화된 시점은 2017년 도널드 트럼프 미국 대통령 집권 때로부터 보는 시각이 일반적이며, 이후 조 바이든 대통령의 민주당 집권 기간에도 크게 달라지지 않았다.

부터 지역혁신정책의 성과가 비수도권 지역에 매우 저조하게 나타나고 있음을 확인할 수 있다. 셋째는 중앙정부는 기존의 국가균형발전정책을 적절히 안배하여 왔던 것에 비해 수월성을 지역정책 추진의 우선순위에 둘 경우 지역 간 경쟁의 격화, 중앙정부 정책 종속성의 심화 등이 가속화할 것이며 그동안 태동하고 키워가던 지역 주도, 지역 자강의 혁신 노력이 꺾일 우려가 크다는 점이다.

다음에서는 2010년대 중반을 전후하여 지역혁신정책의 성과가 어떠한 양상을 보이고 있는지 살펴보겠다. 이러한 과정은 한국의 지역혁신정책이 기존과 달라져야 함을 주장하고 전환의 방향성을 설정하는 데 필요하다.

3 지역혁신정책 진단, 지역의 객체화 · 정책 무대화

1) 지역혁신정책의 성과 및 혁신체계 진단

(1) 수도권 일극화 현상 심화

2000년에 본격적으로 지방과학기술진흥계획이 수립 · 추진되었다. 이후 지역균형발전 정책의 지속적인 추진에도 불구하고, 경제 · 사회 부문에서 수도권 일극화 현상이 심화된 것으로 나타났다. 수도권과 비수도권 간 GRDP 및 인구 비중은 2015년 이후 역전 현상이 발생하였다. 수도권-비수도권 간 지역내총생산 비중은 2002년 약 49 : 51 비율이었으나, 2015년 50.1 : 49.9로 처음 역전되었고 2020년에는 53 : 47 비율로 더 벌어졌다(통계청 KOSIS, 2023).

지역 인구도 2020년 들어 처음으로 수도권이 비수도권을 앞섰는데 2002년에 비수도권이 53%였던 것이 2020년에는 오히려 수도권 집중 현상으로 50.2%로 역전되었다(통계청 KOSIS, 2023).

[그림 8-1] 지난 20년간 수도권-비수도권 간 GRDP 비중 변화

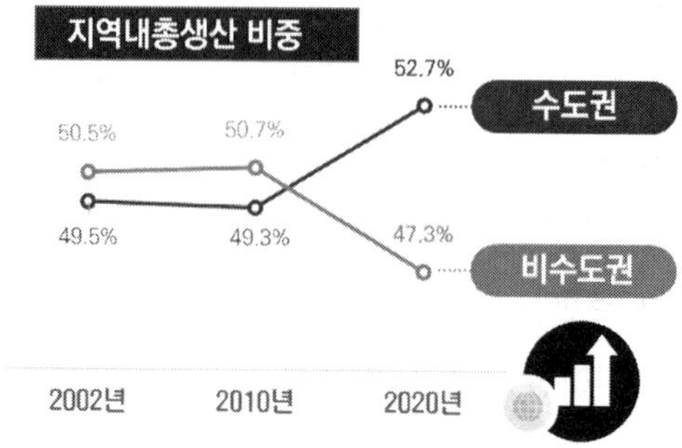

출처: 통계청(KOSIS, 2023).

[그림 8-2] 지난 20년간 수도권-비수도권 간 인구 비중 변화

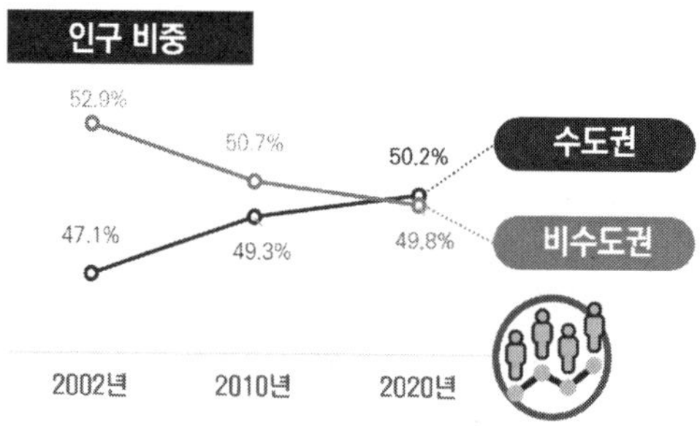

출처: 통계청(KOSIS, 2023).

기업의 수출 성과 측면에서도 수도권에의 집중 현상이 심화하고 있다. 2009년부터 2022년까지 수도권 지역의 수출 총액이 2.16배 증가하는 동안, 비수도권 지역은 1.4배 증가하는 데 그쳤다(통계청 KOSIS, 2023). 동 기간 수도권의 수출 비중 증가는 대기업과 중견기업의 수출이 견인하고 있으며, 비수도권에서는 중소기업의 수출 비중만 소폭 증가하였다. 수도권 소재 대기업 수출 비중은 2009년 67%에서 2022년 79%로 늘어나 비수도권과의 격차가 커졌다. 수도권 중견기업 수출 비중 역시 2009년 48%에서 2022년 58%로 늘어나 비수도권과 그 비중이 역전되었다. 비수도권 지역은 중소기업의 수출 비중만이 2009년 37%에서 2022년 37.3%로 소폭 증가하였다.

지역소멸 징후는 수도권보다 지방에서 두드러지게 나타나는 현상이며, 연구인력

유출 등 지역 성장 둔화 및 혁신기반의 붕괴가 우려되는 심각한 상황이다. 2023년 2월 기준 전국 118개 지역소멸 위기지역(시·군·구 기준) 중 비수도권의 비중은 109개로 92.4%를 차지하고 있다(한국고용정보원, 2023).

[그림 8-3] 2009~2022년간 수도권-비수도권의 수출총액 변화

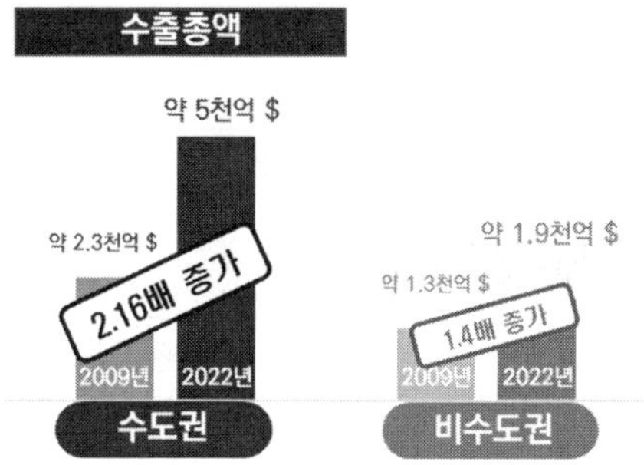

출처: 통계청(KOSIS, 2023).

[그림 8-4] 2023년 수도권-비수도권 지역소멸 위험지역(시·군·구) 비중

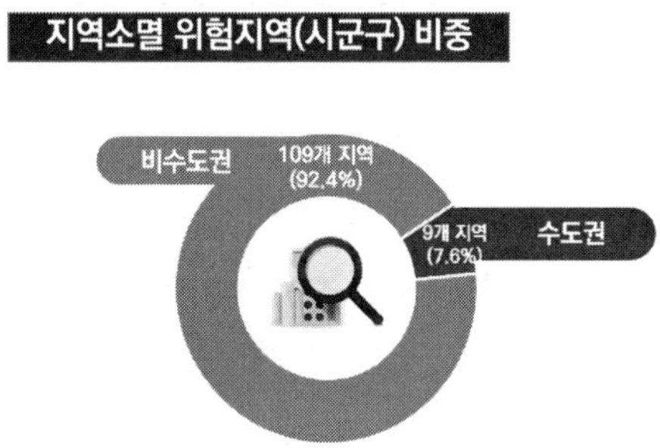

출처: 한국고용정보원(2023).

(2) 높은 정부투자 대비 수도권-지역 간 성과 격차는 확대

그간 중앙정부 주도로 공공부문 위주의 지방 R&D 투입이 이루어졌으나, 지역의 혁신기반 제고 효과는 미흡하며 오히려 수도권과 지역 간의 격차는 더 커진 것으로 나타났다.

중앙정부의 R&D 투자는 수도권 대비 비수도권의 비중이 지속해서 증가하는 추세이다. 지난 20여 년(2002~2020년)간 정부 R&D 중 비수도권 투자액은 7.8배 증가하였으며, 이는 연평균 10%의 고속 성장의 결과이다. 반면, 동 기간 정부 R&D 중 수도권 투자의 연평균성장률은 7% 수준이며, 투자 총액은 약 4배 증가하였다. 이에 따라 정부 R&D의 수도권-비수도권 간 투자 비중은 2002년 약 45 : 55 비율에서 2020년 30 : 70 수준으로 크게 확대하였다.

[그림 8-5] 지난 20년간 수도권-비수도권 간 정부 R&D 투자 비중 변화

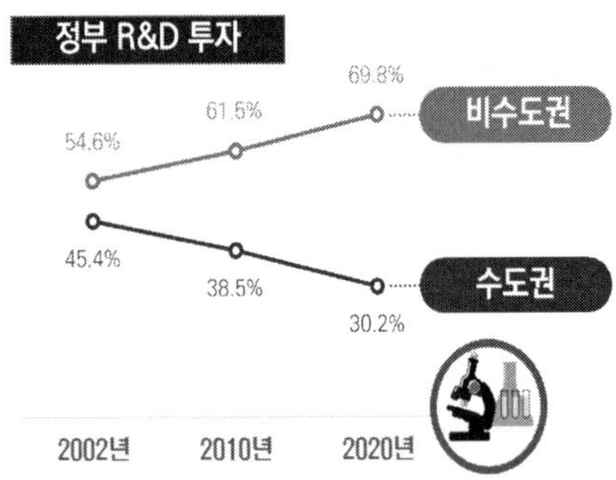

출처: 국가과학기술지식정보서비스(NTIS, 2023).

정부는 비수도권에 혁신역량을 늘리기 위해 투입을 증가시켜 왔으나, 민간부문 및 혁신기반의 수도권 집중화는 오히려 가속화하고 있다. 수도권-비수도권 간 수행 주체별 연구개발비 비중은 지난 20년간 공공부문에서는 비수도권이 늘어났으나, 대학 및 민간영역에서는 비수도권이 줄어든 것으로 나타났다. 2020년 기준 공공연구기관의 연구비는 비수도권 지역에서 80%를 차지하며, 대학(46.7%)과 민간기업(20.8%) 대비 매우 높은 비중을 차지하고 있다.

수도권과 비수도권 간 연구인력 수 및 연구개발 조직 비중을 분석한 결과 그 비율 격차가 오히려 확대되었다. 연구원 수 비중은 수도권이 2010년 53.6%에서 2020년 65.8%로 매우 증가하였으며 비수도권 지역은 상대적으로 큰 폭으로 감소하였다. 수도권-비수도권 간 연구기관 수 비율 역시 수도권이 2010년 61.4%에서 2020년 65.4%로 확대된 반면에 비수도권 지역의 연구기관 비중은 감소하였다.

[그림 8-6] 2000~2020년간 비수도권의 수행 주체별 연구개발비 비중 변화

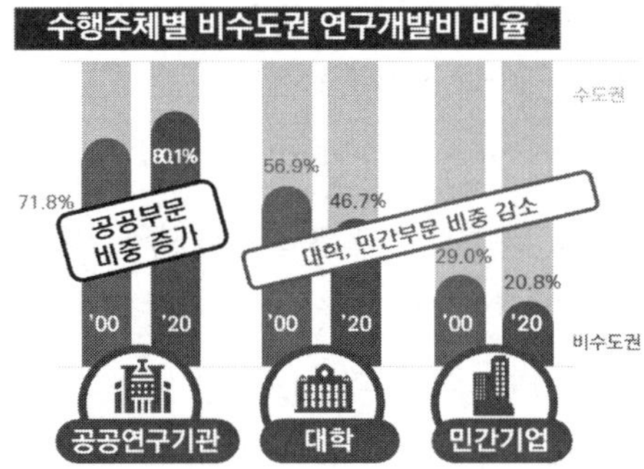

출처: KISTEP(2022). 2021년 연구개발활동조사 보고서.

[그림 8-7] 지난 10년간 수도권 – 비수도권 간 연구인원(수) 비중 변화

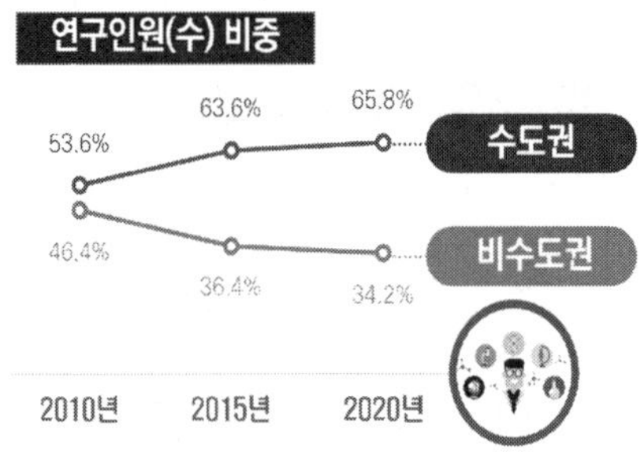

출처: 국가과학기술지식정보서비스(NTIS, 2023).

[그림 8-8] 지난 10년간 수도권 – 비수도권 간 연구기관(수) 비중 변화

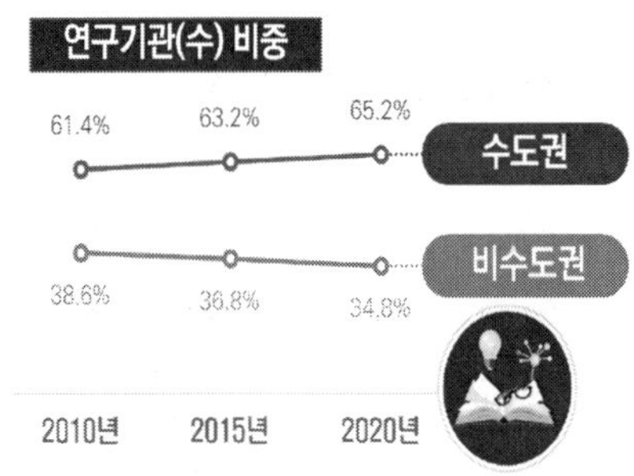

출처: 국가과학기술지식정보서비스(NTIS, 2023).

(3) 양적 성과 대비 지역의 투자 효율성 저하

R&D 성과 측면에서는 비수도권 지역의 양적 성과가 나타났으나, 과학기술 및 경제적 측면에서의 효율성은 크게 저하하였다.

비수도권 지역의 정부 R&D 기술료 체결 및 사업화 건수 등은 비중이 크게 확대되어 구체적 성과가 창출되었다. 2007년부터 2020년까지의 기간 동안, 정부 R&D 기술료 성과 체결 건수는 비수도권 비중이 5%p 이상 증가(2007년 51.0% → 2020년 56.7%)하였으며, 사업화 건수 비중 또한 10%p 이상 확대(2007년 53.9% → 2020년 63.5%)하였다.

그렇지만 양적 성과에 비해 기술료 징수액, 특허 관련 질적 성과는 대폭 하락하여 혁신 성과가 지역혁신체계의 질적 성장을 견인하는 데에는 그 영향이 미미하였다고 볼 수 있다.

[그림 8-9] 2007~2020년간 수도권-비수도권 간 정부 R&D 기술료 체결 건수 비중 변화

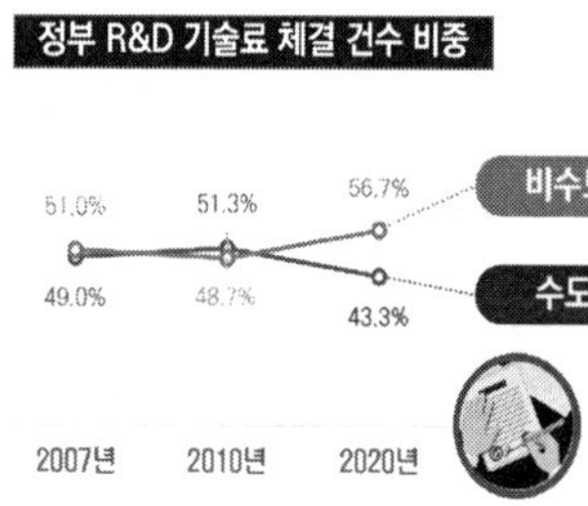

출처: 국가과학기술지식정보서비스(NTIS, 2023).

[그림 8-10] 2007~2020년간 수도권-비수도권 간 정부 R&D 사업화 건수 비중 변화

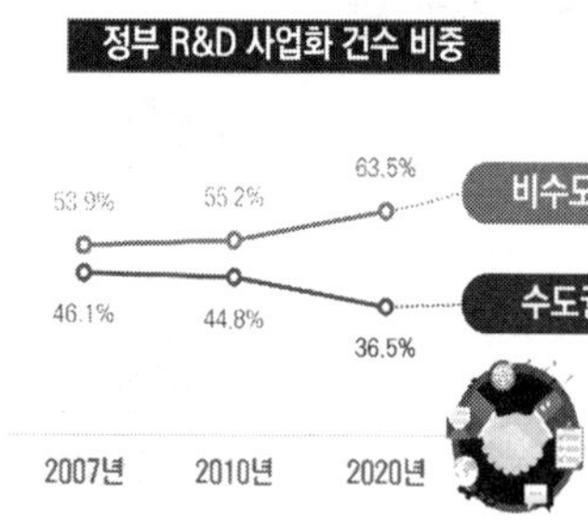

출처: 국가과학기술지식정보서비스(NTIS, 2023).

[그림 8-11] 2007~2020년간 수도권–비수도권 간 정부 R&D 기술료 체결액 비중 변화

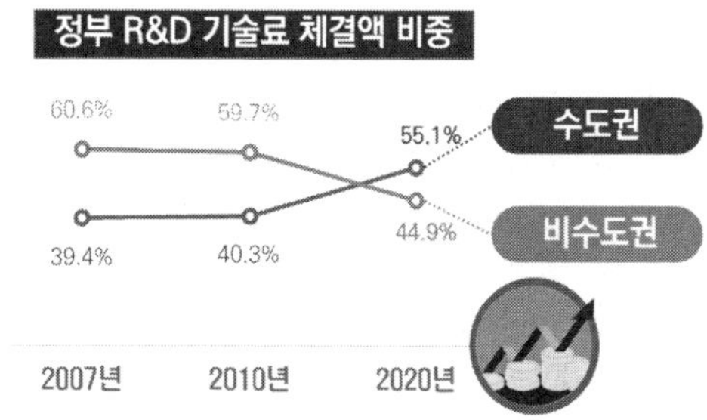

출처: 국가과학기술지식정보서비스(NTIS, 2023).

[그림 8-12] 2007~2020년간 비수도권의 기술적 성과 효율성 저하

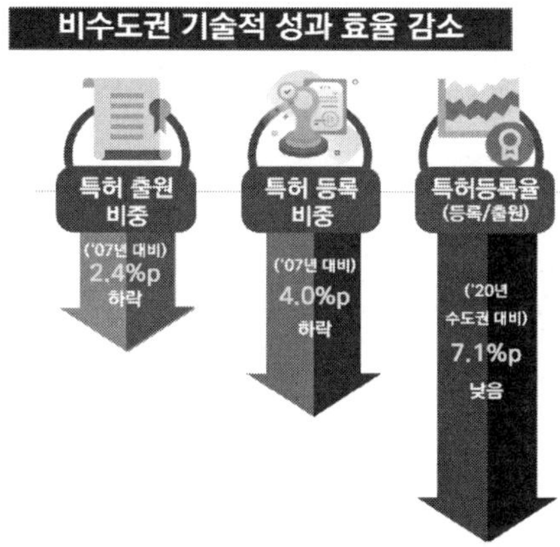

출처: 국가과학기술지식정보서비스(NTIS). 2023 데이터 활용.

2020년 기준으로 볼 때 비수도권의 특허 출원 및 등록 건수 비중이 여전히 높으나, 특허 출원 대비 등록 비율은 비수도권(65.3%)이 수도권(72.4%)에 비해 7%p 이상 크게 낮은 수준이다.

기술료 성과 체결 건수도 비수도권의 비중이 증가한 것에 반해, 성과 징수액 비중은 오히려 역전되어 수도권이 더 높은 비중을 보이고 있다. 비수도권 지역의 기술료 징수액 비중을 살펴보면 2007년 60.6%에서 2020년 44.9%로 15.7%p 낮아진 것으로 나타났다.

(4) 지역의 객체화, 무대화

정부 R&D의 유사 · 중복 · 파편화 경향이 심각하여 각 지자체는 중앙정부가 추진하는 연구개발사업에 대한 수주 경쟁이 치열하며 지역 R&D의 효율성 저하 문제를 야기하고 있다. 부처 간 칸막이 현상이 여전히 만연하여, 부처별 공모사업을 지역이 수주하는 구조 등으로 사업 간 중복 및 연계성 저하 문제, 지역 수요와 중앙의 투자 목적 간 불일치 현상 등이 한계로 나타나고 있다. 실제 2021년도 17개 시 · 도가 참여하고 있는 지역연구개발사업을 과제 단위의 숫자로 보면 73,141개로 매우 과다하다. 특히 지역 R&D사업 투자와 지역주력사업과의 연관성은 약 56% 수준에 그치는 것으로 파악되었다(국가과학기술지식정보서비스 NTIS, 2021).

지역연구개발사업의 국비 비중은 95%를 웃돌며 지역 자체 재원 비중은 여전히 크게 낮아 지역 R&D는 중앙정부 의존도가 매우 높다. 이는 중앙정부 사업 수주 위주의 사업 형태가 고착화하는 현상을 초래하여 지역 상황에 맞는 맞춤형 전략기획 및 지역

[그림 8-13] 중앙부처 산하 전문기관 및 지역혁신기관 연계도

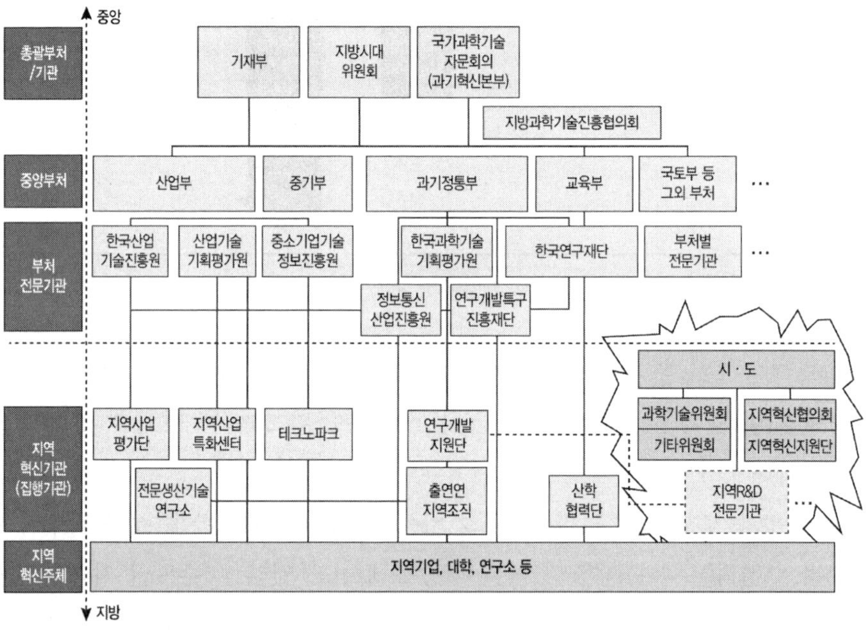

출처: 과학기술정보통신부(2019) 자료 수정, 재인용.

[그림 8-14] 2019~2021년 지역 연구개발사업 투자 및 비중 추이

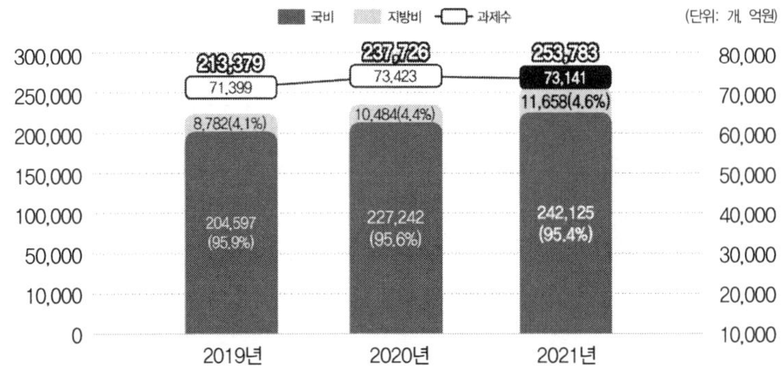

출처: 과학기술정보통신부(2023). 2022 지역 R&D사업 공동조사·분석보고서.

혁신 추진을 어렵게 하고 있다.

17개 시·도의 지자체가 추진한 지역 자체사업 투자 규모 및 비중은 감소 추세이며, 그마저도 서울·경기에 집중되어 있다. 2021년 기준으로 지자체 자체사업 투자는 지역 R&D 사업비 전체 대비 1.7%인 4,387억 원에 불과하여 규모 및 비중이 감소 추세이다. 그 사업비 규모 중 서울·경기의 비중이 57%를 상회한다.

[그림 8-15] 2019~2022년 국비, 국비 매칭 및 지자체 자체사업 투자 추이

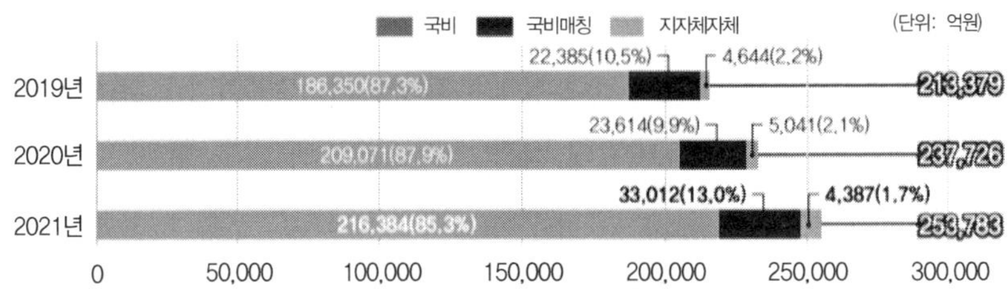

출처: 과학기술정보통신부(2023). 2022 지역 R&D사업 공동조사·분석보고서.

국비 사업의 2021년 투자액은 전년 대비 3.5% 증가한 21조 6,384억 원, 국비 매칭 사업은 39.8% 증가한 3조 3,012억 원, 지자체 자체사업은 13.0% 감소한 4,387억 원으로 조사되었다.

(5) 지역 R&D기관 파편화, 정책조정체계는 부재

지역마다 정부출연연구원 지역분원, 중앙부처 소관 전문연구기관, 산업기술진흥 및 지원기관이 산계하여 자리 잡아 있고, 임계 규모 이하의 소규모 기관이 많아 지역 혁신체계에서 실질적인 혁신역량을 지원하는 데 한계를 노출하고 있다.

지역에 입지한 R&D 관련 기관의 현황을 조사한 결과 출연연구기관의 지역분원 103개, 전문연구기관 본원과 분원 58개, 테크노파크 19개, 지역특화센터 78개, 시험연구원 6개 등이 설치되어 있다.

출연연구기관의 지역분원을 사례로 분석한 결과 평균 인원 30여 명과 출연금 예산 약 38억 원 수준으로 소규모로 산재하여 입지하고 있으며, 자율성 및 재원 부족으로 내실 있는 운영이 미흡한 상황이다.

[표 8-1] 기관유형별 지역 R&D센터 현황

출연연	전문연(+분원)	테크노파크	지역특화센터	시험연구원
103개	16개(+42개)	19개	78개	6개
기계연구원, 생산기술연구원, 화학연구원 등	자동차연구원, 전자부품연구원, 중소조선연구원 등	부산TP, 충남TP, 경북TP, 세종TP 등	춘천바이오산업 진흥원, 탄소융합기술원 등	산업기술시험원, 건설생활환경시험 연구원 등

지역 R&D 전담기관(BISTEP, DISTEP 등)은 불안정한 위상으로 지역혁신 거버넌스에서의 독립적인 역할을 정립하는 데 한계를 드러내고 있다(한웅규, 2019). 지역 테크노파크 등 기존 혁신기관들과 기능적 중복성, 지자체 산하 공공기관의 리더십 발휘 한계 및 운영의 비효율성, 지자체장 변경에 따른 지역 내 정책 기조 변화 등으로 전담기관의 정체성 확보에 어려움을 겪고 있다.

위에서 분석한 바와 같이 지역혁신을 추동하기 위한 노력들에도 불구하고 기존의 지역혁신체계는 급변하는 글로벌 환경에 조응하지 못하고 있으며 중앙과 지역 간 정책 거버넌스의 작동 불능, 지역 자체 기획역량 및 재원의 부족 등 한계를 명확히 드러내고 있다. 이러한 문제를 해결하기 위해 지역주도성 강화 및 지역 R&D의 효율성 제고 그리고 지역혁신활동과 산업과의 연계 강화 등 크게 세 가지 측면에서의 전략 방향을 고려할 필요가 있다.

2) 지역혁신정책 패러다임 전환의 주요 이슈

(1) 지역혁신정책 처방력의 골든 타임

앞에서 살펴보았듯이 지역혁신을 위한 대규모의 국가 재원 투입 등 다양한 정책 집행에도 불구하고 지역 회생력이 살아나지 않고 있다. 산업구조 대전환에 대응하고 지역혁신정책의 실효성을 높이며 중앙정부와 지역 간의 효과적인 역할 분담 등을 고려한 처방적 방향을 모색할 필요가 있다.

(2) 지역혁신 패러다임 전환을 위한 주요 이슈

첫째로 지역 상황에 맞는 혁신전략을 수립하여야 한다. 중앙정부 정책을 실현하는 수단이나 보조적 주체로서의 위상이 아닌 각 지역 그 자체로서의 위상을 확보하고 생존하기 위한 지역혁신정책으로 전환하여야 한다. 중앙정부 주도의 혁신정책에서 지방정부 주도의 혁신정책으로 전환해야 하는 가장 중요한 이유 중 하나는 문제의 해결책을 현장에서 발굴하고 해법을 찾는 것이 가장 효율적이기 때문이기도 하다. 이를 위해서는 지역의 상황을 진단하고 이에 맞는 처방을 할 수 있도록 근거기반의 지역혁신시스템을 구축하는 것이 필요한 상황이다. 또한, 지자체 단체장의 변경 여부에 관련 없이 지속해서 지역 주도 혁신을 추진할 수 있도록 지역의 혁신리더 및 전문가를 발굴하고 육성하는 것이 필요하다.

중앙정부가 제시하는 혁신전략은 각 지역별 차별화를 유도하고 있지만, 각 지역은 중앙정부가 관심을 두고 있는 영역에서 재정 지원을 받기가 쉬우므로 지역 상황에 맞는 전략 수립에는 소홀할 수밖에 없다. 중앙정부에서 제시하는 가이드라인에 맞추는 전략 수립은 어느 정도 수준에 도달했지만, 이를 실행하는 과정에서는 지역 차원의 통합적인 실행이 이루어지지 않고 있다.

둘째는 지역 R&D 효율성에 대한 이슈이다. 일반적으로 논의되는 지역 R&D의 범주는 지역균형발전특별회계로 수도권과 비수도권 간의 혁신역량의 격차를 축소하기 위한 예산이다. 이러한 지역균형발전특별회계 R&D사업이 지역혁신의 성과로 이어지지 못한다는 이슈가 지속해서 제기되고 있다. 특히, 중소기업 R&D의 경우 실제로 연구인력이 부족한 상황에서 지원되고 있기 때문에 실질적인 R&D활동이 이루어지지 않고, 좀비기업의 수명을 연장하고 있다는 비판에 늘 직면해 있는 실정이다. 지역균형발전특별회계에 속한 많은 사업이 인프라·장비 구축의 비중이 높지만, 실제로 연구장비 가동률을 살펴보면, 높지 않다는 지적도 있으므로 이에 대한 개선책 마련이 필요하다.

셋째, 지역혁신기관과 혁신클러스터의 비효율적 운영을 개선할 필요성이 강하게 제기되고 있다. 지역에 위치한 정부출연연구기관 지역분원이 비수도권 지역에 작은 규모로 운영됨에 따라 경쟁력이 높지 않은 문제와 다양한 혁신클러스터가 추진되지만, 효율성이 부족하다는 지적이 제기되고 있다. 10명에서 30명 규모의 소규모 출연(연) 분원이 실질적으로 지역의 혁신역량을 지원하는 것은 쉽지 않다. 그 외에도 지역에 산재한 과학연구단지, 산업기술단지, 연구개발특구, 경제자유구역 등 다양한 혁신클러스터 정책의 수단들이 각개 분산되고 연계되지 않아 지역산업을 지원하는 효율성이 크게 떨어지고 있다.

넷째, 국가 차원에서 추진하는 미래 첨단전략산업이나 국가전략기술 등의 개발 입지 유치와 선정에 있어서 비수도권 지역의 정보력, 기획력 등이 현저히 떨어지고 있는 실정이다. 정보와 인재, 인프라가 몰려 있는 수도권과의 유치 경쟁에서 부익부 빈익빈 현상이 심화할 우려가 크다. 국가전략기술 등은 국가의 생존이 걸린 기술을 선별하여 집중 지원하는 방향으로 육성하고자 한다. 따라서 기존의 혁신경쟁력을 보유하고 있는 서울, 경기, 대전 등의 지역을 중심으로 투자 확대가 이루어질 것으로 예상할 수 있다. 반면에, 비수도권 지역들은 첨단산업 유치에 참여하기 위한 노력을 하고 있지만 구체적인 전략이 부족하여 실제로 관련 사업의 참여가 쉽지 않다.

3) 지역혁신정책의 바람직한 전환 방향

(1) 지역 주도 및 자율성 강화

지금까지 지역은 중앙정부의 관심이 있는 영역에서 투자를 유치하기 쉬웠기 때문에 지역 상황에 맞는 전략 수립이 미흡할 수밖에 없었다. 지역의 혁신리더십 구축을 통해 지역의 상황 진단을 바탕으로 맞춤형 정책을 주도하여야 한다.

혁신리더십의 주체는 지역 내 산재해 있는 지역혁신기관 등 지역 내 혁신클러스터의 리더십에 중심으로 자리매김하여야 하며 구체적 전략성을 보유한 전략기획 역량 확보와 지역혁신 로드맵을 수립하는 것이 시급한 과제가 될 것이다. 또한 지역 자체의 중장기 전략기획 역량을 강화하고 중앙정부와의 협상을 통해 자주적 권한 부여를 위한 지역 R&D사업에 대한 단계적 권한을 이양받아야 한다. 이를 위해서는 중장기적으로는 지역 R&D 재원 조달구조도 개선할 필요가 있다.

(2) 지역 주도－중앙 지원의 새로운 RIS 구축, 지역혁신기관의 통합과 연계

그동안 중앙정부의 투자나 혁신클러스터 육성 등 정부의 지역혁신정책이 실제 지역의 혁신 성과로 이어지고 있는지 돌아볼 필요가 있다. 기존의 자원 투입-활동 중심에서 성과와 효과를 고려한 정책으로 이동할 필요가 있다.

이를 위해서는 지역혁신의 최소 임계 규모 확보를 위한 광역 단위 거버넌스 구축이 필요한데, 지역혁신역량의 소멸 방지를 위해 지역대학과 출연연 분원 간 결합 또는 출연연 분원의 연합 등 방안을 마련하여 혁신에 필요한 임계 규모를 확보하여야 한다.

지역혁신체계의 개편이 국가혁신체계의 개선과 직결된다는 공감대 형성하에 '지역 주도-중앙 지원'의 체계를 구축하고 지역 주도로 중앙정부의 지원 가능성이 큰 사업에 대한 맞춤형 전략을 수립하여야 한다.

한편으로는 지역 내 다양하게 존재하는 지역혁신기관들의 기능 점검을 바탕으로 발전적 협력 및 비효율성을 개선하기 위한 노력이 병행되어야 한다.

(3) 지역혁신활동의 지역 착근성 강화를 위한 플래닝타워 구축

과거의 주력산업 및 전통산업 중심의 지역혁신정책은 제4차 산업혁명 및 산업구조 대전환 시대에 효과적으로 대응할 수 없다. 변화의 방향을 읽고 주도하는 방향으로의 지역 내 혁신클러스터의 혁신, 발전적 재구성 등이 필요하다. 이를 통해 지역에서 지속가능한 혁신성장 추진전략을 마련하고 지역 신산업 발전으로 이어가야 할 것이다.

지역의 산업 및 과학기술 혁신정책을 총괄할 플래닝타워(planning tower) 또는 컨트롤타워(control tower)를 구축하여 지역혁신 자원을 전략적으로 결집하여야 한다. 지역 내 공공부문의 지식이 지역기업·시민사회로 이전될 수 있도록 중개 기능도 강화하여 지역혁신역량 강화가 다시 지역으로 환류될 수 있도록 착근성을 증대하여야 한다.

4 지역혁신 정책과정의 전환 방향

본 장에서는 미·중 패권 경쟁의 격화 및 미국의 신보호무역주의 경제정책으로의 전환, 제4차 산업혁명시대 진입 등 글로벌 경제환경의 대전환 국면하에 우리나라도 지역혁신 정책환경이 급변하였음을 밝히고 있다. 또한 지난 20여 년간의 지역혁신정책의 성과를 평가하여 오히려 수도권 집중 현상이 더욱 강화되고 있으며, 혁신정책의 과실이 지역에 착근하지 못하고 있음을 통계자료 분석을 통해 주장하였다. 본 장의 결론으로 지금까지와 같은 중앙정부 주도의 지역혁신정책은 더 이상 효과를 거둘 수 없으며 새로운 정책환경에 조응하는 지역혁신정책으로 전환하여야 함을 제시하였다.

이상의 논의를 정책과정의 각 주요 요소별로 정리하면 다음과 같다.

첫째, 정책형성과정은 기존의 중앙정부 일변도에서 민간 및 지자체 주도로 전환하고 이를 중앙정부가 지원하는 방식으로 바뀌어야 한다.

둘째, 정책의 추진 주체 측면에서는 각 중앙부처와 그 산하 전문기관 등이 분산하여 주도하였던 것을 지자체·산업계·학교·지역연구기관 등이 파트너십을 형성하여 추진한다.

셋째, 정책수단은 기술지원 중심에서 인재 양성 및 기술과 실증이 융합된 패키지형으로 전환하여 실제로 지역산업 육성에 이바지할 수 있도록 한다.

넷째, 정책의 추진방식은 국가 주도-지역 수주의 일방향성을 탈피하여 지역 주도의 정책설계 및 집행, 정책과 사업, 주체 간의 연계성이 강화된 상호작용하는 방식으로 전환하여야 한다.

마지막으로 정책 재원의 중앙정부 의존도를 낮추기 위하여 세목 변경, 자금 전달방식의 변경 등을 고려하고 중앙-지역-민간의 분담방식의 펀드를 조성할 필요가 있다. 기획의 자주도를 높이기 위함이다.

참고문헌

과학기술정보통신부(2017). 제5차 지방과학기술진흥종합계획(2018~2022).

과학기술정보통신부(2019). 지방분권시대에 걸맞은 지역R&D체계 개선방안, 과학기술관계장관회의.

과학기술정보통신부(2022). 제6차 지방과학기술진흥종합계획(2023~2027).

과학기술정보통신부(2023). 2022 지역R&D사업 공동조사・분석보고서.

과학기술정책연구원(2021). 2020 글로벌 혁신스코어보드.

과학기술정책연구원(2022). 연구회 소관 연구기관 본원 외 조직 설치・운영 개선 방안 연구, 『NST 정책연구』 2021-07, 국가과학기술연구회.

국가과학기술지식정보서비스(NTIS)(https://www.ntis.go.kr/)

김영수(2022). 초광역권에 기반한 지역의 산업혁신 전략, 『KIET산업경제』 Vol.281, 산업연구원, pp.51-64.

김준형(2022). 대외 불확실성이 국내 실물경제에 미치는 영향, 『KDI 경제전망』, 2022 상반기호, 한국개발연구원.

김호・김동복(2022). 지역주도 과학기술정책 새판짜기 필요성과 방향, BISTEP 『산업&혁신 Brief』 Vol.5.

박종복(2008). 한국 기술사업화의 실태와 발전과제-공공기술을 중심으로, 『Issue Paper』 2008-233, KIET, pp.16-23.

방민석・정혜진(2011). 자료포락분석을 활용한 지방 R&D사업의 효율성 분석, 『지방행정연구』 제25권 제4호, p.287.

송위진 외(2004). 한국 국가혁신체제 발전 방안 연구, 『STEPI 정책연구』 2004-2, 과학기술정책연구원.

안두현 외(2019). 신 국가혁신시스템 구축을 위한 방향과 과제: 정부 거버넌스를 중심으로, 『STEPI 정책연구』 2019-01, 과학기술정책연구원.

이상호・이나영(2023). 지방소멸위험 지역의 최근 현황과 특징, 『지역산업과 고용』 2023년 봄호, Vol.7. pp.112-119.

이장재・안승구(2019). 한국형 국가기술혁신체계(NIS) 진단 및 구축방안 연구(I), 한국과학기술기획평가원.

이장재・도계훈(2020). 한국형 국가기술혁신체계(NIS) 진단 및 구축방안 연구(Ⅱ), 한국과학기술기획평가원.

이충헌 외(2022). 지방과학기술사업 효율화 및 지역과학기술혁신 플랫폼 구축, 과학기술정보통신부 혁신정책 2021-016, 한국과학기술기획평가원.

천세봉 · 장용석 · 이삼열(2011). 지방과학기술정책 거버넌스 분석, 『지방정부연구』 제15권 제4호, p.82.
통계청(2023). 디지털 심화 관점에서 본 우리나라 산업구조 변화, KOSTAT통계플러스.
한국고용정보원(2023). 지방소멸 위험지역 분석보고서.
한국과학기술기획평가원 각 년도, 과학기술 통계백서.
한국과학기술기획평가원 각 년도, 국가연구개발사업 성과분석.
한국과학기술기획평가원 각 년도, 국가연구개발사업 조사 · 분석 보고서.
한국과학기술기획평가원 각 년도, 연구개발활동조사 보고서.
한국과학기술기획평가원 각 년도, 지역R&D 실태조사 보고서.
한국과학기술기획평가원 각 년도, 지역과학기술혁신역량평가 보고서.
한웅규(2019). 국가미래 설계를 위한 지역주도 과학기술혁신의 한계와 선결과제, 『Future Horizon』 Vol.43, 과학기술정책연구원, pp.38-43.

고용노동부 지역 · 산업 맞춤형 인력양성사업 홈페이지(http://www.rsc-hrd.net/contents/organ/1/).
통계청 국가통계포털(KOSIS)(https://kosis.kr/index/index.do).

09 CHAPTER

지방정부의 지역균형발전 정책, 그 한계 및 방향: 서울시를 중심으로

유기현(창신대학교)

지역불균형 발전 즉 인구, 산업구조, 각종 인프라, 자원 등의 수도권 집중 문제는 오랫동안 제기되어 왔지만 이를 해결할 수 있는 방안은 부재하거나 마땅하지 않았다. 어쩌면 지역불균형의 해소는 불가능하고 단지 그 격차를 완화하는 것으로 이해해야 할지도 모를 일이다. 이러는 동안 지역불균형의 문제는 점차 지역 간의 문제에서 계층 간 갈등으로 확대되고 있는 실정이다.

'지역'의 단위는 경우에 따라서 도시와 비도시, 대도시와 중소도시로 구분하기도 한다. 하지만 일반적으로 수도권과 비수도권을 의미하고 있다. 2004년 제정되었던 「국가균형발전 특별법」은 지역을 명확히 수도권으로 명시하고 있지는 않다. 하지만 「지방자치분권 및 지방행정체제개편에 관한 특별법」과 통합하여 2023년 제정된 「지방자치분권 및 지역균형발전에 관한 특별법」의 제정 이유에서 '수도권 집중화에 따른~'으로 명시하고 있으며, 제2조(정의)에서 '수도권'을 「수도권정비계획법」 제2조 제1호에 따른 수도권'으로 정의하고 있다.

수도권 집중 문제의 중심이 된 서울시의 경우도 지역 내 지역불균형 문제가 크게 이슈화되고 있다. 바로 강남과 강북 간 지역격차 문제이다. 이 역시 국가균형발전과 마찬가지로 계층 간 갈등으로 확대되고 있는 실정이다.

이 장에서는 지방정부의 지역균형발전 정책에 대한 한계를 분석하고 그 방향을 모색하고자 하며, 이를 위해 먼저 서울시를 중심으로 '강남'이 탄생되었던 과정을 통해 향후 지방정부의 지역불균형을 해소 또는 완화할 수 있는 정책방향을 모색하고자 한다.

이 장은 필자가 학술지에 게재한 '서울시 지역균형발전의 한계 및 정책방향 연구(2024, 『공공사회연구』 제14권 1호)'의 내용을 일부 수정 및 변경하였음을 밝혀 둔다.

1 지역불균형의 확대와 고민

1) 왜 지역의 불균형 격차는 좁혀지지 않을까?

최근 지역불균형이 심각한 사회문제로 대두되며 지역 간 갈등으로 심화되고 있다. 그동안 공공의 목적으로 국토나 도시공간을 경제성장에 이용함에 따라 발생한 지역 간 격차이다. 공간적으로 주로 수도권과 그 외 지역인 비수도권 간으로 인식하고 있다.[1] 수도권 일극체제는 인구, 지역내총생산, 사업체 수, 의료, 주요 방송통신, 연구개발 인력 등 거의 전 부문에 걸쳐 있으며 이로 인해 심각한 국토공간구조의 왜곡을 나타내고 있다.

이러한 격차를 해결하기 위해 정도의 차이는 있지만 각 정권들마다 국가 차원의 균형발전을 위한 정책을 도모해 왔다. 문재인 정부에서는 지역균형발전위원회를 국가균형발전위원회로 격상시키고 '지역이 강한 나라, 균형 잡힌 대한민국', '지역 주도 자립적 성장기반 마련'의 비전과 목표를 3대 전략, 9대 핵심과제, 43개 실천과제로 구성하는 '제4차 국가균형발전 5개년 계획'을 발표하였다. 윤석열 정부에서도 2022년 5월 '110대 국정과제'에서 6개 국정목표 중 하나인 '대한민국 어디서나 살기 좋은 지방시대'를 설정하였으며, 수도권 쏠림-지방소멸의 악순환을 끊어내 지속가능한 대한민국을 목표로 하였다.

하지만 지역불균형을 해소하기에는 부족함이 있으며 오히려 수도권 일극체제가 강화되고 지방의 지역소멸위험이 심화되고 있는 실정이다. 불균형의 원인은 경제적 · 물리적 · 사회적 자원의 수도권 집중이다. 이는 오랜 기간 축적되어 온 과정이 있으며 이를 몇몇 정책만으로 단기에 해결할 수는 없다. 게다가 비수도권 지방정부는 낮은 출산율, 청년층 인구의 유출 등으로 점차 인구가 감소되며 소멸위기에 직면하고 있어 이에 대한 고민이 깊다.

여기서 우리가 한번 깊게 생각해 봐야 할 것은 바로 '균형'이라는 단어의 의미이다.

---

1) 일부 관련 연구자는 지역범위를 수도권과 비수도권, 서울과 비서울, 도시와 농촌, 영남과 호남 등으로 확대하고 있다.

과연 이 균형은 무엇을 말하는가? 우리는 흔히 'balance' 즉 사전적으로 '어느 한쪽으로 기울거나 치우치지 아니하는 고른 상태'로 인식하고 있다. 하지만 이렇듯 지역을 한쪽으로 기울지 않는 고른 상태를 만들거나 유지하는 것은 불가능할 뿐만 아니라 이런 의미는 아닐 듯하다. 이와 유사하게 사용되는 용어 중 공평(equality)과 형평(equity)이 있다. '공평'의 사전적 정의는 '한쪽으로 치우치지 않고 편견이 없는 상태'이고, 형평(equity)은 '균형이 맞음 또는 그런 상태'를 의미한다. 요컨대, 균형은 동등한 무게를 갖게 하는 상태를 말하며, 공평은 차이를 고려하지 않은 균등, 형평은 차이를 고려한 차등을 의미한다. 균형은 주로 물리적 측면에서, 공평과 형평은 사람을 대상으로 사회·경제적 측면에서 사용되고 있다. 즉 균형은 물리적 또는 기능적 의미의 가치기준이 적용된 개념으로 상호 대칭하는 개체들이 동등한 무게를 갖는 의미로 사용되며, 공평과 형평은 사회·경제적 가치기준으로 사물보다는 '사람'을 대상으로 나누는 개념이다. 결국 지역균형은 "지역 간 사회-경제적 제반여건과 삶의 질의 균등상태"를 의미하며(김현호·김도형, 2017), 정책목적은 경제적으로는 자원을 편중되게 사용하지 않고 골고루 사용하여 효율성과 생산성을 높이는 것이고, 사회적으로는 지역 간 국민의 삶을 균등하게 향상시키는 것으로 단순히 지역 간 자원의 균등한 배분만을 의미하는 것이 아니라 균형상태로 수렴되는 과정을 포함하여 이해해야 할 것이다.

이처럼 의미상 차이가 있지만 실제 정책집행에 있어 이를 명확히 구분하여 사용하고 있지 않다. 상황이나 주체에 따라 균형을 공평이나 형평과 동일한 의미로 사용되고 있다. 문맥상으로 유추하기는 하지만 모든 경우에 그런 것은 아니며 정책적으로나 학문적으로 사용할 경우에는 명확한 구분이 필요하다. 의미에 따라 정책내용과 방향이 달라질 수 있기 때문이다.

한편 지역균형 및 균형발전의 필요성에 대한 논쟁이 있다. 이는 크게 당위론, 불가론, 무용론으로 구분할 수 있다. 당위론은 법률적·기능적·사회적 측면에서 정당성을 갖는다는 입장으로 헌법에 명시된 바 국가가 반드시 추진해야 하는 의무라는 논리이다. 불가론은 균형은 항구적인 것이 아니라 일시적인 현상으로 정책으로 불가능한 것이라는 논리이다. 또한 균형발전으로는 모든 지역이 경쟁력을 잃게 되므로 성장을 통해 혜택을 나누는 것이 합리적 선택이라 주장한다. 무용론은 균형을 달성하였다고 하여도 가치가 없다는 입장이다. 자원을 낙후지역에 배분하는 것은 세계 대도시와 경쟁을 위해 성장지역의 잠재력만 훼손할 뿐이라는 논리로 경쟁체제에서 도태되고 공멸을 초래할 수 있다는 주장이다. 이러한 논쟁 속에서도 정권마다 국가적 지역균형발전을 추진해 왔으며, 학계에서도 점차 지역균형발전 정책의 수행 여부에 대한 논쟁보다는 어떤 방식으로 달성하는가에 중점을 두고 있다(변창흠 · 정준호, 2013: 80).

2) 지방정부의 대표, 서울의 고민

지방정부는 국가 차원의 지역불균형 문제와 각 지자체 내 지역 간 격차가 확대되고 있어 이중고를 겪고 있다. 서울시의 경우는 국가균형발전 측면에서 다른 지역으로부터 비판의 대상이 되고 있지만 서울시 내 지역 간 불균형의 문제에 대해서는 나름의 고민이 있다. 지역 간 격차, 즉 내부적으로 강남 및 강북 간 불균형이 심각한 수준으로 지역 간 갈등을 넘어 소득, 기회, 지위 및 권력의 배제라는 계층 간 갈등으로 확대되고 있는 실정이다. 이에 따라 서울시도 이를 해소하고자 하는 움직임이 가속화되고 있는데, 그 시작은 '서울시 지역균형발전 지원 조례'의 전부개정(2017)이고 이에 대한 실천방안은 서울시장 후보 핵심공약(2018) 발표에 있다. 이후 2022년 '서울특별시 지역균형발전계획'을 통해 '공정과 상생의 균형도시 서울'이라는 비전과 지역격차 해소를 통한 균형발전 및 지역자원을 활용한 지역별 특성 있는 발전이라는 목표를 제시하는 등의 움직임이 있었다.

국가균형발전정책이 처음 시도된 것이 아니듯 서울시의 균형발전정책도 이처럼 변화의 과정이 있었다. 1960년대 후반 강남지역 개발은 강남 · 북 균형발전을 명분으로 시작되었다. 이후 1990년 균형발전종합대책과 2002년 강남 · 북 격차해소 및 주택시장 안정, 지역균형발전을 목표로 뉴타운 개발 10개년 계획을 수립한 바 있으며 이를 내용으로 2003년 지역균형발전조례가 제정되었다. 2017년에는 '서울시 지역균형발전 지원 조례'가 전부 개정된 바 있다. 요약하자면 1960년대 강남 · 북 균형발전정책이 강남을 개발하기 위한 정책이었다면, 1990년대 이후의 정책들은 그동안 소외되었던 강북지역의 개발을 목적으로 하였다. 하지만 과거 이러한 정책이 추진되었음에도 서울 내 지역 간 불균형의 개선을 실제 체감하지 못하고 있으며 오히려 그 격차가 심화되고 있는 실정이다.

세계적으로 포용(包容)의 개념에 대한 이슈가 있다. 2016년 유엔 해비타트 Ⅲ(UN

Habitat Ⅲ)는 포용도시를 주요 어젠다로 제시하였으며. 성장의 혜택, 포용, 평등, 사회적 배제, 소수그룹을 주요 내용으로 하고 있다. 이는 1990년대 이래 유엔(UN)의 어젠다였던 지속가능한 발전(SDGs)으로는 경제성장과 환경보전의 관계 외에 사회적 형평성에 대한 실천을 구체화하지 못한 반성의 측면이 있다. 결국 급격한 도시화로 도시의 중요성이 강조되고 사회형평성이 부각되면서 포용 또는 포용도시 개념이 등장하게 되었다.

그러면 포용은 구체적으로 어떤 의미인가? 포용(包容)은 '남을 너그럽게 감싸 주거나 받아들임', '감쌈' 등으로 사용되고 있다. 영어로는 'tolerance'로 표현된다. 이에 대해 박인권(2015: 104)은 포용의 의미에 대한 이해를 돕기 위해서는 반대 개념인 사회적 배제(exclusion)의 맥락을 먼저 이해해야 한다고 주장한다. 사회적 배제는 어떤 개인이나 집단이 물질적・문화적・사회적 자원의 배분과 정치적 의사결정 과정 그리고 개인 간의 사적인 호혜관계에 참여하지 못하는 상태와 그러한 상태를 만드는 과정을 모두 의미한다. 또한 사회・경제적 여건의 변화로 인해 중산층이 감소하는 등 양극화가 심화됨에 따라 사회적 배제의 의미는 노숙자, 장애인, 사회부적응자 등 기존에 알고 있거나 인지하였던 계층에 한정되지 않고 일반화되는 경향이 있다. 이에 따라 사회적 배제는 참여의 배제와 더불어 이익의 분배과정에서 이익이나 혜택을 공유하지 못하고 배제되거나 소외되는 현상을 의미하고 있다. 이를 종합하면 경제적 성과에 대해 누구도 배제하지 않고 사회구성원 모두에게 분배하는 방식을 의미하고, 더 나아가 경제성장에만 초점을 두기보다는 다양한 집단에 공정하게 분배되도록 하는 구조적이고 지속가능한 시스템을 의미한다. 이러한 개념에 따라 세계 각국에서도 포용 개념의 지역발전전략을 수립하고 있다. 이는 우리의 균형발전정책에 시사하는 바가 있다.

이 장에서는 서울시 지역균형발전의 정책내용 및 전개과정을 통해 정책적 한계를 살펴보고, 향후 서울시의 지역불균형 해소를 위한 정책방향을 모색하고자 한다.

2 서울시 지역 간 균형발전정책 및 현황

1) 강남의 탄생과 개발을 촉진하기 위한 정책: 1990년 이전

(1) 인구분산을 목적으로 시작

서울시는 1970년 새서울, 제2서울계획으로도 불리는 '남서울계획'을 추진하게 되며, 영동지역에 인구 60만 명이 거주할 신시가지를 개발하는 것으로 인구분산정책의 일환이었다(유기현, 2015a: 28). 이 계획은 구시가지의 인구를 한강 이남으로 분산하여 서울의 균형발전을 도모하는 것이었다.2) 남서울 개발은 삼성동·청담동·압구정동·학동·대치동 일대가 중심부가 되며, 효과적인 인구유치를 위해 당시 상공부와 그 산하기관 12개 국영기업체가 들어갈 총건평 2만 8천 평 규모의 종합청사를 신축하는 것이었다. 이 지역의 개발을 촉진하기 위해 다른 정부부처 또는 사회단체 유치를 적극 추진하며, 상공부와 그 산하기관 공무원과 임직원 4,200가구가 거주할 주택용지 30만 평 확보 및 이와 별도로 총무처가 주관하는 공무원타운 3만 평을 건립하는 것이었다. 영동지구는 총면적의 72%에 해당하는 600만 평에 도시기본시설을 완전히 갖춘 현대적인 신시가지를 본격적으로 조성하고자 하였다(손정목, 2003a: 126). 이 구상은 계획대로 실현되지는 못하였지만 현재 강남을 조성하기 위한 기초가 되었던 계획이다.

(2) 강북지역 억제를 위한 각종 규제

남서울계획과 동시에 강남으로의 인구 및 자본의 이전을 유도하기 위한 강북 도시기능 억제조치가 병행된다. 강남개발을 촉진하기 위해서는 당시 서울의 중심이 되었던 강북을 억제하는 조치가 선행되어야 했다. 그 수단이 '특정시설제한구역' 제도이다. '도심부 인구분산계획'의 일환으로 종로·중구의 전역 및 용산·마포·성북·성동구의 일부에 백화점, 도매시장, 공장 등의 신규설치를 불허하는 내용을 담았다.

도시계획법(1974.12)에 이 제도가 신설되어 법적 근거를 갖추며 더욱 강력한 강북 억제 조치가 취해졌다. 종로구와 중구의 소공동, 무교동, 서린동, 다동, 도렴동, 적선

---

2) 남서울이라 함은 영동1지구 472만 평과 제2지구 365만 평을 합한 837만 평의 광역으로 60만 인구가 거주할 새 시가지를 1972년까지 167억 원을 투입하여 조성한 공간이다.

동, 장교동, 남창동, 을지로1가, 서울역, 서대문로터리, 남대문로3가, 태평로2가, 광화문 등의 지역을 재개발지구로 지정하여 건물의 신축・개축・증축까지 금지하였다(유기현, 2015a: 28). 이보다 앞선 1972년 2월 이미 사치・낭비 풍조를 막고 도심지 인구의 과밀을 억제키 위해 종로・중구・서대문 등 지역에 바・카바레・나이트클럽・술집・다방・호텔・여관・터키탕 등 각종 유흥시설 일체의 신규허가는 물론 장소이전도 불허하겠다고 발표한 바 있다(손정목, 2003a: 169). 실제 중구의 유흥주점과 종로구의 접객업소들은 규제도 없고 각종 세금도 감면해 주는 강남으로 옮겨가기 시작했다(유기현, 2015b: 113). 1975년에는 한강 이북지역에 개간, 택지조성 그리고 대지로의 지목변경을 금지한다는 일명 4・4조치까지 취해지며 택지개발 자체를 불허하였다(손정목, 2003b: 22).

(3) 강남개발 촉진을 위한 법・행정력 지원

① 대규모 주택공급을 위한 법 제정

강남지역에 대규모 주택공급을 위해 법 제정 및 계획이 추진된다. 바로 주택건설 10개년 계획(1972~1981), 「주택건설촉진법」(1973), 아파트지구 지정(1976)이다. 「주택건설촉진법」은 100세대 이상의 단독주택, 아파트 및 연립주택을 건설하는 자에 대해 국민주택자금을 우선적으로 지원(동법 시행령 제20조)하여 주택공급에 기여한다. 또한 단독주택만으로는 주택공급을 획기적으로 확대하기 어렵다는 판단과 신속한 개발이 필요함에 따라 잠실, 반포, 압구정, 청담, 이수 등 강남지역 11개 지구에 '아파트 지구'를 지정한다.[3] 이를 통해 집단적인 택지의 확보가 가능하게 되었고, 의무적으로 아파트만 개발이 이루어지도록 함으로써 민간의 주택공급 확대효과를 기대할 수 있게 되었다.

② 세제감면 및 금융지원

1972년 「특정지구개발촉진에 관한 임시조치법」을 제정하고 1973년 영동지구를 개발촉진지구로 지정한다. 이는 주택건설이나 재개발을 촉진하기 위한 조치로 해당지구 내에서 부동산 투기억제세, 등록세, 취득세, 도시계획세 등 부동산 관련 세금면제는 물론 주택건설자금까지 융자해 주고 공공시설의 정비를 지원하게 된다. 한편 1974년에는 '공한지세'를 부과하여 강남지역의 건축을 촉진하도록 하였다. 공한지세는 토지 취

3) 면적은 약 236만 평으로 영동구획정리사업지구 937만 평의 약 25%에 해당된다(손정목, 1999: 93).

득 후 1년 6개월이 경과하였음에도 정착물이 없는 토지에 세금을 부과하는 제도이다. 당시 토지투기 등을 목적으로 매입 또는 구획정리 후 환지받은 토지에 주택을 짓지 않고 지가상승만을 노리는 경우가 있어 이를 방지하기 위한 목적으로 시행되었다(유기현, 2015b: 131).

③ 교통 · 문화 · 체육 인프라 공급

서울시는 강남지역의 교통편의를 위해 1972년 수립되었던 지하철 노선을 대폭 변경한다. 특히 지하철 2호선의 경우 영동지구가 영등포 및 서울 도심부와 연결하도록 순환선으로 바뀐다. 손정목(2003a: 275)은 2호선의 계획 변경은 강북 인구의 강남 분산에 큰 역할을 했을 뿐 아니라 1년 후에 등장하는 3핵 도시 구상을 실현해 현재의 다핵화된 서울 공간구조를 형성하는 데 크게 이바지했다고 주장한다. 또한 서울시 강북지역 6곳(종로, 서울역 앞, 동대문 등)에서 운영하던 고속버스 터미널 기능을 강남 반포로 통합하였고, 이를 위해 도심과 터미널을 연결하는 잠수교까지 착공(1976. 7 완공)하였다. 하지만 1976년 4월 착공하여 5개월 만인 동년 9월 운영을 시작함에 따라 정상적 터미널 기능을 기대하기는 어려웠다. 제대로 된 종합터미널의 기능은 1981년 10월 완공되었다. 이는 무리한 입지선정과 운영이었다는 비판이 있다(한종수 · 강희용, 2016: 42-44).

이 외에 국립중앙도서관을 비롯한 법원 · 검찰청 등 공공기관이 이전하였고, 코엑스 전시장(1979), 잠실종합운동장(1984), 올림픽공원(1986), 국립국악원(1987), 예술의전당(1988), 롯데월드(1989) 등 문화 · 체육 관련 인프라가 강남에 입지하게 된다. 또한 서울시립강남병원(1977), 강남성모병원(1980), 영동세브란스병원(1983), 현대아산병원(1989), 삼성의료원(1994) 등 의료기관이 입지하면서 강남은 모든 인프라 시설을 갖추게 된다.

④ 강북 명문고의 강남으로 이전 등 교육인프라 확보

강북 억제책에도 불구하고 강남으로 이전하지 않게 되자 강북 명문 고등학교의 강남 이전 정책을 추진한다. 1972년 10월 문교부 장관은 종로구 화동(지금의 정독도서관 터)에 있던 경기고등학교를 강남구 삼성동으로 옮기는 계획을 발표하고 1976년 이를 실행에 옮겼다. 또한 정부는 서울 강북지역 학교의 신설 · 확장 금지(1974년), 서울 4대문 안 입시학원의 4대문 밖이나 강남 이전 유도(1976년) 등을 잇달아 발표한다. 1970년대 이후 도심에서 이전한 학교 20곳 가운데 15곳이 강남 · 서초 · 송파 · 강동 등 이른바 강남권으로 옮겼다(유기현, 2015b: 113). 한편 서울 지역을 5개 학군으로 나누고 중학교 졸업생은 동일 학군의 고교에만 진학하는 제도(1974)인 고교평준화와 학군제를 실시하였다. 이는 이후 강남지역 '8학군'(1978)이라는 교육특구 탄생의 기반이 된다.

2) 강 · 남북 불균형 해소를 위한 정책: 1990년, 2002년

(1) 강 · 남북 '균형발전종합대책'(1990년)

1970년대 이후 강북지역의 인구와 도심 분산기능으로 취해진 강남개발정책은 많은 부작용을 야기한다. 강남지역에 투자 및 시설 등을 집중 공급하고 강북지역은 반대로 억제하는 방식을 동시에 채택하는 등 특정 지역에만 각종 투자 및 시설을 집중시킴에 따라 강남 · 북 간 불균형 문제는 당연한 결과였다. 물리적 시설의 불균등 분배에서 시작된 불균형 문제는 사회적 · 계층적 갈등으로까지 확대되는 수준에 이르게 되었다.

이에 대한 대응으로 서울시는 1990년 1월에 '강남 · 북 균형발전종합대책'을 발표하였고(서울특별시, 2003: 47) 그 내용은 다음과 같다. 첫째, 그동안 차등적으로 적용해왔던 강북지역의 용적률과 건폐율을 강남지역과 동일하게 조정하고,[4] 그동안 신증설이 금지되었던 유흥시설과 사설강습소에 대한 강북지역의 입지규제를 제한적으로 완화한다. 둘째, 서울시 도시구조를 1도심(4대문 안), 5부도심(신촌, 청량리, 영등포, 영동, 잠실), 58개 지구 중심(강북 28개, 강남 30개)으로 개편하여 전 지역을 균형 있게 개발하는 정책을 시도한다. 셋째, 강북지역에 도시기반시설을 확충하고 생활편의를 도모하기 위해 도시고속화 도로 및 미개통된 지역 간 간선도로의 개발을 강북지역에 우선 시행하고, 도시가스 공급 확충, 재래시장 현대화사업 등을 추진한다. 넷째, 교육환경의 균형 있는 발전을 위해 강북지역에 있는 명문고교의 강남이전을 금지하고 8학군을 제외한 지역에 시범학교를 선정하여 교육기자재와 교육시설 개선에 집중 투자한다. 다섯째, 강북지역의 이미지 개선을 위해 문화재가 많은 특성을 살려 전통문화지대를 복원하는 등 정비사업을 추진하고 도심문화공간을 확충한다. 또한 미8군 이전적지의 공원조성사업도 추진한다. 여섯째, 도심활성화를 위해 업무용건물 위주로 일관해 온 도심개발사업의 방향을 전환하여 주거기능이 포함된 복합건물로 적극 유도하고, 도심거리

4) 예컨대 일반주거지역의 용적률을 250%에서 300%로 상향조정하고, 상업지역도 900%에서 1000%까지 허용한다(다만, 4대문 안 도심부는 670% 유지). 건폐율도 45~50%에서 60%로 완화하였다.

의 활력을 높이기 위해 특성 있는 전문상점가, 극장가 등의 형성을 유도한다.

(2) 지역균형발전을 위한 뉴타운 개발사업 추진 및 관련 조례 제정(2002년~)

① 뉴타운 개발사업(2002~)

강남·북 지역 격차가 사회적인 문제로 대두되기 시작하면서 서울시는 강남·북 불균형 해소를 위해 2002년 시정운영 4개년 계획(2002~2006년) 수립을 통해 '뉴타운 개발계획'과 '균형발전촉진지구사업'을 중심으로 하는 지역균형발전 추진방안을 제시하였다. 강북의 노후불량주택지를 계획적으로 정비하는 '뉴타운사업'을 도입하여 지역 간 불균형을 해소하고자 한 것이다(유기현·최근희, 2014: 8). 뉴타운 사업지구는 2002년 은평, 길음, 왕십리 3개 시범지구를 시작으로 2차 12개 지구, 3차 12개 지구(추가 1개 포함) 총 27개 지구가 지정되었고, 균형발전 및 재정비 촉진지구는 총 9개가 지정되었다.

서울시는 시범사업 3곳을 시행한 뒤 이를 모델로 연차별로 2012년까지 확대 시행하였다. 또한 지원수단 미비로 효과가 미흡했던 도시구조 다핵화의 실질적 추진을 위해 자치구별로 1~2개 중심지역을 균형발전촉진지구로 지정해 지역 중심으로 육성한다. 자치구로부터 신청을 받아 시범지구 3곳 등 전체적으로 2008년까지 20여 곳을 지정하고 지원하였다. 지원책으로는 도로, 공원 등의 도시기반시설은 시 예산으로 투자하고 상업지역 확대 등 용도지역 조정과 용적률 완화 등 도시계획을 정비한다. 민간이 신규 개발할 때 지방세(취득세, 등록세, 재산세, 종토세)의 감면을 추진하고 자치구가 희망하는 기업, 의료, 문화시설 등의 토지매입비 등을 지원하였다(매일경제, 2002.10.23).

② 지역균형발전 조례 제정(2003)

서울시는 2002년 10월 은평·길음·왕십리 등 3개 지구를 시범 뉴타운지구로 지정하였다. 이에 법적 근거 없이 시범지구를 지정하였다는 비판이 있었다. '서울시 지역균형발전 지원에 관한 조례'는 이듬해 2003년 3월 제정되어 2차 뉴타운 사업지구부터는 조례에 근거하여 지정되었다. 이 조례는 지역 간 균형 있는 발전을 도모하기 위하여 지역균형발전 정책방향을 정립하고 사업을 효율적으로 추진할 수 있도록 그 시행절차 및 방법을 정형화하고, 행·재정적 지원을 제도화하여 도시의 발전과 시민 삶의 질 향상에 기여하는 것을 목적으로 제정되었다.

조례는 기본계획수립·시행 및 시책반영(제3조 및 제4조), 사업지구지정 및 요청(제

5조), 지정대상지역 및 지정기준, 지정고시(제6조 및 제10조), 사업시행방식 및 절차(제12조 및 제13조), 기반시설 설치비용 부담 및 금융지원, 지방세 감면(제14조 내지 제16조), 지역균형발전위원회를 설치 및 운영 등(제19조 내지 제23조)을 규정하고 있다. 주로 강북지역의 뉴타운사업, 균형발전촉진사업 및 그 외 관련 사업을 수행하기 위한 내용으로 구성되었으며, 뉴타운사업이 중심이 되어 관련 조직 및 법 제도 변화를 시도하였다.

3) 생활권별(5개) 지역균형발전계획: 2022년

과거 지역 간 균형발전을 추진하였으나 불균형이 지속됨에 따라 서울시는 2022년 '서울특별시 지역균형발전계획'을 발표한다. 서울시도 이번 발표의 추진배경을 다양한 노력에도 불구하고 지역 간 불균형이 지속되고 있다고 밝히고 있으며, 1960년대 이후 약 30여 년간 강남개발 촉진정책으로 불균형을 초래하였고 이를 해소하기 위해 1990년, 2002년 지역균형발전을 시도하였으나 그 격차가 오히려 심화되었다고 진단하고 있다.

이에 계획 비전을 '공정과 상생의 균형도시 서울', 목표는 지역격차 해소를 통한 균형발전과 지역자원을 활용한 지역별 특성 있는 발전으로 설정하고, 이에 따른 추진전략은 5개 분야의 산업・일자리 기반 조성, 균형발전 기반 생활 SOC 확충, 지역 간 교통편차 해소, 주민요구 충족 주거환경 개선 그리고 균등한 교육기회 제공을 내용으로 설정하였다. 기존 균형발전정책이 물리적(공간적) 분야에 주로 정책을 추진한 것에 비해 일자리 및 교육 등 사회적 분야를 포함하고 있는 특징이 있다. 또한 지역자원을 활용한 균형발전을 계획하고 지역 단위를 생활권별로 구분하고 있다. 과거 강남과 강북으로 구분하던 지역균형발전의 지역 단위를 보다 세분화 또는 구체화하려는 의도로 판단된다. 이에 따라 지역불균형 실태와 이행과제를 생활권별로 분석 및 제시하고 있다. 산업・일자리 기반 조성을 위해 서북권의 경우 미래산업 고용기반을 확충, 서남권은 신성장 산업거점과 금융산업 및 도심 생태계 육성, 동북권은 자족기능 강화 및 고용 창출, 동남권은 글로벌 상업 업무기능 강화, 도심권은 도심의 위상 및 글로벌 경쟁력 강화에 중점을 두고 있다.

4) 지역 간 불균형 현황

이러한 정책의 전개에도 불구하고 지역 간 격차는 좀처럼 해결되지 않고 있으며 오히려 심화하고 있음을 확인할 수 있다. 서울시의 분야별 불균형 현황은 다음과 같다.

(1) 5개 분야별 불균형 실태

서울시 불균형 실태를 산업일자리, 생활 SOC, 교통, 주거, 교육 5개 분야별로 살펴보면, 전 분야에서 여전히 동남권에 집중되었음을 확인할 수 있다. 특히 산업・일자리 분야는 GRDP, 100인 이상 사업체 수, 상업지역 면적 등에서 심한 격차를 보이고 있다. 이는 지역 간 일자리 불균형으로 나타나고 있다.

[표 9-1] 서울시 분야별 불균형 실태

분야	세부내용
산업 일자리	• GRDP('19): 동남 146조 원, 서남 104조 원, 도심 100조 원, 동북 50조 원, 서북 33조 원 • 100인 이상 사업체 비중('19): 동남 35.6%, 서남 27.2%, 도심 15.7%, 동북 13.2%, 서북 8.2% – 종사자 수('19): 동남 31.0%, 서남 27.6%, 도심 15.1%, 동북 17.6%, 서북 8.7% • 상업지역 면적('20): 도심 8.1km^2, 동남 6.2km^2, 서남 6.1km^2, 동북 3.3km^2, 서북 1.7km^2
생활 SOC	• 공공체육시설 면적(인구 천 명당): 강서 23m^2, 서초 598m^2 – 26배 차 • 도보생활권 공원면적(1인당): 금천 2.30m^2, 종로 19.68m^2 – 8배 이상 • 750m 이내 공공도서관 없는 지역 서울시 1/3('19)
교통	• 대중교통 접근성 – 상위: 중구(97.7%), 광진(79.1%), 동작(78.8%), 하위: 금천(22.6%), 관악(33.7%), 양천(41.4%) • 서울시 평균 통근(학)시간 37.4분 – 강북(42.3분), 노원(41.6분) / 양천(42.8분), 영등포(39.8분) • 지역별 지하철역 밀집도 등 철도공급 지역 간 편차 확연 – 3개 이상 행정동 103개소(24%), 0개 행정동 113개소(27%) – 도시철도서비스 소외지역: 서남권, 서북권, 동북권
주거	• 노후주택 비율: 노원(36.1%), 양천(30.5%), 용산(29.5%), 종로(27.5%), 영등포(26.6%) 순 • 서울시 아파트 비율 58%: 종로・강북 37%, 관악・금천・중랑 49% 미만
교육	• 보통학력 이상 비율(중학교 학업성취도, '17) – 강남・서초(89% 이상), 중랑・금천(70% 미만), 강북・은평・관악(75% 미만) • 평생교육시설: 동남권(서초, 강남), 서남2권(구로, 영등포), 도심권(종로) 다수, 동북권 및 서북권 상대적 부족

출처: 서울특별시 지역균형발전계획(2022.11).

(2) 일자리 및 교통의 강남 집중 현황

서울시의 총사업체 수(2021년 기준)는 1,188,091개, 종사자 수는 5,771,226명이며 자치구 평균은 각각 47,524개, 230,849명이다. 강남구의 경우 사업체 수가 110,007개로 약 2.3배, 종사자 수는 801,419명으로 약 3.5배 높게 나타났다. 강남3구는 사업체 수 256,496개, 종사자 수 1,690,176명으로 그 비중이 각각 21.6%, 29.3%로 사업체 수 5개 중 1개, 종사자 수 10명 중 3명에 해당하는 수치이다. 반면 도봉구, 강북구, 동작구, 서대문구의 사업체 수는 각각 25,391개, 26,385개, 27,915개, 28,522개로 큰 격차를 보인다. 종사자 수도 79,097명, 80,222명, 109,281명, 118,256명에 불과하다.5)

[표 9-2] 서울시 지자체별 사업체 수 및 종사자 수

(개, 명, %)

구분	자치구별					생활권 내	
		사업체 수	비중	종사자 수	비중	사업체	종사자
	계	1,188,091	100.0	5,771,226	100.0	47,524	230,849
도심권	종로	48,361	4.1	275,063	4.8	49,450	271,411
	중	70,308	5.9	386,564	6.7		
	용산	29,680	2.5	152,605	2.6		
동북권	성동	41,665	3.5	203,221	3.5	35,236	126,147
	광진	33,706	2.8	129,707	2.2		
	동대문	42,813	3.6	146,383	2.5		
	중랑	39,310	3.3	113,144	2.0		
	성북	34,712	2.9	124,004	2.1		
	강북	26,385	2.2	80,222	1.4		
	도봉	25,391	2.1	79,097	1.4		
	노원	37,909	3.2	133,398	2.3		
서북권	은평	36,509	3.1	109,031	1.9	40,604	169,025
	서대문	28,522	2.4	118,256	2.0		
	마포	56,782	4.8	279,788	4.8		

5) 2022년 서울시 지역균형발전 정책에서 산업・일자리 기반 조성을 위해 49개 이행과제를 제시하고 있는데, AI, 로봇, ICT, MICE 등 미래 전략산업을 동남권에만 제시하고 있다. 강남지역의 경쟁력을 반영하고 자원을 활용하기 위한 과제로 판단되지만 여전히 강남 중심 산업 및 일자리 정책에서 벗어나지 못하고 있다.

서남권	양천	37,929	3.2	133,776	2.3	48,269	227,586
	강서	58,806	4.9	290,473	5.0		
	구로	52,791	4.4	240,689	4.2		
	금천	47,964	4.0	255,449	4.4		
	영등포	74,562	6.3	435,017	7.5		
	동작	27,915	2.3	109,281	1.9		
	관악	37,915	3.2	128,417	2.2		
동남권	서초	71,958	6.1	487,976	8.5	74,539	461,910
	강남	110,007	9.3	801,419	13.9		
	송파	74,531	6.3	400,781	6.9		
	강동	41,660	3.5	157,465	2.7		
강남3구		256,496	21.6	1,690,176	29.3		

출처: 서울 열린데이터 광장(https://stat.eseoul.go.kr).

서울시 지하철역 및 전철역 수에 따른 강남지역 교통인프라 집중 정도에 대한 분석에 따르면, 지난 30년간 서울에 개설된 전철과 지하철역은 404개(중복)로 동북권이 112개, 동남권이 102개, 서남권 93개, 도심권 56개, 서북권 41개 순으로 나타났다. 동북권이 가장 많은 역을 보유한 것으로 나타났지만 이는 8개의 자치구가 포함되었기 때문으로 실제 자치구당 평균 16.2개에 미치지 못하는 14.0개에 불과하다. 서남권과 서북권도 각각 13.3개, 13.7개로 자치구 평균보다 낮게 나타났다. 반면 동남권의 경우는 자치구 평균이 25.5개로 자치구 평균을 훨씬 상회하고 있다.

[표 9-3] 서울시 자치구별 지하철역 및 전철역 수

(개)

권역	권역 총계	자치구 평균	자치구별
동남권	102	25.5	서초 16, 강남 42, 송파 30, 강동 14
동북권	112	14.0	노원 17, 도봉 8, 강북 11, 중랑 16, 성북 13, 동대문 15, 성동 21, 광진 11
도심권	56	18.7	종로 15, 중구 24, 용산 17
서남권	93	13.3	강서 19, 양천 6, 영등포 23, 구로 13, 금천 4, 동작 19, 관악 9
서북권	41	13.7	은평 15, 서대문구 7, 마포 19
계	404	16.2	

출처: 경향신문(2023.10.5a).

자치구별 지하철역 및 전철역 수는 강남 42개, 송파 30개, 중구 24개, 영등포 23개, 성동 21개 순으로 높게 나타났다. 반면 금천 4개, 양천 6개, 서대문 7개, 도봉 8개, 관악 9개 순으로 낮게 나타났으며 자치구 평균 16.2개에 훨씬 미치지 못하고 있다. 일자리와 함께 교통인프라도 강남과 큰 격차가 나타나고 있다.

3 정책의 한계 및 방향 모색

1) 서울시 지역균형발전 정책의 한계

(1) 균형발전의 목적보다는 안보문제로 시작한 인구 및 시설 분산정책

서울시 균형발전정책의 시작은 1964년에 '대도시 인구집중 방치책(안)'과 1970년 '수도권 인구 과밀집중 억제에 관한 기본지침'으로 볼 수 있다. 전자의 방지책은 대도시로의 인구집중과 폐해 및 그에 따르는 대책 등에 대한 내용을 담고 있고, 후자의 기본지침은 수도권의 공장 신설을 억제하기 위한 제한구역의 설정, 수도권의 각종 시설물 건설과 취득을 제한하기 위한 「지방세법」 개정, 수도권의 법인 설정을 규제하기 위한 관련법 개정 등과 같이 수도권 인구집중 요인을 해소하는 데 초점을 두고 있다. 이는 대도시 및 수도권 집중을 방지하여 그 외의 지역으로 인구와 시설을 분산배치하려는 의도가 있다.

이와 같은 인구분산정책은 인구로 인한 도시문제 해결 외에 또 다른 목적이 있었다. 안보문제로 북한의 직접 사정권 안에 집중되어 있는 서울 및 수도권 인구를 지방으로 분산하려는 의도가 있었다. 결국 서울을 사수하되 도심기능을 분산시켜 위험을 최소화하는 방안이 선택되어 강남개발이 시작된다.

이처럼 당시의 균형발전정책은 실상 안보문제에 더 큰 관심사를 두었다. 도시정책은 '안보'라는 큰 틀 속에서 진행되었으며, 그 과정에서 특정 지역으로의 인구분산 및 특정 지역에 대한 억제라는 목적성에 따라 추진되었다.

(2) 특정 지역에 대한 과도한 억제 및 촉진으로 불균형 심화

강남지역은 1960년대 후반 인구급증에 따른 심각한 주택난 등의 도시문제와 수도 방위 차원의 안보문제가 혼재되어 있었던 상황에서 선택된 결과이다. 따라서 강남지역은 본래의 목적을 수행하기 위해 공간적 개편이 필요했고 이를 위해 각종 개발촉진정책이 수반되었다.

국가적 정책방향에 따라 특정 지역에 상대적으로 큰 폭의 지원이 뒤따르는 것은 정책결정자의 판단이자 일정 부분 정당성이 있는 것으로 볼 수 있다. 하지만 이러한 지원책에도 불구하고 정책 초기 계획대로 강남지역으로 인구분산이 이루어지지는 않았다. 이는 지원정책들이 물리적 계획이라는 공통된 특성으로 계획발표가 실제 공급으로 연결되기까지는 최소한의 절대적 시간이 필요한 정책이었기 때문이다. 강북에 생활터전을 가지고 있던 시민이 강남으로 주거공간을 이전하기 쉽지 않았고, 농촌에 가까웠던 지역을 새로운 도심으로 만드는 정책이 단기에 목적을 달성하기에는 한계가 있을 수밖에 없었다.

강남개발 촉진 및 강북지역 억제는 점차 정책수단의 강도가 커지게 되는데 이는 의도한 대로 효과가 나타나지 않자 후속대안을 계속해서 동원했기 때문이다. 물리적 · 시간적 한계를 고려하기보다는 가시적 성과에 집착한 결과이다. 결국 온갖 지원책을 동원하여 집중적 투자가 이루어졌고 일정시간이 경과하면서 강남지역에는 많은 사람들과 기업들이 이주하게 되고 종국에는 목적에 부합하는 최고의 도시로 거듭나게 되었다. 그러나 강남의 도시탄생은 강남 · 북 불균형 및 격차 심화라는 부작용을 야기하게 되고, 지역 간 · 계층 간 갈등문제 확대라는 또 다른 도시문제 해결의 과제를 남기게 된다.

(3) 강남 · 북 격차를 고려하지 않은 정책 추진으로 인한 격차 확대

강남개발 과정에서 단기적 관점의 정책 접근, 특정 지역에 대한 제도 및 지원의 과도한 집중, 강북 도시기능 저해라는 문제점을 남겼다. 이러한 공간구조의 왜곡은 강남 · 북 불균형의 원인이 되었다. 결국 강북지역 주민의 재산권 제한을 포함한 사회적 불만이 표출되면서 1990년 '강남 · 북 균형발전 종합대책'이 발표된다. 이 대책은 강남개발 촉진으로 인한 불균형문제의 심각성과 그로 인해 파급된 사회적 · 계층적 갈등을 해소하기 위함이라고 밝혔다. 핵심내용은 강북을 차별하지 않고 강남과 같이 균형 있게 개발하겠다는 것이다. 그 수단으로 강북지역의 용적률과 건폐율을 강남지역과 동일하게 조정, 그동안 입지를 제한하였던 강북지역 시설들에 대한 규제 완화, 서울시 전 지역을 고르게 개발하기 위한 공간구조 개편이다. 이에 대해 한 언론사의 '10년 차등개발에 때늦은 처방'의 기사(조선일보, 1988.2.5)는 강남·북 격차가 이미 상당한 차이가 있고 이에 대한 대책이 너무 늦은 감이 있다고 보도하였으며, 서울특별시(2003: 48)는 1990년 종합대책은 정책추진의 한계로 실효성을 거두지 못하였다고 자체 진단하였다.[6]

결과적으로 서울의 균형발전정책은 그동안 도시기능 억제 및 배제로 인해 발생된 격차를 해소하고자 하는 개념보다는 그동안 규제하였던 강북지역과에 차별을 두지 않고 강남지역과 동등한 수준으로 접근하겠다는 것이다. 이미 심각한 불균형 및 격차로 인해 사회적 문제와 갈등이 야기되었음에도 이러한 접근은 아쉬울 수밖에 없다. 최소한 이미 벌어진 격차를 다소간 줄이는 정책이 선행되어야 할 것이다. 상당 수준 격차가 있음에도 출발점을 동일하게 하여 균형발전을 추진하겠다는 접근은 불균형 및 격차 해소에 한계가 있을 수밖에 없다.

(4) 뉴타운사업은 강남·북 균형발전이라는 명분에 불과

서울시는 뉴타운사업의 추진기반을 마련하기 위해 사업을 담당할 별도 조직으로 지역균형발전추진단을 설립(2002.7)하고, 동년 10월 서울시정 4개년 계획에서 뉴타운 개발계획과 균형발전촉진지구사업을 중심으로 하는 지역균형발전 추진방안을 제시하였다. 강북지역의 여러 개 소규모 재정비사업을 광역으로 통합하여 추진하는 방식이다.

서울시는 '주거환경을 획기적으로 개선하고 인간 중심 커뮤니티를 조성함'을 뉴타운 사업의 기본개념으로 밝히고 있으며, 강북지역의 소규모 재정비사업을 광역규모로

---

6) 첫째, 정책을 뒷받침하는 법적 근거 및 전담조직 등 후속조치를 체계적이고 일관성 있게 추진해가는 지원수단의 제도화의 미흡. 둘째, 강북지역에 대한 기반시설 확충과 생활환경 개선을 위해 적극적인 예산투자 미흡. 대책발표 후 실행된 시책들은 강북지역의 용적률 완화, 시설입지제한 완화, 도심 재개발 시 주거복합 인센티브 등 별도의 예산투자 없이 관계법령이나 조례의 개정을 통해서 시행할 수 있는 것에만 추진함. 셋째, 서울시 차원 혹은 중점전략지역의 정립을 위한 중장기·단기적인 차원의 추진 방향과 사업들이 마련되지 못하고, 각각 개별사업 위주로 추진되어 정책의 파급효과 및 시너지효과 미흡. 넷째, 강남·북 균형발전에 대한 추진의지는 표명되었으나, 이를 실현할 수 있는 기금 등 적절한 재원을 마련하지 못함. 또한 여러 대책들이 주거환경의 물리적인 생활환경에 치중하고 있고 실제 강북지역에 거주하는 주민들의 주거안정에 대한 배려가 미흡.

통합적으로 개발하여 난개발을 막고 생활권을 대상으로 도시기반시설을 확충하겠다는 계획이다. 이에 대해 윤인숙·김갑성(2004)은 지역균형발전 정책의 일환으로 추진된 강북 뉴타운사업이 그 안에 살고 있는 사람들의 재정착과 지역의 정체성을 살릴 수 있는 방향이어야 함에도 장소만의 발전을 추구하고 있다고 비판한다. 또한 뉴타운사업은 도시 내에서 이루어지는 신개발주의의 사고이며, 대량개발, 획일적인 개발을 유발하는 사업으로 강남·북 불균형을 해소할 수 없다는 주장(강홍빈, 2003)과 뉴타운사업은 도시정책이 아니라 도시개발사업에 불과하다는 주장도 있다(김진애, 2005). 뉴타운사업은 정치적인 공약으로 제시되어 일방적으로 채택되었고 또 시행근거가 되는 법률이 제도가 시행된 후 사후적으로 제정되었다는 점을 문제로 지적한다(변창흠, 2008).[7]

뉴타운 시범사업 이후 추가지정 및 사업추진의 법률 근거를 위해 '서울특별시 지역균형발전지원에 관한 조례'(2003)를 제정하게 된다. 조례는 뉴타운사업을 위한 사업지구지정, 사업계획 수립, 사업시행방식, 금융지원, 지방세 감면 등 사업지원이 주된 내용이다. 강남·북 지역균형발전보다는 뉴타운사업을 추진하기 위한 목적이었음을 확인할 수 있다.

(5) 나열식 및 과다한 과제 제시 등 정책의 한계

정책발표에서 흔히 나타나는 것은 추진과제들이 과도하게 많다는 것이다. 이에 일부에서 백화점식 또는 나열식 정책이라는 비판이 있곤 한다. 서울시에서 발표한 2022년 지역균형발전 정책도 마찬가지이다. 그 내용을 보면 정책의 목표는 지역격차 해소를 통한 균형발전과 지역자원을 활용한 지역별 특성 있는 발전이다. 추진전략은 산업·일자리 기반 조성, 균형발전 기반 생활 SOC 확충, 지역 간 교통편차 해소, 주민요구 충족 주거환경 개선, 균등한 교육기회 제공의 5개 부문이며, 각 부문 2개씩 총 10개의 정책과제를 설정하고 있다. 이에 따른 이행과제는 무려 84개로 산업·일자리 기반 조성 49개, 그 외 4개 부문 35개를 제시하고 있다. 이 많은 과제의 추진이 가능할지, 그리고 임기 내에 가능한가에 대한 의문이 있다.

내용상으로도 이러한 평가를 벗어나기 어렵다. 지역균형발전 정책이 아니더라도

---

7) 뉴타운 시범지구 지정(2002년 10월), '서울특별시 지역균형발전지원에 관한 조례' 제정(2003년 3월), 「도시재정비촉진을 위한 특별법」 제정(2005년 12월).

지자체가 수행해야 할 내용을 이행과제에 포함하고 있다. 예컨대, 지역균형 서울형 키즈카페 운영, 서울 관광플라자 조성, 버스도착정보안내기(BIT) 설치, 재개발·재건축 정상화, 노후 불량주택 주거환경 개선, 문화관람 지원 등이 그 사례이다. 또한 과거 이미 발표되었던 정책사업을 재차 발표하고 있다. 청량리·왕십리·용산 지역개발이나 동북지역 공릉·홍릉의 NIT산업벨트 추진 등이 그 예이다.

한편 산업·일자리 기반 조성에 많은 정책과제를 생활권별로 제시하고 있으며, 그동안 소외되었던 균등한 교육기회 제공의 추진전략을 제시하고 있다. 하지만 전자의 경우 49개의 산업·일자리 기반 조성을 위한 이행과제가 '~조성', '~개발', '~육성' 등 물리적 도시인프라 조성에 집중하고 있으며, 이행을 위해 절대적 시간이 필요하고 이해당사자 간의 협의도 이루어져야 하는 사업이 주를 이룬다. 또한 동일 생활권역이라 해도 물리적 거리와 생활의 이질성으로 특정 이행과제의 추진이 동일 권역에 정책효과가 미치기에는 한계가 있다. 후자의 경우 균등한 교육기회 제공의 이행과제 중 서울런, 청년취업사관학교 조성 및 운영, 장노년층 정보격차 해소, 서울시민대학 운영 등은 실효성에 의문을 갖게 하며, 실제 체감하기 어렵거나 지자체 운영사업을 이행과제로 제시하는 수준에 머물고 있다.

2) 향후 서울시 지역균형발전 정책방향의 모색

(1) 균형에 대한 개념 정의 및 공간 대상 설정 선행

균형의 용어가 혼용되어 사용하는 관계로 정책의 범위에 대한 혼란이 있다. 균형의 본래 개념만을 의미하는가 아니면 공평이나 형평을 포함하는 것인가 여부이다. 이에 따라 정책내용은 물리적 수준의 도시서비스만을 제공할 수도 있고, 사람을 대상으로 한 계층 간 불균형사업까지 그 범위가 확대될 수도 있다. 따라서 지역불균형 해소 또는 균형발전에 대한 개념적 정의가 선행되어야 한다. 과거 서울시 지역균형발전 정책은 주로 기울거나 치우지지 않는 고른 상태에 대한 정책방향으로 물리적 환경개선에 집중된 측면이 있다. 세계 각국들이 포용도시 또는 포용적 성장으로 전환하고 있는 것과는 대비된다. 이와 함께 정책을 추진하는 공간적 대상 내지는 기준 설정도 요구된다. 즉 그 대상이나 기준이 25개 자치구 아니면 강남과 강북 또는 강남3구와 나머지 자치구인지 여부에 대한 것이다. 설정된 대상이나 기준에 따라 그 추진정책 과제나 내용은 확연히 달라질 것이며 실질적이고 구체적인 정책으로 구현하기도 용이할 수 있다.

이러한 균형의 개념적 정의와 정책대상 공간설정의 선행으로 정책의 명확한 방향 제시가 가능하며 정책의 실효성도 확보할 수 있다. 또한 과거 지역균형발전 추진사업으로 광역지자체 고유업무와 기타 다른 부문에서 이미 추진하고 있던 사업들을 함께 열거한다는 나열식 정책과제라는 비판에서 벗어날 수 있을 것으로 기대한다.

(2) 정책결정 과정에서 비공식적 참여자 확대: 장기적·지속적 정책 추진 가능

정책 추진에 있어 정권이 바뀌거나 지자체장이 바뀔 경우 이전 정책은 전면적으로 수정 또는 전환되고 있는 관행을 경험한 바 있으며, 중앙정부뿐만 아니라 지방정부의 경우도 마찬가지로 나타나는 행태이다. 이는 정치적 환경에 따른 선택에 의한 것으로 정책은 본질적으로 정치적 속성을 지닐 수밖에 없기 때문일 것이다. 따라서 정책형성 과정에는 다수의 이해관계자가 각자의 이해관계를 반영하기 위한 노력이 있으며, 그 과정에서 가장 효율적인 대안보다는 정치적 영향에 따라 정책결정이 이루어진다. 이러한 속성과 정치적 환경에 의해 결정된 정책은 최상위 정책결정자가 처한 환경에 즉각적으로 반응하게 됨에 따라 정책의 지속성을 보장하기 어렵다. 광역지자체장의 경우 임기 4년 내에 추진되어야 하며, 연임되더라도 8년 정도에 그친다. 지역균형발전 정책은 특성상 장기간이 소요되는 사업이 다수이며, 특히 사람을 대상으로 하는 사회적 형평은 단기에 이루어질 수 없다. 그렇기 때문에 과거 물리적 기반의 도시서비스에 집중하였던 원인이 여기에 있다.

이처럼 하향식 접근방식의 폐해를 수정하기 위해서는 정책결정 과정에서 특정 계층이나 지방정부의 공식적 참여자, 즉 지자체장이나 지방의회, 관련 공무원뿐만 아니라 이해당사자 특히 지역의 일반시민과 시민단체(NGO)는 물론 정당, 언론기관, 전문가 및 학자들까지 참여를 확대시켜야 할 것이다. 이에 대해 정책학 또는 행정학 연구자들에 의해 오랫동안 주장된 논리이지만 좀처럼 제도화되지 못하고 있다. 많은 시간과 비용이 소요되는 단점은 있지만 가장 합리적인 결정일 수 있다. 특히 지역균형발전 정책은 장기적 추진을 요구하는 정책이므로 과거의 한계를 극복하기 위한 시도가 필요하다.

(3) 지역별 형평에 근거한 포용 개념의 정책 추진: 지역별 경쟁력 강화

2022년 서울시 지역균형정책 이행과제에 자족기반이 취약한 저발전지역의 개발을 견인하기 위해 신규 상업지역 134만m^2 중 87%를 비강남권 중심으로 배분한다는 내용이 포함되어 있다. 이는 강남・북 간 또는 생활권별 기울어진 격차를 인정하고 이를 반영한 사례이며, 이러한 관점의 정책사업이 지속적으로 추진되고 확대되어야 할 것이다. 이러한 포용의 의미는 사람, 공간, 거버넌스 3개 영역으로 구성된 서울시 포용도시 프레임에서도 확인할 수 있다. 포용도시는 도시의 모든 시민이 경제적・사회적・공간적으로 차별받지 않고 살 수 있도록 개인의 경제적 역량을 높이고, 사회적 배제를 최소화하는 도시정책을 지향・실현하는 도시를 의미한다(변미리, 2017: 10).

세계 여러 나라에서도 지역의 형평에 근거한 지역발전전략을 수립하고 추진하고 있다. 미국 댈러스의 경우 'DART(Dallas Area Rapid Transit) DRIVES INVESTMENT'을 통해 취약지역에 대중교통 서비스를 제공하여 낙후지역의 일자리 및 의료접근성을 높이기 위한 계획을 수립하였고 이를 통해 4만 3천 개 고용(2014~2015)과 100억 달러의 경제효과를 창출하였으며, 덴버는 좋은 일자리를 지역사회와 연결하여 경제적 기회를 제공하였다. 캐나다 오타와는 인구가 향후 증가할 것으로 전망하였고 대중교통은 시내 중심부 체계로 그 용량이 초과 수준이었다. 이에 보다 효율적 이동수단이 필요한 실정이었다. 이를 위해 편안하고, 안정적이며, 효율적인 경전철(Light Rail Transit) 연결망 제공으로 경제적・문화적・사회적 이익 창출을 통한 지역경쟁력 향상을 도모하였다. 그 외 미국의 보스턴, 시카고, 영국의 맨체스터 등이 포용개념의 어젠다를 계획하고 실천하고 있다. 특히 시카고의 경우 '2050지역종합계획'을 통해 회복탄력성, 포용성장, 자원집중을 위한 우선투자 원칙에 따라 지역종합계획을 실천하고 있다(MAPC, 2011; Lupton & Hughes, 2017; CMAP, 2017).

(4) 강남 일자리 분산 및 비강남권 일자리 공급 확대

강남은 경제적・사회적・정치적 혜택으로 성장하였으며 모든 부분에서 다른 지역과의 큰 격차가 있지만, 특히 일자리와 교통인프라 부문에서 격차는 더욱 확대되고 있다. 수도권 9개 도시철도 중 7개 노선이 강남지역을 경유하고 수인분당선과 신분당선이 수도권 남부와 연결되어 있다. 강남이 포함된 동남권에는 102개로 서울 전체 전철 · 지하철의 25%가 몰려 있다(경향신문, 2023.10.5a). 또한 '강남까지 ○○분 소요'라는 수식어가 붙는 수도권 광역급행철도(GTX)는 강남으로의 집중도를 더욱 가속화시키는 정책으로, 과거 강남개발을 촉진하기 위한 교통편의 공급정책이 여전히 진행되고 있다. 특정 지역으로의 교통집중은 다시 교통수요를 유발하고 더 많은 교통 서비스 공급으로 이어지는 악순환적 구조가 반복되고 있다.

강남으로 사람들이 몰려드는 이유는 다양하겠지만 결국은 일자리 집중 때문으로 분석된다. 강남구의 사업체 수는 2021년 기준 110,007개이며 자치구 중 가장 많은 일자리가 있다. 서초구와 송파구를 포함하면 총 256,496개로 서울 전체의 약 20%를 상회한다.[8] 사업체 종사자 수에서는 무려 29.3%에 이른다. 서울시 전체 종사자 수 577만 1,226명 중 강남3구에서 일하는 사람이 169만 176명이다(경향신문, 2023.10.5b). 이러한 일자리 집중은 부동산 가격에 영향을 주게 되고 주거비용을 부담할 수 없는 다수는 서울 외곽이나 수도권에서 강남지역으로 출퇴근하는 구조로 만들었다. 이는 교통수요를 유발시키고 교통정책이 강남집중으로 계획하게 된 원인이 되었다.

심화되는 지역격차를 완화할 수 있는 방안은 강남의 일자리 분산정책일 것이다. 강남 외 생활권에 일자리를 분산 공급하게 되면 서울의 교통수요 유발을 감소시킬 수 있고 이에 따라 지하철 신설 및 연장, 간선도로 확장 및 신설 등 지역 간 이동을 위한 교통인프라 공급도 축소할 수 있다. 또한 교통 체증 및 혼잡으로 인한 생활만족도 역시 향상시킬 수 있다. 게다가 생활권별 일자리를 기반으로 한 도시인프라 공급이 자연스럽게 이루어질 수 있다.

4 포용적 도시공간의 기대

국가적 안보문제에서 시작한 서울시 균형발전의 정책은 균형발전이라는 명칭과는 달리 오히려 지역 간 불균형의 원인이 되었다. 이렇게 탄생한 강남은 지역 간 갈등문제

8) 2013년까지는 중구가 1위였으나, 2014년 이후 강남구로 바뀌었다.

로 확대되는 결과를 낳게 된다. 또한 불균형의 문제를 강남과 강북지역 간의 격차라고 칭하지만 실제는 공간적으로 강남3구와 그외 지역으로 인식하게 되는 계기도 되었다.

강남의 도시공간은 크게 3단계로 형성되어 현재에 이르렀다. 1단계는 국가정책에 의한 강남 조성, 즉 정책적으로 생산된 공간, 2단계는 강남의 경제·사회·정치적 혜택의 독점, 3단계는 편중된 이익을 통한 지역 간 격차 초래 및 확대이다. 먼저 강남은 인구분산이라는 국가정책에 의해 정책적으로 생산된 공간이다. 이러한 공간을 조성하기 위해 기반시설 등의 기능적 편중, 교육기회 등의 사회적 편중 그리고 동시에 강북을 억제하는 정책이 추진되었다. 특히 강북 명문고의 강남이전 추진과 입시학원에 대한 강북입지 규제는 강력한 정책수단으로 작용하였고 현재까지도 지속되고 있다. 이러한 특정 지역에 대한 '집중'과 '편중'이 서울시 불균형 성장의 시작이라 할 수 있으며, 이는 강남개발 과정에서 생산된 부작용의 대표적 사례이다.

이러한 혜택으로 '강남'은 1960년대 후반부터 시작된 한국의 경제성장 과정과 맞물려 경제적 혜택을 독점하게 된다. 또한 이렇게 발생된 격차는 확대재생산 과정을 거치며 그 폭은 점차 커지게 된다. 즉 기능과 기회의 편중으로 자본과 사람이 집중되고, 이는 더 많은 기능과 기회를 양산하게 되는 결과가 되고 이러한 현상이 반복되어 그 격차는 더 커진다. 더불어 이 지역은 파워(지배)엘리트의 생활근간이 되면서 사회적·정치적 혜택까지 독점하게 된다. 반면 그렇지 못한 지역은 경제적 배제(소득), 사회적 배제(기회), 정치적 배제(지위, 권력) 등으로 철저히 소외된다. 이렇듯 배제에 의한 지역 간 격차는 더욱 확대되었다. 지역불균형은 단순히 기능적 측면의 격차만을 의미하는 것이 아니라 사회적 불평등까지 포함된 의미를 갖게 되었다. 강남은 이렇듯 우월적 지위(차별성)를 갖는 공간이 되어 현재까지 지속되고 있다.

이러한 분석결과에 따라 향후 서울시 지역균형발전 정책방향을 모색하였다. 첫째, 균형에 대한 개념적 정의를 통해 정책의 뚜렷한 방향성을 제시하여야 할 것이다. 균형이 나눠먹기의 균등배분인지 아니면 공평과 형평을 포함하는지에 따라 정책의 내용은 분명한 차이가 있게 된다. 또한 지역정책사업과 광역지자체 고유사업의 구분으로 정책의 추진력과 실효성을 확보해야 한다. 둘째, 장기적 측면의 정책 추진을 위해 정책과정에서 비공식적 참여자의 확대가 필요하다. 이를 위해서 직접 이해당사자가 되는 비공식 참여자를 확대하여 특정 계층이나 정치적인 영향에서 자유롭게 하여야 한다. 셋째, 지역별 형평에 근거한 포용 개념의 정책 추진을 위해 강남·북 간 또는 생활권별 기울어진 격차를 인정하고 이를 반영하는 정책방향이 요구된다. 넷째, 강남의 일자리 분산 및 생활권별 일자리 공급확대 정책의 추진이 필요하다. 일자리의 집중으로 발생되는 지역 간 격차를 해소하기 위해 중점사업의 위상으로 접근해야 한다.

과거 서울시 지역균형발전 정책의 분석을 통해 그 한계점을 확인하고 이에 대한 대응으로 정책방향을 제시하였다. 향후 지역균형정책은 성장보다는 분배 우선 및 기회균등이 수반되어야 하며, 제시한 정책방향을 통해 정책적 실효성이 확보되기를 기대한다.

참고문헌

경향신문(2023.10.5a). 쏠림 사회 한국, 강남리포트, '교통의 요지'라는 강남의 역설 … 더많이 모이고 더 막힌다.

경향신문(2023.10.5b). 쏠림 사회 한국, 강남리포트, 서울 일자리 30%가 강남3구에 … "우리는 여전히 강남간다."

김현호·김도형(2017). 지방분권형 지역균형발전정책의 설계, 한국지방행정연구원.

매일경제(2002.10.23). 강북 뉴타운 개발 어떻게 되나.

박인권(2015). 포용도시: 개념과 한국의 경험, 『공간과 사회』 통권 제51호, pp.95-139.

변미리(2017). 서울형 포용도시 지표체계 개발과 서울의 포용성, 서울연구원.

변창흠(2008). 도시재생방식으로서 뉴타운사업의 정책결정 과정과 정책효과에 대한 비판적 고찰, 『공간과 사회』 통권 제29호, pp.176-208.

변창흠·정준호(2013). 지역균형발전의 필요성과 쟁점들, 강현수 외 7, 『지역균형발전론의 재구성: 성찰과 대안모색』 사회평론, pp.75-102.

서울 열린데이터광장(https://stat.eseoul.go.kr) (2024.1.16. 검색)

서울역사박물관(2013). 『600년 서울을 담다』, 서울: 서울역사박물관.

서울특별시(1990). 강남북 균형발전종합대책, 서울특별시.

서울특별시(2003). 서울시 지역균형발전을 위한 도시관리방안, 서울특별시.

서울특별시(2022). 서울특별시 지역균형발전계획, 서울특별시.

손정목(1999). 다핵도시구상의 파급효과: 강남개발이 마무리 되는 과정(Ⅲ), 『국토』 9월호, pp.92-107.

손정목(2003a). 『서울도시계획이야기 3』, 서울: 한울.
손정목(2003b). 『서울도시계획이야기 4』, 서울: 한울.
유기현(2015a). 서울시 토지구획정리사업의 제도지속성 연구, 『서울도시연구』 제16권 제3호, pp.13-36.
유기현(2015b). 신제도주의 관점에서 본 택지개발 제도변화에 관한 연구, 서울시립대 박사학위논문.
유기현 · 최근희(2014). 사비치(Savitch)의 도시유형론 관점에서 본 서울시 뉴타운 개발사업에 대한 정책적 함의, 『한국지역개발학회지』 제26권 5호, pp.1-24.
윤인숙 · 김갑성(2004). 서울시 지역균형발전 전략으로서의 뉴타운개발사업의 한계, 『지역연구』 제20권 제2호, pp.35-49.
조선일보(1988.2.5). 시, 강북발전시책 왜 세웠나. 10년 차등개발에 때늦은 처방.
한종수 · 강희용(2016). 『강남의 탄생: 대한민국의 심장 도시는 어떻게 태어났는가?』, 서울: 미지북스.

CMAP(Chicago Metropolitan Agency for Planning(2017). Inclusive Growth.
Lupton, R. & Hughes, C.(2017). Achieving inclusive growth in greater manchester, JRF (Joseph Rowntree Foundation).
MAPC(Metropolitan Area Planning Council(2011). State of Equity in Metro Boston.

10 CHAPTER

지역 고용정책 현황 및 개선방안

김용탁(한국장애인고용공단 고용개발원)

일반적으로 다양한 지역적 특성과 수요에 기반하지 않은 중앙정부 정책은 지역 단위에서 실효성을 거두기가 어렵고 구체적인 대응 전략 수립에 있어서도 한계를 보인다. 그렇기 때문에 지역 내 산업구조 및 노동 수요를 반영하는 지역 고용정책 필요성이 강조되고 있다. 지역고용의 중요성에 대한 논의와 맞물려 구체적으로 지역 중심성에 기반한 고용정책으로 지역 일자리 공시제나 지역산업 맞춤형 일자리 창출 지원 사업 등이 추진되고 있다. 하지만 지역 고용정책 수립과 추진 과정에서 여전히 중앙정부인 고용노동부가 주체적인 역할을 수행하고 지방자치단체의 역할은 매우 제한적이라는 한계를 노출하고 있다. 이는 지역 고용정책이 단순히 지역 수준의 고용정책 영역뿐만 아니라 지역 고용정책 전달체계, 지역고용 거버넌스 등이 포괄적으로 포함되어야 한다는 것을 의미한다. 본 장에서는 현재 추진되고 있는 지역 고용정책 현황과 성과 그리고 평가에 따른 문제점을 분석하고, 이를 바탕으로 향후 지역 고용정책의 추진 방향성에 대한 개선방안을 제시하고자 한다.

1 지역 고용정책의 등장

고용노동부 지역고용정보 네트워크(http://reis.or.kr)에서는 지역고용을 '지역별로 경제 및 고용 여건 등이 달라 기존의 중앙정부 주도의 일률적 고용정책으로는 지역 일자리 문제를 해결하는 데 한계가 있기 때문에 지역 특성을 가장 잘 아는 지역이 스스로 주도하는 고용'이라고 정의하였다. 또한 지역 고용정책은 기존 중앙부처 중심의 고용정책에 대비되는 개념으로 지방자치단체 등 지역 주체가 지역의 특성을 반영하여 지역별 고용문제 등을 해결하고자 하는 일자리 정책이라고 규정하였다. 즉, 중앙 위주의 하향식 일자리 정책을 지역 중심의 상향식 정책으로 전환하여 지역이 주도하고 중앙정부가 지원하는 방식의 정책을 의미한다고 하였다.

이와 같은 지역 고용정책에 대해 이규용 외(2023)는 기존 중앙부처 중심의 고용정책에 대비되는 개념으로 지방자치단체 등 지역 주체가 지역의 특성을 반영하여 지역별 고용문제 등을 해결하고자 하는 일자리 정책으로 보는 측면이 있지만, 다른 한편 지역 특성을 고려한 고용정책의 지역 유연성으로서 중앙정부의 지역균형발전적 관점으로 이해하는 시각도 제시한다. 전자가 지역고용정보 네트워크의 개념이라면, 후자는 지역균형발전 정책 관점에서 지역 고용정책을 보는 관점이다.

중요한 것은 지역 고용정책의 성격이 어떠하든 간에 지역의 특성을 반영한 지역 고용정책의 필요성이라는 점이다. 예를 들어 다양한 지역적 특성과 수요에 기반하지 않은 중앙정부 정책은 지역 단위에서 실효성을 거두기 어렵고 구체적인 대응 전략 수립에 있어서도 한계를 보인다. 그렇기 때문에 지역 특성에 맞춘 정책 수요를 반영하기 위해 기존의 중앙정책을 지역 단위에서 집행만 하던 방식에서 벗어나 지역 내 산업수요 및 노동수요를 반영하는 지역 고용정책의 필요성(전병유 외, 2009)이 강조되고 있는 것이다.

특히 지역 중심으로의 고용정책 중요성에 대한 논리는 몇 가지로 요약될 수 있는데, 첫째, 지역주민의 대응성 제고 필요성, 둘째, 지방분권을 통해 정책과 사업담당자가 창의적으로 업무를 수행, 셋째, 지역적인 정책 실험이 가져오는 효과성, 넷째, 중앙정부 행정의 효율성 도모 그리고 현실적이 측면에서 지역의 기업 연합, 지역협의체, 지역주민의 협조와 자발적 참여를 유도할 수 있다는 장점을 갖고 있다(김안국 외, 2005; 노민기, 2005; 유길상, 2007; 김용탁, 2007).

한편, 당위적인 지역 고용정책 필요성 외에 급격한 사회경제적 변화에 따라 지역 고용정책이 필요하다는 주장이 등장한다. 이상호 외(2020)는 지역의 주요 제조업이 쇠퇴하고 일자리가 감소하면서 청년인구 유출이 심각해지면서 지역의 내생적 발전을 위한 인적자원 토대가 붕괴된다는 점, 저출산·고령화에 따른 인구감소로 인한 세대 간 인구 불균형과 중고령층의 노동시장 이탈문제 심화, 4차 산업혁명과 코로나19에 따른 비대면산업의 성장으로 디지털 플랫폼 노동 확산과 같은 고용환경의 구조적 변화 등이 지역 고용정책의 필요성을 더욱 심화시킨다는 것이다.

본 장은 이러한 논의에 기반하여 현재 우리나라의 지역 고용정책은 어떻게 추진되고 있는지 살펴보고, 그에 따른 문제점 분석을 바탕으로 바람직한 방향성에 대해 제언을 하고자 한다.

2 지역 중심의 고용정책에 대한 논의

1) 지역 고용정책의 개념, 근거 및 정책

지역 고용정책과 관련하여 전명숙(2010)은 선진국의 국가경쟁력 확보와 지속가능한 성장을 달성하기 위하여 중앙집권적 고용정책에서 탈피하여 지역을 중심으로 한 지방분권적 고용정책으로 전환하는 추세 속에서 우리나라의 지역 고용정책 활성화 방안을 모색하였다. 그는 지역 고용정책을 중앙정부와 지방자치단체 그리고 지역 내 고용 관련 기구가 주체가 되어 수립한 다양한 지역고용 관련 정책으로 정의하면서 지역고용 창출의 활성화를 위하여 필요한 정책적 과제는 통합적인 지역 고용거버넌스의 구축, 지역 주체들의 정책역량 강화 및 책무성 확보, 지역 특성에 맞는 지역맞춤형 일자리 창출 프로그램의 내실화로 요약하였다.

지역 고용정책과 관련된 근거는 「고용정책기본법」에서 찾을 수 있다. 「고용정책기본법」 제1조는 '국가가 고용에 관한 정책을 수립 · 시행하여 국민 개개인이 평생에 걸쳐 직업능력을 개발하고 더 많은 취업기회를 가질 수 있도록 하는 한편, 근로자의 고용안정, 기업의 일자리 창출과 원활한 인력 확보를 지원하고 노동시장의 효율성과 인력수급의 균형을 도모함으로써 국민의 삶의 질 향상과 지속가능한 경제성장 및 고용을 통한 사회통합에 이바지함을 목적으로 한다'고 법의 목적을 규정하고 있다. 한편, 같은 법 제6조 제1항 국가와 지방자치단체의 시책 조항에서 국가의 많은 역할 중 하나로 '지역 고용창출 및 지역 노동시장의 활성화를 위한 지역별 고용촉진에 관한 사항'이 제시되어 있다. 이러한 법적 근거를 바탕으로 지역 고용정책 현황을 지역고용정보 네트워크를 중심으로 살펴보면 다음과 같다.

먼저 지역일자리 공시제가 있다. 지역일자리 공시제는 지방자치단체장이 해당 지역 주민들에게 임기 중 추진할 일자리 목표 및 대책을 수립하여 공표하며, 중앙정부는 지방자치단체의 일자리 대책이 원활하게 추진될 수 있도록 지원하고, 추진 성과를 확인하여 우수 자치단체에 인센티브 등을 제공하는 제도이다. 일자리 창출에 대한 지역의 자율성을 높이면서 책임성도 함께 확보하기 위해 2010년부터 도입, 2012년부터는 전국 모든 지방자치단체가 참여하고 있다. 특히 지방자치단체별 공시제 추진실적을 평가하여 매년 '전국 지방자치단체 일자리 대상'에서 우수 자치단체를 선정하여 시상하고 있다.

둘째, 지역산업맞춤형 일자리 창출 지원사업으로 이 사업은 지역 및 산업별 특성에 맞는 일자리 창출, 인적자원 개발 등을 위해 지방자치단체가 지역일자리 사업을 제안하면 고용노동부에서 사업을 선정하여 사업비를 지원하는 일자리 공모사업이다, 2006년부터 실시하여 왔으며 지역산업 등과 연계한 지역특화형 고용정책의 토대를 구축하고 있다. 지역산업맞춤형 일자리 창출 지원사업은 크게 네 가지 유형으로 구분되는데, ① 일반 지역산업맞춤형 일자리 창출 지원사업으로 지역산업과 연계한 자치단체 맞춤형 교육훈련, 취업연계, 창업지원 등 소규모 일자리 사업, ② 지역혁신 프로젝트 사업으로 지역의 전략적인 고용창출 추진을 위해 사업 주체, 예산, 인력 등을 활용하여 혁신선도 사업을 집중 발굴 · 시행하기 위한 일자리 사업, ③ 기숙사 · 통근버스 임차 지원사업으로 산업단지 내 영세 입주기업들의 인력난을 해소하고 취업활성화를 도모하고자 근로자 숙소 임차, 통근버스 임차 운영 등 환경개선을 통한 고용확대 지원사업, ④ 지역고용 위기에 대응한 고용지원사업으로 고용사정의 급격한 악화 등 구조조정에 따른 지역고용 위기에 대응하여 고용안정 및 고용확대 등을 집중 지원하는 사업이다.

셋째, 고용위기 지역 등 지정제도이다. 국내・외 경제사정의 변화 등으로 고용사정이 급격히 악화되거나 악화될 우려가 있는 지역을 고용위기 지역으로 지정하여 고용안정과 일자리 사업 등을 집중 지원하는 제도로서 고용위기 지역 사업주의 고용조정, 근로자의 실업예방, 실업자의 재취업 촉진, 그 밖에 고용안정과 실업자의 생활안정에 필요한 지원을 수행하고 있다.

넷째, 고용안정 선제대응 패키지 지원사업이다. 이 사업은 고용위기가 우려되는 지역이 주도적으로 지역 경제・산업정책과 연계한 '중장기 일자리 사업'을 계획・추진, 고용안정을 위해 선제적으로 대응할 수 있도록 지원하는 사업이다.

[그림 10-1] 지역산업고용정책 개괄

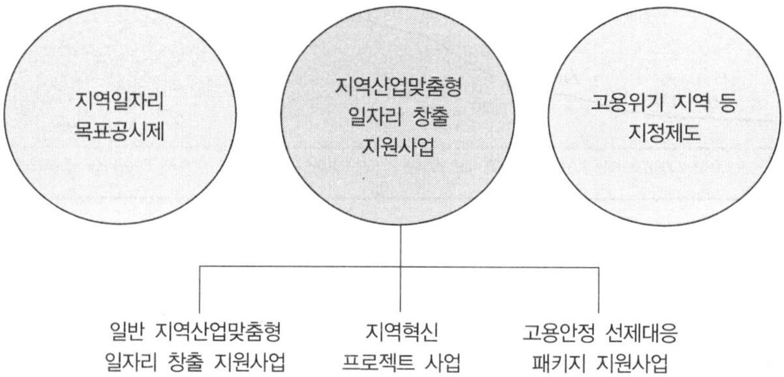

출처: 이상호 외(2020).

2) 지역 고용정책 현황과 성과

지역 고용정책 현황과 관련하여 먼저 지역일자리 공시제도는 2024년 총 243개 지방자치단체에서 241개 기관이 세부계획을 등록하여 전체의 99.2%의 등록률을 보였다. 일자리 공시제의 성과에 대해 고영우 외(2021)는 지역 고용정책과 전략 및 일자리 창출에 대한 지역 관심도 제고, 일자리 목표 설정과 경진대회 등에 따른 목표 달성의 동기 부여, 전담조직, 고용거버넌스, 유관기관과의 네트워크 등 인프라 관련 계획 항목과 평가지표 도입으로 가시적 성과 창출, 고용통계 확충과 함께 노동시장 여건 분석을 통한 담당자 역량 강화 도모, 일자리 관련 양적 지표와 질적 지표 도입에 따른 질적 개선 도모, 지역의 산업 및 노동시장 특성과 여건에 부합하는 목표 설정 유도 등을 제시하고 있다. 지역산업맞춤형 일자리 사업의 경우 사업 초기 50억 원대의 소규모 사업으로 출발했지만 지속적으로 예산 규모가 확대되었다. 특히 코로나19를 기점으로 위기대응 일자리 사업 등이 대거 운영되면서 예산이 큰 폭으로 증가되어 2023년에는 1,475억 원으로 증가되었다.

[그림 10-2] 지역산업맞춤형 일자리 사업 연도별 예산 현황

(단위: 억 원)

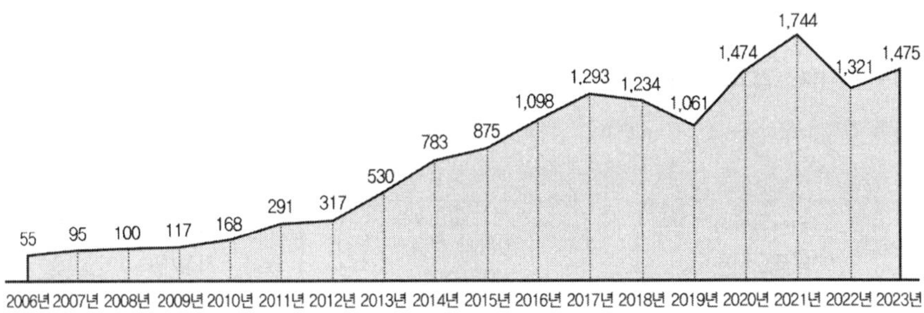

출처: 장기영(2024).

지역산업맞춤형 일자리 사업을 유형별로 보면, 기업지원이 가장 비중이 크고, 교육훈련, 취업연계, 운영지원 등의 순이었다. 2023년도에는 '지역형 플러스 일자리 사업'에서 상용형 일자리 사업 외에 구인난 해소를 위해 도농상생형 농촌 일손 돕기 등 한시적 · 계절적 단기일자리 창출이 이루어졌다.

[그림 10-3] 지역산업맞춤형 일자리 사업유형별 운영 비중

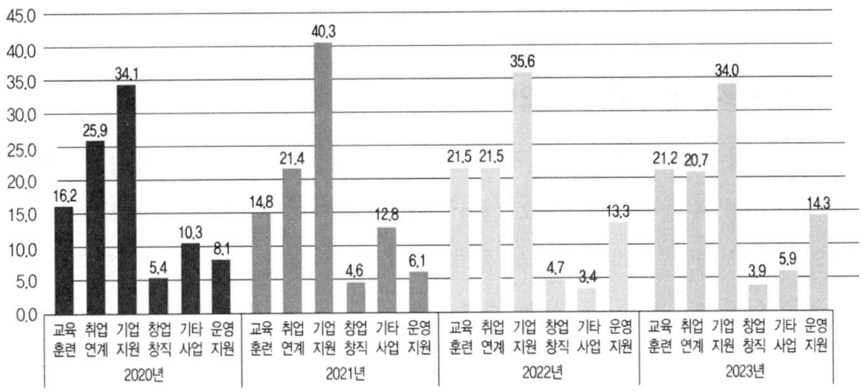

자료: 지역별 지산 및 사업세부 유형별 운영 현황
주: 기타 사업은 샌드박스형, 패지형 사업 등 단일 유형으로 구분하기 힘든 사업들이 해당됨

출처: 장기영(2024).

2023년 다양한 일자리 사업이 수행되면서 우수사례들이 등장하였다. 우수사례의 유형은 업종 특화, 전문성 강화, 협업체계 강화, 정책 수요 발굴, 고용연계 강화 등이다. 또한 지역 내 협업체계 강화, 도농상생 프로그램 등이 포함되었다.

[표 10-1] 지역산업맞춤형 일자리 우수사례

유형	사업내용
업종 특화형	• 업종별 전문 코디네이터, 업종 특화 취업알선 센터, 업종 특화 전문 컨설팅, 위기기업 발굴 및 지원 시스템 등
전문성 강화형	• 전문기관 활용 기업지원 체계 연계, 퇴직기술 인력 활용을 통한 기술 고도화
협업체계 강화형	• 지역 고용 위기감지 시스템, 노사 공동 협업체계 강화
정책 수요 발굴형	• 비경활인구 유입을 위한 프로그램 개발(도농상생 프로그램 등)
고용연계 강화형	• 특허출원 사업화, 훈련-고용 연계 강화 프로그램 등

출처: 장기영(2024).

이상호 외(2020)가 지역산업맞춤형 일자리 사업이 노동시장에 미친 영향을 분석한 결과를 보면 직업훈련의 경우 다른 실업자 훈련에 비해 노동시장 성과에 정(+)의 영향을 미쳤으며, 지역혁신 프로젝트의 경우 다른 훈련 사업에 비해 성과가 좋은 것으로 나타났다. 장기영(2024)은 지역일자리 사업의 긍정적 효과로 지역일자리 사업의 브랜드화, 자치단체 역할 강조, 지역에서 만들어 낸 다양한 고용 성과 등을 제시하였다.

3) 지역 고용정책에 대한 논의

박우식 · 박상우(2012)는 지역일자리 공시제를 중심으로 지역 고용정책 활성화 방안에 관한 연구를 수행하였다. 주요 선진국의 사례를 보더라도 경제의 글로벌화로 인한 고용의 불안정성에 효과적으로 대응하기 위해서는 고용정책의 지방분권화가 필요하다는 점을 인정하고 있다. 하지만 지역 고용정책을 성공적으로 추진한다는 것은 매우 어려운 과제임을 인식하면서 특히 행정권과 경제권이 다르게 설정되고 있는 경우 지역의 범위를 어떻게 획정하여야 하는가, 고용정책이 분권화되면 중앙정부와 지방정부 간의 역할관계는 어떻게 정립하여야 하는가 등 많은 쟁점 사항들이 고려되어야 한다고 하였다. 이들은 지역 고용정책 활성화를 위한 정책적 과제로 중앙정부-지방정부-민간기구 간 정책의 공조체제 확립, 중앙정부와 지자체 간 일자리 사업 전달체계 개선, 일자리 사업 관련 조직과 담당자들의 전문성 제고, 지역 단위에서의 고용과 훈련 연계성 강화, 지역 고용거버넌스의 구축, 지역고용 DB 구축을 제안하였다.

이규용 외 5인(2014)은 고용전략 및 노동시장정책의 수립과 집행에 있어서 지역의 중요성이 강조되고 있는 상황에서 한국의 지역고용전략을 연구하였다. 지역은 산업성장을 통해 일자리가 창출되고 유지되는 구체적인 공간이며 일자리 창출의 최종 전달체계는 지역 단위이고 따라서 지역 차원의 일자리 창출전략의 모색이 중요해지고 있다고 강조한다. 지역에서의 고용문제는 지역산업구조, 인구 및 노동공급의 특성이라는 지역 특성 요인뿐만 아니라 중앙과 지역 간의 균형발전, 지방분권 및 이에 따른 권한의 이양 등 다양한 요소에 대한 고려가 필요함을 주장하면서 지역 고용정책의 수립 및 전개 방향에 대한 논의는 지역의 특성을 반영한 정책의 기획 및 전달체계의 효율화 관점에서 중앙 및 지자체 간 유기적 협력이 필요하다고 지적한다. 특히 지역 고용정책은 고용서비스 전달의 지역화정책(Localization of PES), 지역 숙련정책(Local Skill Strategies), 지역 일자리 창출정책(Local Job Creation) 등 세 가지 범주로 구분해서 접근할 수 있음을 제안하고 있다.

이규용 외 3인(2014)은 지역 노동시장정책의 성과평가와 실행전략과 관련된 논의에서 중앙-지역 간 예산 배분 현황 및 문제점을 지적하고 지역별 노동시장 성과와 유형별 성과의 차이를 분석하였다. 이 중에서 눈여겨볼 것은 노동이동이 상대적으로 자유로운 청년층이나 전문인력들의 경우 지역 간 이동성이 높은 반면 거주지역에 대한 높은 정착성을 갖고 있는 집단들은 지역 내에서 주로 취업처를 발굴하는 경향이 높았다는 점을 밝혔으며, 취약계층의 경우 상대적으로 지리적 이동성이 낮아 지역 내 의존도가 높다는 점을 밝혔다. 또한 그들은 지역별 노동시장정책 성과의 유형화 작업 및 유형별 특성에 대한 종합적인 분석의 필요성을 제기하였다. 그들은 지역별로 총량적인 성과 및 개별사업 성과에서 유형별 차이가 있으며, 이러한 차이는 해당 지역이 처한 입지적 여건이나 노동시장 여건뿐만 아니라 지역 주체의 역량에 의존하기 때문이라는 점도 밝히고 있다. 이 부분을 좀 더 살펴보면, 이들은 취업률 취약 지역, 취업률 평균 지역, 취업률 우수 지역으로 구분하여 전국의 광역 및 기초자치단체를 유형화하였다. [그림 10-4]에서 보듯이 노동시장 성과가 중위 그룹 이외에도 중위권 그룹 이상과 이하인 지역이 대칭성을 나타내는 것은 지역별 노동시장 성과의 지역 간 유형별 차이가 존재한다는 특징을 보여주는 것이다.1)

박종훈 외(2018)가 지역고용과 청년고용과의 관계를 연구한 결과에서는 지역 간 청년고용정책의 차별성을 확보하는 것이 중요하다는 점을 밝히고 있다. 도시지역은

[그림 10-4] 적극적 노동시장정책 프로그램 성과 유형별 지역분포(2011~2013)

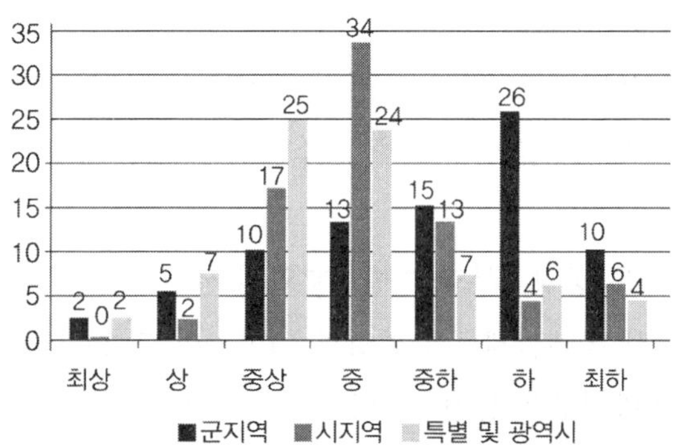

1) 위 분석에서 사용한 고용정책은 지방정부사업, 고용서비스, 훈련, 고용인센티브, 직접 일자리를 포함하고 있다. 이들 중에서 가장 낮은 성과는 전국적으로 직접 일자리 사업이었다(이규용 외 3인, 2014).

산업 간 다양성 지수와 고용 간 유의미한 정(+)의 상관관계를 보인 반면, 농촌지역은 산업 간 다양성 지수와 고용 간의 부(-)의 상관관계를 보였다. 이 결과는 도시지역은 특정 산업을 육성하여 특화하는 것보다는 다양한 산업을 유치하는 것이 청년고용 증진에 효과적인 반면, 농촌지역은 특정 산업을 육성·특화하는 것이 청년고용 증진에 효과적이라는 것이다.

최석현 외(2015)는 경기도 고용의 현황 문제점 분석, 고용전달체계의 유형화를 통해 경기도 지역 고용거버넌스 구축전략을 제시하였다. 지역 고용거버넌스는 OECD 국가(Local Economic & Employment Development)를 중심으로 공간기반 정책(place-based policy)을 패러다임으로 설정한 것으로 2003년 EU의 신유럽고용전략 수립 이후 본격적으로 도입된 개념이다. 이의 목적은 기존 중앙정부 주도로 이루어진 노동력 수급 관련 정책을 지역노동력 수요와 공급 관련 이해관계자들의 참여로 지역 수요에 능동적으로 대응하는 정책으로의 전환으로 지역산업의 수요를 고려한 고용정책을 수립·집행하기 위해 지역산업과 교육, 일자리가 정책적으로 유기적으로 연결된 거버넌스체계 구축의 필요성이 증가함으로써 도입되었다. 지역 고용거버넌스는 지역 고용전달체계가 갖고 있는 지역 단위 인력 숙련도 향상, 이를 통한 경쟁력 향상 및 지역 내 복원력(resilience) 제고 등 장점이 있음을 강조하였다. 이들은 중앙-지방 협력체계 마련을 위해 다음 네 가지의 방안을 제시하였다. 첫째, 고용정책의 중앙-지방 간 분권화에 대한 단계적 추진이다. 둘째, 지자체 고용정책 장기 기본계획 수립 및 추진이다. 셋째, 고용거버넌스 효과성 제고를 위한 정부투자 유치와 인력의 전문성 강화이다. 넷째, 기존의 법제 검토 및 개선방안 마련이다. 결국, 지역 고용정책 발전은 국가의 집중적 지원 없이 불가능하므로 지방자립, 종합성, 협업의 원칙이 담보될 수 있는 법적 구조 마련이 필요하다고 주장하였다.

한편, 주재복(2013)은 중앙정부와 지방정부와의 권한 배분을 세 가지 유형으로 구분하였다. 첫째, 수직적 통제관계로서 중앙과 지방과의 관계를 수직적 통치 구조론의 관점에서 해석하고 지방정부를 통치기관의 일부로 간주한다. 수직적 모형은 지방행정기관은 중앙부처의 감독하에 국가정책을 집행하는 역할을 하며, 또한 지방행정기관은 자율성, 재량성의 영역이 완전히 없거나 거의 협소하다는 대리인 관계이다. 둘째, 수평적 경쟁관계로서 수직적 통제관계와는 달리 중앙과 지방이 대등한 지위에 있는 관계이며, 중앙의 의사가 일방적으로 하달되는 통지적인 것이 아니라 지방도 의사결정의 주체로서 당사자 능력을 갖는 것을 의미한다. 중앙과 지방 간 관계의 기본적인 축이 통치의 논리에서 분리의 논리로 이동한다. 셋째, 상호의존적 관계이다. 이는 중앙정부와 지방정부 간 관계가 서로를 제약하면서 상호 협력하는 관계이다. 상호의존적인 관계는 동반자 관계로 논의되기도 하며, 중앙-지방 간 상호작용을 통하여 교환 및 협상 과정이 이루어진다는 점이 강조된다.

3 지역 고용정책의 문제점

지역 고용정책의 성과 및 평가와 관련하여 지역일자리 목표공시제 사업에 대한 문제점은 다음과 같이 지적된다. 첫째, 지방자치단체에서 일자리 공시제 사업을 전체적으로 관리할 수 있는 시스템의 부족과 담당 인력 및 담당자의 전문성 부족, 둘째, 민간 영역보다는 공공부문에서의 일자리 창출 경향, 셋째, 지역 맞춤형 일자리에 대한 직업훈련 및 교육 프로그램 부족, 넷째, 양질의 일자리 창출과 고용의 지속성을 위해 상대적으로 공공부문의 일자리를 줄이고 민간부문의 일자리 창출, 다섯째, 필요한 시기에 필요한 구인 구직자에게 맞춤형 고용서비스 제공 미비 등을 제시하였다(고영우 외, 2021).

지역산업 맞춤형 일자리 사업의 문제점에 대해 장기영(2024)은 첫째, 유사·중복성의 문제로서 지역 특성에 맞춘 것이 아니라 지역 내 또는 지역 간 사업 설계 및 운영, 전달체계 및 거버넌스 등의 유사성이 확대되어 지역적 차별이 없어진다는 것이다. 둘째, 장기적이고 안정된 일자리보다는 성과 도출이 상대적으로 쉬운 사업에 매몰된다는 점이다. 셋째, 지역 간 상생과 격차해소보다 경쟁과 경계가 심화되는 문제로서 중앙정부 공모 사업 특성상 경쟁을 통한 선정으로 쏠림 현상이나 부익부 빈익빈 현상이 초래된다. 넷째, 지역 내 구체적인 고용정보, 산업정보, 기업정보, 구직자 정보 등의 공급이 취약하기 때문에 지역일자리 정책이 표면적인 진단과 처방에 그칠 가능성이 있다. 다섯째, 각 주체별 역할 및 실효성 있는 거버넌스 운영의 문제로 지역일자리 사업에서 중앙정부-자치단체-수행기관 간의 적극적 파트너십이 우선되어야 하지만, 경직되고 수직적인 파트너십이나 책임성이 결여된 파트너십이 발생한다는 것이다.

김수은 · 김민경(2022)은 지역산업맞춤형 일자리 창출 지원사업의 현황과 문제점을 전라북도 사례를 중심으로 분석하였다. 그들은 사업의 문제점을 사업의 계획과 운영이 사업 주체는 지자체가 아니라 수행기관 위주라는 점, 지역일자리 정책과 연계성 부족, 빈번한 사업 재공고 및 사업운영 부실 가능성, 성과가 용이한 사업 유형 중심, 단기 위주 사업 추진 등이라고 밝히고 있다.

황다솔(2023)은 고용위기지역 지정제도로 지정된 울산 지역 조선업을 중심으로 지원제도 운영 성과를 확인하였다. 분석결과를 보면, 첫째, 추가적 대량 실업을 방지하고 일자리 창출에 긍정적인 역할을 한 것으로 평가할 수 있으나, 매년 이용자 수가 감소하여 성과 창출이 미흡하여 일부 지원사업은 지속성을 유지하지 못한 한계를 보였다. 둘째, 고용위기지역 지정 및 지원제도의 한계점으로 고용위기 발생 이후 상당 기간이 경과한 사후대책이 될 우려가 있다. 셋째, 실업자 및 근로자 대상 개인훈련은 증가하였으나 사업주 훈련지원은 감소하여 운영 성과가 엇갈린다. 넷째, 고용위기지역 지정 시점의 적절성이 필요하며 다양한 지원제도 연계가 필요하다는 점을 지적하였다.

이상호 외(2020)의 경우에도 지역일자리 사업은 외연적인 사업 규모 확대와 패키지화 노력에도 불구하고 단기-정량 성과 산출이 용이한 인력 양성, 고용 서비스, 기업 및 창업 지원 등은 중앙정부 지원사업과 대상 · 내용 · 수단 등에서 유사 중복성이 심하고 상대적 우위성을 발견하기 어렵다고 평가하였다. 또한 지자체를 비롯한 다양한 지역 주체의 자발적 참여와 지역고용 및 인적자원 이슈에 대한 의제 발굴을 위한 파트너십이 작용하지 못한다는 점도 지적되었다.

이상아(2020)는 지역 고용정책을 청년, 노인 정책과 관련하여 분석하였는데, 여기서 그는 지역 고용정책 유형을 정책대상의 포괄성, 정책 프로그램의 적극성, 정책 재원의 독립성을 중심으로 정리하였다. 여기서 정책대상의 포괄성은 지역 고용정책 세부 프로그램 참여자 조건 부과 수준과 관련된 것으로 연령, 고용, 기여 등의 여과장치가 얼마나 많은 정책대상자들을 걸러내는가를 기준으로 한다. 정책 프로그램의 적극성은 일자리 창출, 직업능력개발 훈련, 고용지원, 창업지원과 고용장려금이 포함된다. 정책 재원의 독립성은 지역 고용정책이 지방자치단체가 중앙정부 간섭 없이 자율적으로

[표 10-2] 지역 고용정책 유형

이상형 유형	범주		
	정책대상의 포괄성	정책 프로그램의 적극성	정책 재원의 독립성
CAI(완전한 지역고용정책형)	C(높음)	A(강함)	I(높음)
CaI(포괄적인 지역주도형)	C(높음)	a(약함)	I(높음)
CAi(포괄적인 적극적 고용정책형)	C(높음)	A(강함)	i(낮음)
cAI(지역주도 적극적 고용정책형)	c(낮음)	A(강함)	I(높음)
Cai(포괄성 집중형)	C(높음)	a(약함)	i(낮음)
cAi(적극성 집중형)	c(낮음)	A(강함)	i(낮음)
caI(지역주도형)	c(낮음)	a(약함)	I(높음)
cai(빈약한 지역고용정책형)	c(낮음)	a(약함)	i(낮음)

출처: 이상아(2020).

운영되고 있는가를 의미한다.

이상아(2020)는 8개 정책 유형을 기반으로 세종시를 제외한 16개 광역시 · 도를 대상으로 [표 10-3]과 같이 지역 고용정책을 유형화하였다.

[표 10-3] 지역 고용정책 유형화와 유형별 특징 분석 결과

유형	특징	사례
포괄적 적극형	청년, 노인, 여성 등과 같이 인구집단으로 확대한 중앙정부 주도의 공모형 직업능력개발 훈련 프로그램을 중점적으로 운영함	부산, 충북 충남, 전북, 전남
포괄적 지역주도형	직접 일자리 창출 프로그램에서 대상 포괄성이 높으며, 지역 주도적으로 중앙정부와 차별적인 노동복지 정책 프로그램을 운영함	서울
빈약한 지역고용 정책형	양적 일자리 확대를 위해 산업단지 개발에 초점을 맞췄지만 인력공급과 관련 있는 직업능력개발 훈련 프로그램 등은 중앙정부 사업을 실행함	대구, 경북, 광주, 강원
지역주도 적극형	지역브랜드를 가지는 중앙정부 차별적 고용서비스, 고용장려금, 창업지원이 많은 비중을 차지함. 그 대상에 있어서는 장애인, 결혼이주여성, 장기실업자나 근로빈곤층이 중점임	인천, 울산, 경기
포괄성 집중형	지역에서 나타나는 다양한 인구집단의 문제들을 해결하기 위해 중앙정부 직접 일자리 창출 프로그램에서 대상 포괄성을 높임. 다만 지역브랜드가 존재하지 않음	대전, 경남
지역주도 집중형	지역주도 집중형은 중앙정부와 차별적인 노동복지 정책 프로그램을 운영하기보다는 행정 특수성으로 인해 독립적으로 정책 예산을 운영함	제주

출처: 이상아(2020).

[표 10-3]에서도 나타나듯이 우리나라 16개 광역시·도의 지역 고용정책은 완전한 지역 고용정책형은 없다. 포괄적 지역주도형인 서울이나 지역주도 적극형인 인천, 울산, 경기 등이 지역 특성에 기반한 지역으로 지역주도성이 상대적으로 높다는 것을 확인할 수 있다.

박종훈 외(2018)는 지역 노동시장 산업구조와 청년층에 대한 연구에서 현재까지의 노동정책은 지역 노동시장의 특성을 고려하지 않고 중앙정부 주도의 일원화된 방식으로 추진되고 있는 실정이라고 밝히고 있다. 그들은 지역 노동시장은 각 지역에 내재된 인적·물적 자원에 따라 차별적으로 형성되기 때문에 지역 특성을 고려한 청년 고용정책이 필요하다는 점을 강조하였다. 특히 분석을 통해 청년층의 고용 불안정성 확대, 도시지역은 산업 간 다양성 지수와 고용이 정(正)적인 반면, 농촌 지역은 산업 간 다양성 지수와 고용 간 부(否)적 관계를 유지한다는 점 그리고 청년 고용에 대한 지역별 편차 특히 농촌지역 청년고용의 지역 편차가 크다는 점을 확인하였다.

수도권과 비수도권 간 고용격차를 연구한 정준호(2023)는 통계청의 지역별 고용조사 자료를 이용하여 분석하였다. 분석결과를 보면, 첫째, 수도권과 비수도권 양 지역에서 주요하게 고용 증가를 이끈 산업은 사회서비스업과 생산자서비스업이었다. 둘째, 4년제 대졸자의 하향 취업률을 산정한 결과 하향 취업률은 수도권에 비해 비수도권이 매우 크게 나타났다. 셋째, 수도권은 고임금 일자리 증가가 주도하는 양극화를 보여주는 데 반해 비수도권은 저임금과 고임금 일자리가 동시에 증가하고 중간 일자리가 줄어드는 전형적인 양극화 패턴이라고 밝혔다.

4 지역 고용정책 개선방안

고용노동부를 중심으로 하는 지역 고용정책으로 지역일자리 목표 공시제, 지역산업맞춤형 지원사업, 고용위기지역 등 지정제도, 고용안정 사업 선제대응 패키지 지원사업 등이 있다. 그러나 이들 사업은 기본적으로 중앙정부인 고용노동부에서 공모 혹은 지원하는 사업이라는 한계가 있다. 본질적으로 지방자치단체가 주도적으로 계획을 수립하거나 추진하는 사업은 명확하지 않다. 그런 의미에서 현재 우리나라 노동시장에서 지역 고용정책의 필요성은 매우 중요하다고 할 수 있다. 이와 관련하여 개선방안을 제시하면 다음과 같다.

첫째, 지역일자리 목표 공시제와 관련하여 일자리 정책과 사업 발굴에 대한 지원체계가 구축되어야 할 것이다. 지역일자리 목표 공시제가 지역주도형 고용정책으로서 성과를 거두었지만 여전히 지역 내에서 일자리 발굴의 어려움이 크다고 할 수 있다. 특히 평가에 초점이 맞추어져 있기 때문에 행정 업무의 일환으로 폄하되는 경향이 있다. 따라서 무엇보다도 지역일자리 목표 공시제도가 실질적으로 지역이 당면한 노동시장 및 일자리 현안과 해결 전략은 무엇이며, 어떻게 지역 고용 관련 주체들이 협력하여 그것을 해결했는가 하는 점에 초점을 맞춘 평가 체계로의 전환이 필요하다.

둘째, 고용노동부의 지역일자리 정책 중 지역산업 일자리 사업의 경우 가장 핵심적인 사항은 실질적으로 지역 특성을 반영하도록 하는 것이다. 그러나 문제점에서 지적되었듯이 표면적으로는 지역 특성 반영이지만, 실제로는 자치단체별 경쟁 체제이기 때문에 지역 특성이 고려되지 못하고 있다. 그런 점에서 지역의 일자리 사업과 관련된 인프라, 수행기관 역량, 공공/민간의 역할 등이 충분히 고려된 체계를 구축해야 할 것이다. 또한 지역 고용 생태계에 변화를 가져올 수 있는 새로운 사업 모델이 발굴될 수 있도록 사업 주체, 지원방식, 지원수단, 공모유형 등의 다변화를 도모해야 한다.

셋째, 지역별 특성을 반영한 기업지원정책 강화가 요구된다. 지방소멸과 관련된 논의에서 가장 핵심적인 요인은 지역의 좋은 일자리 부족이다. 따라서 지역 스스로 '좋은 일자리'를 창출할 수 있도록 지원을 확대 · 강화하여 지역의 노동시장 제고 및 일자리 창출 효과를 극대화하도록 해야 한다. 이를 위해 윤동열(2024)은 지역일자리 특화를 위해 지자체의 역할 강화 및 정부 지원 등의 총괄 법적 근거로서 「지역 고용활성화에 관한 법률」 제정이 필요하다고 강조하였다.

넷째, 지역 고용정책의 추진 주체에 대한 심도 깊은 논의가 필요하다. 언급하였듯이 현재의 지역 고용정책은 중앙정부인 고용노동부가 전반적으로 총괄하도록 「고용정책기본법」에 규정하고 있다. 그러나 중앙정부는 개별 지방정부 여건을 모두 고려해야 하기 때문에 표준화된 정책을 구현할 수밖에 없다. 그런 점에서 중앙정부보다는 지방정부가 지역 고용정책의 주도권을 쥔 주체가 될 필요가 있다. 그러나 이규용(2019)이

지적하듯이 광역시·도의 경우 자칫하면 중앙부처와 마찬가지로 광역 단위의 표준화에 집중할 가능성이 높기 때문에 기초지역의 정책 수요를 제대로 반영하지 못할 우려가 있다는 점을 고려한다면 광역시·도 역시 지역 고용정책의 주체로서의 역할이 모호해질 수 있다. 그런 점에서 기초자치단체가 주체가 되고 광역자치단체와 중앙정부는 예산 배분과 성과 관리 역할을 수행하는 방향으로 제도화하는 방안도 고려해야 할 것이다. 특히 이 과정에서 주재복(2013)이 유형화한 중앙-지방의 관계가 상호의존적이거나 수평적인 관계 형성이 중요한 의미가 있다.

다섯째, 지역 고용정책에 대한 패러다임의 전환이 필요하다. 일본의 지역 고용정책에서의 시사점을 도출한 우종원(2024)은 산업연관성을 고려한 클러스터 육성이 전제되지 않을 경우 기업유치, 기업육성의 성과가 한정될 수밖에 없기 때문에 지역을 매력있는 존재로 인식시켜 사람이 지역으로 들어오게 만들어야 한다고 주장한다. 예를 들어 지역자원과 결합해 제조업뿐만 아니라 농림어업, 관광, 환경, 복지 등 폭넓은 분야에서 부가가치를 창출해야 한다는 것이다. 또한 저출산·고령화의 진행에 따라 지역의 통합적인 돌봄시스템, 복지시스템을 구축하여 이를 바탕으로 지역고용을 유지·확대하도록 해야 한다는 것이다. 우리나라의 경우 역시 이와 비슷한 상황이므로 이러한 패러다임 전환이 필요하다.

참고문헌

고영우·김봉원·박상철(2021). 지역일자리목표 공시제 운영 성과 평가 및 개선 방안, 고용노동부 수탁연구.

김수은·김민경(2022). 전라북도 지역산업맞춤형 일자리 창출 지원사업 현황과 개선방안, 전북연구원.

김안국 외(2005). 지방자치단체의 고용과 인적자원 개발 정책, 한국직업능력개발원.

김용탁(2007). 지방자치단체의 장애인 고용정책 연구: 서울특별시를 중심으로, 한국장애인고용공단 고용개발원.

김진찬(2018). 지역일자리 목표 공시제 사업의 현황과 개선방안: 상주시와 고령군을 중심으로, 『지역사회연구』 제26권 제3호, pp.137-158.

노민기(2005). 한국의 지역노동시장 정책의 과제와 정책 방향, 국제회의 발표 자료.
박우식 · 박상우(2012). 지역고용정책 활성화 방안 연구: 지역일자리 공시제를 중심으로, 『지역사회연구』 Vol.20. No.3, pp.155-172.
박종훈 · 이경재 · 이성우(2018). 지역 노동시장의 산업구조를 고려한 청년층 고용 활성화 방안에 관한 연구, 『한국지역개발학회지』 제30권 제4호, pp.133-160.
박현석(2020). 수직적 중앙-지방정부 관계의 문제점과 제도 개선 방안: 지방행정체계 개편안에 대한 비교 분석, 『한국지방정치학회보』 Vol.10. No.1, pp.1-25.
우종원(2024). 최근 일본의 지역 고령자 고용정책의 변화와 시사점, 2024 한국지역고용학회 하계 학술대회 발표문.
이규용(2019). 지역일자리 정책의 방향, 『월간 노동리뷰』 5월호.
이규용 · 배규식 · 윤동열 · 전병유 · 전인 · 정준호 · 신운철(2023). 한국의 지역고용전략: 도전과 과제, 한국노동연구원.
이규용 · 이병훈 · 전병유 · 박배균 · 정준호 · 고영우(2014). 한국의 지역고용전략(Ⅰ): 이론과 쟁점, 한국노동연구원.
이규용 · 전병유 · 임상훈 · 정준호(2014). 한국의 지역고용 전략(Ⅱ): 실행전략의 모색, 한국노동연구원.
이상아(2020). 한국 지역고용정책 유형화와 그 유형별 특성 비교: 16개 시도 정책을 중심으로, 『한국사회정책』 제27권 제2호, pp.197-227.
이상호 · 최충 · 오병돈 · 윤문희 · 이성재 · 정연정 · 양용현 · 최광성(2020). 지역고용정책 성과 분석 및 발전 방안 연구, 한국고용정보원.
장기영(2024). 지역일자리 사업의 운영 실태와 개선 방향: 지역산업 맞춤형 일자리 창출 지원 사업을 중심으로, 『지역산업과 고용』 2024년 여름호.
전명숙(2010). 지역고용정책 활성화 방안 연구, 『월간 노동리뷰』 9월호.
전병유 · 오민홍 · 홍현균 · 김복순(2009). 고용개발촉진지역 지정 및 지원 방안에 관한 연구, 고용노동부 수탁연구.
주재복(2013). 중앙-지방 간 협력체계 강화 방안, 한국지방행정연구원.
최석현 · 양지윤 · 박정훈(2015). 경기도 지역 고용거버넌스 구축 방안 연구, 경기연구원.
황다솔(2023). 고용위기지역 지원제도 운영성과와 과제: 울산광역시 조선업을 중심으로, 『직업과 자격 연구』 Vol.12, No.2, pp.1-23.

11 CHAPTER

지속가능한 도시사회를 위한 마을공동체와 사회적 경제

염일열(서정대학교)

한 사회가 얼마나 좋은 사회인가는 국민행복 수준, 지속가능성, 사회적 연대 등의 지표로 나타낼 수 있다. 우리 도시사회의 현실은 이런 측면에서 모두 높게 평가하기는 어렵다. 이러한 도시사회의 과제들을 해결하기 위한 노력들이 사회적 경제의 이름으로 공동체, 시장, 시민사회, 국가의 협력 속에 새롭게 전개되고 있다. 최근 공동체, 그리고 공동체로서의 마을, 사회적 경제라는 개념이 유행하는 이유는 바로 여기에 있다.

이러한 문제인식 속에서 본 장은 도시사회 내 마을공동체의 지속가능한 성장을 위한 사회적 경제와의 접점을 찾아보고자 한다. 이에 따라 도시의 지속불가능성 문제를 급격한 산업화와 도시화, 경제의 저성장, 인구감소, 사회적 배제와 형평성 위기 등의 측면에서 분석하고, 지속가능한 도시를 구축하기 위한 대안으로 마을공동체와 사회적 경제와의 연계방안을 모색해 본다.

1 개요

한 사회가 얼마나 좋은 사회인가는 국민행복 수준, 지속가능성, 사회적 연대 등의 지표로 나타낼 수 있다. 우리 사회의 현실은 이런 측면에서 모두 높게 평가하기는 어렵다. 우선, 국민행복 수준을 보면, GDP 순위로는 세계 13위의 경제대국이지만, 2024년 UN 세계행복보고서로 보는 행복지수는 143개 국가 중 52위로 삶의 만족도 개선이 필요한 분야가 적지 않다. 지속가능성 문제를 보면, 공동체의 해체, 경제의 저성장, 저출산 · 고령화로 인한 인구구조의 변화가 가속되고 있는 것도 도시사회 · 경제구조의 지속가능성을 위협하는 요인이다. 또한, 사회적 배제와 노동시장의 양극화, 세대별 · 성별 격차 확대 등 형평성 위기는 갈등요소로 작용하여 사회통합 및 연대 저하 요인으로 작용하고 있다. 이러한 문제인식 속에서 본 글은 도시사회 내 마을공동체의 지속가능한 성장을 위한 사회적 경제와의 연계방안을 찾아보고자 한다.

2 도시사회의 지속가능성을 위한 대안은 무엇인가?

1) 도시의 새로운 사회문제와 지속불가능성

도시문제는 도시가 태동할 때부터 존재하는 것이지만, 지금까지와 전혀 다른 양상의 새로운 도시문제들이 발생하면서, 도시의 지속가능성(sustainability)에 커다란 위협이 되고 있다. 현대도시의 지속가능성을 위협하는 위기의 근저에는 급격한 산업화 · 도시화로 파괴된 공동체의식, 경제의 저성장 시대, 인구감소와 지속성장의 위기, 사회적 배제와 형평성의 위기 등 오래전부터 지속되어 온 사회문제에 새로운 사회적 문제가 더해져 도시의 지속가능성을 위협하고 있다.

(1) 급격한 산업화 · 도시화로 파괴된 공동체의식

우리나라는 국가의 강력한 산업개발 및 도시개발 정책에 의해 도시화가 촉진되어

짧은 기간 동안 빠르게 산업화와 도시화가 이뤄지는 압축적 도시화로 전통적 공동체가 해체되는 과정을 경험하였다. 이런 과정에서 전통적으로 중시되어 왔던 주민들 간의 정서적 유대감과 친밀감, 공동체의식과 일체감, 소속감 등을 갖는 과거 공동체와는 달리 도시공동체는 도시로의 인구유입, 핵가족화, 빈번한 이주, 신도시 개발에 따른 공간 확산, 아파트 중심의 공동주택 공급 등으로 이웃과의 교류와 소통 단절, 다양한 문화와 가치를 공유하고 서로를 이해할 수 있는 기회를 접하지 못하면서 개인주의나 집단이기주의가 사회 전반에 만연되었다. 최근에는 신자유주의가 심화되면서 국가나 사회 등 공공단위에서 함께 풀어가야 할 삶의 문제가 이제는 개인들이 책임져야 할 영역으로 내던져지고 있다.

최근 이러한 도시문제를 총체적으로 재인식하려는, 이른바 근대성에 대한 성찰이 활발하게 이루어지고 있다. 경쟁과 효율성을 강조했던 삶의 방식의 전환, 일방적 이윤추구가 아닌 협력과 공존의 경제체계, 외형적 성장만이 아니라 인간 중심의 가치 실현에 근거한 도시행정이 강조되고 있다(김기곤, 2012).

(2) 경제의 저성장 시대(Low-growth era)

우리가 주목하는 저성장은 단순히 수치상의 성장률 저하를 의미하는 것이 아니라, 고도성장의 동력이 빠르게 소진되고 있고, 그러면서 동시에 선진사회로의 도약을 위한 새로운 성장 동력을 창출하지 못한 틈새에서 경제를 포함한 사회 전반의 활동이 상대적으로 둔화되는 현상을 총칭하는 것이다(조명래 외, 2011).

우리나라는 1980년대 중반부터 1990년대 말의 외환위기까지 평균 7.7%의 경제성장을 보였으나, 2000년대 들어 3~4%, 2020년대에는 2%대에 머물고 있어 한국경제가 저성장 단계에 접어들었음을 알 수 있다. 경제의 저성장이나 침체가 도시정부의 재정수입 감소와 부채 증가로 이어지는 경향이 있어 소득의 양극화는 더욱 심해지고 오히려 주민들의 삶의 질이 낮아지는 문제가 발생한다. 경제의 저성장 시대에 대비하여 기존의 경제성장 중심의 지역경제발전 정책에서 벗어나 사회통합과 지속가능성 제고를 위한 지역경제 활성화 및 일자리 창출을 위해서 새로운 방식의 모색이 필요하다.

최근 지역의 자원과 인적 역량을 기반으로 커뮤니티 비즈니스(Community Business, CB)를 통하여 일자리와 소득을 창출하고 지역공동체를 형성하기 위한 노력들이 대안으로 요구되고 있다(행정안전부, 2017).

(3) 인구감소와 지속성장의 위기

저출산 · 고령화 현상을 중심으로 전개되는 우리나라의 인구구조 변화는 세계적으로 가장 빠른 속도[1]를 지속하고 있어 인구절벽[2]과 지방소멸 등 극단적인 인구전망이 점차 현실이 되고 있다. 인구감소는 우리나라의 국가경쟁력 및 도시경제에 악영향을 미칠 것으로 예상되고 있어 현대도시의 지속가능성을 위협하는 또 다른 요소로 작용하고 있다.

우리나라는 2020년 기준으로 사망자 수가 출생아 수보다 많아 '인구의 데드크로스' 현상을 경험했고, 수도권 인구가 비수도권의 인구를 역전한 최초의 해이며, 베이비부머 세대(1955~1963년생)가 고령층에 처음으로 진입하였다.

[그림 11-1] 인구절벽과 출생아 수 · 출생률 추이(1970~2020년)

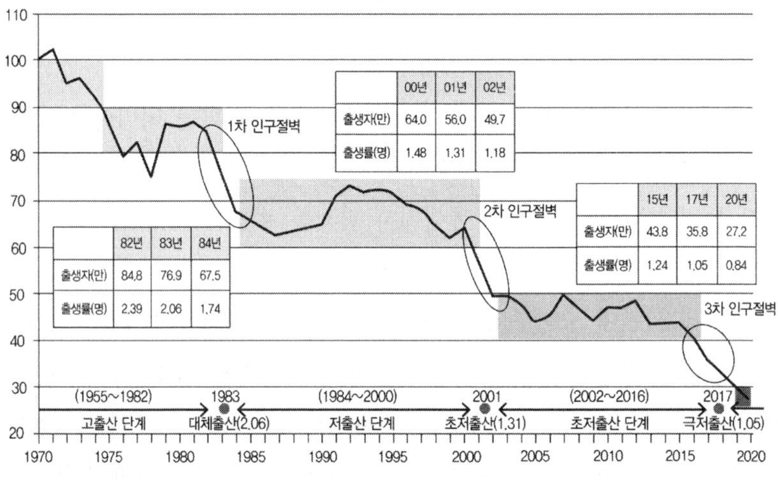

출처: 서형수(2021).

1) 1970년 4.53명에 달하던 합계출산율이 1983년 2.06명으로 인구대체수준(population replacement level) 이하로 떨어졌고, 2020년은 0.84명으로 전 세계에서 출산율 1.0 미만인 유일한 나라가 되었다.

2) 인구절벽은 생산가능인구가 급격하게 줄어드는 현상으로 1차 인구절벽은 1982~1984년, 2차 인구절벽은 2000~2002년, 3차 인구절벽은 2015~2020년으로 구분하고 있다(서형수, 2021).

저출산 · 고령화에 따른 인구감소로 나타날 수 있는 지방소멸 위험도를 분석한 이상호(2018)에 의하면 전국 228개(제주도, 세종시 포함) 시 · 군 · 구 중 소멸위험지역은 2013년 75개(32.9%)에서 2018년 89개(39%), 2020년 105개(46%)로 증가하였다. 문제는 인구 저성장을 넘어 인구감소 시대에 접어들면서 생산가능인구의 감소로 경제활동이 둔화되고, 상품 및 서비스 수요의 감소, 상점과 공장의 폐쇄, 일자리 감소로 이어지는 악순환이 나타날 수 있어 도시 활력이 감소할 것이라는 점이다.

[그림 11-2] 수도권–비수도권 인구변화 및 소멸위험지역 변화 추이

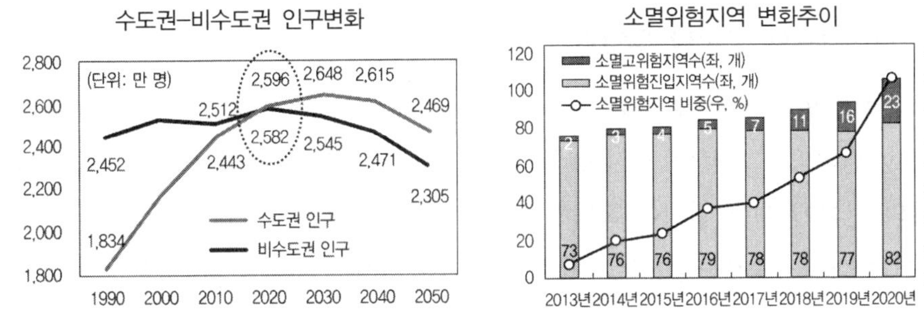

출처: 통계청 장래인구추계

출처: 한국고용정보원

(4) 사회적 배제와 형평성의 위기

도시에는 다양하고 충분한 소득을 보장할 일자리가 많고, 장차 도시민으로 정착하기 위한 교육을 받을 수 있는 여건이 좋기 때문에 많은 사람에게 기회의 땅으로 인식된다. 그런데 20세기에 들어와서 진행된 도시화 과정에서 도시는 상품을 생산하기 위한 공간으로서 역할을 수행하는 것을 넘어서, 도시공간 자체를 상품으로 만드는 과정을 겪게 된다. 도시의 토지와 건물은 사람들이 생활하고 생계를 유지하는 활동을 하는 곳에서 부동산이라는 상품으로 탈바꿈하여 거래된다. 전통적으로 공공의 자산 또는 서비스로 여기던 물, 통신, 교통, 사회주택, 심지어 토지와 공기까지 수많은 자원과 공간들이 민영화되거나 상업화된 공간으로 바뀌게 된다(Harvey, 2007: 22-44).

이런 도시공간의 민영화와 상품화 과정은 도시에서 구매력이 떨어지는 가난한 사람들을 배제시킨다. 이러한 과정에서 도시의 사회적 약자들은 공간적 배제를 경험하고, 이는 다시 사회적 배제로 이어져 삶이 불안정해진다(박인권, 2017).

도시공간이 개발과 상품화의 과정을 겪은 장소는 임대료가 높아져 중산층 이상의 사람들이 거주하고, 도시빈민들은 주거환경이 열악하고 임대료가 저렴한 곳에 모여 살게 됨으로써 거주지 분리가 나타난다. 또한 공공자산이 민영화됨에 따라 사회적 약자들이 자유롭게 접근하여 여가를 즐기고, 다른 사람들을 만나서 교류할 수 있는 공공공간이 줄어든다(한국도시행정학회, 2022). 이런 과정에서 자본을 소유한 일부 계층들은 이전보다 훨씬 더 많은 부를 소유하게 되어 빈부 격차는 더욱 커지고 사회통합에 필요한 형평성의 가치가 훼손되고 있다.

2) 지속가능한 도시란 무엇인가?

21세기에 범세계적으로 '지속가능성(sustainability)'이 세간의 화두가 되었고, 특히 코로나19 팬데믹과 더불어 도시의 취약성이 드러나면서 '지속가능한 도시(sustainable city)'로의 전환에 대한 관심이 폭발적으로 증가하고 있다.

일반적으로 지속가능성이란 특정한 과정이나 상태를 유지할 수 있는 능력을 의미한다. 지속가능성에 대한 개념 정의 중에서 가장 많이 알려진 것은 1987년 '환경과 개발에 관한 세계위원회(World Commission on Environment and Development, WCED)'의 보고서인 「우리의 공동미래(Our Common Future)」에서 내려진 정의로 지속가능성이란 미래 세대의 삶의 충족을 위한 그들의 능력에 손상을 주지 않으면서 현재 세대의 요구를 충족시키는 것이다.

지속가능한 도시란 무엇일까? 그동안 논의되었던 지속가능한 도시에 대한 여러 가지의 개념규정과 연구결과를 종합해서 나열한 지속가능한 도시는 [그림 11-3]과 같은 개념적 구성요소를 가지고 있다. 지속가능한 도시를 만들기 위해 요구되는 것을 범주화하면 다음의 네 가지 특성으로 요약할 수 있다. 첫째, 도시구조가 압축적이어야 하고, 둘째 도시기능이 생태적이어야 하고, 셋째 스마트한 환경관리가 필요하며, 넷째 기후변화에 대응할 수 있는 도시가 되어야 한다는 것이다.

[그림 11-3] 지속가능한 도시의 구성요소

출처: 황혜란 외(2019: 153).

3) 지속가능한 도시의 대안으로서 마을공동체와 사회적 경제 연계

우리나라는 산업사회 이후, 급격한 도시화·경제성장을 이루었음에도 불구하고, 심화된 사회적 양극화, 주택문제, 실업문제, 환경오염, 주민갈등 심화 등 다양한 도시 문제들이 대두되면서 이를 해결하기 위한 방안으로 주민 중심으로 구성된 마을공동체 활동이 점차 중요하게 인식되고 있다. 최근에는 마을공동체 활동을 활용하여 마을문제 뿐만 아니라 일자리 등 사회적 경제 활성화를 연계하려는 시도가 활발해지면서 마을공동체 활동의 중요성은 이전보다 높아지는 추세이다. 특히, 평균수명의 연장으로 초고령사회로 접어들면서 급증하고 있는 독거노인 문제, 맞벌이 가구와 취업준비생 등 1인가구의 증가 등으로 노인돌봄, 보육, 교육, 공유주택 등 사회서비스 수요가 급증하고 있다(류영국, 2018).

마을공동체 · 사회적 경제 모두 개념적으로 지역을 기반으로 자발적인 시민들에 의해 지역현안, 지역문제를 해결하려는 사회혁신을 추구한다는 점에서 공통점을 가지며, 그 운영원리에서 연대경제, 호혜경제 등 '연대와 협력'의 가치를 중요하게 제시한다는 점에서도 공통점을 발견할 수 있다. 이러한 측면에서 마을공동체는 마을이라는 공간에서 주민들의 주도적인 참여를 이끌어 냄으로써 주민자치를 실현하고 마을 주민들 간의 공동체적인 관계망을 만들어 호혜적인 인간관계를 형성하고, 지역사회의 선순환적인 체계를 구축하는 것을 의미한다. 사회적 경제의 목적은 이윤추구가 아닌, 구성원과 지역사회에 대한 서비스 제공에 있다. 이 과정에서 연대와 협력을 위한 경제적 수단을 통한 상생의 가치 추구, 건강한 공동체를 만들기 위해서 잉여의 배분과정에서 최대한 개인의 인센티브가 보장되는 윤리적 경제활동이라 할 수 있다.

[그림 11-4] 마을공동체와 사회적 경제의 연계

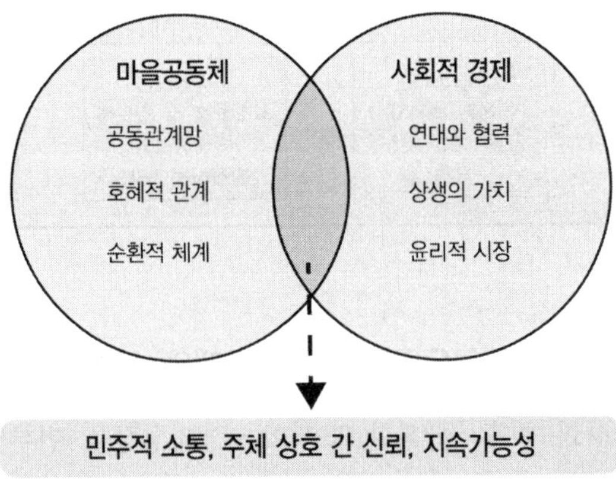

출처: 김송은(2019: 30).

3 도시 지역사회 문제를 해결할 해법, 마을공동체

1) 마을공동체의 개념

마을공동체는 마을과 공동체가 합쳐서 만들어진 것으로, '마을(village)'은 주민들이 일상적 생활을 영위하면서 경제, 문화, 환경 등을 공유하는 공간적·사회적 범위를 말한다. 마을의 범위는 정의에 따라 매우 다양하게 나타날 수 있으나, 일반적으로 주민들 간 일상생활에 있어 다양한 상호작용이 나타나는 공간을 '마을'로 정의할 수 있다.

공동체(community) 정의 또한 매우 다양하게 나타나고 있어 하나의 개념으로 정의하려는 시도보다는 그 특징들을 통해 공동체 개념을 이해하는 것이 바람직하다. 공동체는 일반적으로 '같은 관심사와 의식을 가지고 있는 사람들이 같은 환경을 공유하며 형성하는 사회집단으로 사람들이 특정한 사회적 공간에서 공통의 가치와 정체성을 가진 사람들의 집단'으로 정의할 수 있다(이정철 외, 2020).

마을, 공동체의 개념과 구성요소를 토대로 마을공동체의 개념을 정의하면, 마을을 기반으로 하여 공동체의 구성요소인 지리적 영역, 사회적 상호작용, 공동의 유대감을 가지고 있어야 한다. 즉, 마을공동체는 사회적 자본3)이 축적된 마을을 지역 범위로 설정하고 구성원들이 소속감을 가지고 그 집단 내에서 공동 목적을 위해 자발적으로 참여하는 성원들로 구성된 집단이라고 정의할 수 있다. 행정안전부(2013)에서 제시한 마을공동체의 개념적 정의를 보면, 지리적으로 근접한 일정한 공간에 거주하는 주민들이 서로 상호작용을 하면서 공동의 목표나 가치를 추구하는 유대감을 가진 집단으로 정의하고 있다. 마을공동체에 대한 다양한 정의를 바탕으로 개념화하면, 마을에 거주하는 주민들이 참여하여 마을에 관한 일을 결정하고, 나아가 지역 내 다양한 문제들을 해결하는 주민자치 공동체로 정의하고자 한다.

이러한 마을공동체는 급속한 도시화와 개발로 인하여 사라진 사람의 가치와 신뢰의 관계망 회복이 필요하다. 이를 위해 마을 공간을 중심으로 지역주민들이 스스로 참

3) 사회적 자본은 일정한 지리적 공간 안에 '연결망(network), 규범(norm), 신뢰(trust)'를 형성하여 상호 이익을 위해 협동하고 협력하는 사람들 간의 과정으로 곧 마을공동체를 의미한다고 할 수 있다.

여하여 지역의 문제를 해결하고, 마을 활성화를 위해 단절된 이웃과의 관계를 회복하고 나아가 지역주민의 삶의 질을 높이는 주민자치활동 등의 종합적인 노력이 필요하다.

[그림 11-5] 마을공동체의 개념과 성격

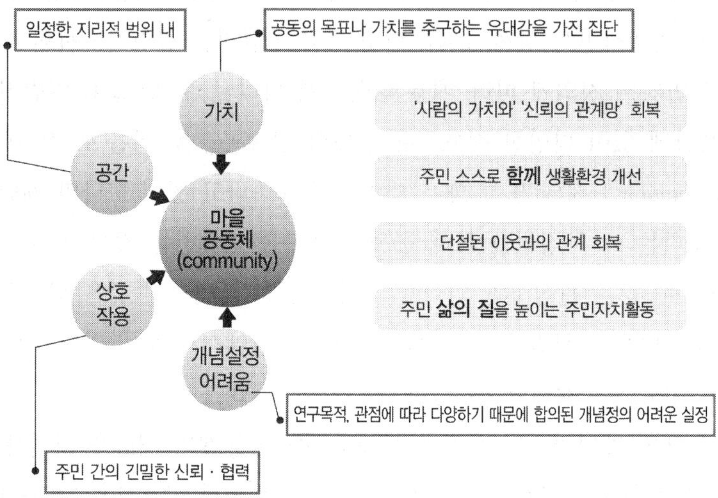

2) 마을공동체의 유형

마을공동체 유형은 시대적 상황과 공동체 운영 등에 따라 여러 가지 형태로 제시될 수 있고, 지역의 전통과 역사, 환경적 여건, 주민의 욕구 등이 고려되어야 할 것이다. 우리나라에서 제시되고 있는 마을공동체 유형을 보면 주민-정부관계, 구성형태, 주도주체, 사업목적, 대상지역 등의 분류기준에 따라 다양하게 설명될 수 있다.

(1) 주민–정부관계

마을공동체는 공동체 형성의 주체와 역할에 따라 관리주의 모형, 파트너십 모형, 주민협치 모형으로 구분할 수 있다.

[표 11-1] 주민-정부관계에 따른 분류

구분	관리주의 모형	파트너십 모형	주민협치 모형
초점	서비스 전달체계 강조	민관공동생산을 위한 주민참여 여부	주민에게 문제해결의 실질적 권한부여 여부
주민의 역할	고객	공동생산자, 동반자 (행정과 대등한 관계)	협치자
행정의 역할	공급자	공동생산자, 동반자	촉매자, 촉진자
주민자치 센터 기능	문화여가 및 편의서비스 제공	민관협력 네트워크 구축	직접민주주의 실천 자치공동체 의식 함양의 장
동네(지역)의 중요성	복지서비스 제공의 장 공동소비 및 여가향유의 장	대의민주주의 실천의 장 공동체의식 함양의 장	직접민주주의 실천의 장 자치공동체의식 함양의 장

출처: 김현호(2013: 19). 재인용.

(2) 구성형태

마을공동체를 구성형태에 따라 기업형 마을공동체, 협업형 마을공동체, 풀뿌리운동형 마을공동체 세 가지로 유형화하고 있다.

[표 11-2] 구성형태에 따른 분류

구분	기업형 마을공동체	협업형 마을공동체	풀뿌리운동형 마을공동체
특징	영리를 추구하는 기업활동에 기반하여 사회적 가치추구를 목적으로 하는 마을공동체	상부상조의 전통적 공동체 가치에 기반하여 공동 혹은 협동 활동을 목적으로 하는 마을공동체	지역사회에서 주민들과 함께 시민운동의 영역에서 지역사회의 문제를 해결하고 이를 기반으로 전체 사회의 공동체적 변화를 꾀하려는 활동을 목적으로 하는 마을공동체
사례	사회적 기업, 마을기업, 농어촌공동체회사, 자활공동체, 주거복지사업단, 농어업회사 법인 등	협동조합, 농협, 수협, 산림조합, 새마을금고, 신용협동조합, 소비자생활협동조합, 주민자치회 등	교육공동체, 마을공동체, 문화공동체, 생태공동체, 로컬푸드, 각종 공익형 풀뿌리운동단체 등

출처: 한국지방행정연구원(2013: 23). 수정 보완.

(3) 주도주체

마을공동체 활동의 주도주체에 따라 정부주도형, 민관협력형, 주민주도형으로 구분하고 있다. 특히, 정규호(2012)는 모범적인 마을공동체 활성화는 추구하는 이상이나 표방하는 바의 주민주도와 달리, 민관협력형을 가장 현실적인 방안이라고 제시하고 있다.

[표 11-3] 주도주체에 따른 분류

구분	정부주도형	민관협력형	주민주도형
세부유형	• 중앙정부 주도형 • 지방정부 주도형	• 민간자율 우선형 • 재정지원 우선형	• 저항형 • 파트너십형(주민-전문가 융합형) • 로컬거버넌스형(주민-정부-전문가 협력체형)

출처: 전대욱 외(2012: 29-32). 수정 보완; 정규호(2012: 7-34). 수정 보완.

(4) 사업목적

행정안전부는 김현호(2013)의 연구결과에 따라 사업목적에 따라 지역사회에서 현실적으로 목도할 수 있고, 다양한 지역사회 문제해결을 통해 지역주민의 행복이 구현될 수 있는 8가지 유형으로 구분하고 있다.

[표 11-4] 사업목적에 따른 분류

구분	사업목적	세부유형
산업형	지역주민의 소득증대, 고용창출 등 지역 내 소득 선순환시스템 창출	향토산업 육성, 전통시장 활성화 등
교육형	지역주민의 생애경력을 개발하기 위해 가정과 학교, 학교 이외에서 실시되는 사회교육을 아우르는 평생교육	평생교육, 청소년 쉼터
복지형	주민들이 주체적으로 참여하는 복지(관계망 형성)	저소득층/노인 지원, 보육공동체
안전형	방범, 재난 재해, 교통 등 지역 안전생활 확보	교통안전, 생활안전
문화역사형	지역문화 및 역사 보전/활용을 통한 지역정체성 형성과 주민의 자긍심 고양	전통마을, 문화예술 지향
다문화 지원형	외국인 밀집 지역의 생활환경 개선 및 거주 외국인 지역사회 정착지원	외국인 노동자 밀집지구, 다문화가정
생활정비형	노후 및 불량주택 등 환경정비와 사회경제적 공간으로서의 주민의 삶의 질 향상	마을테마 만들기, 특화거리 조성, 벽화사업 등
환경생태형	지역의 환경생태자원 재생 및 보전을 통한 환경오염 저감	자원재생, 생태보존

출처: 김현호(2013: 170-321). 수정 정리; 행정안전부(2017: 17). 재인용.

(5) 대상지역

마을공동체가 형성되는 대상지역에 따라 도시형과 농촌형 마을공동체로 유형화할 수 있다.

[표 11-5] 대상지역에 따른 분류

구분	도시형	농촌형
목표	지역문제 해결, 삶의 편의 증대	지역경제 활성화, 지역활력 제고
기반	자발성	자연마을
의도성	강한 의도성	비교적 약한 의도성
구성원	가변적	비교적 고정적
공동체 역량	전문지식 및 인적역량 풍부	전문지식 및 인적역량 미흡
재정사업	사후 재정사업 연계	초기 재정사업 지원
지리적 영역	사후적으로 형성되지만 동 단위가 많음	자연마을 단위로 사전적으로 형성됨

출처: 김현호(2013: 25). 수정 정리.

3) 마을공동체 관련 정책의 이해

마을공동체 관련 지원사업이 본격화된 2000년대 중반부터 현재까지 중앙정부가 추진하는 마을공동체 사업은 각 부처별 특성에 기인하여 다양한 사업내용으로 추진하고 있다. 마을공동체 정책의 주무부처인 행정안전부 외 국토교통부, 농림축산식품부 등 중앙정부 각 부처에서 마을공동체 활성화와 관련된 다양한 정책 사업을 추진하고 있다.

[표 11-6] 마을공동체 관련 정부의 주요 정책

부처	사업명	부처	사업명
기획재정부	• 사회적 협동조합	고용노동부	• 사회적 기업 육성사업(지역공헌형)
행정안전부	• 마을기업 육성사업 • 주민자치회 시범사업 • 마을공동체 정원사업 • 인구감소지역 통합지원사업 • 특수상황지역(접경 · 도서) 개발사업 • 마을공방 육성사업	농림축산식품부	• 농촌공동체회사 우수사업 지원사업 • 농촌 신활력 플러스 사업 • 농촌 중심지 활성화 사업 • 기초 생활거점 조성 사업 • 시군역량 강화 사업 • 창조적 마을만들기 사업

	• 지역사회활성화 기반조성사업 • 청년공동체 활성화 사업 • 청년들이 살기 좋은 마을만들기		• 농어촌 취약지역 생활여건 개조사업 • 농촌교육 · 문화 · 복지 지원사업 • 사회적 농업 활성화 지원사업 • 농촌축제 지원사업
산림청	• 산림 일자리 발전소 운영사업 • 산림휴양 치유마을 사업 • 백두대간 지역주민 지원사업 • 산림에너지 자립마을 조성사업 • 산촌종합개발 사업	문화체육 관광부	• 생활문화센터 조성사업 • 문화특화지역 조성사업 • 마을미술 프로젝트 • 작은도서관 독서문화 프로그램 운영 사업 • 관광두레 육성사업
보건 복지부	• 다함께돌봄 사업 • 지역사회 통합돌봄 선도사업	국토 교통부	• 도시재생 뉴딜사업 • 도시재생 예비사업 • 도시 취약지역 생활여건 개조사업
여성 가족부	• 공동육아나눔터 운영 지원사업 • 돌봄공동체 지원사업	해양 수산부	• 어촌 뉴딜300 사업 • 명품어촌 테마마을 조성

출처: 하현상 외(2020: 14). 수정 정리.

4 함께 살아가는 도시 지역사회를 만들기 위한 사회적 경제

1) 사회적 경제에서 왜 지역사회가 중요한가?

사회적 경제는 시장경제와 다르게 지역사회를 기반으로 교환, 관계형성(연대와 협력), 공동으로 소유하고 민주적 운영을 원칙으로 하는 경제공동체로서 기능을 한다고 볼 수 있다. 사회적 경제에서 왜 지역사회가 중요한가? 다음의 세 가지로 살펴보고자 한다(채종헌 외, 2014: 76-96).

(1) 사회적 경제는 지역성에 기반

사회적 경제는 지역주민과 지역사회의 요구와 관련된 지역경제 회복과 취약계층의 일자리 창출, 복지서비스 제공 등 지역공동체를 유익하게 하고 번영을 위한 내발적 발전(Endogenous Development)을 활성화시키는 데 기여한다. 특히, 지역에서 고용위기에 노출된 장애인, 실업자, 빈곤층 등 취약계층에게 취업기회를 제공하는 데 유용하게 활용된다.

(2) 사회적 경제는 공동의 유대감을 형성

지역은 공동의 문화적·역사적 전통을 가지는 사람들을 중심으로 구성되며, 근접성 및 반복적 교류로 인해 양질의 인간관계는 물론 효과적인 자원배분이 가능한 토양이 된다. 사회적 경제는 공동체 중심의 지역발전을 통하여 지역사회 구성원들 간의 연대와 협동을 촉진시키고 공동체적 가치를 복원하고 활성화시키는 데 중요한 매개체로서 역할을 한다.

(3) 사회적 경제는 구성원들 간의 상호호혜적인 교류에 기반

사회적 경제는 지역의 상호호혜적인 관계를 지속적으로 유지하도록 함으로써 사회자본을 향상시키고 지역공동체 발전과 지속에 기여한다. 연대와 협력을 기반으로 하는 상호교류는 구성원들 간의 호혜적 관계망을 형성하게 하여 공동체 결속력을 키우고 공동체 경제활동을 활성화시키는 데 긍정적인 영향을 미친다.

2) 사회적 경제란 무엇인가?

(1) 사회적 경제의 개념 및 특징

① 사회적 경제 정의

사회적 경제와 관련된 국내·외 다양한 논의들을 종합하면, 사회적 경제는 사회적 가치와 경제적 가치를 동시에 추구하는 영역으로 시장과 정부의 경제활동에서 해결하기 어려운 부문을 시민들이 자발적으로 연대하고 서로 협력하여 이를 해결하는 과정에서 발생하는 여러 형태의 경제활동이다.

우리나라 정부는 사회적 경제를 '구성원 간 협력·자조를 바탕으로 재화·용역생산 및 판매를 통해 사회적 가치를 추구하는 민간의 모든 경제적 활동이며 구성원의 참여를 바탕으로 사회적 가치를 추구하는 경제활동'으로 정의하고 있다(관계부처 합동, 2017.10). 국내에서는 일반적으로 사회적 경제를 공동체의 보편의 이익을 추구하는 명확한 사회적 목적을 가지고, 자본의 힘에 좌우되지 않으면서 구성원들이 민주적인 방식으로 의사결정을 하는 자율적인 경제조직들의 집합이라고 정의한다(신명호, 2009).

[그림 11-6] 사회적 경제의 다양한 정의

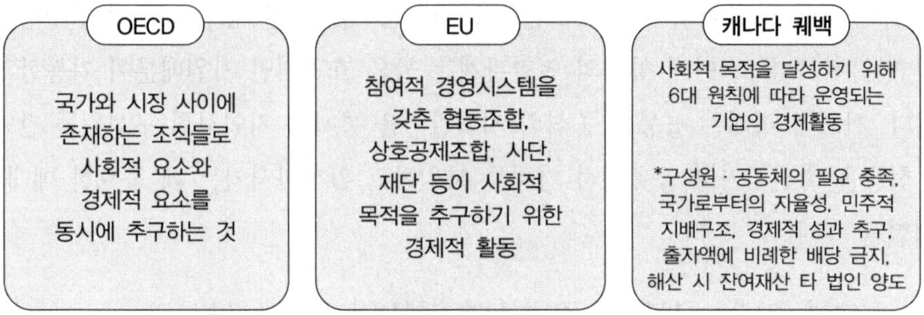

② 사회적 경제 특징

시장에서 경제활동이라는 측면에서 시장경제와 유사하지만, 시장주의 경제가 이윤 창출을 최우선에 두고 있다면, 사회적 경제는 사회적 가치 실현을 우선적으로 추구하며, 사회적 경제 특징은 크게 네 가지로 나타낼 수 있다.

- **자율과 민주**: 효율경영보다는 회원들의 자발적 참여 · 1인 1표 행사 등 민주적 의사결정을 통한 자율경영을 원칙으로 조직을 운영한다.
- **사회통합**: 상업적 목표보다는 구성원 간 이익을 공유하고, 취약계층의 일자리를 창출하며, 지역사회 기여 등의 사회적 가치를 우선적으로 추구한다.
- **연대와 협력**: 정부 또는 시장의 사각지대에 위치한 취약계층이 사회문제 해결과 사회적 가치를 실현하기 위해 자발적 공동체를 구성하여 상호 협력한다.
- **경쟁과 보완**: 시장조직과 경쟁하면서, 사회문제 해결에 있어 시장과 정부실패를 보완하는 제3의 영역으로서의 기능을 한다.

(2) 사회적 경제의 원칙

① 사회적 경제의 작동원칙

사회적 경제는 사회적 · 경제적으로 배제되어 있는 개인이나 집단 구성원들을 포용하는 지역사회 통합을 위한 경제적 행동이며 나아가 정치 · 사회적 행동이라고 할 수 있다. 따라서 원칙적으로 사회적 경제는 주체적이며 능동적인 생산과 분배를 강조함으로써 욕구에 있는 사람들이 단순히 수동적으로 혜택을 받는 사람들이라고 보지 않으며 그들 스스로 그들의 운명을 함께 개척하는 성숙한 시민사회의 일원으로 바라

본다. 이와 같은 입장을 견지하면서 사회적 경제의 일반원칙을 다음과 같이 정리할 수 있다(지은구, 2021: 34).

첫째, 사회적 경제는 이익 창출이 자본의 이익이나 만족을 위해 존재하지 않고 회원 및 지역주민과 사회의 이익이나 만족을 강조한다.

둘째, 사회적 경제는 모든 회원들이 참여하는 민주적 의사소통과 관리를 강조한다.

셋째, 사회적 경제는 연대 및 집합적 책임성을 강조한다.

[그림 11-7] 사회적 경제의 작동원칙

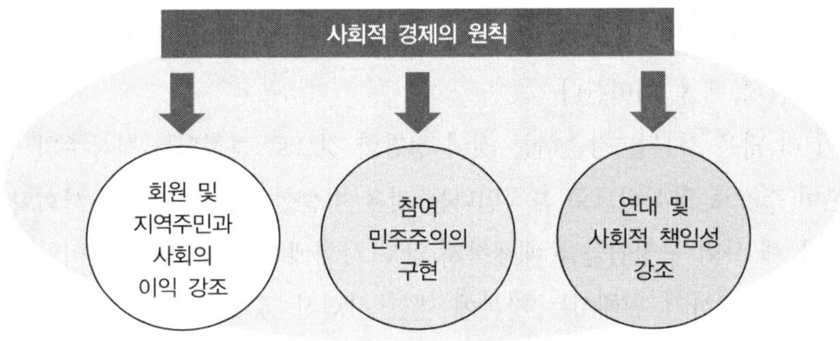

② 사회적 경제의 경제원칙

사회적 경제 조직은 시장에 참여하면서도 이익을 사회에 재투자하고 이익을 주민 및 지역사회에 환원하기 위한 노력은 반드시 자본가의 자본축적 논리와는 달라야 한다. 이는 '자본의 사유화'가 아니라 '자본의 사회화'가 핵심적인 사회적 경제의 경제원칙임을 의미한다. 자본주의에서 사회적 경제가 작동하기 위한 기본 원칙으로 제시되는 세 가지 원칙을 살펴보면 다음과 같다(지은구, 2021: 35-42).

㉠ 상호 호혜(reciprocity)의 원칙

상호 호혜는 사회적 경제가 작동하기 위한 기본 원칙으로서 사회적 경제 조직들은 상호 호혜를 바탕으로 조직을 운영한다. 상호 호혜의 원칙은 인간에 대한 보완의 원칙과 깊은 연관이 있다. 즉, 인간은 자기 이익을 실현하려는 개인적인 본성도 물론 지니고 있지만 더욱 중요한 본성은 모든 인간은 타인과의 상호관계하에서 존재한다는 점이다. 인간이 인간을 보완해 주고 상호 간에 혜택을 주고받으면서 살아간다는 상호 호혜의 원칙은 인간 생존의 법칙과도 같다고 할 수 있다.

㉡ 자본에 대한 사회적 통제의 원칙

노동에 대한 자본의 통제에 반대로 작동해서 사회적 경제는 노동자, 시민, 이용자나 소비자들이 자본을 통제하기 위한 하나의 수단으로 작동한다. 자본주의의 일반적 작동원칙인 노동에 대한 자본의 통제를 이해하기 위해서는 자본축적의 일반적 원칙을 이해하여야 한다. 자본축적의 일반적 원칙이란 자본은 지속적인 잉여가치를 창출하고 창출된 잉여가치를 통해 부를 축적한다는 것이다. 자본축적을 일반화하려는 자본에 대한 통제는 자본가에게 집중되어 있는 자본의 할당이나 분배에 대한 통제, 즉 자본의 소유화에 대한 통제를 의미한다.

자본이 더 많은 자본을 창출하는 것이 정당한 것으로 인정되는 자본주의 경제체제에서 자본이 스스로 양심적으로 움직인다는 것은 비현실적이다. 자본의 사회화는 자본이 시장을 통해 사회 구성원들을 배제하지 않고 사회에 더 많은 창출된 이익을 반환하는 행동을 하도록 하기 위해서는 자본에 대한 사회적 통제가 필연적이다.

㉢ 재분배의 원칙

재분배 원칙은 사회적 경제가 실현하려는 사회혁신을 통한 사회정의 구현이라는 사회적 미션(또는 목적)과 일치한다. 재분배 원칙은 지나친 이익추구 및 시장에 대한 집중이 지역사회 주민 및 지역사회에서 자원의 불균형을 초래하고 경제적 불평등 및 사회배제를 초래한다는 기본적 인식에서 출발한다.

따라서 시장의 불평등한 자원할당을 재조정하기 위하여 사회적 경제는 소외되고 차별받는, 그리고 소득이 불안정하거나 일자리를 가지지 못한 사람들에게 소득보장과 이익의 할당 등의 재분배 원칙을 통해 균형적으로 이익 또는 부가 재분배되어 시장을 통한 사회배제가 약화되고 지역사회 주민들이 공생하면서 안정적인 생활을 발판으로 지역사회가 발전을 하는 것을 강조한다.

3) 사회적 경제의 유형

사회적 경제 활동을 수행하는 주요 주체는 사회적 기업, 협동조합, 마을기업, 자활

기업 네 가지로 구분할 수 있다. 이와 같은 사회적 경제 기업은 영리를 추구하지 않는 비영리법인 중심이라는 점에서 공통점이 있지만, 법적 근거, 사업목적, 설립방식 등 여러 가지 측면에서 차이점이 있다([표 11-7] 참조).

[표 11-7] 사회적 경제의 유형

구분	사회적 기업	협동조합	마을기업	자활기업
소관 부처	고용노동부	기획재정부	행정안전부	보건복지부
근거 법령	사회적기업육성법	협동조합기본법	마을기업육성사업지침	국민기초생활보장법
시행 연도	2007년	2012년	2010년	2012년
목적	취약계층에 대한 일자리 창출 등 사회서비스 제공 및 지역사회 공헌	조합원의 권익을 향상하고 지역사회에 공헌	지역자원을 활용한 공동의 문제 해결 및 소득 일자리 창출	저소득층 자활 능력 배양 및 일자리 지원
대상	취약계층 및 지역주민	지역주민	지역주민 5인 이상	기초생활수급자가 1/3 이상인 기업
설립 방식	인증제	인가제	심사제	인정제
사업 주체	대부분 대표자 1인	공동출자자 (최소 5인 이상)	공동출자자 (최소 5인 이상, 주민 70% 이상)	대표자 1인
사업 유형	일자리제공형 사회서비스제공형 지역사회공헌형 혼합형 기타형	소비자협동조합 생산자협동조합 직원협동조합 다중이해협동조합 사회적협동조합	자립형마을기업 예비마을기업 청년마을기업 우수마을기업 新유형마을기업	협동조합 일반사업자

4) 사회적 경제를 통한 지속가능한 마을공동체 구축

(1) 경기도 안양: 마을관리 협동조합

마을관리 협동조합이란 도시재생사업을 통하여 공급된 기초생활 인프라를 유지·관리해 나가며, 주민들이 필요로 하는 재화 및 서비스를 공급하는 주민 중심의 자조조직으로 법인격은 협동조합보다 공익성이 한층 강화된 사회적 협동조합을 뜻한다. 마을

관리 협동조합은 국토교통부와 지자체, 도시재생 지원기구, 운영지원 전문기관, 갈등관리위원회, 사회적 경제 중간지원조직이 상호연계를 통해 [그림 11-8]과 같은 역할을 부여하고 있다.

명학 마을관리 사회적 협동조합은 2017년 국토교통부 주관 도시재생 뉴딜사업 공모에 명학마을의 협동조합 설립계획을 적극 반영해 2018년 마을관리 협동조합 시범지역으로 선정되었다. 명학 마을관리 협동조합은 지역거점시설의 위탁운영과 함께 마을관리소, 마을카페, 다함께돌봄센터, 나눔가게 등 지역일자리 창출을 통해 주민복지 증진에 기여하는 다양한 마을사업을 추진하고 있다.

[그림 11-8] 안양시, 명학 마을관리 협동조합

• 국토교통부: 마을관리 협동조합 설립 인가 및 공공지원 제도 마련
• 지자체: 마을관리 협동조합 관련 도시재생 사업계획 수립, 마을관리 협동조합 육성, 공공지원 집행 및 관리
• 도시재생 지원기구: 마을관리 협동조합 육성지원(교육운영, 창업지원, 사업모델, 선도조합, 네트워크, 제도개선, 모니터링)
• 운영지원 전문기관: 마을관리 협동조합 자금 및 회계관리 지원, 조합원 모집 홍보 등
• 갈등관리위원회: 조합원 사이 또는 지역주민과의 사이에서 발생할 수 있는 갈등 예방, 조정, 중재
• 사회적 경제 중간지원조직: 마을관리 협동조합 설립지원 및 사회적 경제 네트워크 구축 및 자원 연계 등

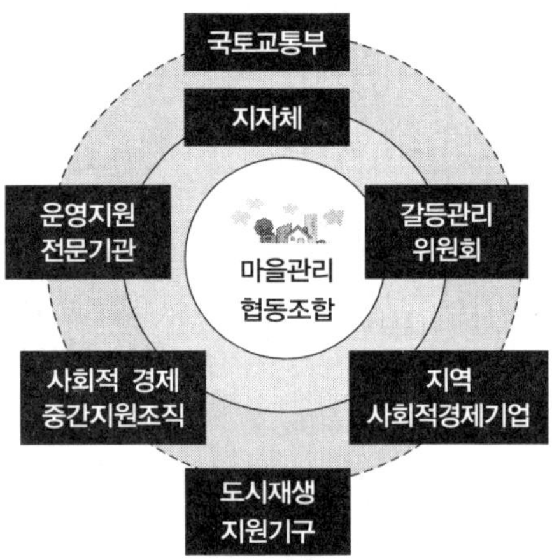

국토교통부 안 이외에도 보건복지부의 커뮤니티케어 사업이나 생활 SOC 사업 등에서 구축된 지역단위의 인프라 운영과 관련된 것에서도 마을관리 협동조합이 할 수 있는 역할은 [그림 11-9]와 같이 생각해볼 수 있다.

[그림 11-9] 도시재생사업에서의 마을관리 협동조합의 역할

도시재생사업에서의 마을관리 협동조합의 역할			
주택관리	마을관리	문화 · 관광	돌봄 · 교육
• 단열사업(문, 창) • 보일러, 전기배선, 전등수리 • 집수리 • 공구대여	• 택배보관서비스 • 공동쓰레기처리 • 재활용쓰레기분리 판매 • 주차장관리 • 텃밭 및 공원관리 • 커뮤니티센터 운영	• 북카페 • 마을다방 • 마을텃밭연계 텃밭장터 • 마을탐방프로그램 운영	• 시간제 탁아서비스 • 방과 후 학교 • 마을도서관 • 옷수선실/재활용 수선실

(2) 강원도 원주: 협동조합 네트워크로 협동조합 지역사회 형성

사회적 경제를 통한 지역발전의 대표적인 국내 사례는 협동조합들 사이의 네트워크를 통해 '협동조합 지역사회'를 만든 원주 사례가 대표적이다. 2003년 대안 사회를 위한 협동운동의 토대 형성과 상호 간 협력을 위해 원주 지역 8개 협동운동단체가 모여 '원주협동조합운동협의회'를 결성하면서부터 협의체가 태동하였다. 이후 2012년 「협동조합 기본법」이 제정되면서 2013년에는 사회적 협동조합으로 '원주협동사회경제네트워크'를 창립하고 지역주민들의 필요와 욕구를 충족시키려는 협동조합들이 모여 구성한 연결망으로서 자립과 자치, 돌봄과 나눔을 통한 호혜의 실현, 공동체 복원을 이루어가고 있다. 이 네트워크는 강원도 사회적 경제 통합지원기관의 한 축을 담당하고 공동기금도 조성해 협동조합 지역사회를 강화해 가고 있다.

[그림 11-10] 원주협동사회경제네트워크(2024년 1월 현재)

<table>
<tr><th>신용</th><th>생산 · 가공</th><th>생산 · 가공</th><th>문화</th><th>사회서비스</th><th>사회서비스</th></tr>
<tr><td>원주밝음신협</td><td>원주푸트협동조합</td><td>두레공예협동조합</td><td>(사)음악만들기
앙상블</td><td>강원의료복지
사회적협동조합</td><td>토닥토닥맘협동
조합</td></tr>
<tr><td>소비</td><td>원주생명농업</td><td>주식회사
퀸비스토어</td><td>(사)한국전통
예술단 아울</td><td>원주노인생협</td><td>두루바른사회적
협동조합</td></tr>
<tr><td>원주 한살림</td><td>한국승강기협동
조합</td><td>주식회사
온세까세로</td><td>주식회사
제이엠컴퍼니</td><td>성공회원주
나눔의집</td><td>마루장례협동조합</td></tr>
<tr><td>원주생협</td><td>(합)햇살나눔</td><td>강원만찬협동조합</td><td>스토리한마당협동
조합</td><td>원주지역자활센터</td><td>(주)지인누리</td></tr>
<tr><td>상지대생협</td><td>토요영농조합법인</td><td>교육</td><td>사회적협동조합
모두</td><td>(주)노나메기</td><td>풀그림창작소</td></tr>
<tr><td>강원곳간사회적
협동조합</td><td>(주)만종바이오
–천지인초–</td><td>무위당학교
사회적
협동조합</td><td rowspan="4">길터사회적
협동조합</td><td>(주)플라워럼프</td><td>꿈터사회적
협동조합</td></tr>
<tr><td>마을공동체</td><td>협동조합허브
이야기</td><td>공동육아협동
어린이집
소꿉마당</td><td>(유)다자원</td><td>(주)청코리아</td></tr>
<tr><td rowspan="2">(사)서곡생태마을</td><td rowspan="2">주식회사 인스</td><td>원주진로교육센터
새움</td><td rowspan="2">갈거리사회적
협동조합</td><td>사회적협동조합
원주행복한돌봄</td></tr>
<tr><td>큰나무사회적
협동조합</td><td>강원고령자사회적
협동조합</td></tr>
</table>

(3) 전북 완주: 로컬푸드로 시작된 커뮤니티 비즈니스와 지역순환경제

로컬푸드 운동의 성공 사례를 만들고 군 단위에서 수백 개의 마을을 연결시키는 전북 완주의 커뮤니티 비즈니스 사업은 지역순환경제를 지향하는 지역 활성화의 훌륭한 사례이다. 완주군의 사회적 경제는 민관협력을 통해 지역에서 생산된 안전한 먹거리와 안정적 공급 및 유통으로 농가의 소득안정을 꾀하고 지역농업 및 지역사회의 지속가능성을 확보한 커뮤니티 비즈니스 모델을 다양한 사회적 경제방식으로 구축・발전해 가고 있다. 이후 로컬푸드 운동과 주민참여에 의한 공동체 활성화 사업들을 통해 협동조합・사회적 기업・마을공동체・중간지원조직 등 사회적 경제 주체들이 성장하고, 이들이 유기적으로 협력함으로써 지역순환경제 형성의 기반을 강화해 가고 있다. 특히, 지속가능한 지역순환경제 구축을 목표로 '지역푸드 플랜'과 '소셜굿즈' 프로젝트 등으로 전략을 확대 추진하고 있다.

2017년에는 사회적 경제 관련 연대조직으로 '완주사회적경제네트워크'(사회적 협동조합)를 설립하여 사회적 경제 활성화를 위한 통합적인 민관협력체계로 전환을 꾀하고 있다.

[그림 11-11] 완주군 사회적 경제 브랜드 소셜굿즈 추진전략

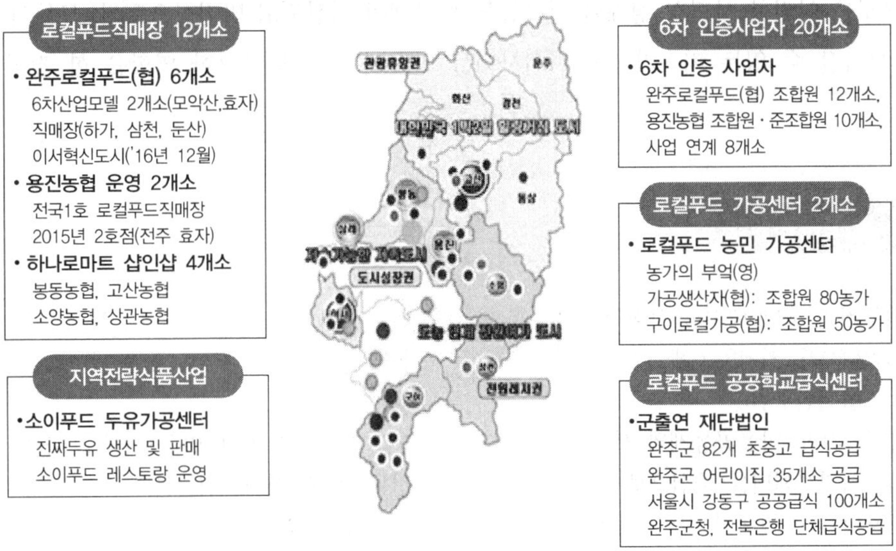

출처: 완주사회적경제네트워크(2018).

5 지속가능한 도시사회 구축

지속가능한 도시사회를 구축하기 위해 마을공동체와 사회적 경제는 단순히 대안적 경제 모델을 넘어 지역사회의 자원과 역량을 극대화하는 중요한 수단이다. 도시화와 산업화가 불러온 공동체 해체, 환경문제, 경제적 불평등 등 현대 도시의 문제들은 더 이상 전통적인 방식으로 해결할 수 없으며, 지역기반의 자율적이고 협력적인 경제 모델이 필수적이다. 마을공동체는 주민들 간의 연대와 신뢰를 회복하며, 사회적 경제는 경제적 이익과 사회적 가치를 동시에 추구함으로써 지역사회의 문제를 해결하고 지속가능한 발전을 이끌어낼 수 있을 것이다.

본 장에서 제시된 다양한 사례들은 이러한 이론이 실제로 어떻게 적용되고 성공적으로 실현될 수 있는지를 보여준다. 협동조합, 사회적 기업, 로컬푸드 운동과 같은 사회적 경제 활동은 도시의 지속가능성을 강화하는 핵심 전략으로 자리매김하고 있고 앞으로도 이러한 사회적 경제와 마을공동체 모델이 확산되고 발전함으로써, 모두가 함께 살아갈 수 있는 지속가능한 도시사회를 만들어가는 데 중요한 역할을 할 것이다.

참고문헌

관계부처 합동(2017.10). 사회적 경제 활성화 방안.

김기곤(2012). 지역공동체, 이상과 현실 그리고 과제들, 『광주연구』 제3호(통권 제18호), 광주발전연구원.

김송은(2019). 마을공동체와 사회적 경제에 대한 통합 중간지원 사례 연구-성북구 마을사회적경제센터를 중심으로, 성균관대학교 국정전문대학원 석사학위논문.

김현호(2013). 현대적 지역공동체 모델정립 및 활성화 방안 연구, 행정안전부.

류영국(2018). 마을공동체 회복을 위한 바람직한 도시재생 추진방안, 『광주전남연구』 제8호, 광주전남연구원.

박인권(2017). 도시의 사회적 약자 불안정화 과정, 『공간과 사회』 제27권 제4호.

서형수(2021). '인구변화의 구조적 위험과 대응전략' 토론회. 저출산·고령사회위원회 발표자료.

신명호(2009). 한국의 사회적 경제 개념 정립을 위한 시론, 『동향과 전망』 제75호.

완주사회적경제네트워크(2018). 완주군 사회적 경제 브랜드 소셜굿즈 추진전략 발표자료.

이정철·석호원·황휘욱·김소담(2020). 고양시 자치공동체 만들기 기본계획 수립 연구, 고양시정연구원.

전대욱·박승규·최인수(2012). 지역공동체 주도의 발전전략 연구, 한국지방행정연구원.

정규호(2012). 한국 도시공동체 운동의 전개과정과 협력형 모델의 의미, 『정신문화연구』 제35권 제2호.

조명래 외(2011). 『저성장시대의 도시정책』, 파주: 한울아카데미.

지은구(2021). 『사회경제론』, 고양: 공동체.
채종헌(2014). 지역공동체 활성화를 통한 사회통합 증진방안에 관한 연구, KIPA 연구보고서, 2014-29, 한국행정연구원.
하현상 외(2020). 지역공동체의 현황진단 연구, 행정안전부.
한국도시행정학회(2022). 『도시행정의 이론과 실제』, 고양: 대영문화사.
한국지방행정연구원(2013). 현대적 지역공동체 모델정립 및 활성화 방안연구.
황혜란 외(2019). 대전시 출범 70주년 회고와 전망: 아젠다 및 정책과제 발굴.
행정안전부(2013). 현대적 지역공동체 모델정립 및 활성화 방안 연구.
행정안전부(2017). 지역공동체의 이해와 활성화.

Harvey, D.(2007). Neoliberalism as creative destruction. Ann. Am. Acad. Pol. Soc. Sci, 610: 22-44. https://doi.org/10.1177/0002716206296780

PART

04

회복력 있는 도시관리

12 CHAPTER

안전한 도시와 재난관리

주필주(경찰대학)

'도시 재난'이라는 개념은 다른 재난과 특별히 구분되는 것이라기보다는 도시환경에서 발생하는 재난을 의미한다. 인구 밀집, 인프라 복잡성, 사회적 · 경제적 구조 등 도시화로 인해 복잡해지고 확장된 특성을 반영한 개념이라고 볼 수 있다. 도시는 인구 밀집도가 높고 기반시설이 복잡하므로 재난이 발생할 경우 그 영향이 매우 크고 광범위하게 퍼질 가능성이 높다. 전례 없는 이상기후, 환경오염, 신종 재난까지 더해지며 기존의 중앙집권적 재난관리방식이 제대로 작동하지 않게 되면서 근본적인 전환이 요구되고 있다.

실제로 우리는 코로나19를 기점으로 재난의 일상화가 당연하게 받아들여지고 있는 사회에 살고 있다. 중앙정부의 독자적 노력만으로 재난을 관리 · 통제하기 어려운 상황에서 도시는 어떤 준비를 해야 할까?

본 장에서는 재난관리에 있어 도시(행정)의 역할과 책임이 커지게 된 배경을 설명하고, 재난 · 안전을 둘러싼 다양한 개념과 법 · 계획의 내용을 정리한다. 또한 안전도시, 도시계획, 거버넌스 등 안전한 도시를 만들기 위해 제도적 차원에서 어떤 노력을 하고 있는지 소개하며, 한국과 일본의 사례 비교를 통해 리질리언스 전략의 필요성과 의미에 대해 고찰한다. 끝으로 전체 내용을 종합하여 도시 안전정책의 방향성과 대안을 제안하고자 한다.

1 재난관리의 패러다임 전환

우리는 하루에도 몇 번씩 각종 매체를 통해 안타까운 사건·사고 소식을 전해 듣는다. 기후변화, 환경오염 등의 여파로 지금까지 경험해 본 적 없는 규모와 빈도의 재난이 세계 곳곳에서 발생하고 있으며 앞으로 이러한 추세가 더욱 가속화될 것이라는 절망적인 예측도 이어지고 있다. 문제는 재난이 순간적으로 발생하고 끝나는 것이 아니라 장기간에 걸쳐 사회 전반에 피해를 유발한다는 데 있다. 전통적으로 도시행정은 재난의 발생 원인을 제거하거나 최소화하고, 미리 발생 시점과 피해 규모 등을 예측하여 정해진 매뉴얼대로 대응하는 방식을 채택해 왔다. 그러나 통제 가능한 범위를 넘어서는 미증유의 재난·사고를 반복적으로 경험하면서 전통적인 행정관리방식으로는 효과적인 대응이 어렵다는 사실을 인지하였고 새로운 환경에 어떻게 적응할 것인지 본격적으로 논의하기 시작하였다.

과거의 재난관리체계는 한정된 변수 내에서 발생하는 재난, 즉 통제 가능한 위험을 다룰 때는 효과적이었으나, 오늘날의 복잡한 재난 양상에는 충분하지 않다. 재난을 '관리'할 수 있다는 전제 자체가 더 이상 유효하지 않게 된 것이다. 유연성과 적응력을 기반으로 한 접근방식이 요구되면서 불확실한 상황 속에서 도시와 사회가 어떻게 신속하게 변화에 적응하고 빠르게 회복할 수 있을지에 대한 고민을 담은 '리질리언스(resilience)' 개념이 중요한 가치로 떠오르고 있다. 리질리언스는 단순히 재난에 대응하는 것을 넘어, 도시와 사회가 지속가능한 방식으로 진화해야 한다고 말한다. 연장선에서 시민참여와 공동체의 협력 또한 강조되고 있는데, 과거에는 재난관리가 주로 정부나 공공기관의 몫이었다면 이제는 시민이 스스로 대응역량을 키우고, 지역사회와 협력하여 재난에 대비해야 한다는 의식이 퍼지게 된 것이다. 이 또한 재난을 완벽히 방지하거나 통제할 수 없다는 자각에서 비롯된 것으로, 시민과 공동체는 그저 지원과 수혜를 기다리는 수동적 존재가 아니라 재난 예방-대비-대응-복구 전 과정에서 중요한 차이를 만들어 내는 핵심적인 역할을 담당한다고 볼 수 있다.

불확실성으로 가득한 우리의 일상에는 중첩된 위협이 상존해 있고, '통제'보다는

'유연성'과 '적응력'을 중시하는 새로운 재난 · 안전 패러다임으로의 전환이 이루어지고 있다. 이 새로운 패러다임의 중심에는 리질리언스가 자리 잡고 있으며, 현대 사회의 복잡한 위기에 대응하기 위한 핵심 전략이 될 것으로 기대되고 있다. 재난관리는 시대적 변화를 반영하며 계속 발전해야 하며 정부, 사회, 개인이 각자의 위치에서 새로운 역할을 모색하고 협력하려는 자세가 필수적이다. 모든 사회 구성원이 서로 협력하여 미래의 불확실성을 극복하고, 안전하고 지속가능한 사회를 만들어가는 데에 기여해야 할 시점이라고 할 수 있다.

2 재난 개념과 재난관리

1) 재난의 정의 및 유형

재난(disaster)의 사전적 정의를 살펴보면 '뜻밖에 일어나는 재앙과 고난' 또는 '뜻밖의 불행한 일'을 의미한다. 현실에서 재난은 사회와의 관계 속에서 정립된 개념으로 국가별, 학자별로 다양하게 정의되고 있으며 시대와 상황에 따라 재난을 대하는 인간의 의식 또한 변화를 겪어 왔다.

우리나라에서는 2004년 「재난 및 안전관리 기본법」 공포 전까지 'disaster'라는 용어를 자연재해와 인위재난으로 이원화하여 사용하다가 기본법에서 '재난'이라는 용어로 통일하였다. 현재 기본법은 재난을 "국민의 생명 · 신체 · 재산과 국가에 피해를 주거나 줄 수 있는 것"으로 정의하며 크게 자연재난과 사회재난 및 해외재난으로 구분하고 있다.[1)]

1) 한편 「자연재해대책법」 제2조에서는 '재해'라는 용어에 대해 "재해란 「재난 및 안전관리 기본법」 제3조 제1호에 따른 재난으로 인하여 발생하는 피해를 말한다"고 별도로 정의하고 있다. 엄밀히 말해 재난은 국민의 생명 · 신체 · 재산과 국가에 피해를 주거나 줄 수 있는 '사건'을 말하고, 재해는 재난으로 인하여 발생하는 '피해'를 의미한다고 할 수 있다.

[그림 12-1] 「재난 및 안전관리 기본법」상 재난의 정의

재난 및 안전관리 기본법(재난안전법)

제3조(정의) 이 법에서 사용하는 용어의 뜻은 다음과 같다.
1. "재난"이란 국민의 생명 · 신체 · 재산과 국가에 피해를 주거나 줄 수 있는 것으로서 다음 각 목의 것을 말한다.
가. 자연재난: 태풍, 홍수, 호우(豪雨), 강풍, 풍랑, 해일(海溢), 대설, 한파, 낙뢰, 가뭄, 폭염, 지진, 황사(黃砂), 조류(藻類) 대발생, 조수(潮水), 화산활동, 소행성 · 유성체 등 자연우주물체의 추락 · 충돌, 그 밖에 이에 준하는 자연현상으로 인하여 발생하는 재해
나. 사회재난: 화재 · 붕괴 · 폭발 · 교통사고(항공사고 및 해상사고를 포함한다) · 화생방사고 · 환경오염사고 등으로 인하여 발생하는 대통령령으로 정하는 규모 이상의 피해와 국가핵심기반의 마비, 「감염병의 예방 및 관리에 관한 법률」에 따른 감염병 또는 「가축전염병예방법」에 따른 가축전염병의 확산, 「미세먼지 저감 및 관리에 관한 특별법」에 따른 미세먼지 등으로 인한 피해
2. "해외재난"이란 대한민국의 영역 밖에서 대한민국 국민의 생명 · 신체 및 재산에 피해를 주거나 줄 수 있는 재난으로서 정부 차원에서 대처할 필요가 있는 재난을 말함

본격적인 기후위기 시대에 진입하면서 지구 전역에 걸쳐 태풍, 홍수, 호우 등의 자연재난이 증가하였을 뿐 아니라 고도화 · 복합화되는 도시환경으로 인하여 사회재난의 위험성 또한 커지고 있다. 예컨대 최근 감염병과 미세먼지 문제가 사회문제로 대두되면서 「재난 및 안전관리 기본법」에 새로운 사회재난 유형으로 추가된 것을 확인할 수 있다. 오늘날의 재난은 과거와 같은 일방적이고 단선적인 방식에서 벗어나 자연재난과 사회재난이 결합되거나 신종 재난이 유발되는 등 복잡한 형태로 나타나고 있음에 주목할 필요가 있다.

2) 재난관리단계별 활동

행정 차원에서의 재난관리단계는 재난의 진행과정과 대응활동에 따라 재난 발생 이전(사전 재난관리)과 재난 발생 이후(사후 재난관리)로 구분하는 것이 일반적이며 재난의 발생 시간 과정에 따라 예방-대비-대응-복구 등 4단계로 세분화하여 단계별로 필요한 활동을 매뉴얼화하고 있다(한국방재학회, 2021).

첫째, 예방(Prevention) 단계는 이른바 재난 발생 원인 및 가능성을 원천적으로 제거하고, 취약 요인을 최소화하기 위한 일련의 활동을 포함한다. 예방 단계는 장기적 관점에서 장래의 모든 재난에 대비하고자 하는 것으로 정치적 · 정책적 기술이 필요하다는 점에서 다른 단계의 활동들과 구분된다. 대표적으로 관련 법 · 제도의 제 · 개정, 시설물 안전점검 및 관리, 재난 위험성 평가, 안전문화 활동 및 홍보 등이 있다.

[그림 12-2] 재난관리 4단계

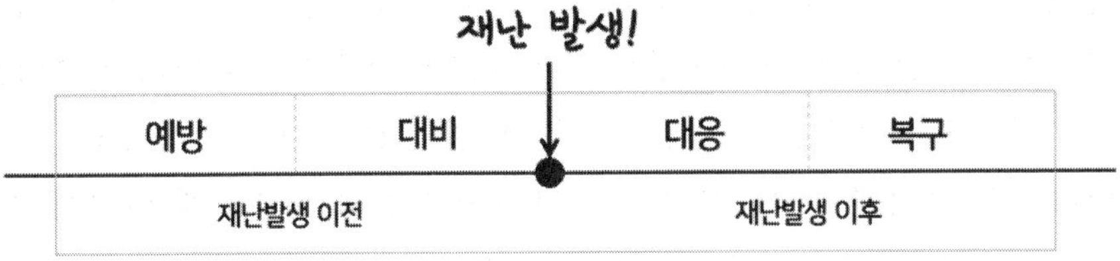

둘째, 대비(Preparedness) 단계는 예방 단계의 제반활동에도 불구하고 재난 발생 확률이 높아진 경우 재난 발생 후에 효과적으로 대응할 수 있도록 계획하고 재난의 발생에 대한 대응능력을 유지하는 등 운영적인 준비 장치를 갖추는 단계라고 할 수 있다. 구체적으로는 재난 대비 조직체계의 점검, 현장 및 재난종합상황실 운영관리, 재난관리자원 관리, 재난 분야 위기관리매뉴얼 작성 및 정비, 교육 및 훈련 등이 해당한다.

셋째, 대응(Response) 단계는 재난 발생 직전과 직후 또는 재난이 진행되고 있는 동안에 취해지는 인명구조, 재산손실의 경감, 긴급복구 활동을 총칭한다. 실제 재난이 발생한 경우, 재난관리정책기관들이 수행해야 할 각종 임무 및 기능을 적용하는 과정이다. 대비 단계에서 수립된 각종 재난관리계획 실행, 재난대책본부의 활동 개시, 비상체제의 운영, 주민들에게 비상행동요령 숙지, 비상의료 지원, 비상상황실 운영, 이재민 보호, 긴급대피소 운영, 인명 수색과 구호활동 등이 포함된다.

넷째, 복구(Recovery) 단계는 재난 상황이 어느 정도 안정된 후 취하는 활동으로, 재난으로 인한 피해지역을 재난 이전의 상태로 회복시키는 과정이다. 재난 발생의 원인 규명, 현장의 피해 규모 및 상황 파악, 생존자에 대한 구조 및 구급활동, 피해 규모에 따른 신속한 복구계획 수립, 복구에 필요한 장비와 예산 확보방안 마련, 복구지원을 위한 유관기관과의 업무 협조, 피해자에 대한 긴급 지원 물품 제공 및 보상 협의, 피해 유발 책임기관의 법적 처리 등 물리적인 복원뿐 아니라 재난 발생 이전과 같은 수준의 삶의 질을 보장하기 위한 활동을 포괄한다.

우리나라도 기본적으로 이 4단계에 따라 재난을 관리하고 있는데, 전통적인 4단계 모델은 재난이 발생하기 전에 예방과 대비를 하고, 발생 후 대응 및 복구활동을 하는 선형적 과정을 가정한다는 점에서 한계를 보여왔다. 특히 기후변화, 전염병, 사이버 공격 등 신형 복합재난에는 유효하지 않을 뿐 아니라 이전과 동일한 수준으로 '복구'하는 것이 최종 목표가 될 경우, 유사한 유형 또는 규모의 재난에는 반복적으로 취약할 수밖에 없기 때문이다. 이와 같은 한계를 보완하기 위해 강조되고 있는 리질리언스 개념은 유연한 대응, 적응력 강화, 그리고 통합적 접근을 통해 현대의 재난관리에 적합한 새로운 패러다임을 제시하고 있다고 할 수 있다.

3) 안전관리와 안전문화 진흥

우리나라는 「재난 및 안전관리 기본법」에서 재난과 안전관리를 함께 다루고 있어 '재난 · 안전'을 구분하지 않고 쓰는 경우가 많다. 그러나 '안전'의 사전적인 뜻은 평안하고 온전하여 위험이 없는 상태, 즉 '재난이나 위험이 현재 존재하지 않는 상태'를 뜻하므로 재난과 안전은 정반대의 의미를 갖는다고도 볼 수 있다. 최근 자연재난, 사회재난으로부터의 안전은 물론 생활안전, 산업안전 등 다양한 영역에서 안전 개념을 적용하고 있다.

한편 '안전관리'는 시설 및 물질 등으로부터 사람의 생명 · 신체 및 재산의 안전을 확보하기 위한 모든 활동을 말한다.[2] 광의의 안전관리는 사고와 재난을 예방하고 발생 시 효과적으로 대응하며 피해를 최소화하기 위한 일련의 체계적 활동을 의미하며, 조직 또는 지역사회에서 일어날 수 있는 잠재적 위험을 관리하기 위한 전략적 · 기술적 접근방식을 취한다고 할 수 있다.

안전관리는 기술적 · 제도적 차원에서 안전을 보장하는 틀을 제공하는 반면, 안전문화 진흥은 사람들이 자발적으로 그 틀 안에서 안전을 지킬 수 있도록 유도하는 중요한 역할을 담당한다. 안전관리 시스템이 효과적으로 작동하기 위해서는 조직 내 또는 사회 내 구성원들이 안전을 중요하게 생각하고 행동해야 하는데 이러한 안전의식이 바로 안전문화에서 비롯되는 것이다. 규정이나 제도가 아무리 잘 마련되어 있어도 사람들이 이를 중요하게 여기지 않으면 실질적인 효과는 떨어질 수밖에 없으며, 안전이 문화로 자리 잡을 때 다수의 실천으로 이어지기 때문이다.

---

2) 협의의 안전관리는 기업이 「근로기준법」에 의하여 재해나 사고를 방지하여 종업원의 안전을 꾀하려고 취하는 조치나 대책을 말한다.

우리나라는 국민의 안전의식 수준을 높이기 위하여 매년 4월 16일을 국민안전의 날[3]로 지정하여 다양한 행사를 개최하며 그 외에도 안전점검의 날(매월 4일), 방재의 날(매년 5월 25일)을 정하여 재난취약시설 점검, 재난에 대한 교육・홍보 등을 병행하고 있다.

[그림 12-3] 국민안전의 날 행사(서울시 사례)

출처: 쿠키뉴스(2024.4.15).

3 안전한 도시를 만들기 위한 제도적 노력

1) 안전도시(Safe Communities) 인증

국제적 수준에서의 안전도시 담론은 1989년 9월 스웨덴 스톡홀름에서 열린 국제보건기구(WHO) 주최의 제1차 「사고와 손상예방 세계학술대회(World Conference on Accident and Injury Prevention)」에서 공식적으로 제기되었다. "모든 사람은 건강하고 안전한 삶을 누릴 동등한 권리를 가진다"라는 안전선언문에 기초하여 안전도시(Safe Communities)

3) 국민안전의 날은 2014년 4월 16일 발생한 세월호 침몰 사고 이후 안전의 중요성을 되새기기 위하여 「재난 및 안전관리 기본법」에 의해 제정된 국가 기념일이다.

사업을 추진한 것이 안전도시 개념의 시작이라고도 할 수 있다.

국제안전도시(International Safe Communities)는 '주민의 일상생활과 삶의 질에 큰 영향을 미치는 사고와 손상, 폭력, 자살 등으로부터 안전한 도시를 만들기 위해 모든 도시 구성원들이 지속적이고 능동적으로 노력하는 도시'를 의미한다(세종특별자치시 외, 2022). 이때의 안전도시는 지역 내 구성원과 사회가 완전히 안전한 상태임을 의미하는 것이 아니라, 사고로 인한 손상을 줄이고 안전을 위해 지속적으로 노력하고 있는 도시를 말한다. 국제안전도시는 현재 국제안전도시공인센터(International Safe Community Certifying Centre, ISCCC)에서 인증하며, 우리나라 28개 도시를 포함하여 세계 33개국 430여 개의 인증도시가 있다(2023년 6월 기준).[4] 해당 사업은 도시의 다양한 구성원들이 안전한 지역을 만들기 위해 함께 노력하겠다는 의지를 확인하고 그 성과를 국제적 공인기준에 따라 인증한다는 점에서 의미가 크다고 할 수 있다.

우리나라의 경우 국제안전도시와는 별개로 한국형 안전도시사업을 추진한 바 있다. 행정안전부 「안전도시사업 운영 매뉴얼」(2010)에 따르면 한국형 안전도시란 '안전・안심・안정된 지역을 만들기 위해 지역사회 구성원들이 합심 노력하는 안전공동체(safe community)를 형성하여 안전사고와 재난 예방을 위해 환경을 개선하는 지역・도시'를 지칭한다. 우리나라 안전도시사업은 위해요인과 취약집단을 기준으로 안전도시 모델을 구성하되 농촌, 도시, 공단 등 지역 특성을 고려하였다는 점이 특징적이다. 위해요인을 기준으로 한 교통안전도시, 범죄안전도시, 화재안전도시 사업, 취약집단을 기준으로 한 어린이안전도시, 노인안전도시, 여성안전도시, 장애인안전도시, 다문화안전도시 사업 등이 대표적인 예가 될 수 있다.

중앙정부 차원의 안전도시사업 외에도 각 지방자치단체는 1인가구 안심도시, 치매안심도시 등 사회・인구구조 변화를 반영한 신규 사업을 적극적으로 발굴・추진하고 있다. 시민 입장에서도 자신이 현재 안전도시 또는 안심도시에 거주하고 있다는 사실은 일상 속에서 심리적 안정감을 느낄 수 있도록 하며, 지방자치단체와 지역사회에 대한 신뢰와 소속감 또한 제고될 가능성이 크다. 재난과 각종 사고에 대한 불안감은 시민들의 삶의 질을 낮추는 주요 요인 중 하나이기 때문이다. 지방자치단체는 안전도시

4) 인증요건으로 크게 거버넌스, 손상감시체계, 포괄성, 취약계층, 평가, 네트워킹 등을 평가하며 유효기간은 5년으로, 5년마다 점검 후 재인증 절차를 거친다.

로 인증받고, 안전도시사업을 홍보하는 데에서 나아가 이것이 실제 시민의 삶의 질을 높이고 지역 안전망을 강화하는 효과로 이어질 수 있도록 선제적이고 체계적인 전략을 마련해야 할 것이다.

2) 재난 · 안전과 도시계획

'발전'과 '안전'은 과연 비례할까? 현대 사회는 과학기술의 발전을 통해 과거에는 대응하기 어려웠던 질병을 치료하고, 범죄를 효과적으로 예방 · 추적할 수 있게 되었다. 또한 생활, 식품, 의료 등 다양한 영역에 걸쳐 재난 · 안전 문제를 다루는 과정 또한 점점 고도화되고 전문화되었다. 그러나 사회 발전과 기술의 진보로 인해 각종 오염 사고, 폭발 사고, 대형 화재 등의 사회적 재난은 오히려 증가하고 있으며, 자연재난은 여전히 인간의 힘으로 통제하기 어려운 상황이다. 나아가 미래에는 위험과 불확실성이 더욱 커질 것이라는 전망도 나오고 있다.

과거 산업혁명 시기로 거슬러 올라가 보면, 많은 사람이 도시로 급격히 몰려들던 당시의 현장 노동자들은 소음과 악취가 가득한 열악한 환경에서 생활해야 했고, 하수도 같은 기본적인 기반시설조차 제대로 갖추지 못한 경우가 많았다. 이러한 상황을 계기로 공간 분석을 기반으로 한 과학적 정책 개발의 필요성이 처음으로 인식되었으며, 도시계획의 중요성이 본격적으로 부각되기 시작하였다.

도시계획은 지역사회의 공동 문제를 해결하기 위한 전략과 실행수단으로 구성된다. 실제로 최근에 우리 사회는 도시활동 거점을 따라 감염병이 전이되는 과정을 경험한 바 있다. 코로나19는 재난관리에 있어 도시계획의 역할을 상기시킨 계기가 되기도 했는데 재난관리에 관한 지역의 위험성 등 여건을 탐색하는 과정에서 도시 현황을 파악하는 단계가 존재하며, 위험 평가 시 지역 · 재난 유형별 재난의 발생 빈도와 강도, 취약계층의 분포 등을 조사하고 재난관리의 목표와 장기적인 전략과 대책을 다양하게 검토하기도 한다(이재영 외, 2023). 서울시의 경우 「2040 서울도시기본계획」 7대 목표 중 하나로 안전도시 구축을 제시하고 재난 및 안전사고에 대한 다면적인 대응체계 마련에 대한 의지를 표명하기도 하였다.

물론 도시기본계획은 도시 전반의 문제를 포괄하므로 재난 · 안전은 부문별 계획 중 하나로 위치하며, 구체적인 실행방안은 안전관리계획에서 확인할 수 있다. 중앙정

[표 12-1] 서울도시기본계획 7대 목표와 재난 · 안전

구분	7대 목표		주요 내용
어디서나 누릴 수 있는 "삶의 질"	1	걸어서 누리는 다양한 일상, '보행일상권 조성'	주거 · 일자리 · 여가문화 · 상업 등 다양한 일상생활을 도보 30분 내에서 향유
	2	수변공간의 잠재력 발굴, '수변 중심 공간 재편'	물길의 잠재력을 이끌어내 지역과 시민생활 중심으로 재편
	3	새로운 도시공간의 창출, '기반시설 입체화'	도심 속 새로운 공간 창출을 위한 사람 중심의 기반시설 입체화 추진
서울의 성장 견인 "도시경쟁력"	4	미래성장거점 육성 · 연계 '중심지 기능 혁신'	서울의 도시경쟁력을 높이기 위한 중심지 기능 고도화 및 신성장 산업 기반 마련
	5	기술발전에 선제적 대응, '미래교통 인프라 구축'	신교통수단의 효율적인 정착을 위한 미래교통 기반시설 마련
대전환시대 미래 서울의 "가치와 방향"	6	미래위기를 준비하는, '탄소중립 안전도시 구축'	탄소중립 도시를 위한 공간계획의 주요 원칙, 기후변화 및 신종 대형재난에 대응하는 지속가능한 서울로 전환
	7	도시의 다양한 모습 구현, '도시계획 대전환'	미래 도시 변화에 대응하기 위한 유연한 도시계획체계로의 전환

출처: 서울특별시(2023).

부는 국가안전관리기본계획, 광역지방자치단체는 시 · 도안전관리계획, 기초지방자치단체는 시 · 군 · 구안전관리계획을 작성하고 있다. 그러나 시 · 도 및 시 · 군 · 구안전관리계획은 사실상 국가안전관리기본계획의 틀 안에서 작성될 수밖에 없기 때문에 지역 특성을 충실히 반영하지 못하며, 재난관리 업무를 수행하는 데에 필요한 실무적인 내용과는 상이하게 수립되고 있다는 점이 한계로 지적되고 있다(곽창재 외, 2016). 상위계획의 내용에 지나치게 의존하기보다는 지역에서 실제로 발생하고 있는 재난 및 안전사고의 특성을 체계적으로 분석 · 반영함으로써 지자체 안전관리계획의 실효성을 확보할 필요가 있다.

3) 재난 · 안전 거버넌스

오늘날의 재난은 특정 자연재난에 국한되지 않고, 다양한 위협이 복합적으로 발생하는 특징을 보인다. 이는 정부가 재난관리(통제) 차원에서 작성한 계획이나 매뉴얼이 제대로 작동하지 않을 가능성이 점점 커지고 있다는 의미이기도 하다. 중앙집권적 재난관리체계에서 필연적으로 나타나는 사각지대를 해소하기 위해서도 다양한 주체가

협력할 필요가 있다. 지역사회 구성원은 공공의 시각에서는 놓치기 쉬운 당사자의 문제를 포착하여 지속적으로 해결방안을 모색해 나갈 수 있을 뿐 아니라 현장에서 적시에 대응할 수 있다는 강점이 있기 때문이다. 우리 사회에 산재한 불확실성과 불평등 문제를 시정하기 위한 방안으로 재난·안전 거버넌스가 강조되고 있는 이유이다.

재난·안전 거버넌스는 중앙-지방자치단체 간, 유관기관 간, 공공-민간 간 협력을 모두 아우르는 개념이다. 지역안전 거버넌스, 재난·안전 로컬 거버넌스, 네트워크 거버넌스 등 여러 용어가 제안되고는 있으나 공통적으로 다양한 이해관계자들의 자발적 참여를 전제로 하며, 능동적인 협력을 통해 재난 상황을 극복하고 안전을 확보하고자 한다(유자영·최지민, 2023).

제도적으로는 이미 재난·안전 관련 정책 심의와 조정, 대응활동 등을 할 수 있도록 안전관리위원회, 안전관리 민관협력위원회 등을 구성하고 있지만, 민간을 동원적 관점에서 바라보고 있어 다양한 주체의 목소리를 듣기 어렵고 실질적으로 작동하지 못하고 있다는 한계가 있다(권기태 외, 2023). 자율방재단, 자율방범대, 자원봉사기관,

[그림 12-4] 경기도 마을 재난 거버넌스 운영 개념도(안)

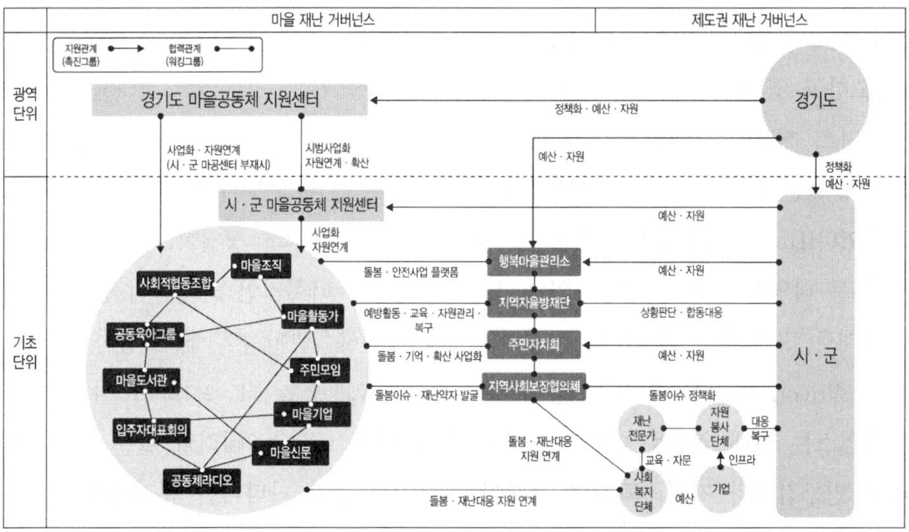

출처: 권기태 외(2023: 136).

주민자치회 등의 민간 주체가 일정 부분 역할을 분담하고 있음에도 불구하고 공공과 유기적으로 연계되어 있다고 보긴 어려운 실정이다. 개별 활동이 협력적 활동이 되기 위해서는 각 주체가 더 잘할 수 있는 영역이 무엇인지 확인하고 필요한 권한과 이에 수반되는 책임에 대해 합의하는 과정이 필요할 것이다. 예를 들어 경기도의 경우 민간 자율방재조직 외에도 주민모임, 입주자대표회의, 사회적 협동조합, 지역사회보장협의체, 마을공동체지원센터 등 마을을 구성하는 다양한 주체를 상정하고 공동체적 경계를 확장할 것을 제안한 바 있다(권기태 외, 2023).

4 변화에 강한 도시를 만들기 위한 리질리언스 전략

1) 리질리언스 개념의 등장과 확장

(1) 리질리언스 개념의 등장과 활용

리질리언스[5]의 사전적 의미는 라틴어 'resiliere' 또는 'resilio'에서 기원한 것으로, 기본적으로 되살아나거나(bounce back) 또는 원래대로 되돌아온다(jump back)는 의미를 내포하고 있다(Klein et al., 2003; Mayunga, 2007; Norris et al., 2008; 김태현 외, 2011). 리질리언스 개념은 생태학자인 Holling(1973)에 의해 본격적으로 소개되었는데 이 시기의 연구들은 리질리언스를 "외부의 충격에도 기존 상태를 유지할 수 있는 능력"으로 정의하였다(Lu & Stead, 2013). 이후 이 개념은 건축, 심리학, 경영학, 정치학, 교육학, 경제학 등 다양한 분야로 확장되었다. 도시 분야에서 리질리언스 개념이 등장한 것은 1990년대로, 도시계획 학자들은 리질리언스를 사회시스템이 혼란에 저항하거나 스스로 재조직(reorganize)할 수 있는 능력으로 보았다(Walker & Salt, 2012). 도시 분야에서 리질리언스는 재해 위험뿐 아니라 기후변화, 온실가스 배출, 테러와 같은 외부 충격, 그리고 인구감소와 지역쇠퇴처럼 시간이 지나면서 점차 나타나는 문제까지 그 적용

5) 국내에서는 탄력성, 복원성, 복원력, 탄력복원성, 회복탄력성, 회복력 등으로 번역되어 사용되고 있는데, 번역된 단어들의 경우 리질리언스 본래의 함축된 의미를 표현하는 데에 한계성이 있기 때문에 최근에는 번역하지 않고 리질리언스라는 용어 그대로 사용하는 경우가 많다(정은주 외, 2016; 주필주, 2019).

범위를 넓혀가고 있다.

현대 사회의 문제들은 발생 시점이나 형태를 예측하기 어렵고, IT 기술의 발전 등으로 인해 그 영향이 빠르게 확산되면서 문제해결 과정이 더욱 복잡해졌다. 도시 분야에서 리질리언스가 중요한 이유는 바로 이러한 예측 불가능하고 다양한 문제들에 유연하게 대응할 수 있는 가능성을 열어주는 개념이기 때문이다. 특히 리질리언스의 중요한 특성 중 하나는 충격이나 혼란을 극복하는 과정에서 변화하거나 진화하여 새로운 시스템을 개발할 기회를 창출할 수 있다는 점이다(Folke, 2006). 리질리언스는 지역문제를 단순히 회피하거나 완화하는 데 그치지 않고, 변화에 적응하는 방안까지 고려한다는 점에서 기존의 도시계획 방식과 차별화된다고 볼 수 있다(Lu & Stead, 2013).

(2) 커뮤니티 리질리언스(Community resilience)의 유용성

다수의 연구자가 리질리언스는 재난뿐만 아니라 미래의 불확실한 변화에 대응하기 위한 중요한 개념적 · 이론적 도구가 될 수 있다고 주장한다(주필주, 2019). 특히 '커뮤니티 리질리언스'는 즉각적인 정부 지원이 부재한 상황에서도 해당 지역사회가 스스로 대응하고 피해로부터 빠르게 회복할 수 있는 역량을 강화할 수 있는 메커니즘으로서 중요하게 받아들여지고 있다(Plough et al., 2013). 각 지역사회는 저마다 고유한 역사와 문화적 배경을 지니고 있어 커뮤니티 리질리언스를 구축하는 방식도 획일화하기 어렵다. 그러나 여러 선행연구와 사례를 통해 회복력이 높은 지역사회에서 공통적으로 나타나는 특성을 도출하는 것은 가능하다. 필자는 선행연구를 종합하여 자원의 내구성(resources robustness)과 적응력(adaptive capacity)이라는 두 가지 차원에서 커뮤니티 리질리언스에 접근하고자 한다. 여기에서 자원의 내구성은 다양한 환경에서도 핵심적인 기능을 꾸준히 유지할 수 있는 능력을 뜻한다. 자원이 해당 기능을 잘 수행하는 능력은 물론 가용자원의 다양성과 가외성을 함께 고려하는 개념이다. 한편 적응력은 변화가 불가피함을 인정하고, 변화된 조건에 적응하기 위해 학습과 자기 조직화를 통해 환경에 맞춰가는 능력을 말한다. 구체적으로는 개인이나 집단이 경험을 축적하고 기억하는 능력, 환경적 요구 변화에 맞춰 그 기억과 경험을 활용하여 자원을 학습하고 혁신하며 재구성하는 능력, 커뮤니티 내 · 외의 다른 객체와 소통해 경험과 교훈을 공유하는 능력, 명확한 지시 등이 없을 때도 자체적으로 조직하거나 외부자원을 확보하는 능

[표 12-2] 커뮤니티 리질리언스의 구성요소

영역	세부요소	내용
자원의 내구성 (resources robustness)	자원의 성능 (performance)	자원이 해당 기능을 얼마나 잘 수행하는가?
	자원의 다양성 (diversity)	기능을 수행하는 다양한 유형의 가용 자원이 있는가?
	자원의 가외성 (redundancy)	개별 자원에 장애가 발생할 경우 back-up을 제공할 수 있도록 이중화 또는 다중화된 예비 자원이 있는가?
적응력 (adaptive capacity)	제도적 기억 (institutional memory)	집단에 축적되고 공유된 경험과 지역 지식
	혁신적인 학습 (innovative learning)	환경변화에 대해 새롭게 적응하거나, 과거의 실수를 반복하지 않도록 하기 위해 정보와 경험을 학습하는 활동
	연결성 (connectedness)	커뮤니케이션, 즉 정보교환 및 공유 능력

출처: Longstaff et al.(2010); Arbon et al.(2013); Brown(2013); 전은영(2017)의 내용을 참고하여 재구성.

력 등을 포함한다.

강력한 자원 풀(pool)을 보유하면서도 높은 적응력을 갖춘 지역사회가 가장 이상적이지만, 현실적으로 이 두 조건을 완벽히 충족하는 지역을 찾기는 쉽지 않다. 그러나 부족한 점을 보완하려는 노력과 함께, 현재 가능한 자원을 최대한 활용하려는 태도는 항상 중요하다. 이러한 관점에서 일본 구마모토 지진 사례에서 발견된 커뮤니티 리질리언스의 유용성을 확인해 보고자 한다.

2) 사례 적용: 구마모토 지진(熊本地震, 2016)

구마모토 지진은 2016년 4월 14일 오후 9시 26분에 발생한 전진과 4월 16일 새벽 1시 25분에 발생한 본진을 포함하는 강진으로, 일본 구마모토현을 중심으로 발생한 대규모 재난이다. 일본은 고도로 발전된 재난대응시스템을 갖춘 나라로 잘 알려져 있다. 그러나 구마모토 지진은 그 강도가 매우 세고 여진이 연속적으로 일어났을 뿐 아니라, 상대적으로 지진이 드문 구마모토 지역의 낮은 경험치로 인해 여러모로 상황이 좋지 않았다(주필주, 2019).[6]

6) "2016년 4월 14일 전진이 발생했을 때는 흔들림은 꽤 있었지만 아주 큰 피해를 입은 건 아니었어요. 이 정도라면 어느 정도 수습이 가능하겠다 싶었죠. 그런데 16일에 찾아온 두 번째 지진(본진)은 서 있을 수

지진 발생으로부터 2년이 지난 2018년, 구마모토 현지 인터뷰를 진행하였는데 인명 피해와 물리적 피해는 물론 정전, 가스공급 중단, 단수 등과 같은 라이프라인 피해까지 광범위하게 발생했음에도 불구하고, 지역 구성원들의 공공에 대한 반응은 의외로 긍정적이었다. 구마모토 지역은 직접적인 대규모 지진 경험은 적지만 내진 기준, 방재설비 및 서비스의 다양성, 예비 자원 비축 등 국가 및 지역 차원에서 관리 시행하고 있는 제도와 정책이 '자원의 내구성'을 강화하는 데에 유효했고, 규모 대비 최선의 결과를 이끌어냈다고 평가해 볼 수 있다.

사실 제도적 · 정책적으로 얼마나 잘 준비되어 있었느냐보다 중요한 것은, 준비되지 못한 상황에는 어떻게 대응했느냐 여부일 것이다. 이는 '적응력'과 깊이 관련되며 제도적 기억, 혁신적 학습, 연결성은 서로 단절된 것이 아니라 연속적인 성격을 가지며 때로는 자원의 내구성과도 상호작용한다는 점에 주목할 필요가 있다. 예컨대 재난 발생 시 지역사회 네트워크가 잘 작동한다면 공공의 구조인력을 마냥 기다리는 것이 아닌, 공공을 대신해(자원의 가외성) 더욱 신속하게 대처할 수 있을 것이다. 또한, 이러한 경험을 학습하고 다른 지역과 공유함(혁신적 학습)으로써 제도적 기억을 축적하고 확산하는 데에도 기여할 수 있다.

[표 12-3] 니시하라촌(西原村) 인명구조 사례

구마모토현 니시하라촌은 인구 6,900여 명이 거주하는 작은 규모의 지자체로, 약 60명의 공무원이 상주해 있으나 방재담당인력은 한 명뿐이었고 24시간 체제의 병원이나 소방서도 따로 없어 구마모토시 소방국에서 파견된 출장소로 대체하고 있다. 다만 니시하라촌 내에는 24개 반(班)의 소방단에 255명의 소방단원이 있어 방재담당공무원을 도와주는 형태를 취하고 있었다. 니시하라촌에서는 소방단과 협력하여 발재대응형 방재훈련을 2년마다 한 번씩 실시하고 있으며, 2015년 8월 30일 훈련에서는 진도6의 흔들림을 상정하고 붕괴된 주택에서 사람을 구출하는 상황을 연습하였다. 실제로 2016년에 발생한 구마모토 지진에서 니시하라촌은 전진 진도6, 본진 진도6의 흔들림이 있었고 오기리바타지구의 경우 26개의 주택 중 90%가 붕괴될 정도로 큰 피해를 입기도 하였다. 당시 소방단원을 중심으로 구장 이하 7~8명의 주민이 모여 붕괴된 집에 갇혀 있던 9명의 사람들을 전원 구출하였는데 발재대응형 방재훈련의 경험이 구마모토 지진에서의 구조활동에서 적극적으로 활용된 덕분이라는 평가를 받고 있다.

조차 없었고 한 번도 경험해 본 적 없는 매우 큰 규모의 지진이었습니다."(구마모토현 야마토정 공무원과의 인터뷰)

[표 12-3]의 니시하라촌 사례는 일차적으로 지역사회 구성원들이 공공을 대신해 자발적으로 인명구조를 실시한 사례로 볼 수 있다. 그러나 더 깊이 들여다보면 평소에 촘촘하게 구축된 지역사회 네트워크가 존재했고, 구체적인 훈련 및 학습 경험이 축적되어 있었기 때문에 비상시에 즉각적으로 작동할 수 있었음을 알 수 있다.

일본은 자조(自助)-공조(共助)-공조(公助)의 원칙을 강조하며 이러한 사례를 지속적으로 발굴하고 확산하기 위한 노력을 이어가고 있다. 구마모토현을 비롯한 각 시·정·촌은 기관 홈페이지에 「2016년 구마모토 지진 정보」 페이지를 개설하여 당시 상황뿐 아니라 현재까지의 복구 상황과 향후 부흥사업에 관한 정보까지도 지속적으로 공유하고 있다. 제도적 기억은 이러한 구조적인 공유시스템을 통해 지역사회 구성원을 포함한 내·외부 다양한 주체들이 정보를 수집하고 전달하며 상호작용하면서 축적되는 것이라고 할 수 있다.

구마모토 지진 사례는 재난 대응에서 커뮤니티 리질리언스가 갖는 유용성을 잘 보여준다. 일본의 자조(自助)-공조(共助)-공조(公助) 원칙하에 이루어진 대응방식은 공공의 지원이 도착하기 전에 지역 구성원들 스스로 신속히 대응할 수 있는 역량을 길러두는 것이 재난 대응에 핵심적이라는 점을 시사한다. 특히 니시하라촌 사례에서는 평상시 구축된 일상적인 네트워크와 주기적인 훈련을 통해 축적된 경험이 재난 발생 시 즉각적이고 효과적인 대응으로 이어졌다. 이러한 경험과 학습은 제도적 기억으로 남아 다른 효과를 가져왔다. 즉 중앙의 재난대응체계를 강화하는 것만으로는 충분하지 않으며, 지역사회가 자원을 지속적으로 관리하고 적응력을 스스로 높이는 과정이 필수적임을 이 사례는 보여준다.

5 불확실성 시대, 도시 안전정책의 방향

전통적으로 도시행정은 재난의 발생 원인을 사전에 통제하고 발생 시점과 피해 규모를 예측하여 매뉴얼에 따라 대응하는 방식에 의존해 왔다. 그러나 예상 범위를 넘어서는 대규모 재난이 빈번하게 발생하면서, 기존의 재난관리방식만으로는 효과적인 대응이 어렵다는 점이 분명해졌다. 이에 따라 재난 발생 후 도시와 지역사회가 유연하게 대응하고 신속하게 회복할 수 있는 새로운 패러다임이 필요하게 되었으며, 그 중심에 리질리언스 개념이 자리 잡고 있다.

불확실성이 가중되는 현시대에 도시의 안전정책은 그 어느 때보다 중요해지고 있다. 단순히 재난 발생 후 대응하는 방식을 넘어, 예방과 대비, 그리고 재난 발생 이후의 빠른 복구와 회복을 아우르는 종합적이고 체계적인 접근이 필요하다. 도시 안전정책이 나아가야 할 방향을 크게 네 가지로 제안하고자 한다.

첫째, 사전 예방적 접근과 리질리언스 강화이다. 불확실한 재난 위험을 완전히 제거하기는 어렵지만, 사전에 위험을 분석하고 예측하는 체계를 마련함으로써 피해를 최소화할 수 있다. 각 지역의 특성에 맞는 위험 요소를 파악해 맞춤형 대응책을 개발하고, 재난 발생 시 신속하게 도시기능을 복원할 수 있는 리질리언스를 강화하는 것이 필수적이다.

둘째, 거버넌스와 협력 강화이다. 중앙정부, 지방자치단체, 민간부문, 지역사회가 유기적으로 협력하여 공동의 대응체계를 구축하는 것이 중요하다. 특히 지방자치단체의 자율성과 책임을 높여 지역사회가 주도적으로 재난에 대응할 수 있도록 하고, 민간부문과의 협력 및 시민참여를 장려할 필요가 있다.

셋째, 포용적 안전정책의 강화이다. 재난 발생 시 소외계층과 취약계층은 더 큰 피해를 입을 가능성이 높으므로, 도시 안전정책은 모든 시민이 평등하게 보호받을 수 있는 포용적 접근을 반영해야 한다. 취약계층의 특성을 고려한 맞춤형 대응방안을 마련하고, 다양한 사회계층이 안전정책 결정과정에 참여할 수 있는 기회를 제공해야 한다.

마지막으로, 디지털 기술의 활용이다. 불확실한 재난환경에 신속히 대응하기 위해서는 디지털 기술을 적극 활용하는 것이 효과적일 것이다. 빅데이터와 인공지능(AI) 기반의 예측 모델을 통해 재난 발생 가능성을 실시간으로 모니터링하고, 위기 상황에 신속하게 대응할 수 있도록 하는 체계를 갖추는 것이 중요하다. 디지털 기술을 활용함으로써 도시 안전정책의 효율성을 높이고, 재난 발생 시 시민들에게 필요한 정보를 신속히 제공해 피해를 줄일 수 있다.

제안한 네 가지 방향성이 불확실성의 시대에 도시가 안전하고 회복력 있는 공간으로 자리 잡는 데 중요한 기반이 되기를 기대한다.

참고문헌

곽창재 · 임상규 · 최우정(2016). 지방자치단체 안전관리계획의 개선방안 연구-미국 재난운영 계획과 비교를 중심으로-, 『한국방재학회논문집』 제16권 제3호, pp.105-115.

권기태 · 김현수 · 이규홍 · 인은숙 · 박정호(2023). 재난 대응에 있어 마을공동체의 새로운 역할 연구, 경기도마을공동체지원센터 · 사회혁신연구소.

김태현 · 김현주 · 이계원(2011). 재난관리를 위한 도시 방재력 개념 및 기능적 목표 설정, 『한국안전학회지』 vol.26 no.1, pp.65-70.

서울특별시(2023). 「2040 서울도시기본계획」.

세종특별자치시 · 안전도시위원회 · 대전세종연구원 · 오세이프(2022). 세종에서 안전하게 오래살기, Vo.15.

유자영 · 최지민(2023). 재난 · 안전 중심의 읍 · 면 · 동 기능개선 모델 방안 연구, 한국지방행정연구원.

이재영 · 김주리 · 김형열 · 류성진 · 박형준 · 이달별 · 이미라 · 주성빈(2023). 『재난과 사회』, 경기: 대영문화사.

전은영(2017). 기후변화에 대응하기 위한 커뮤니티 리질리언스 평가지표 개발과 적용, 『국토지리학회』 vol.51. no.1, pp.47-58.

정은주 · 정봉현 · 나주몽(2016). 도시의 지속가능성(Sustainability)과 리질리언스(Resilience)에 관한 연구, 『한국지역개발학회지』 vol.28 no.4, pp.87-108.

주필주(2019). 커뮤니티 리질리언스 관점에서 본 한 · 일 재난대응체계 비교 연구-경주지진과 구마모토지진 사례를 중심으로-, 서울시립대학교 박사학위논문.

쿠키뉴스(2024.4.15). 서울시, 국민안전의 날 10주년 기념 '안전주간' 운영, https://www.kukinews.com/article/view/kuk202404150271 (2024.10.12. 검색)

한국방재학회(2021). 『재난관리론(제3판)』, 서울: 구미서관.

행정안전부(2010). 안전도시사업 운영 매뉴얼.

Arbon, P., Cusack, L., Gebbie, K., Steenkamp, M., & Anikeeva, O.(2013). How do we measure and build resilience against disaster in community and households?, UNISDR.

Brown, V. J.(2016). Community Resilience to Climate Change Disasters: Comparing how Rotterdam and New York City approach community resilience in Policy, Universiteit Utrecht, Master's Thesis.

Folke, C.(2006). Resilience: The Emergence of a Perspective for Social-ecological systems Analyses, *Global Environmental Change* vol.16, pp.253-267.

Holling, C. S.(1973). Resilience and Stability of Ecological Systems, *Annual Review of Ecology and Systematics* vol.4, pp.2-23.

Klein, R. J. T., Nicholls, R. J., & Thomalla, F.(2003). Resilience to Natural Hazards: How Useful is this Concept?, *Environmental Hazards*, pp.35-45.

Longstaff, P. H., Armstrong, N. J., Perrin, K., Parker, W. M., & Hidek, M.(2010). Building Resilient Communities: A Preliminary Framework for assessment, *Homeland Security Affairs* Vol.6 no.3, pp.1-23.

Lu, P. & Stead, D.(2013). Understanding the notion of resilience in spatial planning: A case study of Rotterdam, The Netherlands, *Cities* vol.35, pp.200-212.

Mayunga, J. S.(2007). Understanding and Applying the Concept of Community Disaster Resilience: A Capital-Based Approach, A Draft Working Paper Prepared for the Summer Academy and Resilience Building, Munich: Germany.

Norris, F. H., Stevens, P. S., Pfefferbaum, B., Wyche, K. F., & Pfefferbaum, R. L.(2008). Community Resilience as a Metaphor, Theory, Set of Capacities, and Strategy for Disaster Readiness, *American Journal of Community Psychology* vol.41, pp.127-150.

Plough, A., Fielding, J. E., Chandra, A., Williams, M., Eisenman, D., Wells, K. B., Law, G. Y., Fogleman, S., & Magana, A.(2013). Building Community Disaster Resilience: Perspectives From a Large Urban County Department of Public Health, *American Journal of Public Health* vol.103 no.7, pp.1190-1197.

Walker, B. & Salt, D.(2012). *Resilience thinking: sustaining ecosystems and people in a changing world*, Island Press.

13 CHAPTER

웰빙, 의정갈등 시대의 공공보건의료

임성은(서경대학교)

'건강'은 모든 국민들에게 초미의 관심사이다. 특히 신년 및 송년 인사, 명절 때는 윗사람이 아랫사람에게, 아랫사람이 윗사람에게 구분 없이 가장 많이 사용하는 것이다. 헌법에 국가와 제도의 존립 목적으로 '국민의 안녕과 질서 유지'라는 문구에 건강이 포함된다. 최근에는 웰빙이라고 하여 라이프 사이클의 대대적인 변화가 나타나고 있는데, 기본 바탕은 역시 건강이 핵심이다.

건강은 질병으로부터의 불안을 떨치는 것에서 시작되고, 보건의료와 연결된다. 개인적 차원을 넘어 사회와 국가, 전 세계적으로 감염병, 전염병으로부터의 안전이 매우 중요하다. 2020년부터 팬데믹으로 겪어 온 코로나19와 2024년 의정 갈등을 겪으면서 의료시스템의 안정화는 물론 필수의료, 지역의료, 응급의료 등과 같은 이슈들에 많은 관심을 가지게 되었다. 이런 것들이 행정적으로는 어떻게 연결되는지 정리해 보는 것도 큰 의미가 있겠다.

필자는 1979년, 우리나라에 건강보험제도가 사실상 처음 도입되었을 때부터 피부양자로 병의원을 이용하기 시작했다. 가족들이 많았고 병원 이용도 많아 보험공단의 수지를 걱정하기도 하였다.

2002년 국회에 근무하면서 보건의료 행정에 본격적으로 발을 담그게 되었다. 응급환자 이송체계, 장례식장 민원으로 장사법을 찾게 되었고, 건강보험이 적용됨에도 환자에게는 비급여 진료비를 청구하거나, 보험공단에 이중으로 청구하는 사례도 경험하였다. 공공병원 관리를 보건복지부가 전담하지 않고, 대학병원은 교육부, 지방 의료원은 행정안전부와 지자체, 보훈병원은 국가보훈처, 원자력병원과 근로복지병원 등을 각각 다른 부처가 관장하고 있다는 것도 이채로웠다. 당시에 인천 경제자유구역에 외국병원 유치노력이 있었고, 영리병원 논란으로 이어져 건강보험의 당연지정제 등 법적 용어와 정서적 차이에 대해서도 고민하게 되었다. 공공의료기관 확대에 대한 요구도 많았는데 직장을 서울시로 옮기면서 시립병원을 운영하는 방식에 대해 관심을 가지게 되었다. 의료법체계에서는 행정처분 권한을 보건소가 가지는데 이는 기초자치단체 소관이라는 점, 보건복지부와 광역자치단체 간의 책임분담 문제도 특이사항이었다.

2024년 정부가 발표한 필수의료 패키지는 의대 증원 외에도 의료분쟁 등 건강한 대한민국을 위하여 보건의료 행정이 차지하는 비중을 깨달으면서 더 관심을 가지게 되었다. 서울의대교수 비대위가 '국민이 원하는 의료' 주제의 공모전에서 대상을 받기도 하였다.

1 건강과 보건의료의 주요 개념

코로나19 팬데믹과 의정갈등 등을 겪으면서 보건의료와 행정에 대한 관심이 커지고 있다. 팬데믹도 도시화로 인한 밀집에서 위험이 커진 것이라는 점에서 도시행정의 중요한 부분이기도 하다. 이에 앞서 웰빙, 웰다잉 등 건강과 보건의료는 매우 중요하면서도 다양한 이슈가 존재하는데 기본개념부터 접근해 보자.

1) 건강의 개념

건강(健康)이란 사전적으로 '정신적으로나 육체적으로 아무 탈이 없고 튼튼함, 또는 그런 상태'를 말한다. 건강에 대한 개념은 시대에 따라 조금씩 변화해 왔으나, 최근에는 웰빙(Well-being)이 매우 중요한 개념으로 설정되고 있다. 도시에서도 건강도시가 핵심 개념 중 하나로 자리 잡았고, 관련하여 포럼이나 평가지표 등이 존재하는 상황이다.

건강의 개념에 대한 역사를 간단하게 살펴보면, 원시 및 중세 시대에는 '질병이 없는 건강한 육체, 생물학적 기능의 정상'을 지칭하였다(일원론적 정의). 이후 르네상스, 산업혁명을 거치면서 '심리, 교육, 사회의 종합적 이해가 필요하다'고 인정되어 이원론적 정의가 내려졌다. 근대 및 현대 초기에는 '정신적 · 사회적 측면 모두를 포함'하는 다원론적 정의로 변화되었다. 유엔 산하에 WHO가 생기면서, '단지 질병이 없거나 허약하지 않을 뿐만 아니라 신체적 · 정신적 · 사회적으로 안녕한 상태'로 정의되고 있다.

2) 보건의료에 관한 권리

건강의 개념에 대한 인식의 변화로 인해 건강을 권리로 인식하게 되었고, 이는 개인적 차원을 넘어 사회 또는 정부 영역으로 확장되었다. 우리나라에서도 「보건의료기본법」을 제정하여 보건의료에 대한 권리를 규정하고, 국가 및 지방자치단체의 책임을 규정하였다. 이런 변화는 보건의료를 통하여 모든 국민이 인간으로서의 존엄과 가치를 가지며, 행복을 추구할 수 있도록 하고, 국민 개개인이 건강한 삶을 영위하는 것과 연관된다. 궁극적으로 국민의 삶의 질을 향상시키는 것과 관련이 있다.

건강과 보건의료는 국가 및 지방자치단체의 책임으로 규정되어, 관련되는 제도와 여건을 조성하며, 보건의료의 형평과 효율이 조화를 이룰 수 있도록 법제화되었다. 모든 환자는 자신의 건강보호와 증진을 위하여 적절한 보건의료서비스를 받을 권리를 가진다. 보건의료인은 보건의료서비스를 제공할 때에 학식과 경험, 양심에 따라 환자의 건강보호를 위하여 적절한 보건의료기술과 치료재료 등을 선택할 권리를 가진다(보건의료기본법 제6조).

모든 국민은 건강권, 보건의료에 관한 알 권리, 보건의료서비스에 대한 자기결정권, 비밀보장 등의 권리를 가진다. 건강권은 자신과 가족의 건강에 관하여 국가의 보호를 받을 권리를 뜻한다. 성별, 나이, 종교, 사회적 신분 또는 경제적 사정 등을 이유로 자신과 가족의 건강에 관한 권리를 침해받지 아니한다는 내용도 포함하고 있다. 보건의료서비스에 관한 자기결정권은 보건의료인으로부터 자신의 질병에 대한 치료 방법, 의학적 연구 대상 여부, 장기이식 여부 등에 관하여 충분한 설명을 들은 후 이에 관한 동의 여부를 결정할 권리를 의미한다(보건의료기본법 제10~13조).

이에 반해, 보건의료에 관한 국민의 의무로는 자신과 가족의 건강을 보호·증진하기 위한 노력과 필요한 비용 부담, 보건의료인의 정당한 보건의료서비스와 지도에 대한 협조 등이다(보건의료기본법 제14조).

3) 보건의료의 개념과 구성

'보건의료'란 국민의 건강을 보호·증진하기 위하여 국가·지방자치단체·보건의료기관 또는 보건의료인 등이 행하는 모든 활동을 말한다. 보건의료는 보건의료서비스, 보건의료인, 보건의료기관(이는 다시 보건기관, 의료기관, 약국 등으로 구성된다), 공공보건의료기관, 보건의료정보 등으로 구성[1]된다.

'보건의료서비스'란 국민의 건강을 보호·증진하기 위하여 보건의료인이 행하는 모든 활동을 말한다.

---

1) 「보건의료기본법」 제3조 4. "보건의료기관"이란 보건의료인이 공중(公衆) 또는 특정 다수인을 위하여 보건의료서비스를 행하는 보건기관, 의료기관, 약국, 그 밖에 대통령령으로 정하는 기관을 말한다. 5. "공공보건의료기관"이란 국가·지방자치단체, 그 밖의 공공단체가 설립·운영하는 보건의료기관을 말한다. 6. "보건의료정보"란 보건의료와 관련한 지식 또는 부호·숫자·문자·음성·음향·영상 등으로 표현된 모든 종류의 자료를 말한다.

2 보건의료시스템

1) 국민건강관리체계

정부는 생애주기별 건강상 특성과 주요 건강위험요인을 고려한 평생국민건강관리를 위한 사업체계를 갖추고 있다(보건의료기본법 제31조). 큰 틀에서는 건강지도・보건교육 등을 담당할 전문인력을 양성하고 건강관리정보체계를 구축한다. 대상별로는 여성과 어린이, 노인, 장애인, 학교와 산업 보건의료, 환경 보건의료, 식품위생과 영양 등으로 구분하고 있다(보건의료기본법 제32~38조).

2) 주요 질병관리체계

(1) 병원의 종류와 구성

우리가 흔히 병원이라고 통칭하지만 의원과 병원으로 구분되고, 의료전달체계에 따라 1차, 2차, 3차 의료기관으로도 나누어진다. 1차 의료기관은 질병에 걸렸을 때 처음으로 진료를 받는 경우가 대부분 해당되며 의료업계에서는 로컬(local)이라고 부른다. 치과의원, 한의원도 포함하며, 29병상 이하의 입원실을 갖추고 있으면 의원급에 속하며 통상 정형외과나 산부인과 등에서 주로 운영한다.

2차 의료기관은 병원과 종합병원이 있는데, 일반인들은 이 두 가지를 구분하기 어려운 측면이 있다. 종합병원에서도 100병상 이하와 300병상 이하에 차이를 두고 있는데 상세한 분류기준은 [표 13-1]과 같다.

3차 의료기관은 상급종합병원으로 의과대학 부속병원(대학병원)과 그에 준하는 전문병원으로 규정된다. 본연의 임무인 진료는 물론 의학연구와 의료인의 교육훈련 및 개업의사의 보수교육 등을 수행하여 대진료권 내의 의료기관의 구심점 역할을 담당한다. 치사율이나 난이도가 높은 질병의 환자가 전체 입원 환자 중 50% 이상, 진료가 간단한 환자는 20% 이하여야 한다.[2] 대학병원이라고 모두 3차 병원인 것은 아니며, 2차

2) 추가로 수술실은 5개 이상이어야 하고 CT, MRI, EMG(근전도 검사), ANGIOGRAPHY(혈관조영술) SYSTEM 등의 의료 장비도 갖춰야 한다. 진단 방사선실, 치료 방사선실, 수술실, 재활의학 치료실, 분만실, 임상검사실, 해부병리검사실 등 주요 진료 시설이 병원 건물의 10% 이상을 차지해야 한다.

병원인 대학병원도 많이 있다. 이러한 곳은 전략적으로 3차 병원 승급을 노리고 있는 병원들이거나, 3차였다가 2차로 떨어진 경우가 있다. 또 다른 이유는 3차 병원의 지역 할당량으로 인해 같은 지역 내 병원끼리의 경쟁에서 열세인 경우이다([첨부 1] 참조).

[표 13-1] 병의원별 분류기준(요약)

<table>
<tr><th rowspan="2">구분</th><th rowspan="2">명칭</th><th rowspan="2">세분류</th><th rowspan="2">병상</th><th colspan="2">진료과목</th></tr>
<tr><th>내 외 산 소3)</th><th>영 마 병 or 진 등4)</th></tr>
<tr><td>1차</td><td>의원</td><td></td><td>0~29</td><td></td><td></td></tr>
<tr><td rowspan="3">2차</td><td>병원</td><td></td><td>30~99</td><td></td><td></td></tr>
<tr><td rowspan="2">종합병원</td><td></td><td>100~300</td><td>3개 이상</td><td>7개 이상</td></tr>
<tr><td></td><td>301~</td><td>4개 모두</td><td>9개 이상(정치 포함)</td></tr>
<tr><td rowspan="2">3차</td><td rowspan="2">상급종합병원</td><td>대학병원</td><td>500~</td><td rowspan="2">4개 모두</td><td rowspan="2">9개를 포함하여
20개 이상</td></tr>
<tr><td>비대학병원</td><td>700~</td></tr>
</table>

출처: 의료법(제3조~제3조의 4), 상급 종합병원의 지정 및 평가에 관한 규칙 [별표]의 내용을 기준으로 도식화.

(2) 감염병 관리체계

감염병 관리는 보건복지부, 질병청, 지자체 보건소 등의 행정체계로 구성되어 있다. 국가 및 지방자치단체는 감염병 환자 등의 인간으로서의 존엄과 가치를 존중하고 그 기본적 권리를 보호하며, 법률에 따르지 아니하고는 취업 제한 등의 불이익을 주어서는 아니 된다[감염병의 예방 및 관리에 관한 법률(이하 감염병예방법) 제4조].

감염병의 예방 및 관리를 위한 사업으로는 예방 및 방역대책, 감염병 환자 등의 진료 및 보호, 예방접종, 감염병 병원체의 수집・검사・보존・관리 및 약제내성 감시, 의료・방역 물품의 비축 등이다(감염병예방법 제4조②).

감염병은 치명률과 집단발생 우려의 정도에 따라 제1~4급 감염병 등으로 분류한다. 제1급 감염병이란 발생 또는 유행 즉시 신고하여야 하고, 음압격리와 같은 높은 수준의 격리가 필요한 감염병으로서 에볼라바이러스, 중증급성호흡기증후군(SARS), 중

3) 내과, 외과, 산부인과, 소아청소년과
4) 영상의학과, 마취통증의학과, 병리과 또는 진단검사의학과, 300병상 이상 종합병원과 3차 상급종합병원의 경우 정신건강의학과, 치과 포함.

동호흡기증후군(MERS), 페스트 등이다. 제2급 감염병은 결핵, 수두, 홍역 등이다. 제3급 감염병은 B형간염, 일본뇌염, 매독 등으로 모두 법률에 명기되어 있는 것이 특징이다.

3) 정부조직

정부조직은 몇 가지 기준으로 나누어서 살펴볼 수 있다. 우선 중앙정부와 지방정부로 나눌 수 있다. 중앙정부는 다시 부처 수준에서 보건복지부와 질병청, 식품의약품안전처로 나눌 수 있다. 지방정부는 광역단체인 시・도에서 보건의료를 담당하는 국(局)과 과(課) 조직이 있고, 기초단체인 시・군・구에서는 보건소라는 조직으로 귀결된다. 특이한 점은 중앙부처에서 업무 소관이 보건복지부이든 질병청이든 식품의약품안전처이든, 또 광역단체에서 담당 부서가 다르더라도 기초단체에서는 모두 보건소로 집중되는 구조를 지니고 있다는 것이다.

보건소는 크게 두 가지 업무로 보건의료 행정 업무와 의료서비스 제공(진료)을 동시에 수행하고 있다. 의료서비스로는 각종 예방접종과 외래 진료 등을 담당한다. 보건의료 행정 업무로는 의료인 및 의료기관 등에 대한 지도, 관리, 육성, 감염병 관리 등의 업무를 수행한다(지역보건법 제11조).

실질적인 보건의료 행정은 국민건강보험공단, 건강보험심사평가원 등의 기관에서 담당한다. 진료 업무를 수행하는 병・의원들은 모두 이들 기관과 업무 관계를 수행하는 독특한 구조를 지니고 있다. 즉 병의원 입장에서는 보건복지부와 식약처, 질병청이라는 중앙정부와 시・도 광역단체, 보건소, 그리고 이들 산하기관인 국민건강보험공단과 건강보험심사평가원, 적십자사, 의료기관평가인증원, 보건의료정보원 등과 모두 업무를 연계하여 수행하고 있다. 이것을 구조화하면 [첨부 2]와 같다.

3 의정갈등과 관련한 주요 이슈

1) 의약분업

"진료는 의사에게, 약은 약사에게" TV광고 카피로 유명한 이 문구는 의약분업을 가장 잘 설명해 준다.

2000년에 있었던 의약분업 도입이 지금도 회자되는 이유는 의정갈등의 효시와 같은 역할을 하였기 때문이다. 이후 의사가 정부를 불신하는 계기가 되었고, 2014년 원격의료 반대 운동, 2017년 문재인 케어 반대, 2020년 의료정책 추진 반대 집단행동, 2023년 간호법 · 금고 이상 의료인 면허 취소법 반대 투쟁, 2024년 의료정책 추진 반대 집단행동에 이르기까지 집권당을 가리지 않고 정부의 의료정책과 충돌하고 있다. 반면, 1989년 이래 동결되어 온 의대 정원이 의약분업 이후 10% 감축, 학사편입 모집인원도 폐지되었다. 2024년 의대 증원 과정에서 의약분업이 소환되는 이유이다.

2) 의료전달체계

종합병원의 환자집중 현상을 막고 합리적인 의료서비스를 제공하기 위해 병 · 의원을 거친 다음 상급종합병원으로 가도록 하는 제도이다. 1989년 7월 1일 전 국민 의료보험과 함께 실시되었다. 그러나 1998년 권역 진료의뢰제도가 폐지된 이후에는 유명무실한 제도로 전락했다는 평가가 있다. 2024년 의정갈등이 일어나면서 대학병원의 기능 재정립과 함께 논란이 되고 있는 개념이다.

경증에도 3차 병원을 이용하는 환자들은 주로 1, 2차 병원의 의사를 신뢰하지 못하거나, 3차 의료기관이 가장 크고 좋은 병원이니 3차 가는 게 최고라고 생각하는 경향에 따른 것이다. 또 다른 이유로는 어르신들의 경우 여러 진료과를 가야 하는 복합질환, 큰 병으로 진료를 거친 후 후속 추적, 진료기록이 있는 병원에서 계속 진료하는 데서 오는 편의와 진료이력이 없어서 생기는 부작용이 최소화될 것이라는 믿음 등도 작용하고 있다.

3) 필수의료

세계 공통적으로 동의하는 정의는 없으나, WHO에서는 필수의료를 '사람을 살리고 보건학적 성과를 증진시키는 데 중요한 의료'로 설명하고 있다. 다양한 수준의 의료를 포함하기는 하나, 주로 의료접근이 어려운 그룹을 지원하는 것에 중점을 두고 있다. 지나치게 과도한 재정적 곤란함에 빠지지 않고 모든 국민에게 필요로 하는 의료서비스를 받을 수 있게 하는 개념이다.

유엔에서 지속가능한 발전 목표의 하나로 설정해 놓은 내용(Essential health services)이기도 하다. 이것은 일반 인구집단과 취약계층 모두에게 생식, 모성, 신생아, 소아, 감염성, 비감염성 질환에 대한 진료가 제공되어야 하고, 서비스 제공 능력과 접근성이 보장되어야 한다는 공중보건학적인 의미를 주로 담고 있다. 지표 항목들 중에서는 고혈압 · 당뇨 관리나 예방접종 · 금연 같은 내용이 담겨 있다. 우리나라에서 이야기하는 중증 질환과는 달리 1차 의료에 더 치중된 항목들을 필수의료라고 여기고 있다. 진료가 지연될 경우 환자의 생명과 건강에 큰 영향을 미치는 영역으로, 지역과 시간에 관계없이 형평성 있게 제공되어야 하며, 사회보장체계인 건강보험에서 우선적으로 보장해야 할 분야이다(대한의사협회, 2021).

우리나라에서 필수의료가 이슈화된 것은 2020년 즈음으로 소아과 오픈 런(open run), 흉부외과나 비뇨기과 등 비인기 진료과목의 전공의 지원 기피, 지방의료 공백 등이 발단이었다. 국내 최대 규모의 병원에서 간호사가 근무 중 뇌출혈로 쓰러졌는데, 당시 개두술이 가능한 의사가 없어 전원(병원이동) 중 사망하는 사건이 보도되면서 불안감이 가중되었다.

필수의료라는 용어가 Vital과 혼돈된다는 의사들의 지적도 있다. 내과, 외과, 산부인과, 소아청소년과 등으로 필수의료가 혼용되면서 대학병원에서 모든 의료 분야는 다 필요하다는 의견도 있다. 피부과조차 천포창 등 생명이 위중한 병이 있는가 하면, 손가락을 붙이는 치료도, 얼굴 골절을 치료하는 성형외과도 모두 없어서는 안 될 분야들이라는 것이다. 일반적으로 '필요는 한데 공백이 생긴 파트의 의료'를 주로 필수의료라고 부르고 있다. 즉 전공의가 뽑히지 않을 만큼의 공백이 생기는 '기피 진료과'나, 병원에서 적자가 계속되어 축소하고 인력을 덜 뽑게 되는 진료과가 사실상 필수의료라는 견해도 있다. 생명과 관련된 중증의료가 주로 기피과가 되는 것은 저수가의 체계하에서 박리다매로 수익을 유지하고 있으나 중증진료는 의사가 원한다고 진료량을 쉽게 늘릴 수가 없기 때문이다.[5)]

4) 공공의료

공공의료는 필수의료와 혼용되어 사용되고 있다. 의정갈등이 일어나기 전에는 주로 공공의료기관을 확대해야 된다라는 요구와 논란 속에, 2000년 1월, 「공공보건의료에 관한 법률(이하 공공보건의료법)」을 제정하게 된다. 이 법률에서 공공보건의료는 '국가·지방자치단체 및 보건의료기관이 지역·계층·분야에 관계없이 국민의 보편적인 의료 이용을 보장하고 건강을 보호·증진하는 모든 활동'으로 정의한다(공공보건의료법 제2조 제1호).

공공의료를 명확하게 이해하기 위해서는 공공의료사업과 공공의료기관, 공공의료수행기관, 이 3가지를 종합적으로 이해하는 것이 필요하다. 공공의료사업은 '의료공급이 원활하지 못한 지역 및 분야에 대한 공급, 의료보장이 취약한 계층에 대한 공급, 감염병과 비감염병의 예방 및 관리, 재난 등에 관한 사항' 등으로 구성되어 있다. 전반적으로 보면 수익성 부족 등으로 의료공급이 부족한 지역, 분야, 계층 등으로 요약할 수 있다. 공공의료기관은 흔히 설립이나 운영 주체가 공립인 것을 의미한다. 반면, 공공의료수행기관은 중앙정부 및 지방정부와 협약을 체결한 의료기관으로 정의되어 있다(공공보건의료법 제2조 제2~4호).

여기서 주의할 부분은 공공의료기관이 하는 모든 것이 공공의료사업이라 보기는 어렵고, 민간의료기관이라고 공공의료사업을 하지 않는다는 것이 아니라는 점[6)]이다.

5) 소아과나 출산을 받는 산과가 기피과인 것은 출산율 저하와 연결되어 있다. 지난 20년간 소아인구는 987만여 명에서 595만여 명으로 40% 감소하였으나, 같은 기간 소아청소년과 전문의는 3,375명에서 6,222명으로 84% 늘어 단순 추계로 보면 소아환자당 소아과 전문의 수는 3배 가량으로 늘어났다. 그럼에도 당시에는 소아과 진료공백이 거의 언급되는 일이 없었고, 소아과 의원도 더 많이 있었다. 현재로는 소아인구의 감소로 수익성이 떨어진 소아과들이 문을 닫으며 다른 일을 하게 되어 진료 보기가 어렵고, 그렇게 미래가 불투명해진 소아과는 기피과가 되어 전공의 부족으로 인해 상급 대학병원의 진료 능력마저 감소하게 되었다.

6) 민간이 공공의료사업을 하는 대표적인 것은 예방접종과 국민건강검진사업 등을 들 수 있다. 예방접종은 가장 최근에 코로나 백신 접종과 영유아 예방접종 등을 들 수 있다. 민간의료기관을 활용하는 이유는 보건소라든지 공공의료기관으로 국한할 경우 많은 국민들에게 접근성의 제약이 있기 때문이다. 코로나 백신 접종만 하더라도 당초에는 정부가 마련한 접종 센터 위주로 진행이 되었으나 전 국민을 대상으로 한 접종의 접근성과 효율성에서 한계를 보였기 때문에, 적정한 민간의료기관에 위탁을 하는 방식으로 확

[그림 13-1] 공공의료기관 공공의료사업 개념도

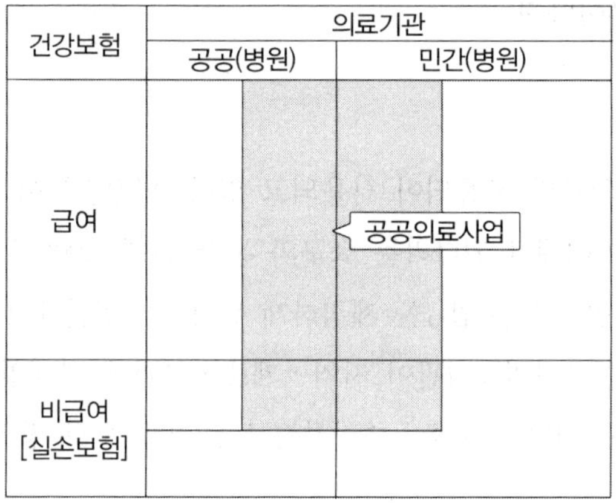

이를 도식화하면 [그림 13-1]과 같다.

(1) 취약계층을 위해 공공병원이 더 필요한가?

공공의료 혹은 취약계층에 대한 의료 공급을 확대하는 대안은 무엇일까? 전통적인 공공의료기관 확대와 진료비 등을 지원하는 방안을 검토할 수 있다.

우선, 공공병원 증설은 건강세상시민연대 등이 주장하는 것으로 국립, 시립, 도립 등 공공병원의 병상을 현재 수준(10% 수준)보다 확대하자는 방안이다. 의료 공공성 확보 등을 위해서도 가장 확실한 방법이라는 주장이다. 반대 논리도 있다. 기존 공공병원 운영의 평가결과가 효율적이지 못하다는 점이다. 특히 민간의료시설이 부족하다면 공공이 시설을 설립하는 것이 적절하고 민간시설이 충분하다면 바우처 형식이 효율적이라는 관점에서 볼 수 있다. 목표달성도 평가 측면에서 법적 의무를 토대로 접근할 수 있다.

「공공보건의료법」 제7조에서는 ① '의료급여 환자 등' 취약계층에 대한 의료를 명기하고 있다. 의료급여 환자는 현재 1, 2종으로 구분[7]되고, 민간의료기관을 이용하더

대 · 변경되었다.

7) 오히려 소득 측면에서 취약계층은 의료급여 환자보다 소득이 높은 3~4분위로 볼 수 있다. 여기에 대한 논의나 연구가 부족한 실정이다. 고독사 사례의 다수가 질병이 있음에도 병원을 방문하지 못하는 경우도 있는데. 이들은 소득은 없으나 재산 등으로 인하여 의료급여 환자로 지정받지 못하고 있어 이에 대한 제도 개선 등이 필요할 것으로 판단된다.

라도 그 비용을 정부의 복지예산으로 지급하고 있다. 실제로 의료급여 환자들은 공공병원을 이용하는 비율이 낮고, 공공병원에서 의료급여 환자의 비율도 5~20% 수준이다(서울의료원, 2024). 취약계층을 위해 공공의료기관이 더 필요하다는 논리는 그대로 적용하기 어렵다. ② 아동과 모성, 장애인, 정신질환, 응급진료 등 수익성이 낮아 공급이 부족한 의료에 대해서는 민간의료기관과 차이 있다고 보기 어렵다. 응급진료의 경우 배후 진료와 연계가 약하다라는 측면에서 지방의료원의 이용률이나 환자 수가 더 적은 상황이다. ③ 재난 및 감염병 등 신속한 대응이 필요한 경우에 일선 진료를 담당하나 코로나19와 같은 경우 중환자 관리와 부족한 격리병상은 민간병원을 지정하여 보충하기도 하였다. ④ 질병 예방과 건강증진에 관련된 보건의료 역시 민간의료기관과 크게 차이가 있다고 보기 어렵다. 오히려 민간의료기관들이 건강검진에 더 적극적인 측면도 있다. ⑤ 교육·훈련 및 인력 지원을 통한 지역적 균형을 확보하기 위한 의료 영역 역시 민간이 공공보다 더 우수하다. 의료인에 대한 교육·훈련은 흔히 말하는 대학병원 위주의 수련의 병원들이 주로 담당하고 있는 실정이고 대부분 민간의료기관이다. 국민에 대한 교육·훈련적인 측면도 정부가 민간의료기관에 위탁하여 실시하는 경우가 많아 이 또한 공공의료기관의 필요성이나 독점적·배타적 업무를 인정하기가 어려울 수 있다.

(2) 공공병원을 대체하는 공공의료 대안은?

대척점의 다른 대안은 진료비 등을 실질적으로 지원하는 것이다. 공공의료기관을 설립·운영하는 비용보다 효율성과 만족도가 높다는 장점이 있다. 이 방법은 다시 민간의료기관 진료비와의 차액을 지원하는 방법과 취약계층의 실손보험료를 지원하는 방안으로 나누어 볼 수 있다.

취약계층이 공공병원의 접근성 부족으로 민간병원을 부득이하게 이용할 경우 공공병원과의 진료비 차액을 지원하면 의료공급이나 비용 측면에서 모두 만족도를 충족할 수 있다. 우리나라는 전 국민이 건강보험에 가입하고 있고, 모든 의료기관이 건강보험 환자를 필수적으로 진료(당연지정제)하며 의료수가나 본인부담금이 동일하다는 점에서 차액은 크다고 하기 어렵고, 주로 비급여 진료비 등에서 발생한다고 할 수 있다. 비급여 진료비에 대한 부담을 줄여주는 것이 오히려 핵심이라 할 수 있는데, 이는 다시 건강보험의 보장 범위를 확대하고 비급여를 축소하는 것과 비급에 항목에 대한 정부의 관리감독 강화 등으로 접근할 수도 있다.[8]

실손보험 보험료를 지급하는 방법이 조금 더 현실적이고 효율적일 수 있다. 우리나라의 실손보험 가입자는 70% 정도로 추정된다. 의료급여 대상자를 제외하면 실질적으로 85% 이상이라고 추정할 수 있다. 사실상 민간보험이 가입을 제한하거나 꺼려하는 대상을 제외하고는 국민 모두 가입했다고도 볼 수 있는 만큼 실손보험의 사각지대를 공공이 지원하면 효율적인 공공의료체계를 구축할 수 있다. 우선은, 경제적 이유로 보험료 납부가 어려운 소득분위 3, 4분위부터 단계적으로 지원 대상을 확대할 수 있다. 정신건강 등의 이유로 실손보험 가입이 제한되는 경우야말로 공공이 이를 지원할 대상 우선 순위에 있다. 실손보험료가 건강보험료보다 낮고, 그 대상자가 제한적이라는 점에서 효율성이 아주 높다고 할 수 있다.[9] 유사한 방법으로 취약계층에 대한 바우처 지원도 검토할 수 있으나,[10] 병원을 이용하지 않는 사람들에게까지 동일하게 지급하면 예산규모가 늘어난다는 단점이 있다.

5) 지역의료

지역의료는 각 지역의 특성에 맞추어 포괄적으로 시행되는 의료를 지칭한다. 의료행정에서 쓰는 용어로 의료법적 용어는 명확히 아니다. 의료개혁과정에서 현안이 되고 있는 지역의료는 실질적으로 서울 수도권을 제외한 지역의 의료격차 문제를 지칭한다. 실질적으로는 의료의 양적 · 질적 문제로 나누어 살펴볼 수 있다.

우선 양적 문제는 의료기관의 수와 크기, 의료진의 숫자, 진료과목의 숫자 등으로 분류할 수 있다. 우리나라는 각 시 · 도별로 거점 국립대학에 의과대학과 대학병원이 존재한다. 이들은 대부분 규모에서 상급종합병원 수준이다. 인구가 50만 이상 정도의

---

8) 비급여를 낮추더라도 완전히 없애지 않는 이상 혹은 본인 부담금이 남아 있으면 취약계층은 그것도 부담일 수 있다라는 것인데, 그 부담이 공공병원은 없다는 것은 또 아니기 때문에 동일하다고 할 수 있다.

9) 실손보험 보험료를 지원할 경우 무리한 과잉진료가 보편화할 수 있다는 위험이 단점으로 지적된다. 그러나, 실손보험 전체의 문제로 정부 차원의 대책을 지켜볼 필요도 있다.

10) 취약계층에게 일정 부분 바우처를 지원하여 그 범위 내에서 자율적으로 사용할 수 있도록 허용하는 방안이다. 출산장려 차원에서 임산부에게 바우처를 지원하면 산부인과 병원 진료비, 약품 구입, 산후조리원 등 개인이 알아서 활용할 수 있도록 하는 방식을 응용하는 것이다. 부정 사용 등 악용의 우려를 배제할 수는 없으나, 자율적으로 이용할 수 있다는 장점이 있다.

도시들은 사립대학의 의대 부속병원이나 민간병원도 큰 규모로 존재하고 있다. 이들 지역에서는 의료기관의 크기 등 양적인 측면에서 문제가 있다고 보기는 어렵다. 다만, 인구가 50만 이하의 도시나 군 단위에서는 종합병원이 없거나 소규모여서 진료과목이나 의료진의 숫자가 제한적인 곳은 있다. 의료진 부족의 문제는 특정 과목, 즉 산부인과나 속초의료원의 마취과 의사 구인란 등이 대표적으로 거론되고 있다.

이것은 지역의료의 질적 문제로 연결되며 가장 큰 문제라 할 수 있다. 암이나 중증의료 질환으로 진단을 받으면 서울에 있는 큰 병원으로 가라는 이야기가 이구동성으로 만연화되어 있다. 특히 부모가 그런 진단을 받았는데 자녀들이 서울에 있는 병원으로 옮기지 않고 지방에서 진료를 한다면 불효로 평가받는 상황에 이르렀다. 의료에 대한 인식의 문제에 있어 잘못된 편견이나 오해도 있겠으나, 그동안 지역에 사는 국민들에게 직·간접 경험을 통해 관찰한 결과들에서 오는 부분도 분명하게 있다. 진단 단계에서의 오진, 진료나 치료, 수술 등이 불가능하다고 하거나 아니면 생존할 가망이 없다고 하는 등의 상황에서 서울의 큰 병원으로 옮긴 이후 생존한 사례들 때문에 발생하는 측면이 있다. 물론 의료진의 입장에서는 잘못된 편견이나 과장 등도 많다고 할 수 있다. 또한 대형병원의 경우 다양한 환자의 임상 사례를 통한 의료기술의 발전, 대규모의 자본에 의한 새로운 장비와 우수한 인력들이 집결된 상황에서의 정보 교환과 더 나은 진보를 위한 경쟁 등에서 비롯된 측면도 있다.

특이한 것은 의대의 입학 성적 자체는 최상위권 대학과 지방 하위권 대학도 크게 차이가 나지 않는다. 의대 6년을 졸업한 후 의사 국가고시 성적만 하더라도 큰 폭의 차이는 나지 않지만 인턴, 레지던트로 분류되는 전공의 과정을 거친 이후에는 격차가 커지는 것으로 평가된다. 이런 부분은 의학과 의료기술의 특성상 도제식 교육과 다양한 임상 경험이라는 차원에서 비롯된 것으로 판단된다.

결국 의료기관이나 의료진의 질적 차이는 서울과 지방의 정주 조건과 거주 선호도의 차이가 가장 큰 문제로 볼 수 있으므로 도시행정, 지방행정이 개선책이 될 수 있다. 권역별 진료 제한은 어려우나 다른 권역에서 진료받을 때 비용을 추가하는 방법 등도 고려할 수 있다.

• 공공병원의 효율성 논란

지역의료에서 중요한 테마 중에 하나는 지역의료원 혹은 공공병원의 기능과 역할이다. 다수의 사람들이 국립대학병원을 공공의료기관으로 보지 않는 경우도 있다. 즉 지방의료원이나 지방 공공병원이라고 함은 대학병원이 아닌 시립·도립 병원을 지칭하는 경우가 많다. 그 규모는 적지 않지만 위에서 지적한 의료의 질적 측면에서 국민들의 신뢰를 받지 못하는 측면도 있다. 특히 코로나19 기간에는 감염병 전담 기관으로 지정되어 큰 공헌을 하였으나, 코로나19 이후 환자를 회복하지 못하여 폐원 위기에 도달한 경우도 있다(박주민 외, 2024). 진주의료원은 1910년에 설립되어 2013년 5월 29일에 폐원되었는데 이 과정에서 극심한 논란을 겪었다. 시민단체 등은 공공의료기관을 확대해야 하는 상황에서 폐원은 절대 불가라는 입장을 보였다. 이에 반해 공공의료기관의 비효율성, 특히 진주 지역의 경우 국립대학병원이 도심에 위치해 있는 반면, 진주의료원은 외곽으로 이전하여 접근성의 문제까지 발생하여 폐원이 불가피하다는 입장이었다.

지방의료원의 효율성을 제고하는 방법 중에 하나로 민간위탁의 방안도 있다. 통상 운영 방식은 공무원 신분으로 직접 운영하거나 특수 법인을 설립하여 운영해 왔으나 의료의 질, 친절도, 효율성 등의 측면에서 민간위탁의 장점이 부각되어 지속적인 논의가 되고 있다. 성공 사례로 꼽히는 부분은 서울시립 보라매병원을 서울대병원에, 경남도립 마산의료원을 경상대병원에 위탁한 경우 등이다. 이들의 경우 국립대학병원에 위탁하여 민간이라는 영역보다는 공공위탁이 더 적합하지 않느냐 라는 지적도 있다. 핵심적인 부분은 대학병원에 위탁하는 것이 의료의 질 확보, 의료진의 구인, 의료시스템의 적용과 운영 등의 입장에서 장점이 많다라는 평가이다.

6) 응급의료(외상 포함)

응급의료란 '응급환자가 발생한 때부터 생명의 위험에서 회복되거나 심신상의 중대한 위해가 제거되기까지의 과정에서 응급환자를 위하여 하는 상담·구조(救助)·이송·응급처치 및 진료 등의 조치'를 말한다(응급의료법 제2조 제2호). 응급의료기관이란 '의료법 제3조에 따른 의료기관 중에서 권역응급의료센터, 전문응급의료센터, 지역응급의료센터 및 지역응급의료기관'을 말한다(응급의료법 제2조 제5호).

「의료법」 외 「응급의료에 관한 법률(약칭: 응급의료법)」을 제정하여 응급의료를 받을 권리, 응급의료에 대해 알 권리, 응급환자에 대한 신고 및 협조 의무, 선의의 응급의료에 대한 면책, 응급의료 환자의 거부 금지, 응급환자에 대한 우선 응급의료 조치 의무 등을 명시하고 있다. 「의료법」상의 설명 의무와는 별개로 응급의료 환자에 대한 설명 및 동의를 별도로 받도록 하고 있다. 최근 의료개혁 논의과정에서 응급실에 응급환자가 아닌 환자들이 많다. 권역응급의료센터에도 중증환자가 아닌 환자들이 많다는 보도들이 있었다. 「응급의료법」에는 응급환자가 아닌 사람을 응급실이 아닌 의료시설에 진료를 의뢰하거나 다른 의료기관에 이송할 수 있다라는 권한이 명시되어 있지만 현실적으로 쉽지 않다라는 부분에서 기인한다.

의료전달체계와 유사하게 응급의료기관도 등급을 부여하고 있다. 중앙응급의료센터, 권역응급의료센터, 지역응급의료센터 등의 단계로 이루어진다. 중앙응급의료센터는 응급의료기관에 대한 평가 지원, 교육·훈련 업무, 조정 연구, 응급의료 정보통신망의 구축 및 관리, 조사·통계 등의 업무를 담당하며 현재 국립중앙의료원이 담당하고 있다. 권역응급의료센터는 상급종합병원 정도 수준에서 권역별로 지정하고 있는데 전국적으로 47개 정도로 상급종합병원보다 더 적은 수준이다. 이곳은 중증 응급환자 중심의 진료와 해당 권역의 응급환자는 가능한 종결하도록 역할을 부여받고 있다.

• 응급실 뺑뺑이의 원인과 대안

실제로는 권역응급의료센터에서도 진료가 종결되지 못하거나 진료 거부를 당하여 소위 뺑뺑이라고 하는 구급차 재이송 상황도 벌어지고 있다. 응급실 뺑뺑이로 불리는 응급실 진료 거부의 사유는 첫 번째는 전문의 부족, 두 번째는 병실 부족 등으로 조사되었다.

「응급의료법」에서는 권역응급의료센터의 경우 비상진료체계를 구축하여 공휴일과 야간에도 당직 응급의료 종사자를 갖추도록 하고 있다. 즉 정형외과 환자가 응급으로 왔으나 당직 전문의는 척추 담당인데 환자는 발목을 골절 당했다면 수술이 곤란한 경우이다. 내과의 경우도 소화기내과 전문의가 당직을 서고 있는데 심장 질환자가 와서 스텐트 시술을 해야 한다면 불가능한 이치이다. 통상 응급의학 전문의가 응급실을 모두 관할한다고 생각하지만 응급의학 전문의의 전문 영역은 심폐소생 등의 몇 가지 분야의 전문 영역으로 한정되고 있다. 즉 뇌출혈이나 외상, 분만, 담석 등은 해당 전문과목의 전문의를 호출하여 이관시키는 절차로 진행되고 있다. 이 과정에서 응급실이 해당 전문 전문과의 전문의가 올 때까지 대기를 하거나 혹은 전문의의 입원이 필요하다는 소견이 있더라도 입원 병실이 나올 때까지 대기하는 공간으로 혼잡한 경우도 많다. 흔히 서울의 빅5 병원은 초대형 병원이면서 질적 측면에서도 우수한 평가를 받고 있지만 권역응급의료센터로 지정된 곳은 서울대병원만으로 한정된다. 즉 아산, 삼성, 세브란스, 성모병원 등의 응급실은 늘 혼잡하여 권역응급의료센터 신청도 하지 않고 지정도 할 수 없는 상황이다.

권역응급의료센터의 경우 내과, 외과, 산부인과, 소아청소년과, 정형외과, 신경외과, 심장혈관 흉부외과, 마취통증의학과, 신경과 전문의 각 한 명 이상을 지정하도록 되어 있다(응급의료법 제32조 제4항, 같은 법 시행규칙 제19조). 그러나 같은 진료과라 하더라도 대학병원의 특성상 전공 분야가 세분화되어 실질적인 진료를 받지 못하는 경우도 발생한다. 병실 부족의 경우 경증 환자는 퇴원 또는 다른 기관으로 전원 조치하여 확보하는 방향으로 법령 준수와 상식 차원에서 개선할 필요가 있다.

이와 별개로 권역외상센터가 존재한다. 이는 이국종 교수의 강력한 여론의 호소 등으로 설치된 측면이 있다. 야당의 대표가 지방(부산) 일정 중 외상을 입어 가까운 권역외상센터로 이송되었으나, 서울대병원으로 환자와 보호자가 전원을 희망하여 헬기로 이송했던 사례가 쟁점이 된 것도 있다.

7) 이익단체

보건의료와 관련한 이익단체는 숫자가 매우 많고 매우 강하다는 것이 특징이다. 크게 분류하면 사람을 기준으로 하는 것과 기관을 기준으로 하는 것으로 나눌 수 있고, 보건인과 의료인, 직능별로 나눌 수 있다. 이를 도식화하면 [첨부 3]과 같다.

8) 의료분쟁(조정, 소송)

의료사고란 보건의료인이 환자에 대하여 실시하는 진단 · 검사 · 치료 · 의약품의 처방 및 조제 등의 행위로 인하여 사람의 생명 · 신체 및 재산에 대하여 피해가 발생한 경우를 말한다. '의료분쟁'이란 의료사고로 인한 다툼을 말한다.

2008년 「의료사고 피해구제 및 의료분쟁 조정에 관한 법률」이 국회에서 제정되었다. 오랜 기간 논의가 있었으나 가수 신해철의 의료사고로 인한 여론 조성 등이 반영되었다. 사실은 이 법률 제정 이전에도 한국소비자원을 통한 분쟁 조정 절차는 진행되고 있었고, 현재도 만족도가 더 높은 상황이다.

[표 13-2] 한국의료분쟁조정중재원 vs 한국소비자원(의료분쟁) 비교

구분	중재원	소비자원
사건(2019년)	849건(조정) 48,226건(상담)	760건(피해구제) 356건(조정) 21,008건(상담)
상임 감정위원	9명	– (없음)
비상임 감정위원	260명	126명
감정 관련 직원 수	33명[11] + 12명	9명[12]
상임 조정위원	5명	– (없음)
비상임 조정위원	208명	17명
조정 관련 직원 수	16명[13] + 11명	6명[14]

출처: 국회 보건복지위원회 국정감사(2021년) 질의서 중 발췌.

의료분쟁 조정은 소송을 제기하기 전에 사전 조정을 통해 조기에 해결할 수 있다라는 점, 의료감정 비용을 최소화했다는 점, 조정이 되지 않더라도 소송으로 진행할 만한 개연성이 있는 것인지를 사전 판단할 수 있다라는 장점이 있다. 반면, 한국의료분쟁조정중재원은 국회 국정감사와 경실련 등 시민단체를 통해 존재 목적이나 감정의 공정성 등의 문제 제기를 받아왔다.

의료분쟁은 의료개혁과정에서 이른바 필수의료 패키지에서 중요한 의제로 다루어지고 있다. 의료행위에서 중과실이 아닌 경우 형사처벌을 면제해 주는 조항을 정부가 발표하였다. 의사들이 의료소송에 대한 부담이 많고 이를 기피하는 차원에서 필수의료 진료과목을 선택하지 않는다라는 문제가 제기되었다. 그런데 의사와 시민단체 모두 이 조항을 반대하고 있다. 의사는 사망 사고까지 포함해야 한다라는 의견이고, 시민단체

11) 조사관(간호사 등), 뒤 숫자는 행정직원 수
12) 피해구제국 의료팀 소속
13) 심사관(변호사) 수
14) 분쟁조정사무국 의료분쟁 조정 담당 직원 수

는 다른 사고와의 형평성에 어긋난다라는 것이다. 실제로 형사 사건에서 기소율이나 유죄 판결 비율이 현저하게 낮다는 점에서 의사들의 과잉 반응을 지적하고 있다. 반면 의사들은 형사 사건으로 입건되어 수사를 받아야 하는 과정 자체를 스트레스로 인식하고 있고, 그 근저에는 전공의와 교수 사이의 모호한 역할과 책임 분담도 작용하는 것으로 판단된다.

의료사고가 외국과는 달리 이렇게 첨예하게 의견이 갈리는 배경에는 과실 입증책임의 차이가 있다. 외국은 의료사고가 발생했을 때 의료진이 과실이 없다는 것을 입증해야 하는 반면 우리나라는 환자측이 의사의 과실을 입증해야 하는 것이다. 이 과정에 이른바 정보 불균형이 존재한다. 의료행위의 지식이나 경험 모든 측면에서 환자가 가진 정보가 의사보다 부족하기 때문이다.

9) 영리병원

우리나라에는 영리병원이 존재하지 않는다. 여기서 병원이 그렇게 많은 수익을 올리는데 영리병원이 없다는 것이 말이 되느냐는 의문이 제기된다. 정확히 말하면 병원의 법인에 영리 행위를 허용하지 않는다는 것이다. 법적으로 영리병원의 기준은 수익을 투자자에게 배당하지 않는다는 의미이다.

혼선이 생기는 것은 개인 의원(1차 의료기관)이나 병원이면서도 법인을 설립하지 않고 개인 소유로 운영하는 곳은 영리 행위가 허용된다. 다만 규모가 큰 병원의 경우는 대부분 법인 형태인데 이 경우에는 수익이 아무리 많이 나더라도 투자자에게 배당할 수 없다는 것이다. 그럼 수익은 어떻게 처리할까? 대부분 큰 병원의 경우 병동을 건설하거나 검사장비 등을 구매하는 데 사용한다. 우리나라의 아산병원이나 삼성병원을 비롯하여 대학병원까지 지속적으로 병원을 확대·증설할 수 있었던 이유이다. 대학병원의 경우 학교법인으로 수익금이 귀속되기도 한다.

영리병원 논의가 처음 제기된 계기는 글로벌 경제에서 외국자본이나 우수한 외국인의 유치를 위한 수단이었다. 특히 미국계의 경우 자녀들을 위한 교육기관과 병원의 신뢰도 제고를 위해 자국의 시설 수준을 요청하였다. 일종의 코리아 디스카운트 현상으로 인하여 미국계 병원의 프랜차이즈 유치를 요구하였는데 이들이 영리병원이었기 때문에 경제자유구역에라도 영리병원을 허용하는 쪽으로 법률 개정이 되었다. 2005년

경 인천경제자유구역에 미국계 병원을 유치하기 위한 노력이 있었고 우선 협상 대상자도 정해졌으나, 결과적으로는 무산되고 말았다. 그 이후 제주도에 중국계 병원 유치가 결정되었으나, 이 또한 추진과정에서 여러 논란 끝에 백지화되고 말았다.

4 우리나라 보건의료의 발전방안

1) 수요자(환자, 국민) 중심의 의료시스템

의대 증원 문제로 시작한 2024년 의정갈등은 우리나라 의료시스템 전반을 돌아보게 되는 계기로 작용하고 있다. 무엇보다도 그동안 공급자 중심의 의료체계를 수요자 중심으로 전환할 필요성을 가지게 되었다. 수요자, 즉 환자와 잠재적 환자로서의 국민 중심의 의료시스템 개편 방안을 도출하여 보건의료 당국에 활용할 수 있도록 하는 것이 목적이다.

이를 위해서는 환자 중심의 의료서비스, 효율성이 높은 의료서비스, 지역격차가 줄어든 의료서비스, 필수의료 이용에 어려움이 없는 의료시스템 등이 전제되어야 하며, 아래와 같은 세부과제가 필요하다(임성은 외, 2024).

① 수요자(환자)의 이용 편의성 제고방안: 설명, 진료기록 공유

② 수요자의 적정 의료 제고방안: 과잉·중복검사 축소, 약물 분할 수령

③ 예방강화 차원의 처방 다양화 방안: 운동(산책) 처방, 스트레스 측정

④ 의료과실 및 의료분쟁 해결 개선방안: 의료감정 개선, 조정 실효성 제고

⑤ 의료전달체계 개선방안: 주치의 도입, 모니터링, 협력 네트워크 구축

⑥ 지역별 의료격차 감소방안: 지방국립대와의 역할분담, 군소 시·군 의료접근성 강화를 위한 병원버스 운영

2) 예방 중심의 보건의료

의료(medicine)의 사전적 정의[15]를 보면, 예방과 건강증진은 그중에 하나로 들어가고 또한 순서도 앞서 언급된다. 즉 예방이라는 부분이 치료와 처치 못지않게 중요하다

는 것을 알 수 있다. 영어로도 마찬가지이다. 그런 측면에서 예방은 열 번을 강조해도 모자람이 없다고 할 수 있다.

우리나라에서는 국민건강검진을 생애주기별로 정기적으로 실시하고 있으나, 예방을 위한 검사 등은 건강보험 적용 대상에서 제외하고 있다.

서구 유럽에서는 온천욕이나 산림, 공원 산책 등을 건강보험으로 적용하고 있다는 점도 참고로 할 수 있다. 서울시에서는 '정원처방 시범사업'을 2024년 시작하였다. 서울시민 정신건강실태조사 결과 절반이 넘는 시민이 우울감이나 스트레스 등을 가지고 있는 반면, 정원 걷기는 불안이나 부정적 기분을 감소시키는 데 효과적인 것으로 나타났다.

3) 맺음말

건강한 신체에서 건강한 정신이 생긴다는 말이 있다. 신체와 정신건강의 조화, 예방과 치료의 배분, 공공과 민간의료의 역할분담 등은 앞으로 우리나라의 의료체계와 국민을 건강하게 할 핵심사항으로 솔로몬의 지혜가 모색되길 기대한다.

참고문헌

대한의사협회(2021). 필수의료 중심의 건강보험 적용과 개선방안.

박주민 외(2024). 올바른 의료개혁! 공공병원 기능회복과 역량 강화를 위한 국회토론회, 국회 보건복지위원 주최 토론자료집.

서울시(2024). 서울형 정원처방사업 시범 운영계획, 서울시 내부자료.

서울의료원(2024). 서울시립병원 기능 및 역할 재정립 연구.

임성은 외(2024). 『의료개혁 국민이 말하다』, 파주: 한울. (서울의대-서울대병원 교수협의회 비상대책위원회 엮음)

임성은 외(2024). Wellness Forum-온천 웰니스산업의 비전: 온천의료와 건강보험제도, 채널 A · 아산시 · (재)헬스케어스파산업진흥원.

---

15) Webster Dic. Wikipedia. "Medicine is the science and practice of caring for patients, managing the diagnosis, prognosis, prevention, treatment, palliation of their injury or disease, and promoting their health. Medicine encompasses a variety of health care practices evolved to maintain and restore health by the prevention and treatment of illness."

[첨부 1] 상급종합병원과 주요 종합병원

권역	상급종합병원(3차)	주요 종합병원(2차)
서울특별시	서울성모(서초), 강남세브란스(강남), 강북삼성(종로), 강남세브란스(강남), 강북삼성(종로), 건국대학교(광진), 경희의료원(동대문), 고대구로병원(구로), 고대안암병원(성북), 삼성서울(강남), 서울대학교(종로), 서울아산(송파), 세브란스(서대문), 이대목동(양천), 중앙대학교(동작), 한양대학교(성동)	여의도성모, 은평성모, 상계백, 이대서울, 강남성심, 한강성심, 한림대강동성심, 순천향대학교 부속 서울, 강남차, 서울시립 보라매, 노원을지대학교, 강동경희대학교
경기인천지역	성빈센트(수원), 인천성모(인천 부평), 길(인천 남동), 인하대학교(인천 중구), 고려대 안산(안산), 아주대학교(수원), 순천향대 부천(부천), 분당서울대학교(성남), 성심(안양)	의정부성모, 부천성모, 일산백, 동탄성심, 분당차, 분당차 여성, 일산차, 한양대 구리, 의정부을지대학교, 일산, 동인천길, 국립암센터, 용인세브란스
강원권	강릉아산(강릉), 원주세브란스기독(원주)	춘천성심, 강원대학교
호서권	건양대학교(대전 서구), 단국대학교(천안), 충남대학교(대전 중구)	순천향대 천안, 대전을지대학교, 건양대 부여, 호서대 충주, 대전성모
전북특별자치도	원광대학교(익산), 전북대학교(전주)	
광주전남지역	전남대학교(광주 동구), 조선대학교(광주 동구), 화순전남대학교(화순)	
대구경북지역	경북대학교(대구 중구), 동산(대구 달서), 대구가톨릭대학교(대구 남구), 영남대학교(대구 남구), 칠곡경북대학교(대구 북구)	대구차 여성, 칠곡가톨릭, 대구동산, 순천향대 부속 구미, 차의과학대 구미차
부산경남지역	경상국립대학교(진주), 복음(부산 서구), 동아대학교(부산 서구), 부산대학교(부산 서구), 삼성창원(창원), 양산부산대학교(양산), 울산대학교(울산 동구), 부산백(부산 부산진구)	해운대백, 동의의료원, 창원한마음, 창원경상국립대학교
제주특별자치도		제주대학교

출처: 보건복지부 지정자료(일시 2024.9.13)를 토대로 재구성. 건강보험심사평가원의 홈페이지 병원・약국 찾기에서 의료기관 종별(상급종합병원, 종합병원, 병원, 의원 등)로 검색이 가능하다.

[첨부 2] 보건의료 관련 정부 및 공공기관 현황

<table>
<tr><th>소속기관</th><th colspan="3">공공기관</th><th>유관기관</th></tr>
<tr><td rowspan="2">국립재활원
국립정신병원(5개)
국립소록도병원
국립장기조직혈액
관리원
오송생명과학단지
지원센터
건강보험분쟁조정
위원회 사무국
첨단재생의료및첨
단바이오의약품심
의위원회사무국</td><td>준정부기관</td><td>위탁
집행형</td><td>국민건강보험공단
건강보험심사평가원</td><td rowspan="2"></td></tr>
<tr><td colspan="2">기타공공기관</td><td>한국보건산업진흥원
국립암센터
대한적십자사
한국보건의료인국가시험원
한국국제보건의료재단
국립중앙의료원
한국건강증진개발원
한국보건의료연구원
한국의료분쟁조정중재원
대구경북첨단의료산업
진흥재단
오송첨단의료산업진흥재단
한국장기조직기증원
한국한의약진흥원
의료기관평가인증원
국가생명윤리정책원
한국보건의료정보원</td></tr>
<tr><td>식품의약품안전평가원
지방식품의약품안전청(6개)</td><td colspan="2">기타공공기관</td><td>한국의료기기안전정보원
한국의약품안전관리원
한국마약퇴치운동본부</td><td>한국희귀·
필수의약품센터</td></tr>
<tr><td>〈8개 소속기관〉
국립보건연구원
질병대응센터(5개)
국립결핵병원(2개)</td><td colspan="2">–</td><td>–</td><td>대한결핵협회</td></tr>
</table>

[첨부 3] 보건의료인 주요 단체

<table>
<tr><th>구분</th><th>직능 단체</th><th>보건의료인 단체</th><th>학회</th></tr>
<tr><td rowspan="2">의사</td><td>대한병원협회
상급종합병원협의회
수련병원협의회</td><td>대한의사협회(10만)
대한병원의사협의회</td><td>대한의학회</td></tr>
<tr><td>한국의과대학·의학전문대학원협회</td><td>전국의과대학교수협의회(전의교협)
대한전공의협의회(대전협)
의과대학·의학전문대학원 학생협회(의대협)</td><td></td></tr>
<tr><td>한의사</td><td>대한한방병원협회</td><td>대한한의사협회(2.5만)</td><td>대한한의학회</td></tr>
<tr><td>치과의사</td><td></td><td>대한치과의사협회(3.5만)</td><td>대한치의학회</td></tr>
<tr><td>간호사</td><td></td><td>대한간호협회(25만)
한국전문간호사협회</td><td>간호학회
한국간호과학회
한국중환자간호학회</td></tr>
<tr><td>약사</td><td></td><td>대한약사회(8만)
한국병원약사회</td><td>대한약학회
대한약국학회</td></tr>
</table>

PART

05

도시행정의 운영

14 CHAPTER

도시행정 평가와 메타평가

김병철(목원대학교)

우리는 평가의 일상 속에서 살고 있다. 유치원 시절부터 은퇴할 때까지 평가의 연속이다. 개인뿐 아니라 조직이나 기관도 마찬가지다. 모두가 평가로부터 자유로울 수 없다. 특히 국민으로부터 임무와 권한을 부여받아 운영되는 공공부문은 법규에 따라 평가를 받고, 그 결과를 국민에게 보고하도록 제도화되어 있는 경우가 많다. 평가는 공공부문의 존재 이유와 책임성을 파악하는 데 매우 유용한 수단이기 때문이다.

공공부문 평가의 일환인 우리나라 도시행정 평가는 2006년 「정부업무평가기본법」의 시행과 더불어 제도화되었다. 이 법에 따라 중앙행정기관은 물론 지방자치단체, 중앙행정기관 또는 지방자치단체의 소속기관, 공공기관에 이르기까지 공공부문 전반에 대한 평가가 제도적으로 수행되고 있다. 우리나라 도시화율은 2021년 현재 90.7%에 달할 정도로 높은 수준임을 고려할 때(통계청, 2024: 6), 이 법에 따른 지방자치단체 평가는 도시행정 평가의 한 예로 볼 수 있다.

도시행정 평가가 확대되고 있을 뿐 아니라 도시행정 현장에서 평가와 유사하게 받아들이고 있는 각종 조사, 심사, 진단, 점검, 감사 등도 지속적으로 이루어지면서 평가 업무 부담 증가와 함께 평가의 유용성에 대한 문제 제기도 커지고 있다. 이는 평가제도 자체에 대한 의문으로 이어져 평가에 대한 평가, 즉 메타평가(metaevaluation)의 필요성도 점증하고 있다.

이에 따라 도시행정 평가와 메타평가를 올바로 이해하고 실무에 적용하는 일은 현대 도시행정에서 아주 중요한 사안이 되고 있다. 이러한 인식 아래 여기서는 도시행정 평가를 개관하고, 도시행정 평가에 대한 메타평가를 고찰한 후 지방자치단체 합동평가를 중심으로 도시행정 평가 사례를 살펴본다. 도시행정 평가 개관 및 도시행정 평가 메타평가 부분은 필자의 저서 『메타평가론(2009b)』을 토대로 본서의 주제와 현재 상황에 맞게 수정 · 보완하였고, 도시행정 평가 사례 부분은 그 특성상 정부 공식자료, 즉 정부업무평가포털 자료와 2024년(2023년도 실적) 지방자치단체 합동평가 결과(행정안전부, 2024a, 2024b)를 인용하고 필요한 설명을 추가하는 방식으로 작성하였다.

필자는 정책평가에 관한 주제로 서울시립대학교에서 박사학위를 취득하고, 국무총리 산하 경제 · 인문사회연구회에서 평가실장 등의 직책을 수행하는 한편, 교육부를 비롯해 과학기술부, 통계청, 충청남도, 세종특별자치시 등의 주요 정책 및 도시행정 평가에 참여한 경험을 바탕으로 이 장을 기술하였다.

1 도시행정 평가 개관

도시행정 평가는 정책평가의 한 유형이다. 따라서 도시행정 평가는 정책평가의 일반적 속성을 지니면서 동시에 도시행정 평가만의 고유한 특성을 띠고 있다. 도시행정 평가를 올바로 이해하기 위해서는 그 바탕이 되는 정책평가에 대한 이해가 선행되어야 한다. 이러한 인식에 따라 먼저 정책평가의 의의를 살펴보고 그 유형에 대해 검토한다. 이어서 도시행정 평가 개념요소와 도시행정 평가 환류에 관해 고찰한다.

1) 정책평가 의의

사회과학 연구에서 주제에 대한 명확한 개념 정의는 연구의 출발점이 된다. 정책평가는 정책과 평가가 합쳐진 말이다. 정책(政策)은 "결정 사항을 안내하고 합리적인 결과를 수행할 수 있게 하는 원칙이나 규율을 가리킨다. 사전적 의미로는 정치나 정무를 시행하는 방침"이다(위키백과, 2024.8.3. 검색). 그리고 평가(評價)는 "어떤 대상의 가치나 특질을 판단하거나 결정하는 것"(Agnes, 2000: 492), "평가대상(evaluand)의 가치(worth)나 장점(merit)을 결정하는 과정"(Scriven, 1991: 1) 등으로 정의하고 있는데, 선행연구를 종합해 보면 평가란 "어떤 대상의 가치, 장점, 의미 등을 결정하는 것"으로 이해할 수 있다.

정책평가가 필요한 이유는 정책의 성격에서 유래한다. 즉, 어떤 정책이 목표 달성에 의미 있는 것인가? 하는 정책의 당위성, 정책집행의 결과로 어떠한 결과가 초래되었는가? 하는 정책의 영향과 효과, 그러한 결과를 가져오는 데 더 나은 방법이 없었겠는가? 하는 정책대안의 효율성 등이 정책의 성격에서 유래하는 기본적 정책평가 이슈들이다. 이 정책평가 이슈들에 답하는 활동이 정책평가이다. 따라서 정책평가는 "정책의 내용, 집행 및 집행의 결과와 그 영향 등을 추정하거나 사정 또는 평가하기 위하여 체계적 연구방법들을 응용하는 것으로서, 어떤 한 정책의 과정이나 결과를 이해하고, 그 값어치를 판단하는 사회적인 과정"(노화준, 2003: 29-30)이라 할 수 있다.

정책평가의 목적은 보는 시각이나 강조하는 바에 따라 다양하게 제시할 수 있다. 첼림스키(Chelimsky, 1977: 6)는 정책평가의 일반적 목적을 지식 및 학습, 관리, 책임성 등 세 가지 관점에서 제시하였다. 첫째, 지식 및 학습의 측면에서 볼 때 정부가 직면하고 있는 여러 가지 문제들과 이를 해결하기 위한 전략의 적절성에 대해 새로운 지식을 얻고, 이를 통하여 정책학습을 할 수 있기에 정책평가를 한다. 둘째, 관리의 관점에서는 행정관리를 위한 도구, 즉 정책의 효과성과 능률성을 평가하여 대안의 선택과 개선, 운영상의 효율성을 증진하기 위해 정책평가를 한다. 셋째, 책임성의 관점에서는 정책결정자나 관리자들에게 효과성과 운영상의 질적 측면을 책임지도록 함으로써 정부자원을 최선의 방법으로 활용하기 위해 정책평가를 한다. 신열(2019: 320)은 국내 선행연구를 분석하여 정책평가의 목적을 정부활동에 대한 책무성 확보, 정책에 대한 인과관계 규명 등 정보의 환류, 정책학습에 대한 기여 등 세 가지로 요약, 제시하였다.

오늘날 정책시스템에서 평가가 차지하는 위치는 점점 더 중요해지고 있다. 정책평가는 정책의 집행 상황에 대한 평가라는 차원을 넘어, 정책에 중장기 비전을 제시하고 주요 정책목표 달성 여부를 점검하며 체계적 환류과정을 통해 정책의 효과성(effectiveness)과 효율성(efficiency) 등을 높여나가는 수단이 되고 있다. 정책평가는 평가 유형이나 결과의 활용 목적, 사용되는 방법 등에 따라 평가 절차가 달라질 수 있다. 이와 관련해 미국의 Evaluation Research Society Standards Committee(1982: 11-17)에서는 정책평가의 표준적 절차를 제안하였다. 그 절차는 ① 형성과 협상, ② 평가의 구조화와 설계, ③ 자료의 수집과 준비, ④ 자료의 분석과 해석, ⑤ 의사전달과 발표, ⑥ 결과의 활용 등 여섯 단계로 진행된다.

2) 정책평가 유형

정책평가는 여러 가지 기준에 따라 다양하게 유형화할 수 있다. 예를 들면, 평가자의 소속이나 평가주체, 평가시기, 평가목적, 평가단계, 평가수행 횟수, 평가방법, 평가범위 등에 따른 분류가 가능하다. 미국 정책평가학회에서 제안한 분류기준 등을 종합할 때 정책평가 유형은 ① 착수직전분석(front-end analysis, 맥락분석 또는 실행가능성 분석), ② 평가성 사정(evaluability assessment), ③ 형성적 평가(formative evaluation, 과정평가 또는 프로그램 발전을 위한 평가), ④ 프로그램 모니터링(program monitoring), ⑤ 정책영향평가(총괄적 평가[summative evaluation], 산출평가 또는 효과성 평가), ⑥ 능률성 평가(효율성 평가), ⑦ 적합성(appropriateness) 평가, ⑧ 평가종합(evaluation synthesis), ⑨ 메타평가(metaevaluation) 등으로 나눌 수 있다(노화준, 2003: 60-76). 여기서는 평가주체, 평가시기, 평가목적, 평가방법, 평가범위, 평가단위, 평가내용에 따른 정책평가 유형에 대해 살펴본다.

첫째, 평가주체에 따라 자체평가, 내부평가, 외부평가로 나눌 수 있다. 자체평가란 정책이나 사업의 집행 담당자나 기관이 스스로 수행하는 평가를 의미한다. 내부평가는 정책이나 사업의 집행 담당자 자신은 아니나 그것의 시행에 책임이 있는 기관의 내부 구성원이 수행하는 평가를 말하는 데 비해, 외부평가는 제삼자의 위치에 있는 외부전문가가 수행하는 평가 및 상위기관에 의한 평가를 말한다. 한편 평가주체의 공식성 여부에 따라 공식기관에 의한 제도적 평가와 민간에 의한 비공식 평가로 구분하기도 한다.

둘째, 평가시기에 따른 분류는 정책이나 사업의 수행단계에 따라 평가를 구분하는 것으로 사전평가, 과정평가, 사후평가로 구분한다. 먼저 사전평가는 정책의 계획 수립 과정에서 실시되는 평가를 말하며, 여기에는 착수직전분석 · 평가성 사정 · 형성평가 · 적합성 평가 등이 있다. 다음으로 과정평가는 정책의 집행단계에서 이루어지는 평가를 뜻하며, 프로그램 모니터링 · 집행과정평가 등이 있다. 마지막으로 사후평가는 정책이나 사업이 종료된 시점에서 수행되며, 정책영향평가 · 총괄평가 · 효과성 평가 · 능률성 평가 · 평가종합 · 메타평가 등이 포함된다.

셋째, 평가목적에 따른 분류는 매우 다양하나 수흐만(Suchman, 1967: 61-71)에 따르면 노력평가(evaluation of effort), 성과 또는 효과 평가(evaluation of performance or effects), 성과의 충분성 평가(evaluation of adequacy of performance), 능률성 평가(evaluation of efficiency), 과정평가(evaluation of process) 등으로 나누고 있다. 노력평가란 수행되는 활동의 양과 질에 대한 평가를 말하고, 성과 또는 효과 평가는 노력의 결과를 측정하는 평가이다. 성과의 충분성 평가는 정책이나 사업의 성과가 전체 문제를 해결한 정도를 측정한다. 능률성 평가는 노력과 성과의 비율을 측정하는 것으로 효율성 평가라고도 한다. 과정평가란 어떤 정책이 어떻게, 왜 그러한 성과를 시현했는지 분석하는 평가를 말한다(김명수, 1993: 93-94).

넷째, 평가방법에 따라 객관적 · 과학적 평가와 주관적 · 비과학적 평가, 양적 평가와 질적 평가, 분석적 평가와 판단평가로 나누기도 한다. 분석적 평가는 과학적 연구방법에 의한 평가인 데 비해, 판단평가는 평가적 추론에 의한 평가를 의미한다.

다섯째, 평가범위에 따라 단일평가와 포괄적 평가로 나누기도 하는데, 단일평가는 정책의 한 측면을 평가하는 것이고 포괄적 평가는 여러 측면을 평가하는 것을 말한다.

여섯째, 평가단위에 따라 조직 전체에 대한 기관평가와 개별 정책에 대한 개별평가, 단위 사업(program)에 대한 사업평가로 구분하기도 한다.

일곱째, 평가내용에 따라 관리역량평가, 정책과제평가, 만족도평가 등으로 구분하는 경우도 있다(김현구, 2003: 60-64). 이처럼 다양한 정책평가 유형을 요약하면 [표 14-1]과 같다.

[표 14-1] 정책평가 유형 요약

구분	정책평가 유형
평가주체	• 자체평가, 내부평가, 외부평가 • 제도적 평가, 비공식 평가
평가시기	• 사전평가: 착수직전분석, 평가성 사정, 형성평가, 적합성 평가 • 과정평가: 프로그램 모니터링, 집행과정평가 • 사후평가: 정책영향평가, 총괄평가, 효과성 평가, 능률성 평가, 평가종합, 메타평가
평가목적	• 노력평가, 성과 또는 효과 평가, 성과의 충분성 평가, 능률성 평가, 과정평가
평가방법	• 객관적 · 과학적 평가, 주관적 · 비과학적 평가 • 질적 평가, 양적 평가 • 분석적 평가, 판단평가
평가범위	• 단일평가, 포괄적 평가
평가단위	• 기관평가, 개별평가, 사업평가
평가내용	• 관리역량평가, 정책과제평가, 만족도평가

출처: 저자 작성.

정책평가 유형에 대한 정확한 이해는 정책 현장에서 평가가 필요할 때 그 평가에 가장 적합한 평가 유형을 선택할 수 있게 함으로써 평가 목적 달성에 이바지한다. 실제 정책평가 사례들을 종합해 볼 때, 평가주체나 시기 · 범위 · 단위에 따른 구분에서는 어느 유형에 속하는지가 잘 드러난다. 대체로 평가의 근거가 되는 법규에서 이에 관한 사항들이 명시적으로 규정되어 있기 때문이다.

이에 반해 평가목적 · 방법 · 내용에 따른 구분에서는 어느 유형에 속하는지 애매하거나 여러 유형이 혼재되어 있는 경우가 많다. 따라서 이 경우에는 여러 유형 중 어떤 유형을 선택하여, 또는 어떤 유형을 강조하여 평가할 것인지를 사전에 명백하게 결정해 두는 것이 중요하다. 이는 그 평가의 정체성(identity)을 정립하는 것과 같다. 예를 들어, 평가목적에 따른 세부유형, 즉 노력평가 · 성과평가 · 능률성 평가 · 과정평가 중 어디에 강조점을 둘 것인지, 또는 각 세부유형 간의 비중을 어떻게 할 것인지를 사전에 결정한 후 평가를 해야 한다. 그렇지 않으면 평가의 목적이 모호해지고, 따라서 평가의 방향이나 방법, 내용도 애매해지며, 결국 평가목적 달성 여부도 측정하기 어려워 평가를 위한 평가로 전락하기 쉽다.

3) 도시행정 평가 개념요소

정책은 정치나 정무를 시행하는 방침으로 이해할 수 있는 데 비해, "행정(行政)은 실질적인 의미에서 국가 작용 중에 입법 작용과 사법 작용을 제외한 것을 말하며, 형식적인 의미에서 행정부가 실시하는 작용의 전체"를 의미한다. 이에 따라 행정은 정책보다 포괄적 개념으로 이해할 수 있으며, 행정학은 그 세부 분야로 정책학, 재무행정론, 인사행정론, 도시행정론 등을 두고 있다(위키백과, 2024.8.24. 검색).

한편 "도시행정은 도시화로 인해 생겨난 갖가지의 도시문제를 민주적 · 효율적으로 해결하고 앞으로 생겨날 수 있는 도시문제를 미연에 방지하여 도시를 쾌적하고 편리한 생활공간으로 만들기 위하여 도시정책을 수립 · 집행하는 활동이다. 따라서 도시행정에 있어서는 도시화로 야기된 여러 가지 도시문제들을 해결하기 위한 정책을 수립 · 집행하고, 앞으로 예측되는 행정수요의 변동에 대응하기 위하여 도시행정 체제의 개선과 도시 공공 서비스의 확충 등을 하게 된다"(위키백과, 2024.8.24. 검색).

도시행정의 정의에서 유추할 수 있듯이 도시행정에서 평가는 중요한 의미를 지닌다. 도시문제를 찾고, 해결방안을 모색하고, 미래 도시문제를 예방하고, 쾌적한 도시를 만들기 위한 선행 조치로서 평가가 필수적으로 요구되기 때문이다. 도시행정 평가의 개념은 정책평가의 일반적 개념을 기초로 하되, 기관평가라는 측면에 초점을 맞추어 살펴볼 필요가 있다. 정책평가는 평가단위에 따라 기관 전체에 대한 '기관평가'와 개별 정책에 대한 '개별평가'로 대별할 수 있는데 기관평가는 여타 평가와 구별되는 특성을 지니고 있다.

한국의 기관평가 개념은 1998년 국무총리실에서 기존의 개별정책단위별 심사평가의 한계를 극복하기 위해 「정부업무의 심사평가 및 조정에 관한 규정(대통령령)」을 개정하여 기관단위의 종합평가인 기관평가를 시행함으로써 도입되었다. 이에 따라 기관평가는 "각 부처의 행정을 포괄적으로 평가하는 방식, 즉 성과평가+정책추진역량평가+국민중심평가의 종합된 형태"로 이해되었다(차의환, 2002: 240).

그 후 2006년부터 시행된 「정부업무평가기본법」에 의해 기관평가가 제도화되고 보다 체계화되었다. 「정부업무평가기본법」에서는 우선 "평가라 함은 일정한 기관 · 법인 또는 단체가 수행하는 정책 · 사업 · 업무 등(이하 "정책등"이라 한다)에 관하여 그 계획의 수립과 집행과정 및 결과 등을 점검 · 분석 · 평정하는 것을 말한다"(정부업무평가기본법 제2조 제1호)고 정의하고, 이어 "정부업무평가라 함은 국정운영의 능률성 · 효과성 및 책임성을 확보하기 위하여 다음 각 목의 기관 · 법인 또는 단체(이하 "평가대상기관"이라 한다)가 행하는 정책등을 평가하는 것을 말한다"고 규정한 후, 그 평가대상기관으로 중앙행정기관, 지방자치단체, 중앙행정기관 또는 지방자치단체의 소속기관, 공공기관을 제시하고 있다(정부업무평가기본법 제2조 제2호).

이를 종합할 때, 기관평가는 기본적으로 평가를 기관의 활동이나 운영 차원에서 파악하는 개념으로, 특정 기관이 추진하는 주요 업무 전반에 대한 기관단위의 다원적 종합평가라 할 수 있다(김현구, 2003: 63-64). 그러므로 기관평가의 한 유형인 도시행정평가는 [그림 14-1]에서 보는 바와 같이 평가단위의 기관성, 대상업무의 포괄성, 그리

[그림 14-1] 도시행정 평가 개념요소

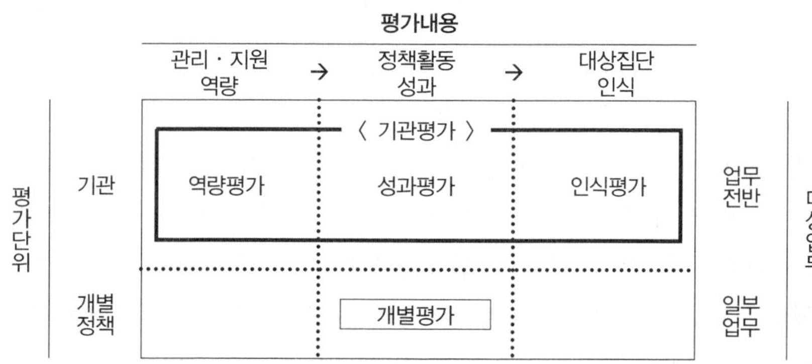

출처: 김현구(2003: 64)를 참조하여 저자 재구성.

고 평가내용의 다원성을 핵심적 개념요소로 한다.

따라서 도시행정 평가를 기관평가의 관점에서 정의하면, "도시행정기관이 수행하는 주요 업무 전반에 대한 기관단위의 다원적 종합평가"라 할 수 있다.

도시행정 평가와 같은 기관평가에서 평가를 통해 값을 매기려는 궁극적 평가단위는 개별정책이 아니라 기관이다. 또한 대상업무는 당해 기관의 기능을 대변할 수 있는 주요 업무 전반을 포괄하며, 평가내용은 기관의 관리 · 지원 역량뿐 아니라 정책활동 성과와 대상집단 인식에 이르기까지 다원적으로 구성되어 있다.

4) 도시행정 평가 환류

도시행정이나 도시계획에서 환류(feedback)는 매우 중요한 과정이다. 전통적인 계획과정론에 따르면, 도시계획은 계획대상의 문제점 도출, 계획의 필요성 제기 및 계획과제 범위 설정, 목표 설정, 목표 달성을 위한 수단 강구, 대안의 작성과 평가, 최선의 대안 권고, 토지 이용의 용도 배분, 계획의 집행 관리, 계획의 사후적 평가와 모니터링 과정으로 구분할 수 있다(권원용, 2011: 148-150). 이 중 제일 마지막 단계가 바로 평가 환류 단계를 의미한다.

평가 환류는 평가결과 나타난 가치나 장점 및 의미를 평가대상 기관이나 사업에 반영하는 일련의 과정이다. 따라서 평가 환류는 평가가 소기의 목적을 달성하게 하고, 평가 자체의 정당성과 유용성을 결정하는 핵심적 요소이다. 따라서 그 결과가 환류되지 않는 평가는 단지 평가를 위한 평가일 뿐 평가제도로서 존재할 의미를 상실하게 된다. 평가 환류는 평가에서 나타난 결과를 다음 계획 단계에 반영하고 그 계획의 달성 여부를 점검하는 일련의 과정으로 이해할 수 있으며, 그 핵심은 평가활용이다. 평가활용이 다양하고 강력하면 평가 환류에 대한 유인도 커지기 때문이다.

평가활용(utilization of evaluation)은 다양한 기준에 따라 정의되고 분류될 수 있으나, 여기서는 레비턴과 휴스(Leviton & Hughes, 1981: 526)의 견해를 준용하여 평가준비단계부터 평가종료 후 평가결과 조치 단계까지의 평가과정 전체를 통해 산출된 정보를 도시행정 관련 업무의 추진에 활용하는 것으로 본다. 평가활용은 평가대상에 대한 후속조치를 통해 문제의 개선에 도움을 줄 뿐 아니라 평가를 둘러싼 다양한 이해관계자들에게 올바른 의사소통의 수단을 제공한다는 측면에서 평가의 존재가치를 결정하는 열쇠라고 할 수 있다.

하지만 현실에서는 평가결과가 관련 정책활동에 별 영향을 미치지 못하는 경우가 적지 않다. 평가가 하나의 요식행위에 그치거나 정책담당자들이 평가결과를 등한시하여 평가결과가 정책개선에 제대로 활용되지 못하는 경우가 많다(Alkin et al., 1979: 69-74). 평가활용이 제대로 이루어지지 않는 데에는 그 개념과 범위, 주체에 따라 영향을 미치는 요소가 다양하기 때문이다. 패튼(Patton, 1996: 141-162)은 평가가 평가결과 이용자의 요구를 얼마나 충족시켜 주느냐를 의미하는 적실성(relevance)의 결여, 평가 연구방법의 낮은 질, 평가고객과 평가자 사이의 의사소통 부적절, 평가고객의 개인적 관심 결여 등을 구체적 이유로 제시하였다.

김병철(2009a: 83-86)은 기관평가를 대상으로 실증 분석한 후 평가활용 및 환류 기능 강화 방안으로 평가자와 평가대상 간의 의사소통 확대, 평가결과 공개범위 확대 및 수준 향상, 평가결과 활용을 위한 법제도 및 기준 정비를 제시하였다. 특히 평가결과 활용을 위한 법제도 및 기준에 집중하여 평가목적은 평가결과 활용을 상정(想定)하여 수립하고, 평가편람에 평가결과를 활용할 예상 사용자(intended users)와 활용 수준을 미리 제시하며, 평가활용과 관련된 국제적 평가표준을 참고할 것 등을 강조하였다.

2 도시행정 평가 메타평가

평가가 시간이 지남에 따라 확대, 강화되고, 평가와 유사한 각종 조사, 심사, 진단, 점검, 감사 등도 지속적으로 시행되면서 도시행정 현장에서는 평가 업무 부담 증가와 함께 평가의 유용성에 대한 문제 제기도 커지고 있다. 이에 따라 어떤 평가가 당초 목적을 제대로 달성하고 있는지, 그 평가 자체에 대해 다시 평가해야 한다는 주장, 즉 메타평가의 필요성도 점증하고 있다. 이에 여기서는 메타평가의 등장배경을 비롯하여 개념, 목적, 방법 등의 주요 내용에 대해 살펴본다.

1) 메타평가 등장배경

메타평가(metaevaluation)[1]에 관해 가장 널리 통용되는 정의는 평가에 대한 평가(evaluation of evaluation)이다. 메타평가의 본질을 정확히 파악하기 위해서는 "왜 어떤 평가에 대해 다시 평가하게 되는가?"에 관한 이해가 선결되어야 한다. 즉, 메타평가가 어떠한 필요에 의해 등장하여 사용되고 있는지 그 배경부터 파악해야 한다.

오늘날 행정관리자들은 평가의 일상 속에서 생활하고 있다. 1970년대에 폴랜드(Poland, 1971: 201-202)가 행정의 핵심 기능으로 평가(evaluating)를 강조하면서 POSDECORB(Planning, Organizing, Staffing, Directing, Evaluating, Coordinating, Reporting, and Budgeting)를 제창한 이래, 평가는 행정 현장에서 필수불가결한 요소가 되었다.

한국의 경우 2001년 「정부업무등의평가에관한기본법」을 제정하여 정책평가에 대한 법적 근거를 마련하였고, 2006년부터 시행된 「정부업무평가기본법」에 의해 더욱 체계화되었다.

그러나 이러한 평가제도들이 제도 도입의 취지에 맞게 운영되고 있는지, 당초 평가를 통해 구현하고자 한 소기의 목적을 달성하고 있는지, 각 평가제도가 평가목적에 부합하도록 활용되고 있는지 등에 대한 논란은 끊이지 않고 있다. 이에 따라 특정 평가제도 전반에 관해 다시 평가해 볼 필요가 있다는 주장이 설득력을 얻게 되었고, 그 결과 평가에 대한 평가를 의미하는 메타평가의 관심 역시 확산하고 있다.

이와 같이 평가결과의 활용 및 환류 부족은 평가에 대한 평가, 즉 메타평가 등장의 중요한 배경이 되었다(Stevenson et al., 1979: 38). 여러 가지 그럴듯한 이유로 많은 비용과 시간을 투자하여 수행한 평가의 활용 및 환류가 저조해지자 평가기능 자체에 대한 회의(懷疑)가 일어나게 되었고, 이는 메타평가가 등장하게 된 직접적 배경이 되었다. 즉, 평가활용 및 환류기능 미흡과 평가 역할에 대한 의문이 확산하면서 메타평가의 필요성도 점증하였다. 1940년대부터 메타평가 개념이 도입되었고, 1970년대 이후 평가활용성 제고 수단의 일환으로 메타평가에 대한 관심이 크게 증가하였다.

---

1) 메타평가(metaevaluation)라고 할 때의 meta는 metalinguistics(메타언어학), metacriticism(메타비평) 등과 같이 특정 분야의 본질이나 가정 및 구조 등을 고찰하는 것을 목적으로 하는 학문영역을 지칭하는 용어로 사용된 경우이다(Agnes, 2000: 904). 따라서 메타평가의 영어 표기는 'meta-evaluation'이나 'meta evaluation'이 아니라 'metaevaluation'이라는 하나의 단어를 사용한다.

2) 메타평가 개념

메타평가는 어떤 평가를 다시 평가할 것을 요구하므로, 평가를 어떻게 정의하느냐에 따라 메타평가의 개념도 달라질 수 있다. 메타평가는 국내에서 평가종합, 2차적 평가, 상위평가 등으로 불리기도 하나, 다양한 기준에 따라 각기 다르게 정의될 수 있기 때문에 번역하여 어떤 용어를 사용하기보다 '메타평가(metaevaluation)'라는 용어를 그대로 쓰되, 범주 및 의미를 명확히 하는 것이 더욱 중요하다. 메타평가 필요성이 증가하면서 [표 14-2]에서 보는 바와 같이 메타평가에 대한 다양한 개념 정의가 이루어져 왔다.

[표 14-2] 메타평가에 대한 개념 정의

연구자(발표 시기)	개념 정의	비고
오라타(Orata, 1940)	평가에 대한 평가(evaluation of evaluation)	개념 도입
스크리븐(Scriven, 1969)	메타평가(meta-evaluation)	용어 창안
드로어(Dror, 1971)	평가시스템에 대한 평가	개념 확장
쿡과 그루더(Cook & Gruder, 1978)	경험적 총괄평가에 대한 평가	협의 개념
스터플빔(Stufflebeam, 1981)	평가 자체의 가치와 장점 검토	개념 체계화
라슨과 벌리너(Larson & Berliner, 1983)	평가시스템 및 절차에 대한 평가	광의 개념
첼림스키(Chelimsky, 1985)	평가결과의 종합(evaluation synthesis)	최협의 개념
오무근(1986)	평가 전반에 대한 평가	개념 국내 소개
김명수(1993)	상위 평가자에 의한 평가(상위평가)	개념 체계적 정리

출처: 저자 작성.

메타평가 연구의 필요성은 오라타(Orata)에 의해 처음으로 제기되었다. 오라타는 평가가 소기의 목적을 달성하지 못한다면 평가활동의 합리성과 적정성 여부를 다시 평가해 볼 필요가 있다고 주장하면서 평가에 대한 평가(evaluation of evaluation)라는 개념을 도입하였다(Orata, 1940: 650). 이후 스크리븐(Scriven, 1969: 36)은 메타평가(meta-evaluation)라는 용어를 창안하였고, 평가의 환류기능을 강조한 드로어(Dror, 1971: 3)는 메타평가를 평가시스템에 대한 평가로 이해하여 그 개념을 확장하였다.

쿡과 그루더(Cook & Gruder, 1978: 6)는 메타평가(metaevaluation)를 경험적 총괄평가에 대한 평가로 파악하였다. 그들은 체계적인 조사설계를 이용하여 사업 참가자들로부터 직접 자료를 수집하여 행한 경험적 총괄평가에 대한 평가만을 메타평가로 지칭함으로써 메타평가를 협의의 개념으로 이해하였다. 따라서 그들은 다른 유형의 평가, 즉 형성평가나 능률성 평가 등에 대한 평가는 메타평가 대상에서 제외하였다. 이 견해에 따를 경우, 메타평가는 평가에 사용된 자료의 오류, 조작 여부, 해석의 타당성 등을 검토하기 위한 평가로 이해할 수 있다.

메타평가의 개념을 체계화한 학자는 스터플빔(Stufflebeam)이다. 그는 메타평가(metaevaluation)와 관련된 기존 연구들을 4가지 유형, 즉 메타평가 이론의 발전과정, 메타평가 수행사례, 메타평가에 유용한 평가기법의 발달과정, 기존 평가에 대한 비판적 연구로 구분하여 종합적으로 검토한 후 메타평가의 개념을 확대할 것을 주장하였다. 즉, 정책평가가 정책활동의 가치와 장점을 검토하는 것이라면, 메타평가는 정책평가 자체의 가치와 장점을 검토하는 것으로 정의되어야 한다고 강조하였다. 이에 따라 메타평가는 "평가활동의 길잡이가 되고 평가 자체의 강점과 약점을 공개적으로 보고하기 위하여 평가활동의 효용성, 실제성, 윤리성, 기술적 적정성에 관한 기술적(記述的)이며 판단적인 정보를 구분 · 획득 · 이용하는 과정"이라고 정의하였다. 또한 그는 메타평가의 역할을 형성적 메타평가(formative metaevaluation)와 총괄적 메타평가(summative metaevaluation)로 구분하였는데, 형성적 메타평가란 평가활동의 길잡이로서의 역할을 의미하며, 총괄적 메타평가는 평가작업의 강점과 약점을 공개적으로 보고하는 역할을 의미한다(Stufflebeam, 1981: 147-151). 라슨과 벌리너(Larson & Berliner)는 메타평가의 시스템적 측면을 강조하여 전체 평가시스템 및 절차에 대한 평가, 즉 평가의 투입(input), 과정(process), 결과(outcome)에 대한 평가로 넓게 정의하였다(1983: 154-155). 반면, 첼림스키(Chelimsky)는 메타평가를 평가결과의 종합(evaluation synthesis), 즉 하나의 정책이나 사업에 관하여 이제까지 알려진 것이 무엇인가를 결정하기 위하여 하나 혹은 여러 개의 기존 평가로부터 얻어진 결과를 재분석하는 것으로 파악함으로써 메타평가의 개념을 최협의로 이해하였다(1985: 11).

한편 국내 학자들도 외국의 메타평가 개념을 도입 · 응용하여 다양한 개념 정의를 하고 있다. 그러나 대부분 메타평가 목적에 따른 조작적 정의를 내리는 수준이며, 메타평가에 대해 이론화 작업을 한 대표적 학자로는 오무근과 김명수가 있다. 메타평가를 평가 전반에 대한 평가로 정의하고, 메타평가의 필요성을 강조한 오무근은 외국 학자들의 메타평가에 대한 이론을 국내에 처음으로 소개한 선구자라고 할 수 있다(홍성걸, 2007: 18). 메타평가를 상위평가로 번역하여 개념을 체계적으로 정리한 김명수는 메타평가를 평가계획이나 진행 중인 평가, 그리고 이미 완료된 평가를 다른 평가자(즉 상위평가자)가 평가하는 상위평가로 설명하였다. 또한 개념을 넓게 파악하여 평가체계에 대한 평가, 다시 말해 평가에 투입되는 제 요소, 평가과정, 평가의 효과, 즉 평가가 영향을 미친 제 결정에 대한 평가를 의미한다고 보았다(1993: 172-173).

지금까지 살펴본 메타평가의 개념 정의에 근거하여 메타평가의 범주를 분류하면 [표 14-3]과 같이 최협의, 협의, 광의로 구분할 수 있다.

[표 14-3] 메타평가의 범주 및 주요 내용

구분	메타평가 개념 (대표적 학자)	메타평가 대상	주요 내용
최협의	평가결과의 종합 (Chelimsky)	평가결과	평가결과에 대한 재분석
협의	경험적 총괄평가에 대한 평가 (Cook & Gruder)	경험적 총괄평가 (평가과정 & 결과)	평가의 오류, 조작, 타당성 점검
광의	평가시스템에 대한 평가 (Dror, Stufflebeam, Larson & Berliner)	평가시스템 전반	평가시스템 및 절차에 대한 포괄적 평가

출처: 저자 작성.

첫째, 최협의로 볼 때의 메타평가는 '평가결과의 종합'과 동일한 의미로 사용된다. 이러한 입장을 취하는 대표적인 학자는 첼림스키이다. 이 경우 메타평가의 대상은 기존 평가로부터 얻어진 '평가결과'가 되며, 이러한 평가결과에 대한 재분석이 메타평가의 주요 내용이 된다.

둘째, 메타평가를 협의의 개념으로 규정할 때는 '경험적 총괄평가에 대한 평가'를 의미한다. 쿡과 그루더로 대변되는 이 견해에 따를 경우, 메타평가의 대상은 경험적 총괄평가가 되며, 평가에 사용된 자료의 오류, 조작 여부, 결과 해석의 타당성 등을 점검하게 된다. 따라서 협의의 메타평가 개념에서는 평가시스템 중 과정과 결과까지 메타평가의 대상이 확장된다.

셋째, 메타평가에 대한 광의의 개념은 '평가시스템에 대한 평가'를 의미한다. 드로어를 비롯해 스터플빔이나 라슨과 벌리너 등 많은 학자들이 이에 속하며, 현재 가장 널리 사용되는 범주이다. 평가시스템 전반이 메타평가의 대상이 되고, 평가시스템 및 절차에 대한 포괄적인 평가가 이루어진다.

국내의 연구에서 메타평가에 대한 정의는 광의의 개념인 '평가시스템에 대한 평가'로 보는 시각이 일반적이다. 이러한 시각에 따라 메타평가를 정의하면 메타평가란 "평가의 활용을 제고하기 위하여 평가시스템 전반을 대상으로 그 가치와 장점 및 의미를 분석할 수 있는 체계적 모형에 의해 수행하는 평가"로 정의할 수 있다.

3) 메타평가 목적

메타평가의 궁극적 목적은 환류기능 강화 또는 평가활용 제고로 수렴된다. 메타평가를 하게 되면 메타평가의 대상이 되었던 평가시스템 전반에 대한 판단을 내릴 수 있게 되어 환류기능을 강화할 수 있고, 이를 통하여 평가활용을 제고할 수 있다.

메타평가의 구체적 목적에 대한 국내·외 주요 학자들의 견해를 살펴보면 다음과 같다. 스터플빔(Stufflebeam, 1981: 151)은 메타평가의 목적을 평가활동에 대한 길잡이로서의 역할을 하는 형성적 메타평가와 평가활동의 강점과 약점에 대한 공개적인 보고의 역할을 하는 총괄적 메타평가로 구분하여 설명하였다. 라슨과 벌리너는 의사결정자에게 평가에 포함된 정보의 질에 대한 판단자료 제공, 장래에 적합한 평가자를 선정하기 위한 지침 제공, 독립적이지만 유사한 다수의 프로그램으로부터 연구지식 획득, 평가 그 자체를 실험할 수 있는 수단 제공 등의 목적을 제시하였다(Larson & Berliner, 1983: 162). 첼림스키는 메타평가를 평가결과에 대한 재분석으로 이해하고, 평가대상이 된 프로그램의 효과에 대한 정확한 정보를 제공함으로써 평가의 책무성 향상 기능을 강조하였다(Chelimsky, 1985: 11). 패튼은 메타평가의 목적이 분석적 환류와 유용한 권고를 제공함으로써 평가자가 그들의 목표에 도달하도록 돕는 데 있다고 보았다(Patton, 1996: 24).

한편 브링커호프 외(Brinkerhoff et al., 1983)는 메타평가 목적을 평가기획, 평가과정, 평가종료 후 등 세 단계로 구분한 후, 이를 다시 주요 기능별로 나누어 방향설정(focusing evaluation), 설계(designing evaluation), 자료수집(collecting evaluation), 분석(analysing evaluation), 보고(reporting evaluation), 관리(managing evaluation) 등에 따라 메타평가 수

행자들이 해야 할 사항을 [표 14-4]와 같이 제시였다(류영수, 2007: 35 재인용). 이는 메타평가의 개념 및 유형을 어떻게 구분하든 각각의 구분에 따른 메타평가별 세부 목적을 이해하는 데 도움이 되며, 특히 '평가종료 후 평가' 단계에서 제시된 사항들은 메타평가의 목적을 종합적으로 파악하는 데 아주 유용하다.

[표 14-4] 기능별 메타평가 목적

기능	평가기획의 평가	평가과정의 평가	평가종료 후 평가
방향설정	• 평가목적 및 문제의 평가와 조정 • 착수 조사 및 고객 확인	• 제시된 질문과 목적의 수행 여부 및 가치 평가	• 제시된 질문과 평가목적에 대한 적정성 및 가치 평가
설계	• 설계방법 평가와 조정 • 설계대안 및 지원정보 제공	• 설계의 효과성 실현 여부 평가 및 조정	• 평가 설계 및 수행의 적절성 평가 • 고객에 대한 유용성 평가
자료수집	• 수집도구와 방법 설계	• 자료수집에 대한 관찰 및 평가	• 수집정보 및 이용된 도구의 질과 적절성 평가
분석	• 분석방법 평가자 검토 • 누가, 어떻게 판단할 것인지 검토	• 분석과정의 효과성 평가	• 분석판단의 타당성 및 적절성 평가
보고	• 보고방법 평가 • 형식, 고려할 고객, 보고내용 제시	• 보고서 초안 평가 • 대안보고서 검토 • 전문가의 보고서 조정	• 평가보고서 평가 • 보고서의 균형성, 적시성, 타당성, 활용성 등 평가
관리	• 관리를 위한 계획, 예산, 약정내용에 대한 평가와 조정	• 관리를 위한 계획, 예산, 약정내용에 대한 모니터링 적정성 평가	• 평가관리 및 예산집행의 합리성 평가 • 약정내용 유지 여부 평가

출처: Brinkerhoff et al.(1983); 류영수(2007: 35)에서 재인용.

국내 학자들도 메타평가의 본질적 목적이 평가 환류기능 강화 또는 평가활용 제고라는 데 인식을 같이하고 있다. 연구의 영역 및 목적에 따라 강조점이 다를 뿐, 평가시스템 전반에 대한 포괄적 평가를 통하여 문제점과 개선방안을 도출하고, 이를 환류·활용함으로써 평가의 유용성을 제고하는 것을 중요한 목적으로 제시하고 있다.

김명수(1993: 175-176)는 라슨과 벌리너(Larson & Berliner, 1983)의 견해와 스미스(Smith, 1981)의 견해를 종합하여 메타평가 목적을 다음과 같이 세 가지로 대별한 후, 각각의 목적과 관련된 질문들을 제시함으로써 메타평가의 구체적 목적을 파악하는 데 도움을 주고 있다.

첫째, 메타평가는 평가에 포함된 정보의 질에 관해 정책결정자에게 독립적인 판단자료를 제공하는 것을 목적으로 한다. 이를 위하여 메타평가에서는 다음과 같은 질문에 대한 해답을 구한다. ① 평가과정(사용된 척도와 표본추출절차 등)은 적절했는가?, ② 평가설계는 적절했는가?, ③ 적절한 자료수집 및 분석방법이 적용되었는가?, ④ 평가에 있어 어떤 편견은 개입되지 않았는가?

둘째, 평가작업의 영향 또는 평가결과의 활용도를 측정하기 위하여 메타평가를 한다. 이를 위하여 다음과 같은 질문에 대한 해답을 구한다. ① 평가결과의 이용자는 누구인가?, ② 평가보고서는 늦지 않게 제출되었는가?, ③ 평가보고서는 연구결과를 명백하게 제시하고 있는가?, ④ 평가보고서는 해당 평가고객들에게 배포되었는가?, ⑤ 평가결과에 따라 내려진 결정은 정당화될 수 있는가?

셋째, 메타평가는 장래에 적합한 평가자를 선정하기 위한 지침을 제공하기 위해서도 수행된다. 이러한 목적을 달성하기 위하여 다음과 같은 문제를 제기하고 대답을 구한다. ① 평가자는 평가를 수행할 만한 지식을 갖추고 있는가?, ② 평가자는 평가업무를 수행해 본 경험이 있는가?, ③ 평가자는 고결한 인품의 소유자인가?, ④ 평가자는 잘 알려진 사람인가? 등이다.

4) 메타평가 방법

메타평가는 학문적·이론적 측면보다 정책적·실무적 측면이 강조되는 특성으로 인해 실제 사례에 적용된 선행연구의 고찰이 특히 중시되는 분야이다. 선행연구결과를 고찰하면 메타평가의 개념과 목적에 대한 이해는 물론, 메타평가 모형의 구성요소, 메타평가 방법론 등에 대한 시사점을 파악할 수 있다.

현대 도시행정에서는 수행하는 기능의 복합성과 상호의존성 등의 속성으로 인해 시스템적 접근이 요구된다. 시스템(system), 즉 체제는 특정 기능을 수행하는 상호 유기적으로 연결된 요소들의 집합이다. 시스템이론에서는 전체를 하나의 시스템으로 보고 시스템을 구성하는 구체적인 구성요소를 식별하며, 이들 사이의 유기적인 관계를 규명하는 것으로부터 출발한다(안문석, 1998: 18). 체제는 외부로부터 투입(input)을 받아 전환(conversion)과정을 거쳐 산출(output)을 내고 산출은 다시 환류(feedback)되는 순환과정으로 이루어져 있다. 따라서 체제적 관점에서는 종래의 단선적 사고에서 벗어나 시스템과 환경의 관계를 중시하고, 문제요인의 순환적 인과관계를 강조하며, 평가 및 환류를 통한 지속성을 강조하는 특성이 있다.

오늘날 메타평가는 평가시스템 전반에 대한 포괄적 평가로 이해되고 있다. 이에 따라 메타평가 방법론 역시 체제론적 접근법이 널리 사용되고 있다. 체제론적 접근법을 세분하면 평가의 환경부터 투입·전환·산출·환류까지 체제의 기본요소에 따른 접근을 비롯하여, 평가의 기획부터 수행·결과·활용까지 업무 단계에 따른 접근, 그리고 그 혼합형으로 나눌 수 있다.

메타평가의 주된 목적이 평가의 문제를 찾아내어 이를 개선하는 데 있다는 점을 고려할 때 체제론적 접근법은 유용성이 높다. 특히 대상업무의 포괄성과 평가내용의 다원성을 핵심적 개념요소로 하는 기관평가, 도시행정 평가에 대한 메타평가에서는 설득력이 더욱 커진다.

하지만 메타평가의 목적에 따라 비체제적 모형 및 방법론을 사용하는 연구도 있다. 쿡과 그루더는 메타평가를 경험적 총괄평가로 파악하여 평가에 사용된 자료의 오류, 조작, 결과 해석의 타당성 등을 평가하였다(Cook & Gruder, 1978). 첼림스키는 메타평가를 평가결과의 종합으로 보아 평가결과에 대한 재분석에 집중하였다(Chelimsky, 1985). 제갈돈·송건섭(2008)은 평가제도·조직구성·평가내용·결과활용 등의 분석기준을 사용하였고, 윤상오(2011)는 평가대상의 핵심요소에 주목하여 평가주체·평가대상·평가시기·평가방법·평가활용·평가근거 등 6가지 기준에 따라 메타평가를 실시하였다.

어떠한 메타평가 방법을 사용하든 메타평가를 제대로 수행하기 위해서는 메타평가 모형, 또는 메타평가 분석틀이 평가대상의 특성에 맞게 설계되어야 한다. 일반적으로 사회과학 연구에서 모형(model)은 논리모형(logic model)과 구성요소를 포괄하는 개념으로 사용된다. 논리모형은 주요 구성요소 간의 관계를 보여주는 데 반해, 구성요소는 다시 여러 단계의 하위 구성요소들로 세분될 수 있다. 대개 메타평가 모형은 메타평가 논리모형(주요 구성요소: 평가영역)과 하위 구성요소(평가항목, 평가지표, 평가요소 등)를 모두 포괄하는 개념으로 사용한다.

논리모형은 하나의 개념 틀(conceptual framework)로서 주요 구성요소 간의 관계를 도식으로 표현한 것을 말한다. 이는 주요 구성요소 간의 선후관계 및 상호관계를 연결하는 지도로서의 역할을 한다. 또한 개념화·기획·의사소통의 수단으로서 유용하며, 평가에 있어서는 평가성 사정·평가설계·평가정보의 수집과 해석 등에서 널리 활용되고 있다(이용준, 2005: 44-45). 따라서 메타평가 논리모형은 메타평가 주요 구성요소 간의 관계를 하나의 그림으로 파악하기 위한 과정이자 결과로 이해할 수 있다.

국내·외 선행연구를 고찰한 결과, 메타평가 모형에 관한 접근법은 대부분 체제론적 접근법에 기초하고 있다. 체제론적 접근법은 환경, 투입, 전환, 산출 및 환류의 제요소가 상호작용함으로써 전체적인 흐름을 용이하게 파악할 수 있고(황병상·강근복, 2005: 126), 특히 체제론적 접근법의 흐름과 도시행정 평가의 진행과정이 유사하여 제도의 이해와 단계별 문제점의 진단 및 메타평가결과의 활용에 적합하다는 장점이 있다.

체제론적 접근법을 사용하는 메타평가 모형에서는 구성요소를 상위 구성요소(평가영역), 중위 구성요소(평가항목), 하위 구성요소(평가지표), 최하위 구성요소(평가요소) 등 위계적으로 구성한다. 국내 선행연구를 고찰한 결과 메타평가 구성요소에 대해서는 학자마다 그 구분이나 표현을 달리하고 있다. 구성요소를 영역-요소-평가준거-항목(김순남, 2002)으로 구분한 경우를 비롯해, 상위구성요소-하위구성요소-세부내용(홍성걸, 2007), 평가요소-평가항목-평가지표(류영수, 2007), 평가영역-평가항목-평가지표(김병철, 2011), 평가영역-평가요소-세부평가항목(안채명·강근복, 2018) 등으로 구분하여 각기 자의적으로 사용하고 있다. 따라서 구성요소에 대한 명확한 개념 정의와 통일 및 분류체계 정립이 시급한 실정이다.

메타평가 모형의 구성요소를 어떻게 구분, 표현하든 상관없이 어떤 평가에 유용한 메타평가 모형을 개발하기 위해서는 먼저 메타평가의 목적 및 대상에 부합하는 상위 구성요소(평가영역) 간의 관계를 도식화한 논리모형을 설정하고, 그 하위 구성요소인 평가항목이나 평가지표, 평가요소 등을 선정한 후, 타당성 및 신뢰성 검증을 하여 메타평가 모형의 적합성을 확보하는 과정이 중요하다. 실제 메타평가는 개발된 메타평가 모형의 최하위 구성요소에 따라 수행하면 된다.

3 도시행정 평가 사례

도시행정 평가 사례는 다양한 기준에 따라 선정할 수 있으나 여기서는 법적 근거에 따른 도시행정 평가인 지방자치단체 평가 사례를 중심으로 살펴본다. 「정부업무평가기본법」에 따른 지방자치단체 평가는 지방자치단체 합동평가, 지방자치단체 개별평가, 지방자치단체 자체평가로 구분되는데 이 중 지방자치단체 합동평가 사례를 중심으로 검토한다. 지방자치단체 개별평가나 자체평가와 달리 합동평가는 동일한 평가주체에 의해 모든 지방자치단체를 대상으로 동시에 실시되어 그 대표성이 가장 강하기 때문이다.

1) 지방자치단체 합동평가 개요

(1) 근거 및 목적

지방자치단체 합동평가는 「정부업무평가기본법」에 근거하여 실시되고 있다. 즉 "지방자치단체 또는 그 장이 위임받아 처리하는 국가사무, 국고보조사업, 그 밖에 대통령령이 정하는 국가의 주요 시책 등(이하 이 조에서 "국가위임사무등"이라 한다)에 대하여 국정의 효율적인 수행을 위하여 평가가 필요한 경우에는 행정안전부장관이 관계중앙행정기관의 장과 합동으로 평가(이하 "합동평가"라 한다)를 실시할 수 있다(정부업무평가기본법 제21조 제1항).

지방자치단체 합동평가의 목적은 국정 주요시책 등의 지방자치단체 추진 상황을 평가・환류함으로써 국정의 통합성, 효율성, 책임성을 확보하고 지방자치단체 부담을 완화하는 데 있다.

(2) 주체 및 대상

지방자치단체 합동평가의 주관기관은 행정안전부이며, 수행기관은 지방자치단체 합동평가위원회 산하 합동평가단이다.

평가대상은 17개 시・도(시・군・구 실적 포함)이며, 시부와 도부를 구분하여 평가한다. 평가대상 기간은 전년 1월부터 12월까지 1년간이다.

(3) 절차 및 체계

행정안전부는 지방자치단체 합동평가 평가지표를 확정(전전년 10월경)하고, 지방자치단체 합동평가 실시계획을 수립(전년 9~10월경)하여 평가를 실시(당년 2~3월경)한다. 이후 평가결과를 공개(당년 4월경)하고, 부진분야 행정컨설팅을 수행(당년 10~11월경)하며, 정책환류 실적을 점검(익년 1~2월경)하는 절차로 지방자치단체 합동평가를 운영한다. 각 부처와 시 · 도에서는 평가지표별 실적을 입력(당년 1월경)한다.

평가체계는 3년 주기로 지표를 개발하여 매년 평가를 시행한다. 평가지표 개발은 지표개발계획 수립, 중앙부처 지표 제출, 의견수렴 및 심의, 지방자치단체 합동평가위원회 · 정부업무평가위원회 심의 · 확정의 순서로 진행된다.

또한 평가실시 절차는 평가실시(합동평가단), 지방자치단체 합동평가위원회 · 정부업무평가위원회 보고, 평가결과 공개의 순으로 진행된다. 그리고 평가후속조치는 부진분야 행정컨설팅, 우수사례 · 결과보고서 발간, 재정 인센티브 지급, 기관표창 및 유공자 포상 등으로 이루어진다.

(4) 기본 평가방향

지방자치단체 합동평가는 정부 국정목표에 부합하는 국가 주요 시책 중심으로 평가항목을 구성한다. 즉, 안전관리, 지역경제, 사회복지 등 각 부처에서 중점적으로 추진하고 있는 분야별 주요 시책을 중심으로 평가항목을 선정한다.

또한 정책성과 창출을 위한 소관부처 · 지자체 협력체계 강화 및 국민체감도 제고를 중시한다. 이를 위해 지방자치단체 합동평가의 각 단계별로 소관부처 · 지자체 참여 확대 및 환류를 강화하고, 국민평가단 구성 및 국민평가를 통해 국민 눈높이에 맞는 평가를 추진하고 있다.

2024년의 경우 중점 평가방향은 지방자치단체 성과 창출 의욕 제고 및 적극행정 유도를 위한 인센티브 강화로 정하고, 전년도 대비 실적 상승도를 평가하여 인센티브(특별교부세 및 포상)를 강화하는 것으로 제시하고 있다.

(5) 항목 및 방법

2024년(2023년도 실적) 지방자치단체 합동평가는 6대 국정목표, 106개 평가지표로 구성되어 있다. 구체적으로 신규지표 14개(13.2%)와 계속지표 92개(86.8%)로 구성되어 계속지표의 비중이 월등히 크고, 정량지표 87개(82.1%)의 비율이 정성지표 19개(17.9%)보다 매우 크며, 부처별로는 행정안전부 18개, 보건복지부 14개, 농림축산식품부 12개 등 총 29개 부처 · 106개 평가지표로 이루어져 있다.

[표 14-5] 지방자치단체 합동평가 평가지표

평가지표	① 상식이 회복된 반듯한 나라	② 민간이 끌고 정부가 미는 역동적 경제	③ 따뜻한 동행, 모두가 행복한 사회	④ 자율과 창의로 만드는 담대한 미래	⑤ 자유, 평화, 번영에 기여하는 글로벌 중추국가	⑥ 대한민국 어디서나 살기 좋은 지방시대
106개	13개 (12.3%)	14개 (13.2%)	58개 (54.7%)	6개 (5.7%)	8개 (7.5%)	7개 (6.6%)

출처: 행정안전부(2024a: 1).

평가방법은 정량지표와 정성지표 및 국민평가에 따라 달리하고 있다. 정량지표에 대해서는 시 · 도별로 부여된 목표치의 달성 여부를 평가, 즉 절대평가를 하는 데 비해, 정성지표는 정성지표별 우수사례를 시 · 도부로 구분하여 각 2건씩 선정하며, 국민평가는 시 · 도에서 제출한 우수사례 총 34건 중 10건을 선정하는 방식으로 수행된다.

2) 지방자치단체 합동평가 결과

(1) 2024년 평가결과 요약

첫째, 정량평가 결과 17개 시 · 도 전체의 목표달성도가 상승하였으며, 평균 목표달성도는 전년 대비 3.1%p 증가한 94.0%로 집계되었다. 시부는 평균 91.2%(전년 87.9% 대비 3.3%p 상승)로 나타났고, 도부는 평균 96.5%(전년 93.6% 대비 2.9%p 상승)로 평가되었다. 시부 달성도 상위 지방자치단체는 세종(96.4%), 울산(95.2%), 광주(95.1%)이며, 도부 달성도 상위 지방자치단체는 전남(100.0%), 전북(98.8%), 제주(97.6%) 순이다. 한편 실적 상승 상위 지방자치단체는 세종 10.7%p 상승으로 가장 높은 상승률을 나타내었으며, 충북 5.4%p 상승, 경기 3.9%p 상승으로 그 뒤를 이었다. 행정안전부에서는 2024년 지방자치단체 합동평가 결과에 관한 보도자료를 작성하여 전체 언론에 제공하였다.

둘째, 정성평가 결과 상위권 지자체에 우수사례가 집중되는 경향을 보였다. 시부에서는 세종특별자치시, 도부에서는 경상북도의 선정 건수가 가장 많았다. 전체 우수사례 74건 중 상위 6개 지자체(세종, 부산, 울산, 경북, 경기, 전남)의 사례가 48건으로

64.9%를 차지하였고, 도부는 상위 3개 지자체 사례가 29건으로 76.3%를 차지하였다.

시부 상위 지방자치단체는 2022년 대구, 대전, 2023년 대전, 서울, 부산, 2024년 세종, 부산, 울산이 차지하였고, 도부 상위 지자체는 2022년 경기, 제주, 2023년 경기, 경북, 2024년 경북, 경기, 전남이 차지하였다.

또한 시부 선정 건 상위 지자체는 세종(7건), 부산 · 울산(각 6건)이고, 도부 선정 건 상위 지자체는 경북(13건), 경기 · 전남(각 8건)이었으며, 실적 상승 상위 지자체는 세종이 0건에서 7건으로 가장 두드러진 상승을 나타내었으며, 이어 전남 4건에서 8건, 경북 10건에서 13건으로 상승하였다.

[표 14-6] 지방자치단체 합동평가 국민평가 우수사례

구분		우수사례 명	관련 분야
시부	인천*	119 출동길 따라 AI 신호등이 막힘없이 쌩쌩	디지털정부
	인천	정당 현수막 OUT! 인천에서 대한민국으로	지역환경
	울산*	폐플라스틱 재활용, 순환경제 선도도시 울산	지역환경
	대구	일상을 연결하는 도서관에 체크인하세요	지역환경
	서울*	따릉따릉 시민의 일상과 언제나 함께하는 서울시 자전거	지역개발
도부	경기*	AI 알고리즘으로 부르면 오는 똑버스! 똑타로 똑똑하게 타요	디지털정부
	경기*	경기도가 자원순환경제로 가는 길(路)	지역환경
	충남*	다 쓴 다회용컵은 골프공으로, 폐합성수지 재활용은 충청남도처럼	지역환경
	강원	아이 낳아 살아가기 좋은 강원특별자치도 조성	사회보장 · 보건
	강원	대형 재난예측, 실종자 안전확보 이제는 걱정마세요! 스마트 시스템으로 더욱 안전해지는 '특별안전도-강원' 조성	디지털정부

* 정성평가 우수사례 동시 선정.
출처: 행정안전부(2024b: 12).

셋째, 국민평가 결과 우수사례로 총 10건이 선정되었다. 시부에서는 인천 2건, 울산 · 대구 · 서울이 각 1건이었으며, 도부에서는 경기 · 강원 각 2건에 이어 충남 1건이 선정되었다. 국민평가 결과 우수사례 10건 중 인천의 '119 출동길 따라 AI 신호등이 막힘없이 쌩쌩' 등 6건은 정성평가 결과에서도 우수사례로 선정된 사례이다. 이는 합동평가단의 전문가나 국민평가단의 일반 국민이나 우수사례를 보는 시각이 유사함을 나타내는 것이라 평가의 타당성 및 유용성 측면에서 시사하는 바가 크다.

(2) 평가결과 활용

정부업무평가포털에 따르면 지방자치단체 합동평가결과의 활용은 시부와 도부를 구분하여 평가결과 우수 광역지방자치단체 공개를 비롯하여, 평가결과에 따른 맞춤형 행정컨설팅 실시, 평가결과에 따른 성과분석보고서 및 우수사례집 발간, 평가결과에 따른 재정인센티브(특별교부세) 지급 및 유공자 포상, 각 부처의 지방자치단체 합동평가 결과 정책환류 실태 점검, '내고장알리미'를 통한 평가결과 공개 등으로 이루어지는 것으로 제시되어 있다.

2024년의 경우 지방자치단체 합동평가 후 합동평가 결과보고서 및 우수사례집 발간(7월), 평가결과 부진분야(지표)에 대해 지자체 맞춤형 행정컨설팅 실시(10~11월), 2024년 지방자치단체 합동평가 유공자 포상(12월) 등으로 활용되었다.

참고문헌

권원용(2011). 『한재잡기』, 서울: 지식기업 창과샘.

김명수(1993). 『공공정책평가론(개정판)』, 서울: 박영사.

김병철(2009a). 국책연구기관 평가시스템 개선방안 연구–활용영역을 중심으로, 『정책개발연구』 9(2), pp.65-92.

김병철(2009b). 『메타평가론』, 파주: 한국학술정보.

김병철(2011). 공공기관평가에 대한 메타평가 모형 개발, 『정책개발연구』 11(2), pp.1-28.

김순남(2002). 학교평가의 메타평가 준거 개발, 경북대학교 대학원 박사학위논문.

김현구(2003). 정부업무 기관평가의 이론적 논고, 『한국행정학보』 37(4), pp.57-78.

노화준(2003). 『정책평가론(제3전정판)』, 서울: 법문사.

류영수(2007). 기술영향평가의 메타평가 모형 개발 및 적용, 한양대학교 대학원 박사학위논문.

신 열(2019). 정책분석평가 실제에서의 평가이론 적용, 『정책분석평가학회보』 29(4), pp. 317-342.

안문석(1998). 『계량행정론(개정판)』, 서울: 박영사.

안채명 · 강근복(2018). 중앙정부 자체평가에 대한 메타평가 연구: (구)행정자치부와 국민안전처 자체평가를 중심으로, 『한국행정논집』 30(1), pp.29-59.

위키백과. https://ko.wikipedia.org/wiki/%EB%8F%84%EC%8B%9C%ED%96%89%EC%A0%95(2024.

8.24. 검색)
위키백과. https://ko.wikipedia.org/wiki/%EC%A0%95%EC%B1%85(2024.8.3. 검색)
위키백과. https://ko.wikipedia.org/wiki/%ED%96%89%EC%A0%95(2024.8.24. 검색)
위키백과. https://ko.wikipedia.org/wiki/%ED%96%89%EC%A0%95%ED%95%99(2024.8.24. 검색)
윤상오(2011). 정보화 평가에 대한 메타평가를 통한 정보화 평가체계 재정립, 『한국지역정보화학회지』 14(3), pp.1-26.
이용준(2005). 『공공부문사업평가』, 국회예산정책처.
정부업무평가포털. https://www.evaluation.go.kr/web/page.do?menu_id=29(2024.9.20. 검색)
제갈돈 · 송건섭(2008). 정부업무평가제도의 발전을 위한 메타평가모형 구축방안, 『한국정책학회보』 17(1), pp.1-27.
차의환(2002). 『정책평가의 이론과 실제(개정판)』, 서울: 한울아카데미.
통계청(2024). 통계적 지역분류체계로 본 도시화 현황 보도자료.
행정안전부(2024a). 2024년(2023년도 실적) 지방자치단체 합동평가 결과.
행정안전부(2024b). [2024년(2023년도 실적) 지방자치단체 합동평가 결과] 보도자료.
홍성걸(2007). 국가연구개발사업 평가시스템에 대한 메타평가 연구, 한국과학기술기획평가원.
황병상 · 강근복(2005). 정부출연연구기관평가의 발전방안 논고: 기초기술연구회의 평가사례에 대한 메타평가를 중심으로, 『한국정책학회보』 14(1), pp.121-149.

Agnes, M.(ed.)(2000). *Webster's New World College Dictionary*(4th ed.). Foster City, CA: IDG Books Worldwide.
Alkin, M. C., Daillak, R., & White, P.(1979). *Using Evaluation: Does Evaluation Make a Difference?*. Beverly Hills, CA: Sage Publications.
Brinkerhoff, R. O., Brethower, D. M., Hluchyj, T., & Nowakowski, J. R.(1983). *Program Evaluation: A Practitioner's Guide for Trainers and Educators*. Boston: Kluwer-Nijhoff Publishing.
Chelimsky, E.(1977). An Analysis of the Proceeding of a Symposium on the Use of Evaluation by Federal Agencies. *Symposium Report*, Vol 2. Mitre Corporation.
Chelimsky, E.(1985). Old Patterns and New Directions in Program Evaluation. in Eleanor Chelimsky(ed.). *Program Evaluation: Patterns and Directions*(pp.1-35). Washington DC: The American Society for Public Administration.
Cook, T. D. & Gruder, C. L.(1978). Metaevaluation Research. *Evaluation Quarterly*, 2(1), pp.5-51.
Dror, Y.(1971). *Ventures in Policy Science*. New York: American Elsevier Publishing Company.
Evaluation Research Society Standards Committee(1982). Evaluation Research Society Standards

for Program Evaluation. in Standards for Evaluation Practice. *New Directions for Program Evaluation*, No. 15. San Francisco: Jossey-Bass.

Larson, R. C. & Berliner, L.(1983). On Evaluating Evaluations. *Policy Sciences*, 16(2), pp.147-163.

Leviton, L. C. & Hughes, E. F. X.(1981). Research on the Utilization of Evaluation: A Review and Synthesis. *Evaluation Review*, 5(4), pp.525-548.

Orata, P. T.(1940). Evaluating Evaluation. *Journal of Educational Research*, 33(9), pp. 641-662.

Patton, M. Q.(1996). *Utilization-Focused Evaluation*. New York: Sage Publications.

Poland, O. F.(1971). Why Does Public Administration Ignore Evaluation?. *Public Administration Review*, 31(2), pp.201-202.

Scriven, M.(1969). An Introduction to Meta-evaluation. *Educational Product Report*, 2(5), pp.36-38.

Scriven, M.(1991). *Evaluation Thesaurus*(4th ed.). Newbury Park, CA: Sage Publications.

Smith, Nick L.(ed.)(1981). *New Techniques for Evaluation*. Beverly Hills, CA: Sage Publications.

Stevenson, J. F., & Longabaugh, R. H., & McNeil, D. N.(1979). Metaevaluation in the Human Services. in Hebert C. Schulberg and Jeanette M. Jerrell(eds.). *The Evaluator and Management*. Beverly Hills, CA: Sage Publications.

Stufflebeam, D. L.(1981). Metaevaluation: Concepts, Standards and Uses. in Ronald A. Berk(ed.). *Educational Evaluation Methodology: The State of the Art*. Baltimore: The Johns Hopkins University Press.

Suchman, E. A.(1967). *Evaluative Research: Principles and Practice in Public Service & Social Action Programs*. New York: Russell Sage Foundation.

15 CHAPTER

지방공기업 경영평가의 제도적 특성과 정책 변화, 그리고 향후 과제

김영단(지방공기업평가원)

공공기관 지배구조에 대한 정의는 "공적 소유권에서 기인하는 공공기관을 지배하는 권력의 배분과 공공기관을 둘러싼 이해관계 당사자들 간의 관계를 규정하는 방식"이라고 할 수 있으며, 이러한 공공기관 지배구조나 관리방식은 국가마다 정부의 성격과 외부적 환경변화에 따라 조금씩 차이는 있지만 대체로 신공공관리론적 양상을 보인다. 이러한 관점에서 경영평가는 공공기관에 대한 대표적 통제 기제로 이해된다. 즉, 주인인 국민과 대리인인 공공기관 사이의 유인이 일치하지 않아 발생하는 부채 과다 및 방만 경영 등 도덕적 해이의 문제를 해결하기 위한 가장 효과적인 수단이다. 특히, 지방공기업에 대한 경영평가는 1993년 제3차 「지방공기업법」의 개정을 통해 도입된 이후 정치 · 경제 · 사회 · 문화적 요구를 수용하면서 탄력적으로 변화 · 발전해 왔으며, 국정 이념에 부합하는 지방공기업 정책 방향을 선도하는 데 주요한 역할을 담당하였다.

문재인 정부에는 사회적 가치 실현을 선도하는 공공기관의 역할을 강조, 지방공기업 경영평가에서도 평가체계 및 지표 개편을 추진한 바 있으며, 2022년 출범한 윤석열 정부는 "다시 도약하는 대한민국, 함께 잘사는 국민의 나라"를 국정 비전으로 설정, 공공기관 혁신으로 질 높은 대국민 서비스 제공이라는 국정과제를 채택, 과제목표로는 공공기관을 효율화하고 재무 건전성을 확보하며, 공공기관의 자율 · 책임경영 및 역량을 강화하는 것으로 삼은 바 있다. 본 장에서는 정부의 지방공기업 정책 방향을 선도할 수 있는 경영평가제도의 변화, 특히 정부의 정책환경 변화를 분석하고, 이를 토대로 현행 평가체계의 문제점과 향후 과제를 제시하고자 한다.

1 공공기관 지배구조의 원칙

공공기관 지배구조에 대한 정의는 "공적 소유권에서 기인하는 공공기관을 지배하는 권력의 배분과 공공기관을 둘러싼 이해관계 당사자들 간의 관계를 규정하는 방식"이라고 할 수 있으며, 이러한 공공기관 지배구조에 대한 상반된 논리는 대리인 이론과 청지기 이론으로 양분되는 경향이 있다(김준기, 2001; 이상철, 2021). 대리인 이론은 공공기관 민영화의 근거이론으로서 대리인을 신뢰할 수 없다는 견해이다. 대리인은 주인과 계약상 합의한 목표를 추구하기보다 위임된 권한을 활용하여 자신의 사적 이익을 극대화하기 위해 기회주의적으로 행동할 동기를 갖기 쉽다. 결국 공공기관에 대한 실질적이고 진정한 통제는 민영화를 통해 가능하다는 것이다. 반면 청지기 이론은 민영화의 근거를 제시하는 대리인 이론과는 달리 민영화 반대의 논리를 제시하는 대표적인 이론이라고 할 수 있다. 청지기 이론에 따르면, 업무의 집행을 맡은 대리인으로서의 관리자나 직원들은 조직의 청지기로서 그들 주인의 이해관계를 위해서 행동할 수 있는 방향으로 동기부여가 될 수 있다는 것이다. 이 이론에 의하면 공공기관의 경영자나 직원들은 이타적인 대리인으로서 자신의 이해보다는 주인인 국민이나 정부의 이익을 위해서 충실히 일할 수 있는 동기부여가 가능하고, 대리인 이론에서 말하는 대리인 문제가 크게 문제 되지 않을 수 있으므로 민영화가 효율성을 보장해 주는 유일한 방법은 아닐 수 있다는 것이다(이상철, 2021; 강윤호, 2022). 결국, 공공기관의 도덕적 해이를 방지하고 주인과 대리인의 목표 간 정합성을 확보하기 위한, 지배구조 강화를 위한 법·제도적 노력은 불가피하다고 할 수 있다.

한편, 공공기관에 대한 지배구조나 관리방식의 유형은 관료주의 방식, 시장주의 방식, 민주적 방식으로 구분된다고 할 수 있다.[1] 관료주의 방식은 합법적 규칙과 절차에 의존하여 공공서비스를 제공하는 방식으로 변화하는 시민의 요구에 제대로 대처하지 못하는 한계가 있고, 시장주의 방식은 관료주의 관리방식 문제를 극복하고 민간부문의 경영방식을 도입한 것으로 공공부문의 특징이 제대로 반영되지 못하는 한계와 공공서

1) 정동관·김경근·김철·온명근·이승협(2020)의 내용을 정리·발췌하였다.

비스의 효과성과 민주성이 약화하는 문제를 지닌다고 할 수 있다. 한편, 민주적 방식은 공공부문의 특화된 목적, 전제 조건, 해야 할 일을 분명하게 설정하되, 공공서비스의 생산과 공급에 있어 민주적인 정치과정을 결합한 방식으로 선언적 수준에서의 접근 한계, 시장주의 관리방식과의 상충적 문제가 존재한다. 이러한 지배구조나 관리방식의 적용은 국가마다 정부의 성격과 외부적 환경변화에 따라 조금씩 차이는 있으나 대체로 신공공관리론에 기반을 두고 경로의존성을 지니면서 세분되고 변형되는 경향을 보인다(라영재, 2015). 최근에는 민주적 관리방식 또는 공적 가치 관리로 언급되는 탈신공공관리에 대한 담론적 수준에서의 전개가 이루어지고 있기도 하다. 특히, OECD 등에서의 논의는 이러한 신공공관리론적 공공기관 관리체계의 연장성에 있으나, 최근 탈신공공관리의 문제의식을 반영하고 있는데, 민영화보다는 지배구조 개편이나 경쟁의 중립성 등을 강조하는 경향의 변화를 보인다.

[표 15-1] 공공기관 지배구조(관리방식)의 변화 양상

시기	주요 내용
1960년대 중반~1970년대 후반	• 합리적 · 위계적 기획과 비용효과분석 • 과학과 전문성이 진보를 창출
1970년대 중반~1990년대 후반	• 신공공관리론: 효율성 제고를 위한 기업기술의 차용 • 광범위한 문제의 해결책으로 관리개혁 제시
1990년대 중반~2010년대	• 지배적인 모델 없음 • 거버넌스, 네트워크, 파트너십, 연합, 투명성 신뢰 중시

앞서 언급한 바와 같이 OECD는 공공기관이 대리인 문제를 극복하고 효율적이고 투명하며 책임감 있게 운영될 수 있도록 공공기관에 적합한 지배구조에 관한 기준을 2005년에 제시한 바 있다. 이는 소극적인 소유권 행사 또는 과도한 국가 개입 문제를 방지하기 위해 각국 정부가 어떻게 국가 소유권 기능을 행사해야 하는지에 대해 국제적으로 합의된 기준이다. 처음 제정된 이후 10년간의 시행 경험을 반영하고 국제적 차원에서 새롭게 등장하고 있는 문제들을 해결하자는 취지에서 2015년에 개정하였는데, 주요 골자는 공공기관의 성공적인 운영을 위해 공공기관이 다른 기업들과 공정한 기업활동을 할 수 있는 토대를 마련하고, 주주로서의 정부 역할을 규정할 뿐만 아니라, 다양한 이해관계자들이 공정하게 기업활동에 참여할 수 있도록 하기 위한 내용을 포

함한다. 이러한 공공기관의 바람직한 지배구조는 국내·외 차원의 효율적이고 개방된 시장을 위해 필수적이며, 공공기관은 공익사업을 비롯한 핵심적인 공공서비스의 주요한 공급자로 해석된다. 이는 공공기관의 운영이 주민들의 일상생활과 다른 모든 경제 분야의 경쟁력에 영향을 준다는 것을 의미한다. 공공기관은 또한 시장에서 점점 더 중요한 행위자가 되어가고 있다. 공공기관이 건전한 경쟁과 규제가 있는 환경에서 운영되도록 하는 것은 경제성장을 뒷받침하는 개방된 환경을 유지하기 위해 중요하다. OECD 가이드라인은 크게 다음의 7개의 지침과 각각에 대한 주석으로 이루어져 있다. 첫째, 국가 소유권에 대한 근거, 둘째, 소유주로서 국가의 역할, 셋째, 시장에서의 공공기관, 넷째, 주주와 기타 투자자에 대한 공정한 대우, 다섯째, 이해관계자와의 관계 및 책임경영, 여섯째, 공시 및 투명성, 마지막으로 공공기관 이사회의 책임이다.

[표 15-2] OECD 공공기관 지배구조의 원칙

구분	주요 내용
국가 소유권에 대한 근거	• 국가는 일반 국민들의 이익을 위해 공공기관에 대한 소유권을 행사한다. 국가의 공공기관 소유권을 정당화하는 목적들을 면밀하게 심사한 후 공개해야 하며 반복적으로 검토해야 한다.
소유주로서 국가의 역할	• 국가는 공공기관 전반에 대해 정통하고 능동적인 소유주로서, 고도의 전문성과 효율성을 바탕으로 공공기관 지배구조가 투명하고 책임감 있게 실현될 수 있도록 해야 한다.
시장에서의 공공기관	• 공공기관에 관한 법률 및 규제 체계는 국가의 공공기관 소유권 근거와 일관되면서 공공기관이 경제활동을 수행할 때 공평한 경쟁 환경 및 공정 경쟁을 보장해야 한다.
주주와 기타 투자자에 대한 공평한 대우	• 공공기관이 상장되어 있거나 공공기관 소유주 중 국가 이외의 투자자가 있는 경우, 국가와 공공기관은 모든 주주의 권리를 인정해야 하고 모든 주주에게 공평한 대우 및 기업 정보에 대한 동등한 접근권을 보장해야 한다.
이해관계자와의 관계 및 책임경영	• 이해관계자에 대한 공공기관의 책임과 이해관계자와의 관계에 대한 보고 의무는 국가 소유권 정책에 충분히 반영되어야 한다. 소유권 정책은 공공기관의 책임 경영에 대한 국가의 요구 사항들을 모두 명시해야 한다.
공시 및 투명성	• 공공기관은 고도의 투명성 기준을 준수해야 하며 상장기업과 동일한 수준의 회계, 공시, 준법 감시 및 감사 기준의 적용을 받아야 한다.
공공기관 이사회의 책임	• 공공기관 이사회는 전략적 경영 자문 및 경영 감독 기능을 수행하는 데 필요한 권한, 능력 및 객관성을 갖추어야 한다. 이사회는 청렴하게 행동해야 하며, 자신의 행동에 책임을 져야 한다.

출처: OECD 공공기관 지배구조 가이드라인(2015 개정판, OECD).

2 공공기관의 실질적인 통제 수단으로서 경영평가와 제도적 변화

경영평가는 공공기관에 대한 대표적 통제 기제라고 할 수 있으며,[2)]「공공기관의 운영에 관한 법률」하의 공공기관 지배구조와 공공기관 경영평가는 신공공관리론적 양상을 보이고 있다.[3)] 특히, 경영평가제도는 공공기관의 주인인 국민과 대리인인 공공기관 사이의 유인이 일치하지 않아 발생하는 부채 과다 및 방만 경영 등 도덕적 해이의 문제를 해결하기 위한 가장 효과적인 수단으로 이해되고 있다.[4)] 공공기관 경영평가는 기획재정부에 의해 독점적으로 행사되는 것으로, 공공기관에 대한 통제수단, 공공기관 관리도구로서의 성격을 가지고 있다고 보는 것이 설득력을 지닌다(라영재 · 윤태범, 2013). 지방공기업 경영평가는 1993년 제3차 「지방공기업법」의 개정을 통해서 도입되었으며 지방공기업이 연차별로 달성한 경영실적과 성과를 평가하여 차기 경영계획 수립에 반영시키는 일련의 환류과정으로 정의된다. 경영평가의 목적은 크게 두 가지로 정리될 수 있다. 첫째, 정치적인 것과 관련하여 지방공기업 경영평가는 정부와 자치단체 및 시민 등과의 관계에서 정치적 책임성이나 투명성 · 신뢰성 등을 확보하기 위한 수단이며, 둘째, 관리적인 것과 관련하여 경영평가는 경영관리과정을 개선함으로써 경

2) 공공기관 경영평가제도는 경제기획원과 같은 예산재무부처가 주도하여 1982년 「정부투자기관관리법」, 1984년 「정부투자기관관리기본법」과 같은 법적 기반을 가지고 시작되었다(라영재 · 윤태범, 2013: 181-182). 1984년 도입된 정부투자기관 경영평가제도를 모태로 하여 변천해 왔는데, 현재 적용되고 있는 공공기관 경영평가제도는 2007년 1월 19일에 제정된 「공공기관의 운영에 관한 법률」에 의거하여 통합모델로 재구축, 같은 법 제48조에 따라 공기업 · 준정부기관의 자율 · 책임경영체계 확립을 위해 매년도 경영 노력과 성과를 공정하고 객관적으로 평가하는 제도라고 할 수 있다(기획재정부, 2020).

3) 신공공관리론적 흐름은 국제적 주요 행위자들, 곧 IMF, 세계은행, OECD 등의 적극적인 개입을 통해 확산된다. 한국에서도 IMF체제 직후였던 김대중 정부부터 이후의 노무현 정부, 그리고 이명박 정부, 박근혜 정부에 이르기까지 지배적인 영향력을 끼쳤다.

4) 공공기관은 투입의 경직성, 결과의 낮은 예측성, 산출물의 불명확성과 측정의 어려움, 제한적인 자율권 행사 등의 공공부문이 갖는 공통된 특징을 가지고 있으며, 특히, 국민과 정부 간 관계 및 정부와 공공기관의 주인-대리인 관계에서 대리인 실패의 문제와 X-비효율성의 한계를 가진다. 여기에서 정부부처가 산하 공공기관의 경영비효율성을 통제하기 위해 성과측정을 통해서 경영성과에 대해 평가할 필요성이 있다. 주무부처는 공공기관 주요 사업의 효과성을 제고해야 하고, 소유권 부처인 기획재정부는 공공기관의 경영효율성을 제고하는 한편 책임성을 강화해야 하는데, 이를 위한 제도적 장치가 경영평가제도인 것이다(한국조세재정연구원, 2016). 이에 따르면, 공공기관 경영평가는 공기업의 효율성을 제고하는 중추적 역할을 담당해 왔다고 할 수 있다.

영성과를 향상하기 위한 수단이라고 할 수 있다.

이러한 경영평가는 정부에서 역점을 두고 추진했던 공공기관의 정책기조와 맥을 같이 한다. 공공기관의 정책 방향은 정권의 정책 목표와 이념을 반영한다고 할 수 있다(김서용, 2019; 전광섭 · 윤준희, 2021 재인용). 김대중 정부는 신자유주의적 성격으로 작지만 효율적인 정부를 지향하였고 공기업 추진전략으로는 구조조정, 운영시스템 혁신, 대민서비스 개선을 채택하고 공기업 민영화, 공기업 자회사 정리, 공기업 및 산하단체 통폐합, 과도한 복리후생제도 개선 등을 추진하였다.

[표 15-3] 정부별 관점에서의 공공기관 정책 비교

구분	김대중 정부	노무현 정부	이명박 정부	박근혜 정부	문재인 정부
정책기조	구조조정	지배구조 개선	선진화	비정상의 정상화	사회적 가치
정책비전	작지만 효율적으로 봉사하는 정부	국민감동 서비스를 제공하는 세계일류 공공기관	공공부문 선진화	국민의 신뢰를 받는 공공기관	사회적 가치 실현을 선도하는 공공기관
정책목표	작은 정부 효율적인 정부, 봉사하는 정부	신뢰경영, 자율 · 책임경영, 공공기관 운영 시스템 혁신	작은 정부, 큰 시장, 국민편익 증대, 사회적 비용 최소화, 투명성 제고	국정과제 뒷받침, 효율성, 책임성, 투명성	공공성의 실현
핵심과제	민영화, 구조조정	경영혁신 노력, 공공기관 이전 알리오시스템 구축	민영화, 시장개입 축소, 작은 정부, 민영화	민영화, 정보공개, 부채 감소, 방만경영 근절, 경영혁신	사회적 가치 구현 비정규직의 정규직화

노무현 정부는 윤리경영, 사회적 책임 제고, 자율성 확대, 성과관리체계 강화, 혁신 추진 강화 등을 공공기관 개혁의 기본전략으로 하여, 고객만족, 고객지향적 업무프로세스 구축, 고객서비스 이행표준의 제정 및 운영, 공시시스템 구축, 임원인사시스템 개편, 규제정비 및 정부의 포괄적 감독권 설정 등을 추진하였다. 이명박 정부에서는 민영화, 통폐합, 기능조정, 경영 효율화 등을 추진전략으로 하여 공공기관 출자회사의 지분매각, 정원조정, 경영 효율화 등을 추진하였다. 박근혜 정부는 정보공개, 부채관리, 방만경영 개선 및 점검체계 구축 등을 추진전략으로 하여 상시적 기능점검, 시장화테스트, 국민 맞춤형 서비스, 자율경영기반 구축, 창조경제 지원, 공공데이터 활용, 국민

[표 15-4] 사회적 가치 등 공공성 중심으로의 전환: 2018년

대분류지표	중분류지표	세부지표
리더십/전략	리더십	경영층의 리더십
		고객서비스 및 윤리경영
	전략	고객 및 주민참여
		윤리경영
		미션·비전 및 경영계획
	리더십/전략 합계	
경영시스템	경영 효율화	조직관리
		인사관리
		노사관리
		재무관리
	주요사업 활동	주요사업활동
	경영시스템 합계	
경영성과	주요사업 성과	주요사업성과
	경영 효율성과	경영수지 관련 지표
	고객 만족성과	고객만족도
	경영성과 합계	
정책준수	공기업정책 준수	

▶

대분류지표	중분류지표	세부지표
리더십/전략	리더십	경영층의 리더십
	전략	미션·비전 및 경영계획
	리더십/전략 합계	
경영시스템	경영 효율화	조직관리
		인사관리
		재무관리
	주요사업 활동	주요사업활동
	경영시스템 합계	
경영성과	주요사업	주요사업
	경영 효율성과	경영수지 관련 지표
	고객 만족성과	고객만족도
	경영성과 합계	
사회적 가치	일자리 확대	일자리 창출
		일자리 질 개선
	사회적 책임	고객 및 주민참여
		윤리경영
		노사상생
		재난·안전관리
		지역사회 공헌활동
		사회적 약자 배려
		친환경 경영
	사회적 가치 합계	
정책준수	공기업정책 준수	

직접감시 등을 추진하였다. 문재인 정부는 사회적 가치 실현, 참여·개방·소통, 책임·윤리경영 등을 추진전략으로 하여, 일자리 창출, 균등한 기회와 사회통합, 안전 및 환경, 상생협력 및 지역발전, 윤리경영 등을 추진하였다.

[표 15-5] 지속가능경영 등 지표체계의 고도화 추진: 2020년

대분류지표	중분류지표	세부지표
리더십/전략	리더십	경영층의 리더십
	전략	미션·비전 및 경영계획
	리더십/전략 합계	
경영 시스템	경영효율화	조직관리
		인사관리
		재무관리
	주요사업 활동	주요사업활동
	경영시스템 합계	
경영성과	주요사업	주요사업
	경영 효율성과	경영수지 관련 지표
	고객 만족성과	고객만족도
	경영성과 합계	
사회적 가치	일자리 확대	일자리 창출
		일자리 질 개선
	사회적 책임	고객 및 주민참여
		윤리경영
		노사상생
		재난·안전관리
		지역사회 공헌활동
		사회적 약자 배려
		친환경 경영
	사회적 가치 합계	
정책준수	**공기업정책 준수**	

▶

대분류지표	중분류지표	세부지표
지속가능 경영	리더십	경영층의 리더십
		전략경영
		혁신성과
	경영시스템	조직·인사관리
		재무관리
	지속가능경영 합계	
경영성과	주요사업	주요사업
	경영 효율성과	경영수지 관련 지표
	고객 만족성과	고객만족도
	경영성과 합계	
사회적 가치	일자리 확대	일자리 창출 및 일·가정 양립
	사회적 책임	소통 및 참여
		윤리경영
		인권경영
		재난·안전관리
		지역상생·발전
	사회적 가치 합계	

이러한 정책환경 변화에 따른 지방공기업 경영평가의 최근 제도적 변화를 개략적으로 살펴보면 다음과 같다. 문재인 정부의 등장 이후 공공기관의 사회적 가치의 중요성이 강화되면서 평가체계에서도 큰 변화를 겪은 바 있다. 기존 4개의 대분류 체계(리더십/전략, 경영시스템, 경영성과, 정책준수)에서 사회적 가치가 추가되어 5개의 대분류 체계로 전환되고 중분류 체계도 이에 맞춰 조정되었다. 2018년(2017년 실적) 평가편람에 반영된 평가체계의 변화는 [표 15-4]와 같다.

이후 지속가능경영 등 국제적 규범화 추세에 부응하고 동시에 지표 간 중복성 문제와 정책준수지표의 합리적 조정을 위한 지표체계의 고도화를 추진하기도 하였다. 기존 5개의 대분류 체계(리더십/전략, 경영시스템, 경영성과, 사회적 가치, 정책준수)에서 3개의 대분류 체계로 간소화되었다. 2020년(2019년 실적) 평가편람에 반영된 평가체계의 변화는 [표 15-5]와 같다.

3 정책환경 변화에 따른 지방공기업 경영평가 지표체계 개편

1) 정책환경의 변화, 윤석열 정부의 공공기관 혁신

2022년 출범한 윤석열 정부 역시 새로운 국정비전과 과제를 제시하고 있으므로, 그에 기초하여 지방공기업에 대한 정책과 평가제도, 평가지표 등이 변화하였다. 윤석열 정부가 설정한 공공기관 관리의 목표는 공공기관의 자율과 책임경영을 확립하고 역량을 강화하여 궁극적으로 대국민 서비스의 질을 향상시키는 것이다. 이러한 윤석열 정부의 정책기조는 기획재정부가 발표한 공공기관 혁신가이드라인을 통해 확인해 볼 수 있는데, 핵심 내용은 3대 혁신 과제 및 5대 중점과제로 요약될 수 있다. 3대 혁신 과제는 생산성 제고, 관리체계 개편, 민간-공공기관 협력 강화이다. 첫째, 생산성 제고와 관련해서는 민간경합・중복 등 기능조정, 과다한 조직・인력・복리후생・불요불급한 자산 등 방만경영요소 정비, 재무 건전성 확보 등의 내용을 제시하고 있고, 둘째, 관리체계 개편과 관련해서는 공공기관 지정기준 정비 등을 통해 기획재정부 직접 경영감독 기관을 축소하고, 재무성과 지표비중 확대 등 경영평가제도 개편을 제시하고 있으며, 셋째, 민간-공공기관 협력 강화와 관련해서는 공공기관 보유 빅데이터, 기술·특허 등 개방·공유, 중소기업 ESG경영 지원 등을 제시하고 있다.

특히, 5대 중점과제로 기능, 조직·인력, 예산, 자산, 복리후생 등의 분야를 제시하고 있다. 먼저 공공기관의 기능과 관련된 내용으로서 민간과 지자체가 경합하는 기능을 수행하는 공공기관은 축소를 지향하며 공공기관의 비핵심 업무이거나 수요가 감소하는 기능에 대해서도 축소를 지향한다. 기관 간 유사·중복 기능이 있을 경우에도 일원화(통폐합)하거나 축소한다. 둘째, 조직·인력과 관련된 내용으로서 앞의 기능조정에 따른 인력을 감축하고, 정·현원 간의 차이를 최소화하며 상위직을 축소하고 대부서화 등을 통해 비대한 조직·인력을 슬림화하는 것을 지향한다. 셋째, 예산과 관련된 내용으로서 업무추진비, 여비 등 경상경비를 최대한 절감하고, 보수체계를 직무·성과 중심으로 개편하고자 한다. 넷째, 자산과 관련된 내용으로서 불요불급한 자산을 매각하고, 핵심업무와 무관하거나 부실한 출자회사, 과도한 청사·사무실 등을 정비하도록 한다. 다섯째, 복리후생과 관련된 내용으로서 과도한 수준의 복리후생을 점검하여 합리적으로 조정한다.

[그림 15-1] 윤석열 정부의 공공기관 혁신 가이드라인: 5대 중점과제

공공기관 5대 중점과제 (공공기관 혁신가이드라인 2022.7.29. 기획재정부)

◎ (기능) ① 민간·지자체 경합 기능→축소
② 비핵심 업무, 수요 감소 기능 → 축소
③ 기관 간 유사·중복 기능 → 일원화(통폐합) 및 축소

◎ (조직·인력) 기능조정에 따른 인력을 감축하고, 정·현원차 최소화, 상위직 축소, 대부서화 등을 통해 비대한 조직·인력을 슬림화

◎ (예산) 업무추진비, 여비 등 경상경비를 최대한 절감하고, 보수체계를 직무·성과 중심으로 개편

◎ (자산) 불요불급한 자산을 매각하고, 핵심업무와 무관하거나 부실한 출자회사, 과도한 청사·사무실 등을 정비

◎ (복리후생) 과도한 수준의 복리후생을 점검하여 합리적으로 조정

윤석열 정부의 출범 이후, 지방공공기관을 총괄하는 행정안전부에서도 2022.7.27.(수) 지방공기업정책위원회를 개최하여 정부 지방공공기관 혁신방향을 확정(2022.7.27)하였으며, 정부 국정과제인 공공기관 혁신을 지방공공기관으로 확산시켜 효율성과 재무 건전성을 높이고, 자율 · 책임 · 역량 등을 강화하여 공공서비스의 질을 제고하는데 초점을 둔 바 있다. 이후 2022.9.5.(월)에는 정부 지방공공기관 혁신 지침(가이드라인)을 마련하고 설명회를 개최하였고, 2022.11.9.(수)에는 지방공공기관 혁신의 제도적 기반을 마련하고자 정부 「지방공공기관 관리체계 개편방향」을 발표하기도 하였다. 지방공기업 경영평가 지표체계의 개편은 국정기조의 변화 등을 포함하여 지표의 합리적 조정 및 체계적 관리, 재무 건전성의 강화 및 정부 혁신과제의 점검 · 평가, 맞춤형 지표

[그림 5-2] 정부 지방공공기관 혁신방향 및 혁신지침

[정부 지방공공기관 혁신방향(2022.7월)]

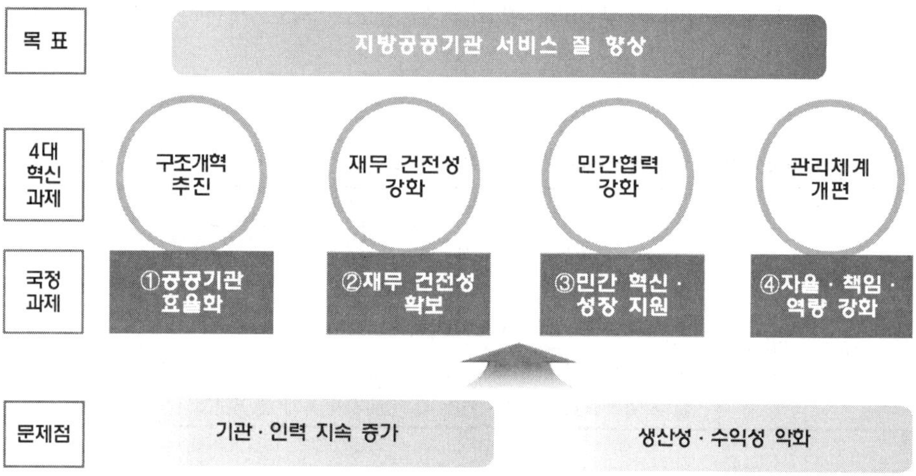

[정부 지방공공기관 혁신지침(2022.9월)]

〈지방공공기관 구조개혁과 재무 건전성 관련 5개 분야 혁신 추진〉

① (기능) 유사 · 중복기관 통폐합, 기관 간 또는 기관 내 유사 · 중복기능 정비, 협업
② (사업) 민간 경합사업은 민간경제를 위축시키지 않도록 조정
③ (부채) 재무위험이 큰 기관을 부채중점관리기관으로 지정하여 집중 관리
④ (자산) 고유 기능이나 업무와 연관성이 낮은 불요불급한 자산 정비
⑤ (복리후생) 주민 눈높이에 맞도록 복리후생 합리적 조정

의 보완 등을 통한 책임 · 역량 · 성과 중심 평가체계로의 전환은 불가피하다.

2) 지방공기업 경영평가의 한계와 반성, 개편 방향

지방공기업 경영평가는 그간 사회적 가치 지표의 반영과 정부권장정책 지표의 지속적인 반영 등으로 공공성 중심의 평가체계를 구축하였으나 경영성과와 고유사업에 대한 경영평가는 상대적으로 위축된 면이 있다. 더욱이 코로나19의 영향으로 경영성과 지표의 일부가 대체 평가되어 재무적 성과에 대한 평가가 충분하게 이루어지지 못한 면도 있다. 또한 지속적인 지표의 신설과 변경으로 인해 지표 간 중복성 문제가 해소되지 않았고, 정부권장정책 지표의 지속적인 반영으로 지표체계의 정합성 문제와 동시에 지방공기업의 부담도 누적된 상황이며, 지역 · 유형 · 규모 · 사업 특성을 충분하게 반영하지 못하는 한계도 여전히 안고 있다. 윤석열 정부 출범 등 지방공기업을 둘러싼 정책환경의 변화에 따라 보다 큰 틀에서 경영평가 지표체계의 개편이 필요한 시점으로, 공공성과 효율성이 균형 있게 평가될 수 있도록 제도 개선이 이루어질 필요가 있다.

[표 15-6] 지방공기업 경영평가체계에 대한 한계와 반성

성과	한계와 반성
사회적 가치, 정부정책 이행 등 공공성 중심의 평가체계 구축	(1) 경영성과와 고유사업에 대한 경영평가는 상대적으로 위축
	(2) 코로나19의 영향 등으로 악화된 상황
	(3) 세부 지표 간 중복성의 문제가 여전히 존재
	(4) 정부권장정책 지표의 지속적인 반영으로 지표체계의 정합성 결여
	(5) 지역 · 유형 · 규모 · 사업 특성을 충분하게 반영하지 못하는 한계

지방공기업 경영평가는 재무 건전성 강화와 더불어 자율, 책임, 역량 중심의 경영평가체계로 개편될 필요가 있으며, 구체적으로는 첫째, 효율성과 공공성의 균형적 평가를 위한 지표체계 개편이다. 윤석열 정부 출범 등 정책환경 변화에 따라 사회적 가치에 대한 강조는 다소 위축될 것으로 전망되므로 이를 대체하기 위한 큰 틀에서의 정책적 방향성을 제시할 필요가 있다. 윤석열 정부가 120대 과제에서 언급했듯이 공공기관의 경영관리 방향은 자율 · 책임 · 역량 중심에 초점이 맞춰질 것으로 판단된다. 이

와 관련하여 ESG[Environmental(환경), Social(사회), Governance(지배구조)] 경영원칙 및 역량 강화, 직무 중심의 보수·인사·조직 관리의 확산, 재무 건전성 강화 등 지방공기업 경영평가 지표체계의 개선을 검토할 필요가 있다.

둘째, 재무 건전성 및 경영성과의 강화이다. 자율·책임·역량 중심의 지표체계 개선과 더불어 재무 건전성 및 경영성과에 대한 요구가 증대될 것으로 전망된다. 지난 5년간 사회적 가치와 공공성이 강조되면서 상대적으로 경영성과에 대한 가중치는 감소하였고, 특히 코로나19로 경영실적이 악화된 상황에서 회복 정도를 점진적으로 평가할 필요가 있다. 다만, 정책환경 변화와 무관하게 지방공기업의 공공가치 창출 요구는 지속되어 왔으므로 평가지표에 반영될 필요가 있다.

셋째, 정부권장정책 지표의 체계적 관리로 피평가기관 부담 완화이다. 그간 고용노동부, 환경부, 보건복지부, 중소벤처기업부 등의 정책지표를 경영평가에 반영하면서 지방공기업의 이행에 대한 부담이 증가해 온 것이 사실이다. 이러한 정책지표의 증가는 지방공기업의 사회적 책임을 강화하는 측면에서는 긍정적으로 작용하나, 한편으로는 경영성과나 고유사업보다는 정책지표에 치중하게 되는 부작용도 나타난다. 특히 이러한 정책지표는 소규모 기업에는 더욱 큰 부담으로 작용하고 있기도 하다. 매년 총량제 관점에서 체계적으로 관리할 필요가 있으며 이에 대한 추가적인 검토가 필요한 상황이다.

넷째, 지표 간 중복성 제거 및 체계화·간소화이다. 지속가능한 경영을 기반으로 주요 사업의 성과를 냄으로써 사회적 가치를 실현한다는 현재의 평가체계에도 불구하고 일자리, 윤리(인권)경영, 노사문제, 지역상생 등 사회적 가치의 지표와 지속가능경영의 지표(조직·인사 등) 간 중복되는 문제가 상존하고 있고 지표 내 정부권장정책 지표의 내용과도 다소 정합성이 결여되는 문제도 있다. 예를 들어, 현재 중장기인력계획에 따른 공기업의 인적자원관리(신규채용)가 지속가능경영의 지표로 사용되고 있고 사회적 가치에서도 동일한 신규채용에 대한 내용이 포함되어 있다. 지표 간 유사성을 검토하고 중복되는 경우에는 통합 또는 조정이 필요하다. 동시에 현행 지표 내 세부 평가내용의 체계화·간소화가 이루어질 필요가 있다.

다섯째, 기관 및 유형맞춤형 지표의 지속적인 보완이다. 지방공기업 경영평가는 원칙적으로 기관의 규모와 지역적 특성을 반영하여 평가하고 있고 주요 사업의 유형별

[그림 15-3] 지방공기업 경영평가의 지표체계 개편 방향 모색

(현행) 한계와 반성		(개선) 지표체계 개편 방향
❖ 경영성과와 고유사업의 상대적 위축	⇒	❖ 효율성과 공공성의 균형적 지표체계 개편
❖ 코로나19의 영향 등으로 악화된 상황	⇒	❖ 재무 건전성 및 경영성과의 강화
❖ 지표 간 중복성의 문제가 여전히 존재	⇒	❖ 지표 간 중복성 제거 및 체계화 · 간소화
❖ 정부권장정책 지표 등 기관 부담 증가	⇒	❖ 정부권장정책 지표의 체계적 관리
❖ 지역 · 유형 · 규모 · 사업 특성 반영 한계	⇒	❖ 기관 및 유형 맞춤형 지표 보완

⇨ 효율성과 공공성의 균형적 평가, 지표의 합리적 조정 및 체계적 관리, 맞춤형 지표 보완을 통한 책임, 역량, 성과 중심의 지표체계로 전환 모색

특성을 맞춤형으로 반영하고 있다. 그럼에도 불구하고 기관맞춤형 경영평가를 위한 추가적인 노력이 필요하다. 기관별 특성(규모/성숙도/지역)에 따른 평가모델을 차별화하는 것도 하나의 방안이 될 수 있으며, 직영(상 · 하수도)에서와 같이 공사 · 공단에서도 목표부여를 달리 적용하거나 평가 유형별 평균과 연동하는 방안도 검토가 필요하다.

한편, 국정방향 및 정부 정책의 경영평가에 반영할 필요가 있다. 경영평가가 개별 공기업의 체계적인 관리와 높은 경영성과를 유도한다는 목표가 있지만 동시에 지방공기업이 정부의 국정방향 및 정책 추진에 참여하도록 하는 목표도 있기 때문이다. 경영평가체계의 일관성과 안정성을 저해하여서는 안 되기 때문에 지나친 지표 변화는 바람직하지 않지만, 정부의 국정방향과 국정과제 수행에 필요한 내용을 경영평가체계에 반영할 필요가 있다. 다만, 과도한 정책지표 반영은 지양하고, 지방공기업의 부담을 완화할 필요가 있다. 정부정책의 실행력을 높이기 위하여 경영평가지표에 반영하는 경우가 많지만, 지나치게 많은 정책적 요구를 지표에 담는 것은 지양되어야 한다. 더불어, 시대적으로 사회적 책임 중시, 사회적 가치, 지속가능경영 등 다양한 표현이 사용되고 있는데, 최근 ESG 중시 경영이 하나의 커다란 트렌드가 되고 있다. ESG 중 S(Social)를 사회적 가치를 포괄하는 개념으로 본다면 별도의 사회적 가치 지표를 둘 필요가 있는지에 대한 검토가 이루어질 필요가 있다.

4 향후 개선과제

이상의 논의 내용을 종합하여 지방공기업 경영평가의 개선과제를 제시하면 다음과 같다. 첫째, 기관의 수준 등을 고려한 경영평가 방식에 대한 추가적인 고민이 필요하다. 지방공기업의 경영평가는 제도적으로 정착하였으나 경영평가의 효용성에 대해서는 여전히 지속적인 의문이 제기되고 있다. 경영평가의 평가결과를 기준으로 보면, 광역・수도권에 속한 공기업일수록 높은 성과와 조직 및 사업 관리의 성숙도가 높은 편이다. 경영평가를 통해 미성숙한 공기업의 경우 성숙한 공기업으로 유도하는 한편, 성숙한 공기업의 경우에는 지속적인 성과 창출을 유도하는, 두 가지 트랙으로 조정할 필요성이 있다. 다시 말해, 기초・비수도권・소규모 공기업의 미성숙 상태를 개선함과 동시에 성숙도가 높은 공기업의 성숙도를 유지 또는 개선하는 방향으로 경영평가가 개선될 필요가 있다. 다만, 기관별 특성에 따른 평가모델 차별화는 필요하나 현행 평가제도의 한계 등을 종합적으로 고려하여 개선되어야 하므로 이에 대한 추가적인 고민이 필요하다. 등급제 또는 리그제 형태의 평가제도에 대한 고민도 필요하다.

둘째, 지방공기업에 적합한 평가모델 기반의 평가체계를 정립할 필요가 있다. 경영평가모델의 논리모형이나 평가체계를 정비할 필요가 있다. 말콤 볼드리지 모델, 로직모델, PDCA 모델 등을 복합적으로 검토하여 지방공기업에 적합한 평가모델 기반의 평가체계를 구축할 필요가 있다. 필요에 따라 기존 모델을 변형하거나 취사선택하는 방식으로 활용하는 것이 필요하다. 한편, 현행 평가체계 및 평가지표는 프로그램 논리모형에 기초하고 있는데, 투입-과정에 따른 결과나 성과보다는 투입-과정에 집중된 편으로 판단된다. 향후 결과와 성과에 대한 지표 개발이 이루어질 필요가 있다. 또한 기관의 특성에 부합하는 투입-과정-결과-성과를 측정하기 위한 추가적인 하위지표 역시 개발・적용될 필요가 있다. 지방공기업의 유형에 부합하는 세분화 기준으로 마련하고 이에 대한 경영평가 방식을 종합적・점진적으로 적용할 필요가 있다.

셋째, 지표 간 상충문제, 중복되는 문제 등에 대한 개선과 조정이 필요하다. 재무적 성과와 비재무적 성과 사이의 상관관계에 대해서는 여러 논의가 존재할 수 있다.

현 지방공기업 유형 중 일부는 비재무적 성과를 통한 재무적 성과를 창출할 필요가 있지만, 다른 일부는 재무적 성과를 통한 비재무적 성과를 창출할 필요가 있는 상황이다. 특히, 공공서비스 전달체계의 일선에서, 공익적 성격을 강하게 가지는 지방공기업이 있지만, 지역경제 또는 지역산업 발전을 선도하는 성격을 강하게 지니는 지방공기업도 있으므로 재무적 성과와 비재무적 성과의 기관 간 특성과 차이를 균형감 있게 평가할 필요가 있다. 한편, 평가지표의 중복문제가 해소될 필요가 있다. 평가지표 간 중복되는 내용의 결과 간 유사성을 검토하고, 중복이 필요한 경우 각 지표가 의미하는 내용을 보다 명확하게 구분할 필요가 있다.

넷째, 지방공기업 설립 목적, 정책적 목표 등에 대한 체계적 관리 노력이 필요하다. 코로나19 이전 수준으로의 경영성과 회복을 위한 정책적인 유인과 함께 지방공기업 본연의 설립 목적, 지방공기업의 정책적 목표, 즉 혁신 과제 점검 등 지방기업의 경영전략과 혁신목표에 대한 통합·조정이 필요하다. 특히, 부채비율 등 재무 건전성 강화를 위한 선제적 조치가 이루어질 필요가 있으며, 직무관리, 디지털 플랫폼 정부 등 국정과제를 뒷받침하기 위한 노력도 필요하다. ESG와 관련하여 경영관리 차원의 지표 반영 노력과 더불어 환경 관련 지표의 추가적인 반영 노력이 필요하다. 일자리에 있어서는 다른 지표와의 유사·중복성을 제거하면서도 청년채용 등 사회적 형평성을 강화할 수 있는 내용을 보완할 필요가 있다.

참고문헌

기획재정부(2021). 공공기관 경영평가제도 개편방안, 기획재정부.

김서용·김선희(2019). 제도변화에서 제도적 논리의 역할에 대한 사례분석: 지방공기업 경영평가제도를 중심으로, 『지방행정연구』 33(3), pp.137-178.

김재환(2018). 공공기관 경영평가제도 개편의 주요내용과 향후 과제, 국회입법조사처.

김주찬·이민창(2014). 공공기관 경영실적평가의 효과성에 대한 직무담당자 인식조사, 국회예산정책처.

김태은(2019). 공공기관 경영실적 평가지표의 변화원인과 특성에 관한 연구: 공기업을 중심으로, 학술대회 발표논문집, pp.1-17.

남궁근(2019). 『정책학』, 서울: 법문사.
라영재(2015a). 공공기관 개혁의 이론적 논의와 개혁방향 분석: 역사적 제도주의에 의한 공공기관 개혁을 중심으로, 『한국부패학회보』 20(3), 한국부패학회, pp.1-20.
라영재(2015b). 공공기관 경영평가의 특징과 개선방안, 『조세재정 BRIEF』 통권(4), pp.1-12.
라영재(2020). 정책평가의 이론기반평가: 평가원칙과 적용의 실제: 정부업무평가와 공공기관 경영평가 사례를 중심으로, 『정책분석평가학회보』 30(3), pp.43-78.
박성용(2021). 공공기관 경영평가제도의 주요 변천 과정과 향후 과제, 국회입법조사처.
박종수(2019). 공공기관 경영실적 평가지표의 변화 원인과 특성에 관한 연구: 지방공기업을 중심으로, 한국조세재정연구원.
신 열(2019). 정책분석평가 실제에서 평가이론 적용, 『정책분석평가학회보』 제2권 제4호.
우양호(2008). 공공서비스 관리이론의 한국적 적실성에 관한 비교연구: 신공공관리론과 신공공서비스론을 중심으로, 『지방행정연구』 12(2), 한국지방행정연구원, pp.249-273.
이명석(2001). 신공공관리론, 신거버넌스론, 그리고 김대중 정부의 행정개혁, 한국행정학회 학술대회 발표논문집, pp.305-321.
이종수(2010). 탈신공공관리(Post-NPM) 개혁 전략의 모색, 『한국사회와 행정연구』 21(1), 서울행정학회, pp.29-47.
임효창(2020). 국가공기업과 지방공기업의 사회적 가치 제고 전략 및 동형성 연구: 경영평가 지표를 중심으로, 『경영컨설팅연구』 20(4), pp.425-433.
장석준(2021). ESG와 정책수요를 반영한 '23년 경영평가 제도 및 지표 개선 연구, 지방공기업평가원.
정동관 · 김경근 · 김철 · 온명근 · 이승협(2020). 공공기관 경영평가제도에 관한 비판적 분석, 한국노동연구원.
정동관 · 김경근 · 김철 · 이승협 · 이종욱 · 최은석 · 김준현 · 박용석 · 이민창 · 박석희 · 박수정(2021). 경영평가제도 쟁점 및 개선방안, 한국노동연구원.
정성환 · 김종근(2021). 지방공기업의 사회적 책임 성과와 영향요인에 대한 연구, 『경영컨설팅연구』 21(4), pp.397-407.
지수호 · 김선형(2021). 지방공기업 경영평가와 성과개선에 관한 연구, 『한국지방공기업학회보』 17, pp.45-72.
탁현우 · 윤건(2020). 사회책임 개념에 기반한 사회적 가치 관련 정책의 탐색적 평가, 『한국사회와 행정연구』 30(4), pp.27-49.
한국정책분석평가학회(2019). 정책분석평가의 사회적 가치, 방법론적 재고찰 II-융복합 시대에서의 적응과 대응, 학술대회 발표논문집.
한동숙(2021). 공공기관의 ESG 도입을 위한 정책 방안, 한국조세재정연구원.
한인섭(2010). 지방공기업 경영평가제도에 관한 비판적 고찰, 서울행정학회 학술대회 발표논문집, pp.419-446.
한인섭 · 김형진(2017). 공공기관과 지방공기업 경영평가제도 비교, 『한국지방공기업학회보』 13(1), 한국지방공기업학회, pp.1-34.

16 CHAPTER

지방정부의 국정참여제도

이병준(경제 · 인문사회연구회)

우리나라의 지방자치제가 실시된 지 벌써 30년이 지났으나, 여전히 자치분권 차원에서는 중앙집권적, 균형발전 차원에서는 수도권 집중이라는 틀에서 크게 벗어나지 못하고 있다. 이에 따라 연방제 수준에 준(準)하는 지방분권을 해야 된다는 정책이 추진된 바 있고, 특히, 2022년부터는 중앙-지방 간 소통과 협력을 강화하고 제2 국무회의의 역할과 기능을 갖는다는 "중앙지방협력회의"가 구성 · 운영되고 있지만, 형식적으로 운영되고 있는 측면이 크다. 이에 따라 선진 외국의 지방정부 국정참여제도에는 어떤 것들이 있고 어떻게 운영되고 있는지를 알아보고자 한다. 특히 일본, 영국, 프랑스, 독일의 사례를 살펴보고 시사점을 도출하여 우리나라에의 적용가능성을 살펴보려고 한다. 지방소멸이 가속화되고 있는 시점에서 우리나라 지방은 지방자치분권과 지역균형발전을 동시에 달성해야 하는 과제를 안고 있다. 국회의원 선거제도는 국민과 지역을 대표하는 사람들을 뽑는 것으로 지방자치 및 지역발전과도 연계되어 있다. 현행의 국회의원 선거제도가 지역대표성을 강화하고 지역균형발전 차원에서 어떤 방향성을 가지고 나아가야 할지에 대해서도 검토하고자 한다. 종합적으로 지방정부의 국정참여제도에 대해 지방자치분권 강화와 지역균형발전 차원에서 그 발전방안을 제시하려고 한다.

1 지방정부 국정참여제도의 배경

지방정부의 국정참여제도는 정부간관계론과 지방자치론에 기반을 두고 있으며, 중앙-지방정부 간 관계 변화에 따른 지방정부의 역할 강화와 지방자치분권 실현을 위한 제도적 장치 중의 하나이다. 우리나라의 중앙-지방 간의 관계는 과거 권위주의적 정치·행정체제에서는 중앙집권적 상하 수직적 관계였으나, 지방자치제 실시가 30년이나 지난 시점에서 점차 상호 대등·수평적 협력관계로 발전해 오고 있다. 물론 충분한 수준의 상호 수평적 협력관계는 아니지만, 그러한 지향점을 가지고 제도적 개선이나 운영이 이루어지고 있다고 할 수 있다. 지방정부의 국정참여제도는 변화하는 중앙-지방정부 간의 관계를 반영하고, 지방자치분권 강화 차원에서 중요한 의미를 지닌다. 우리나라는 헌법에서 지방자치제를 도입하여 국가와 지방 간의 협력의무를 제시하고 있고, 「지방자치법」 등을 통해 지방정부의 국정참여제도를 다양하게 도입·운영하고 있다. 그러나 현행 국정참여제도가 제도의 도입 취지를 달성하고 있는지 여부는 면밀히 분석할 필요가 있다. 또한 일본·영국·프랑스·독일 등 선진 외국의 지방정부 국정참여제도와 비교하여 볼 때, 우리나라가 벤치마킹할 부분은 없는지 살펴보는 것이 필요하다.

오늘날 지방정부를 둘러싼 환경이 빠른 속도로 변화하고 있다. 코로나19 팬데믹 등 감염병의 위기, 저출생·초고령화, 수도권으로의 인구(특히 청년)이동 등으로 인한 지방소멸 가속화, 수도권 일극체제 강화와 이에 대응하는 지역균형발전 요구, 전통적 산업구조의 변화, AI 등 디지털 혁신, 지구온난화·기후변화 대응 등으로 인해 그 어느 때보다도 지방정부의 역량 강화, 중앙-지방정부 간 협력, 국정참여제도의 내실 있는 운영 등이 요청되고 있다. 비수도권 및 농어촌지역의 인구감소와 지방소멸 우려는 국회의원 선거에서 인구비례원칙 못지않게 지역대표성 확보도 중요하게 요청되고 있다. 국회의원의 지역대표성 강화는 지방정부의 국정참여제도 측면에서도 중요하다. 본 장에서는 지방정부의 국정참여제도를 중앙-지방정부 관계 변화, 지방자치분권 강화, 지역균형발전 등의 차원에서 살펴보고, 그 제도적 발전방안을 제시하고자 한다.

2 중앙-지방정부의 관계

1) 개념과 의의

중앙-지방정부 간 관계(Central–Local Relations, CLR)는 기본적으로 정부 간 관계의 틀 속에서 살펴볼 수 있다. 정부 간 관계(Intergovernmental Relations, IGR)는 스나이더(C. f. Snider) 교수가 1937년 「American Political Science Review」에 발표한 글에서 처음 사용하였으며, 초기 미국에서 '주정부 간(interstate)' 또는 '연방제'와 혼용하여 사용하기도 하였다. 오늘날에는 국가 내 모든 형태의 정부 단위나 수준 간에 일어나는 상호작용과 활동의 총체를 말한다. 여기서 정부 간은 중앙정부와 지방정부 간, 지방정부 간을 의미하며, 세부적으로는 중앙정부와 광역정부 간, 중앙정부와 기초정부 간, 광역정부 간, 광역정부와 기초정부 간, 기초정부 간을 말한다. 관계는 수직적, 수평적, 상호협력하는 상호의존적인 관계로 구분된다(정정화 외, 2019: 19).

2) 이론적 모형 검토

정부 간 관계모형에서 중앙정부와 지방정부 간의 관계가 핵심적 위치를 차지한다. 중앙정부와 지방정부 간의 관계는 국가 내에서 각 지방정부가 차지하는 정치적·행정적·재정적 측면의 역할과 수준, 정보 및 인적자원 등에 따라 상이하게 나타난다. 중앙-지방정부 관계는 대체로 중앙정부 우위, 상호의존, 독립관계 등을 상정하고 있다. 라이트(Wright, 1988)는 연방제 국가에서 중앙정부와 지방정부의 권력관계, 기능적 상호의존관계를 기준으로 정부 간 관계를 분리형, 내포형, 중첩형으로 제시하고 있다(정정화 외, 2019: 23).

[그림 16-1] 정부 간 관계모형

구분	대등(분리)형 모형	내포형 모형	중첩형 모형
상태	분리	포괄	중첩
관계	독립적(independent)	종속적(dependent)	상호의존적(interdependent)
권위	자치(autonomy)	계층(hierarchy)	협상(bargaining)
사무분담	고유사무 주종 기관위임사무 전무	고유사무 약세 기관위임사무 주종	고유사무 강세 기관위임사무 약세
재정관계	완전 분리	완전 종속	상호의존성
인사관계	완전 분리	완전 종속	분리 및 상호교류
형태	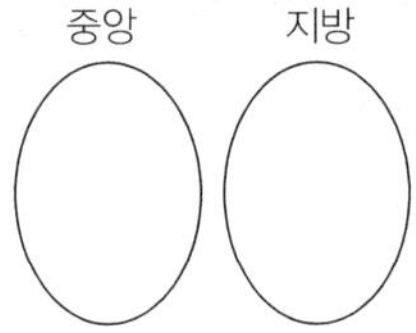	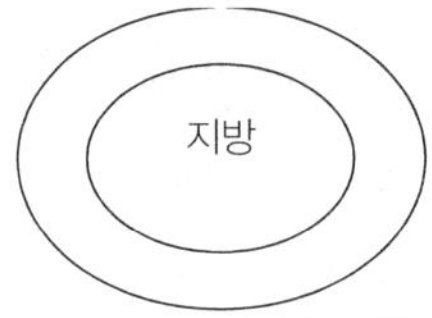	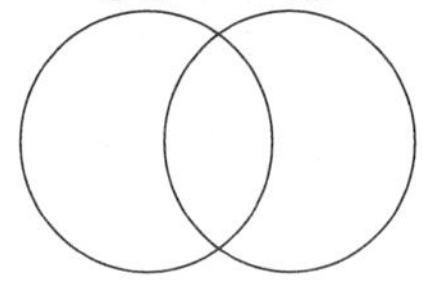

출처: 정정화 외(2019: 23) 재인용.

단일형 국가의 정부 간 관계모형은 엘코크(H. Elock)와 로즈(R. A. W. Rhodes)의 모형이 대표적이다. 엘코크(Elock, 1994)는 영국의 정부 간 관계를 대리인 모형, 동반자 모형, 교환과정 모형으로 제시하였고, 로즈(Rhodes, 1999)는 단방제 국가를 전제로 대리인 모형, 동반자 모형, 상호의존 모형을 제시하였다(정정화 외, 2019: 25).

오늘날 정부 간 관계모형은 변화하고 있다. 과거 중앙집권적 정치행정체제 내에서는 라이트의 내포형이나 엘코크의 대리인 모형이 우세하였다면, 이제 지방자치제가 정착·성숙되는 단계에서는 라이트의 중첩형(상호의존형)이나 엘코크·로즈의 동반자 모형 및 교환과정 모형·상호의존 모형으로 변화하고 있다. 지방정부를 중앙정부의 하부기구로 보는 대리인 모형에서 상호호혜적인 관계 속에서 협상과 설득을 통해 상호영향을 교환하는 상호의존 모형이나 중앙정부와 지방정부의 동등한 관계 속에서 서로 협력하는 동반자 모형으로 전환되고 있는 것이다(정정화 외, 2019: 28).

3) 지방정부의 국정참여 필요성

중앙-지방정부 간의 관계 변화와 지방정부의 국정참여는 상호 연계되어 있다. 중앙-지방정부 관계는 중앙 우위 또는 지방 우위에 따라 국정참여의 수준도 달라질 수 있다. 중앙정부 우위의 상하 수직적 관계이면, 지방정부의 국정참여 수준도 그에 상응하여 낮거나 낮아질 것이고, 반대로 지방정부 주도의 상호의존관계이면 지방정부의 국정참여 수준도 그에 상응하여 높거나 높아질 것이다(하혜수, 2018: 28).

지방정부의 국정참여는 중앙-지방 간 의견 불일치 조정, 자치권 침해 방지, 국정의 효과성 확보, 민주주의 체제 완성 등에 의해 정당화된다(하동현, 2016; 김성호, 2004). 세부적으로 살펴보면 첫째, 중앙정부와 지방정부는 상호의존적 관계를 지닌 행정주체이므로 국가 차원의 거시적 의사와 지방 차원의 미시적 의사를 조정하기 위해 지방의 국정참여가 필요하다. 둘째, 국가가 추진하는 정책이 지방에 부정적 영향을 미칠 경우 지방은 자치권 침해 방지 차원에서 적극적으로 참여해야 한다. 셋째, 국가의 정책은 지방에서 집행되기 때문에 지방이 관심을 갖고 참여해야 높은 성과를 확보할 수 있다. 넷째, 국정에 대한 지방정부의 참여는 주민의 풀뿌리 정책참여를 보완하여 민주주의 체제를 완성하는 데 기여한다는 것이다(하혜수, 2018: 3; 하혜수, 2019: 76).

3 우리나라 지방정부의 국정참여제도

1) 지방정부 국정참여제도의 의의

우리나라 헌법 제117조~제118조는 지방자치에 관하여 규정하고 있다. 우리나라 헌법은 지방자치를 제도적으로 보장함으로써 국가와 지방정부 간에 자치권을 존중하면서 지역주민의 복지와 발전을 위해 서로 협력해야 하는 기본적인 원칙을 제시한다. 「지방자치법」에서는 국가와 지방정부(지방자치단체) 간에 보다 명확한 협력 의무를 규정하고 있다. 즉, 「지방자치법」 제183조에서는 "국가와 지방자치단체는 주민에 대한 균형적인 공공서비스 제공과 지역 간 균형발전을 위하여 협력하여야 한다"고 규정하고 있다. 또한 「지방자치분권 및 지역균형발전에 관한 특별법」 제42조 제1항에서는 "국가는 지방자치단체와의 상호협력관계를 공고히 하기 위하여 협의체의 운영을 적극

지원하여야 하며, 협의체와 관련 지방자치단체의 의견이 국정에 적극 반영될 수 있도록 하여야 한다"고 규정하고 있다.

2) 지방정부의 국정참여제도

우리나라 지방정부의 국정참여제도에 대해 개별 지방정부 및 협의체를 통한 국정참여, 중앙지방정책협의회, 중앙지방협력회의, 행정협의조정위원회, 국회의원의 지역대표성 등을 중심으로 살펴보고자 한다.

(1) 개별 지방정부의 국정참여

우리나라 헌법 제52조에 따라 국회의원과 정부는 법률안을 제출할 수 있다. 지방정부 차원에서 입법과정에서의 참여는 국회 입법과정에의 참여와 행정부 입법 절차에서의 참여로 나누어 볼 수 있다. 국회 입법과정에서의 참여는 「국회법」 제123조에 의한 청원과 제64조 제1항에 의한 공청회를 통한 참여 및 제65조 제2항에 의한 법률안 심사를 위한 청문회에의 참여를 들 수 있다. 정부 입법 절차에서의 참여는 법령안 입안과정에서의 관계기관의 협의와 입법 예고 단계에서의 참여를 들 수 있다. 관계기관의 협의는 법령안에 대한 이견을 사전에 조정하기 위하여 그 내용과 관련이 있는 관계기관과 협의하는 과정인데, 이 과정에서 중앙행정기관 이외에 지방정부도 참여할 수 있다. 입법 예고는 「행정절차법」에 근거하고 있으며, 법 제44조 제1항에서 "누구든지 예고된 입법안에 대하여 의견을 제출할 수 있다"고 규정하고 있어 지방정부의 참여가 가능하다.

지방정부는 입법과정에서 참여 이외에 행정과정에서 의견을 제출함으로써 국정에 참여할 수 있다. 「지방자치법」 제184조 제3항에서는 지방자치단체 사무에 대하여 중앙행정기관의 장이나 시·도지사의 조언·권고 또는 지도와 관련하여 지방자치단체의 장은 중앙행정기관의 장이나 시·도지사에게 의견을 제출할 수 있도록 규정하고 있다. 한편, 지방정부는 국토종합계획(국토의 계획 및 이용에 관한 법률), 국가환경종합계획(환경정책기본법), 지방시대 종합계획(지방자치분권 및 지역균형발전에 관한 특별법) 등 각종 국가계획에 관련 법령에 따라 지방정부의 의견을 제출할 수 있다.

(2) 지방정부협의체를 통한 국정참여

「지방자치법」 제182조 제1항에서는 지방자치단체의 장이나 지방의회의 의장은 상호 간의 교류와 협력을 증진하고, 공동의 문제를 협의하기 위하여 전국적 협의체를 설립할 수 있다고 규정하고 있고, ① 시·도지사, ② 시·도의회의 의장, ③ 시장·군수 및 자치구의 구청장, ④ 시·군 및 자치구의회의 의장 등의 협의체를 둘 수 있도록 하고 있다. 제2항에서는 4개의 전국적 협의체 이외에 그들 모두가 참가하는 지방자치단체 연합체를 설립할 수 있도록 규정하고 있다.[5] 제4항에서는 협의체나 연합체는 지방자치에 직접적인 영향을 미치는 법령 등에 관한 의견을 행정안전부장관에게 제출할 수 있고, 제6항에서는 지방자치와 관련된 법률의 제정·개정 또는 폐지가 필요하다고 인정하는 경우에는 국회에 서면으로 의견을 제출할 수 있다고 규정하고 있다.

4개 협의체 중 대표적으로 시도지사협의회를 살펴보면, 동 협의회는 2005년 시도 상호간의 교류와 협력을 증진하고, 지방자치단체의 공동 문제를 협의하며, 지방자치단체의 국제화 관련 업무를 지원함으로써 지역사회의 균형발전과 지방자치의 건전한 육성에 기여함을 목적으로 설립되었다. 2005년부터 시도지사협의회에서 중앙정부에 건의한 대정부 정책건의 현황을 살펴보면, 총 건의 건수 608건(100.0%) 중에서 수용(일부수용 포함) 241건(39.7%), 수용곤란 202건(33.2%), 장기검토 154건(25.3%), 미회신 11건(1.8%)으로 파악되었다. 수용/일부수용 건수의 비율이 39.7%로 높지 않고, 수용곤란, 장기검토, 미회신이 전체의 60.3%에 이른다.

[표 16-1] 대한민국시도지사협의회의 대정부 정책건의 현황(2005~2024년)

(단위: 건)

구분	계	정부 회신			
		수용/ 일부수용	수용곤란	장기검토	미회신
2005~2024년	608(100.0%)	241(39.7%)	202(33.2%)	154(25.3%)	11(1.8%)

출처: 대한민국시도지사협의회 홈페이지, https://www.gaok.or.kr/gaok/proposal/status.do?menuNo=200026, 2024.8.30.

---

5) 우리나라는 지방자치법 제182조에 따라 대한민국시도지사협의회, 대한민국시도의회의장협의회, 대한민국시장·군수·구청장협의회, 대한민국시군자치구의회의장협의회 등 4개 협의회를 구성·운영하고 있다. 위 4개 협의체의 연합체는 설립되지 않고 있다.

(3) 중앙지방정책협의회와 지방재정관리위원회

'중앙지방정책협의회'는 「중앙행정기관 · 지방자치단체 정책협의회 운영규정」(대통령령 제28211호, 2017.7.26.)에 근거하여 설치되었다. 협의회는 중앙행정기관과 지방자치단체 간의 정책협의를 통하여 주요 정책을 효율적으로 추진하는 것을 목적으로 하고 있다. 협의회는 행정안전부장관이 의장이 되고, 지방정부에서는 특별시 · 광역시 · 특별자치시 · 도의 부시장 · 부지사 등이 참여한다. 회의는 매월 개최되는 정례회의와 필요에 따라 개최되는 수시회의가 있다. 협의회 심의를 효율적으로 지원하기 위하여 실무협의회를 두고 있다.

「지방재정법」 제27조의2에서는 지방자치단체의 재정부담 및 재정위기관리에 관한 주요 사항을 심의하기 위하여 행정안전부장관 소속으로 지방재정관리위원회를 두고 있다. 위원회는 15명 이내로 구성하되, 위원장은 행정안전부장관이 되고, 부위원장은 행정안전부차관과 호선으로 민간위원을 선정한다. 위원은 기획재정부, 국무조정실 등 관계 중앙관서의 차관 · 차장, 전국 4대 협의체에서 추천하는 각 1명, 그 밖에 지방재정에 대한 학식과 전문지식이 있는 사람 등으로 구성된다. 위원회는 연 1회 이상 개최하고, 위원장이 필요하다고 인정하는 때 또는 지방자치단체협의회의 소집 요구가 있는 때 추가로 개최할 수 있다. 위원회의 효율적 운영과 심의사항을 전문적으로 검토하기 위하여 분과위원회를 둘 수 있다.

(4) 제2의 국무회의: 중앙지방협력회의

우리나라는 그동안 시 · 도지사 간담회, 전국 4대 협의체, 중앙지방정책협의회 등을 운영해 왔지만, 중앙과 지방의 소통이나 지방정부의 이해관계를 조정하고 중앙에 대변하는 시스템이 미흡하여 보다 제도화되고 실효성 있는 중앙정부와 지방정부 간 소통채널 마련이 필요하다는 요구가 있었다. 이에 따라 정부는 2021년 「지방자치법」을 개정하여 중앙정부와 지방정부 간의 협력을 강화하고 주요 국정사안을 수평적으로 논의하고 결정하는 '제2 국무회의'라 불리는 중앙지방협력회의를 설치하였다(지방자치법 제186조 제1항). 2021년 7월에는 「중앙지방협력회의의 구성 및 운영에 관한 법률」이 제정되었다. 동 법률은 중앙지방협력회의의 구성과 운영 등에 필요한 사항을 정함으로써 국가와 지방자치단체의 대등하고 협력적인 관계를 바탕으로 지방자치 발전과 지역

간 균형발전정책의 효과를 제고하는 것을 목적으로 하고 있다.

중앙지방협력회의의 기능은 국가와 지방자치단체 간 협력, 권한·사무·재원 배분, 지역 간 균형발전, 지방자치단체의 재정·세제에 영향을 미치는 국가정책, 그 밖에 지방자치 발전에 관한 사항 등의 심의 등이다. 중앙지방협력회의의 구성은 대통령, 국무총리, 기획재정부장관, 교육부장관, 행정안전부장관, 국무조정실장, 법제처장, 특별시장·광역시장·특별자치시장·도지사·특별자치도지사, 전국 4대 협의체의 대표자 등이다. 협력회의의 의장은 대통령이 되며, 부의장은 국무총리와 시·도지사 협의체의 대표자(시·도지사협의회장)가 공동으로 된다. 협력회의의 구성원은 협력회의에 심의할 안건을 제출할 수 있다. 국가 및 지방자치단체는 협력회의의 심의결과를 존중하고 성실히 이행하여야 하며, 심의결과에 따른 조치 계획 및 이행결과를 협력회의에 보고하여야 한다. 협력회의는 협력회의에 상정할 안건을 사전에 조정하고 의장으로부터 지시받은 사항을 처리하기 위하여 실무협의회를 두도록 하고 있으며, 협력회의의 운영과 실무협의회의 업무를 효율적으로 지원하기 위해 행정안전부에 '중앙지방협력회의중앙지원단'을, 시도지사협의회에 '중앙지방협력회의지방지원단'을 두도록 하고 있다(법 시행령 제12조). 중앙지방협력회의는 2022년부터 2024년 11월까지 총 8차에 걸쳐 진행되었다. 8차에 걸친 회의 중 보고 안건은 총 19건이고, 의결 안건은 총 9건이었고,

[표 16-2] 중앙지방협력회의 회의 안건 현황(제1회~제8회)

구분	일시 및 장소	안건	비고
제1회	2022.1.13.(목), 청와대 영빈관	〈의결 안건〉	
		1. 중앙지방협력회의 운영방안	원안의결
		〈보고 안건〉	
		1. 지역경제 활성화 방안	
		2. 초광역협력 추진현황 및 향후계획	
		3. 자치분권 성과 및 2.0시대 발전과제	
제2회	2022.10.7.(금), 울산광역시청 대회의실	〈의결 안건〉	
		1. 중앙지방협력회의 운영방안 개정안	원안의결
		〈보고 안건〉	
		1. 지방시대 실현을 위한 주요법령 및 법령정비 체계 구축방안	
		2. 지방분권법-균형발전법 통합법 제정 추진	
		3. 지역 주도 일자리 창출을 위한 지역고용 활성화 계획	

제3회	2023.2.10.(금). 전라북도청 대회의실	〈의결 안건〉	
		1. 중앙지방협력회의법 시행령 개정계획	원안의결
		2. 지방소멸대응기금 개선방안	원안의결
		〈보고 안건〉	
		1. 중앙권한 지방이양	
		2. 지방정부 자치조직권 확대 방안	
제4회	2023.4.6.(목). 부산 BEXCO 제2전시장	〈보고 안건〉	
		1. 2030 부산세계박람회 유치지원계획	
제5회	2023.10.27.(금). 경상북도청 대회의실	〈의결 안건〉	
		1. 자율과 책임이 조화되는 자치조직권 확충방안	수정의결
		2. 지방투자 활성화를 위한 기회발전특구 추진방안	원안의결
		3. 지방시대 실현을 위한 자치입법권 강화 방안	원안의결
		〈보고 안건〉	
		1. 교육재정 합리화 방안	
		2. 지방 주도 통합발전계획 수립·추진 방안	
제6회	2024.2.27.(화). 청와대 영빈관	〈보고 안건〉	
		1. 의사 집단행동 대응	
		2. 2024년도 늘봄학교 준비	
제7회	2024.7.25.(목). 충남도청	〈의결 안건〉	
		1. 지방재정 투자심사제도 개선방안	원안의결
		〈보고 안건〉	
		1. 저출생 대응을 위한 중앙·지방 협력방안	
		2. 지역 맞춤형 외국인 정책 도입 제안	
제8회	2024.11.6.(수). 강원특별 자치도청	〈의결 안건〉	
		1. 기준인건비 및 지방의회 사무기구 제도 개선방안	원안의결
		〈보고 안건〉	
		1. 4대 특구 등 지방시대 정책 지원방안	
		2. 지방시대 벤처펀드 조성 계획	
		3. 지방시대 대응을 위한 빈집·폐교재산 정비·활용 제안	
		4. 자치입법 자율성을 확대하는 법체계 개선방안	

출처: 행정안전부 홈페이지, https://www.mois.go.kr/frt/bbs/type013/commonSelectBoardList.do?bbsId=BBSMSTR_000000000450, 2025.4.12.

원안의결은 8건, 수정의결은 1건이었다.

(5) 갈등의 협의 · 조정과정에서의 국정참여: 행정협의조정위원회

중앙행정기관과 지방자치단체 간 사무를 처리할 때 의견을 달리하는 경우 이를 협의 · 조정하기 위하여 국무총리 소속으로 '행정협의조정위원회'가 설치 · 운영되고 있다(지방자치법 제187조 제1항). 행정협의조정위원회는 위원장 1명을 포함하여 13명 이내의 위원으로 구성되며, 기획재정부장관, 행정안전부장관, 국무조정실장 및 법제처장, 안건과 관련된 중앙행정기관의 장과 시 · 도지사 중 위원장이 지명하는 사람, 그 밖에 지방자치에 관한 학식과 경험이 풍부한 사람 중에서 국무총리가 위촉하는 사람 4명으로 구성된다. 행정안전부 자료에 의하면 2000년 5월 위원회가 처음 구성된 이후 2019년 9월 말까지 18건에 대하여 조정 9건, 각하 2건, 종결 1건, 취하 6건의 분쟁을 처리하였다. 19년 동안 18건밖에 처리되지 않았다는 점은 그 활용도가 낮다는 문제점을 드러낸 것으로, 그 실효성을 제고할 수 있는 방안 마련이 요청된다.

(6) 국회의원 지역대표성 차원에서의 국정참여

우리나라 국회는 단원제를 채택하고 있고, 선거구에서 선출되는 지역구 국회의원과 비례대표제에서 선출되는 비례대표 국회의원으로 구분된다. 선거구에서 선출되는 지역구 국회의원의 경우 해당 지역을 대표하는 지역대표성과 국회의원으로서 가지는 국민대표성을 동시에 가지고 있다. 국회의원 선거와 관련하여 선거구 획정문제는 매 선거 때마다 쟁점이 되어 왔다. 특히, 21대 및 22대 국회의원 선거에서 공룡선거구가 쟁점이 되었다. 강원특별자치도 내 철원-화천-양구-인제-고성-속초(강원도 6개 시 · 군)를 하나의 선거구로 획정하는 문제가 쟁점화되었고, 이로 인해 선거구 획정이 선거에 임박하여 결정되는 상황이 벌어지게 되었다.[6] 최종적으로 철원-화천-양구-춘천乙 선거구와 인제-고성-속초-양양의 선거구로 결정되었으나, 이러한 선거구 획정문제는 향후에도 또 쟁점화될 가능성이 높다.

헌법재판소는 국회의원 선거구 획정과 관련하여 2014년 10월 선거구 인구편차가 2 : 1을 넘어서는 안 된다고 결정함으로써, 1995년 4 : 1, 2001년 3 : 1에 이어 선거구 획정 시 인구비례원칙을 확정하였다(윤지성, 2023: 90).[7] 헌법재판소는 선거구 간 인구편

6) 우리나라 「공직선거법」 제24조의2 제1항에서는 국회의원 선거일 1년 이전에 지역구가 확정되어야 한다고 명시하고 있음에도 불구하고, 21대 국회의원 선거구 획정은 무려 선거일 39일 전에, 22대 국회의원 선거구 획정은 41일 전에 확정되었다.

차의 허용한계와 투표가치의 평등에 관한 기본적인 원칙을 반영하여 2 : 1의 인구비례 원칙을 제시한 것이다. 그러나 국회의원의 지역대표성은 투표가치의 등가 평등원칙 못지않게 여전히 중요하다. 2014년 헌재판결 당시에도 '인구비례기준을 엄격히 적용하면 도시, 수도권에 인구가 집중된 상황에서 상대적으로 도시, 수도권의 의원 수만 증가할 뿐 지역대표성이 절실히 요구되는 농어촌지역, 비수도권지역의 의원 수는 감소할 것이 자명하다'라는 의견이 있었다. 도농 간 및 수도권과 비수도권 간의 경제력의 현저한 차이나 인구격차가 존재하고 점점 더 벌어지고 있는 상황에서 국회의원의 지역대표성은 보다 중요하게 다루어질 필요성이 높다.

선거구 획정에서 인구비례원칙이 4 : 1에서 3 : 1, 2 : 1로 변경됨에 따라 수도권의 선거구, 국회의원의 수는 96명 → 109명 → 122명으로 늘어난 반면, 비수도권 국회의원 수는 157명 → 134명 → 131명으로 줄어들었다. 우리나라 초저출생과 인구의 사회적 이동에 따른 인구변화를 고려해 볼 때, 수도권으로의 인구집중은 계속되고, 비수도권은 지역소멸 및 인구감소 위기에 지속적으로 노출될 가능성이 높다. 이에 따라 수도권의 선거구는 계속 늘어나는 반면 비수도권의 선거구는 계속 줄어들 것이다. 지역구 국회의원의 수에 있어서 수도권에 비하여 상대적인 인구수가 적은 비수도권의 국회의원 수는 점점 더 줄어들어 비수도권 지역 국회의원의 지역대표성은 점점 더 약화될 것으로 보인다.[8)]

[표 16-3] 국회의원 선거구 인구비례원칙 변화에 따른 수도권 및 비수도권의 선거구 변화

구분	1996년 선거구(4:1) (15대)			2004년 선거구(3:1) (17대)			2016년 선거구(2:1) (20대)		
	지역구	수도권	비수도권	지역구	수도권	비수도권	지역구	수도권	비수도권
개수	253	96	157	243	109	134	253	122	131

7) 헌법재판소 2014. 10. 30. 선고 2012헌마190,192,211,262,325,2013헌마781,2014헌마53(병합) 전원재판부 [공직선거법제25조제2항별표1위헌확인등]

8) 국회의원 선거구 획정에 있어서 인구비례성과 지역대표성의 충돌을 다룬 기사가 상당히 많이 있다. 그 중 연합뉴스의 2024.3.3. 기사인 "꼼수로 때운 선거구 획정, 인구감소 · 지역소멸에 갈수록 난제"는 이러한 문제에 대하여 자세하고 심도 있게 다루고 있다(연합뉴스, 2024.3.3., https://www.yna.co.kr/view/AKR20240302031500001.).

3) 지방정부 국정참여제도의 과제

우리나라 중앙-지방정부 간의 관계가 과거 중앙정부 주도의 수직적 종속형(내포형), 대리인 모형에서 동반자 내지 상호 협력적 교환과정 모형으로 전환되고 있다고 하지만, 실제 그러한 전환이 이루어졌는지에 대해서는 면밀히 살펴볼 필요가 있다. 특히, 중앙-지방정부 관계 속에서 이루어지는 지방정부의 국정참여제도의 실효성을 점검해 볼 필요가 있다. 최근 중앙지방협력회의 신설 등으로 지방정부의 국정참여제도가 개선・발전되고 있지만, 각 제도가 지니는 취지 및 목적을 달성하고 있는지 꼼꼼히 따져보는 것이 필요하다. 특히 4대 지방정부협의체를 통해 중앙정부에 제출되는 대정부 정책건의 등의 수용 여부를 비롯하여 최종적으로 어떻게 처리되었는지 살펴볼 필요가 있다. 또한 각 협의체에서 제기하는 정책 건의사항(내용)들 간의 관계에 대해서 분석해 보아야 한다. 이런 측면에서 4대 협의체의 연합체가 구성될 필요성이 있다.

제2 국무회의라 일컫는 중앙지방협력회의의 경우 8회에 걸쳐 개최되었지만, 지금까지 운영을 통하여 드러난 문제점으로 ① 협력회의 운영이 중앙정부 주도로 이루어지고 있는 점, ② 안건 결정을 위한 실무협의회 논의과정에서 중앙정부의 반대나 이견이 있는 경우 안건 상정이 어려운 점, ③ 실무협의회 및 협력회의 결정 안건에 대한 피드백이 원활히 이루어지지 못하고 있는 점 등이 제기되고 있다(윤태웅, 2023: 9-10). 이런 점을 볼 때, 향후 중앙지방협력회의의 내실 있는 운영이 필요하다. 또한 지방정부 참여 정부위원회 및 협의회의 실효성을 제고할 수 있는 방안 마련도 요구된다. 지방정부의 국정참여제도는 중앙-지방 간의 관계 차원은 물론 지방자치분권과 지역균형발전까지 넓혀서 살펴보아야 한다. 그런 의미에서 국회의원 선거에서 지역대표성의 문제는 중요하게 다루어질 필요가 있다. 특히 우리나라의 경우 지방의 인구감소와 지방소멸 위기가 대두되고 수도권 일극체제가 강화되고 있는 시점에서 국회의원의 지역대표성을 확보하고 강화하는 방향으로 지방정부의 국정참여제도를 접근하는 것이 필요하다.

4 선진 외국의 지방정부 국정참여제도

지방정부의 국정참여제도와 관련하여 우리나라에 시사점을 던져 줄 선진 외국의 사례를 살려보고자 한다. 일본, 영국, 프랑스, 독일의 4개 국가에 대한 지방정부 국정참여제도를 법제도적 측면에서 살펴본다.

1) 일본

일본은 1990년대 이후 지방분권개혁을 통해 중앙집권적 행정시스템에서 지방분권형 시스템으로의 전환을 계속해 오고 있다. 이러한 배경에는 냉전체제의 붕괴와 세계화의 진행이라는 국제질서의 변화와 함께 국내적으로는 저출산·고령화의 심화 등으로 중앙집권형 시스템으로는 이런 문제와 정책의제에 대응할 수 없다는 인식이 깔려 있다. 지방정부의 국정참여가 갖는 기능에 대해 阿部(1992)는 ① 지방자치권 침해 방지 기능, ② 정보제공 및 수집 기능, ③ 국정파트너(동반자) 의견 청취 기능의 세 가지를 제시하고 있다(하혜수, 2018: 57). 일본의 지방정부 국정참여제도는 「지방자치법」상의 지방정부 의견제출제도, 국가와 지방 간 협의의 장, 국가와 지방 간 분쟁조정제도 등을 들 수 있다.

(1) 개별 지방정부 및 연합조직의 의견제출제도

일본은 개별 지방정부 및 지방정부 연합체를 통해 중앙정부(내각) 및 국회(의회)에 의견을 제출할 수 있도록 하고 있다. 먼저, 「지방자치법」상 의견제출제도에서 각 지방정부의 의회는 중앙정부 및 국회의 의사결정이 개별 지방정부의 이익과 관련된 경우 국회 또는 관련 중앙행정기관에 서면으로 의견을 제출할 수 있다(일본 지방자치법 제99조). 다음으로 지방정부는 지방정부의 연합조직을 통해 내각(중앙정부)과 국회에 의견을 제출할 수 있다. 일본의 연합조직은 도도부현 지사와 도도부현 의회 의장, 시장과 시의회 의장, 정촌(町村)의 장과 정촌의회 의장 등으로 이루어진 6개 연합조직을 말한다. 이러한 연합조직은 지방자치에 영향을 미치는 법률 또는 정령(政令), 그 외의 사항에 관하여 총무대신을 경유하여 내각에 의견을 제출하거나 국회에 의견서를 제출할 수 있다. 의견서 제출에 대하여 내각은 지체 없이 회답하여야 하는 의무를 부여받고 있다(일본 지방자치법 제263조의3 제2항).

(2) 국가와 지방의 협의의 장 제도

일본에서 가장 주목해야 할 지방정부의 국정참여제도는 '국가와 지방의 협의의 장' 제도라 할 수 있다. 일본은 고이즈미 정권(2001~2006) 시기에 '국가와 지방의 협의의 장'을 최초로 운영하였다. 당시 협의회는 법적 근거 없이 출범하였고, 구체적인 협의는 중앙정부가 내부적으로 조정하는 차원에서 지방정부의 의견을 수렴하는 형태로 이루어졌다(김철회 · 하혜수, 2020: 78). 이후 여러 과정과 논의를 거쳐 2011년 5월 「국가와 지방의 협의의 장에 관한 법률」이 제정 · 공포되었다.

'국가와 지방의 협의의 장' 구성원은 중앙정부 및 지방정부 대표를 포함한다. 중앙정부 측에서는 내각관방장관, 개혁담당 특명대신, 총무대신, 재무대신, 총리가 지정하는 국무대신이 참석한다. 지방정부 측에서는 지방 6개 연합조직의 각 대표자가 참여한다. 의장은 내각관방장관 등 대신 가운데 총리가 지정하는 자가 맡으며, 부의장은 지방대표 가운데 호선한 자가 맡는다. 총리는 협의의 장 구성원은 아니지만 협의의 장 소집권을 가지고 있고, 협의의 장에 상시 출석하여 발언할 수 있다(법 제2조 제10항). 협의의 대상은 국가와 지방공공단체의 역할 분담에 관한 사항, 지방행정 · 지방재정 · 지방세제 등 지방자치에 관한 사항, 경제재정정책 · 사회보장에 관한 정책 · 교육에 관한 정책 · 사회자본정비에 관한 정책 등 국가정책에 관한 사항 중 지방자치에 영향을 미친다고 생각되는 것 등이다. 협의의 장 내 분과회의를 두어 특정 사안에 대한 조사와 검토를 할 수 있다. 협의회 의장은 협의의 장 종료 후 지체 없이 협의 개요를 기재한 보고서를 작성하고 국회에 제출하여야 한다. 협의의 장은 2011년 6월 첫 회의가 개최된 이후 2024년 5월까지 총 47회가 개최되었다. 연도별로는 2011년이 총 8회로 가장 많았으며, 매년 3회를 기준으로 적게는 2회, 많게는 4회 개최되었다. 정례회에는 대부분 총리가 참석하였다(하동현, 2016: 37-38).

[그림 16-2] 일본 관방성 내 '국가와 지방의 협의의 장' 설명 및 개최실적

출처: 일본 관방성 홈페이지. https://www.cas.go.jp/jp/seisaku/kyouginoba/index.html. 2024.9.8.

(3) 국가와 지방 간 분쟁조정제도: 국가·지방계쟁처리위원회

일본 지방정부는 국가와 지방 간의 분쟁 발생 시에 국가·지방계쟁처리위원회(國地方係爭處理委員會)의 심사를 거쳐 소송을 제기할 수 있다. 일본 「지방자치법」 제250조의7에 의하며, 국가·지방계쟁처리위원회는 보통지방공공단체에 대한 국가의 관여에 대해 지방자치단체의 장 등으로부터 신청이 있을 경우 심사를 담당한다고 하고 있으며, 제250조의13에서는 보통지방공공단체의 장 그 외의 집행기관은, 그 담임하는 사무에 관한 국가의 관여 중 시정요구, 허가거부, 기타 공권력의 행사에 해당하는 것에 불복이 있을 때는, 위원회에 관여를 실시한 국가의 행정청을 상대방으로 문서로 심사신청을 할 수 있다고 규정하고 있다. 또한 제250조의14 하단에서는 국가 관여가 위법·부당하다고 판정될 경우 국가의 행정청에 대해 필요한 조치를 취하도록 권고할 수 있다고 규정하고 있다. 권고가 이루어진 경우 국가는 권고에 따라 필요한 조치를 취할 의무가 발생한다. 일본 총무성 홈페이지에서는 국가·지방계쟁처리위원회에 대해 소개하고 있으며, 2001년 4월 첫 회의를 시작으로 2024년 7월까지 72회의 회의가 개최되었다. 또한 심사안건 사례로 권고 2회, 통지 3회, 결정 6회의 사례와 처리결과를 제시

하고 있다.[9)]

2) 영국

영국은 입헌군주제 국가로 잉글랜드, 스코틀랜드, 웨일스, 북아일랜드 등 4개 지역으로 구성되어 있다. 각각의 지역마다 지역정부가 구성되어 있으며, 지역정부의 권한과 중앙-지방의 관계는 각 지역별로 차이를 보인다. 지역정부는 잉글랜드 317개 지방정부, 웨일스 22개 통합지방정부, 스코틀랜드 32개 통합지방정부, 북아일랜드 11개 통합지방정부로 구성되어 있다. 영국은 1997년 노동당 정부가 들어서면서 본격적인 지방분권정책이 추진되었고, 1998년 스코틀랜드법, 웨일스정부법이 제정되면서 지역정부의 자치권이 크게 향상되었다. 영국의 지방정부 주요 국정참여제도는 지방정부협의회, 중앙정부-지방정부 파트너십을 위한 기본 구상 등을 들 수 있다.

(1) 지방정부협의회(Local Government Association, LGA)

영국은 불문헌법 국가로서 헌법적 규정은 없지만, 중앙정부와 지방정부 간의 협의를 강조하고 있다. 영국의 지방정부 권한 등을 규정한 Localism Act 2011에서도 중앙정부와 지방정부 간 협의(consult)에 대한 규정이 있다. Localism Act 2011 part 1(Local Government) 제1장 제1절에서는 중앙부처의 입법 및 결정들이 지방정부에 영향을 미치게 된다고 생각되는 경우 명령을 내리기 전에 관련 지방정부 및 이해관계자들과 협의(consult)해야 한다고 규정하고 있다.[10)]

영국의 지방정부들은 1997년 지방정부협의회(Local Government Association, LGA)를 구성하여, 중앙정부가 수행하는 정책결정 및 집행과정에 적극적으로 참여하고 있다(김철회 · 하혜수, 2020: 72). LGA는 기존의 다양한 형태의 지방정부협의체를 통합한 것으로, 4개의 주요 정당(보수당, 노동당, 자유민주당, 독립당)의 참여하에 설립되었다. LGA는 중앙정부에 대하여 지방정부들의 이익을 반영하기 위한 공식적인 창구로서 기능을 하며, 중앙정부에 지방정부의 의견을 개진하고 지방정부에 대한 지원 · 개선 · 발전을 위한 역할을 수행한다(장은혜, 2018: 101). LGA는 정치적 중립성을 지향하는 초당적인 조직으로서 지방정부의 목소리를 중앙정부에 반영하고, 지방정부가 국가적 문제에 대한

9) 일본 총무성, https://www.soumu.go.jp/main_sosiki/singi/keisou/shinsa.html#pTop, 2024.9.9.
10) https://www.legislation.gov.uk/ukpga/2011/20/section/5, 2024.9.9.

지역적 해결책을 제시할 수 있도록 정책의제를 설정하는 것을 목표로 하고 있다.

LGA에는 2024년 잉글랜드 317개 지방의회 중 315개가 참여하고 있으며, 22개의 웨일스 지방정부들도 웨일스지방정부협의회(Welsh Local Government Association)를 통해 참여하고 있다.[11] LGA는 본부 및 10개의 지역협의체로 구성되며, 이사회(Leadership Board)와 9개 정책위원회(Policy Boards)를 가지고 있다. 이사회는 지방선거에서 각 정당별로 선출된 의원 수를 기준으로 정당별[노동당, 보수당, 자유민주당, 독립그룹(무소속, 녹색당 및 군소정당)] 배분 비율에 따라 결정된다. 정책위원회는 아동・청소년, 환경・경제・주택・교통, 공동체 웰빙 위원회 등 9개의 위원회로 구성된다. LGA의 의장(Chair) 및 부의장(Vice Chairs)은 선거를 통해 선출되며, LGA의 업무 방향을 설정하고 감독한다. 한편, LGA는 매년 총회를 개최하는데, 총회의 부회장(Vice-presidents)은 LGA를 구성하는 4개의 정당이 매년 하원(House of Commons), 상원(House of Lords), 유럽연합의회(European Parliament)의 대표들을 다수의 부회장으로 초대해 지역의 현안문제들을 함께 논의한다(장은혜, 2018: 102). LGA에는 2023년 3월 말 기준으로 443명이 근무하고 있다.[12]

[그림 16-3] 영국 지방정부협의회(LGA) 공식 홈페이지

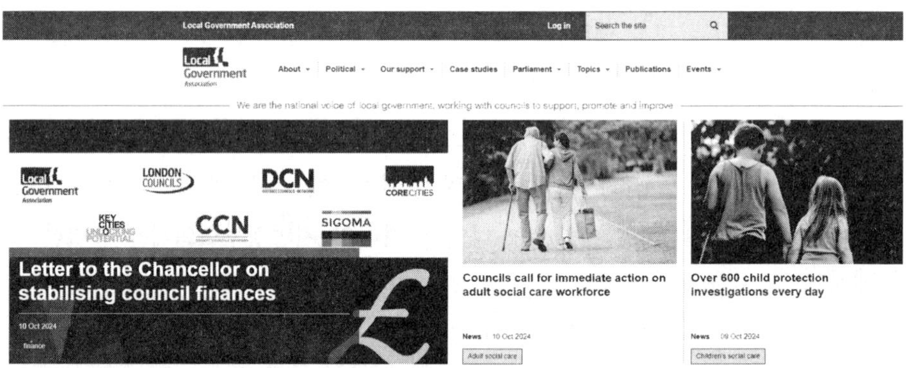

출처: 영국 지방정부협의회 홈페이지, https://www.local.gov.uk/

11) https://www.local.gov.uk/about/who-we-are-and-what-we-do, 2024.9.9.

12) Local Government Association, 2023.10., A year in the LGA 2022/2023, Oct 2023.

(2) 파트너십을 위한 기본구상과 중앙-지방정부 파트너십 회의

1997년 노동당의 출범과 지방정부협의회(LGA)의 탄생으로 영국 중앙정부와 지방정부의 정부 간 관계가 새롭게 변화되기 시작하였다. 1997년 4월 출범한 LGA는 중앙정부와 상호·대등한 파트너십을 형성하는 것을 전략적 목표 중의 하나로 설정하였다(Local Government Association, 2023). 중앙정부와 지방정부가 파트너십 형성에 대한 필요성을 공식으로 인정한 것이 1997년 체결된 "파트너십을 위한 기본 구상(Framework for Partnership)"이다(김순은, 2005: 19). "파트너십을 위한 기본 구상"은 중앙정부와 지방정부가 공공서비스의 질적 향상을 위해 공동으로 협력할 것을 공식적으로 선언하고, 지역민주주의의 구현과 공공서비스의 효율적 제공을 지원하며, 중앙정부와 지방정부 사이의 정책 우선순위에 대한 합의 및 이에 대한 정책적 지원 등의 규정을 두고 있다. 또한 이 기본 구상은 중앙-지방정부 파트너십 회의(Central-Local Partnership Meeting, CLPM)와 중앙-지방 간 공동협력(Joint Working Arrangements) 등의 다양한 협력기제를 통해 정책이슈에 대한 협력과 조정 등을 하고 있다(김철회·하혜수, 2020: 73-74).

중앙-지방정부 파트너십 회의(CLPM)는 1997년부터 개최되었고, 부총리가 의장직을 맡고 중앙부처 장관과 LGA 이사가 참여한다. 회의는 매년 1월, 5월, 10월 등 3회 개최한다. 동 회의를 통해 중앙정부는 정부정책을 설명하거나 지방의 의견을 수렴하는 장으로, 지방정부(LGA)는 중앙정부의 중요한 의사결정에 참여하는 장으로 활용한다. CLPM은 지방정부와 직접적으로 관련이 있는 중요한 정책들과 중앙정부와 지방정부 간의 중요한 이슈에 대해 양자 공동대처 방식으로 해결함으로써 중앙정부, 지방정부 모두에게 매우 중요한 의미를 지닌다(김순은, 2005: 19). '중앙-지방 간 공동협력(Joint Working Arrangements)'은 중앙정부와 지방정부 사이의 협력을 위한 장치로 활용되고 있다. 공식 또는 비공식 자문, 공동작업, 직원의 인사교류, 자료보안과 비밀유지 원칙하의 정보교환 등이 대표적인 공동협력 방식이다. 이 외에 좋은 행정 관행과 전국적으로 합의된 기준의 보급, 다양한 거버넌스와 파트너십을 통한 양질의 서비스 제공방식 등도 제시되었다(김철회·하혜수, 2020: 74; 김순은, 2005: 20).

3) 프랑스

프랑스는 단방제 국가로서 상하 양원제를 가지고 있는 것이 특징이다. 정치체제는 의원내각제형 반(半)대통령제 또는 이원집정부제를 채택하고 있다. 지방자치체제는 기초정부인 코뮌(Commune), 도정부인 데파르트망(Département), 지역정부인 레지옹(Région)의 3계층으로 구성되어 있다. 프랑스는 1980년대부터 지방분권정책을 추진하여 왔으며, 1982년 「신지방자치법」, 1996년 「통합지방자치법」, 2003년 지방분권형 헌법 개정 등으로 개혁이 이루어져 왔다. 프랑스의 지방정부 국정참여는 상원을 활용한 입법과정에서의 국정참여, 지방재정협의회 등을 통합 국정참여, 지자체 협의회 등을 통한 국정참여 등으로 살펴볼 수 있다.

(1) 상원을 활용한 입법과정에서의 국정참여

프랑스에서 대표적인 국정참여는 양원제하에서 상원을 통한 입법과정에의 참여이다. 프랑스는 헌법을 통하여 상원의 지방정부 대표성을 인정하고 있다. 프랑스 헌법 제24조 제4항에서 "상원의원의 수는 348명을 넘을 수는 없으며, 간접선거로 선출된다. 상원은 공화국의 지방자치단체의 대표성을 보장한다"고 명시하고 있다(김철회 · 하혜수, 2020: 75). 프랑스 상원이 지방정부의 대표성을 갖는 것은 선거제도와 관련되어 있다. 프랑스 상원은 하원인 국민의회 의원이 국민의 직접선거로 선출되는 것과는 다르게 간접선거로 선출되며, 선거권자의 95% 이상이 코뮌의 시의회 의원이거나 대표자들이고, 99% 이상이 지방자치단체를 대표하는 대표자들이다(전학선, 2016: 12-13). 프랑스 상원은 입법과정에서 지방의 이익을 보호한다. 프랑스 헌법 제39조 제2항 제3문에서는 법률안의 주된 목적이 지방자치단체의 조직에 관한 경우에는 동 법률안을 우선적으로 상원에 제출하여 심의받도록 하고 있다(박인수, 2017).

한편, 프랑스는 전통적으로 겸직제도가 활용되어 왔다. 국민의회(하원) 의원이나 상원의원은 지방의회 의원이나 지방정부의 단체장을 겸직할 수 있었다. 지방정부 입장에서는 국민의회 의원과 상원의원을 겸직할 수 있어서, 국민의회 의원 및 상원의원 자격으로 지방정부의 의견을 국정에 반영시키거나 지방정부의 입장을 대변할 수 있었다. 이는 입법과정이나 국정운영에 지방정부가 직접적으로 참여하는 것을 허용한 것이라 할 수 있다. 그러나 프랑스는 2014년 국민의회 의원 및 상원의원이 지방정부 단체장 겸직을 금지하는 법률을 채택하였다. 이 법률에 의해 2017년 9월 이후부터는 국민의회 의원 및 상원의원이 지방정부의 단체장을 겸직할 수 없게 되었다(전학선, 2016: 14-15).

특히, 기초자치단체인 코뮌 시장이 상원의원을 겸직하는 경우가 많이 있었는데, 겸직금지규정이 적용된 이후 코뮌의 입장에서는 입법과정에 국정참여가 축소될 가능성도 제기되었다(김철회 · 하혜수, 2020: 76)[13]

(2) 지방재정협의회, 국가규범평가위원회를 통한 국정참여

프랑스는 지방재정협의회 및 국가규범평가위원회 등의 각종 자문이나 의견제출 등을 통해 국정에 참여할 수 있다. 먼저, 국가재정에 지방정부의 이익을 대변하기 위하여 지방재정협의회를 두고 있다. 지방재정협의회는 모두 43명의 위원으로 구성되어 있는데, 여기에는 국민의회 의원 및 상원의원, 정부대표, 레지옹 및 데파르트망 의회 의장단에서 선출되는 의회 의장, 시장단에서 선출되는 시장(maires), 지방정부 협력 영조물법인 회장단에서 선출되는 영조물법인 회장 등 중앙정부의 대표와 지방정부의 대표가 참여한다. 위원의 임기는 3년이고, 3년마다 재구성된다(전학선, 2016: 15-16). 지방재정협의회는 지방정부 재정에 관한 행정입법과 지방재정 관련 법률에 대하여 자문을 할 수 있으며, 정부와 의회에 지방정부 재정에 관련한 정부 제출 법률안에 대해 필요한 보고서를 제출할 수 있다(전학선, 2016: 17-18).

국가규범평가위원회는 지방정부와 지방정부 영조물법인에 적용되는 규범을 평가하는 기관이다. 동 기관은 2007년 지방재정협의회 안에 설치되었다가, 2013년 「국가규범평가위원회 설립에 관한 법률」에 의하여 현재의 기관으로 정착되었다. 국가규범평가위원회의 위원은 36명이며, 지방재정협의회처럼 중앙정부의 대표와 지방정부의 대표가 참여한다. 동 위원회는 중앙정부가 지방정부 및 영조물법인 등에 대하여 영향을 미치는 규범을 제정하거나 수정하는 정부 제출 법률안이나 행정입법안을 만들 때, 정

13) 지방정부 단체장과 국민의회 의원 및 상원의원의 겸직금지를 찬성하는 입장은, ① 그동안 지방분권 강화가 꾸준히 추진되어 와서 겸직이 필요 없고, ② 2008년 헌법 개정으로 국회(상 · 하원)에 입법권과 더불어 정부통제기능 등 많은 권한이 부여되었기 때문에 국회의원으로서의 업무에 충실할 필요가 있고, ③ 공직자의 책임정치를 실현하고 지방정부 구성원으로서의 역할에 충실할 필요가 있고, ④ 그 외 중앙과 지방의 이익이 충돌될 때 문제의 소지가 있고, 하나의 직이 선거에 들어가면 다른 직의 업무에 전념할 수 없는 점, 권력분립 원칙에도 위반될 수 있다는 점을 들고 있다. 반면, 겸직허용을 찬성하는 입장에서는 ① 상 · 하의원이 지방 사정을 잘 알기 때문에 업무처리에 효율적이라는 점, ② 중앙집권적 전통을 가진 프랑스에서 국회의원이 지방자치단체의 집행기관을 겸하는 것이 논리적이고, ③ 상원의원은 지방정부를 대표하기 때문에 겸직을 허용하여야 하며, ④ 지방 현지에 적합한 법안을 제정하고 전체 국익을 고려한 지방행정 운영을 위하여 겸직이 필요하다고 한다(전학선, 2016: 15-16).

부에 자문하는 기능을 한다(전학선, 2016: 19; 김철회 · 하혜수, 2020: 77).

(3) 지방정부협의회를 통한 국정참여

프랑스 지방정부는 시장협의회(Association des maires de France), 도협의회(Assemblée des départements de France), 지역협의회(Régions de France) 등 지방정부협의회를 통하여 국정에 참여한다. 시장협의회는 지방정부나 지방정부 관계기관의 장래나 동향에 관한 경우에 정부나 의회가 작성한 의안에 대하여 의견을 표명하고, 도협의회는 도의 활동과 권한 및 임무에 속하는 행정법규나 법률을 개정하는 경우에 협의회의 의견을 정부에 전달하며, 지역협의회는 레지옹의 활동과 권한에 관련된 조세와 공공정책에 대한 의견을 정부에 전달함으로써 국정에 참여한다(전학선, 2016: 22; 전국시도지사협의회, 2013).

프랑스 '중앙-지방정부 정치리더협의회(Conférence nationale des executifs, CNE)'는 프랑스 수상이 위원장을 맡고, 지방자치 관계 장관인 내무부장관, 에너지장관, 경제고용장관, 예산장관, 유럽연합장관 등이 참석한다. 지방정부는 시장협의회, 도협의회, 지역협의회의 대표회장단과 각 협의회별 6인의 대표위원이 참여한다. 이 협의회는 2007년 설치되었으며, 중앙정부와 지방정부 간의 대화를 촉진하고 협력을 강화하며 지방의 요구를 중앙정부에 전달하는 기능을 한다. 주요 논의주제는 지방정치 및 분권 등에 관한 정부정책, 중앙-지방정부 간 협력방식 재설계 논의 등이다(정정화, 2019: 207).

4) 독일

독일은 16개 주로 구성된 연방주의 국가이다. 독일의 행정계층은 연방, 주, 지방정부로 구성되어 있으며, 지방정부는 광역 단위의 자치시와 란트크라이스, 기초 단위의 게마인데로 되어 있다. 중앙정부는 행정부인 연방정부와 의회인 연방의회와 연방참사원으로 되어 있다. 독일 지방정부의 국정참여제도에 대하여 연방참사원을 통한 국정참여와 지방정부 연합체 및 주지사협의회를 통한 국정참여로 나누어 살펴보고자 한다.

(1) 연방참사원을 통한 국정참여

독일 기본법상 입법권은 연방의회와 연방참사원에 속한다. 독일 기본법은 연방참사원에 관하여 제50조~제53조에 걸쳐 규정하고 있다. 연방참사원은 연방국가원리에 따라 지방국가인 주의 대표들로 구성된다. 즉, 연방의회가 국민으로부터 직접 선출된 의원으로 구성되는 반면, 연방참사원은 16개 주의 대표들 또는 주정부가 파견한 공무원들로 구성된다는 점에서 구별된다. 연방참사원은 주가 연방의 입법이나 행정에 참여할 수 있는 최고의 연방기관이자 헌법기관이다. 연방의 각 주는 인구수에 비례하여 3~6개의 투표권을 가지는데, 이 투표권의 해당하는 만큼의 구성원(3~6명)을 연방참사원에 대표로 파견할 수 있다(기본법 제51조 제2항, 제3항). 세부적으로 보면, 모든 주에 대하여 최소 3표 보장, 인구 2백만 명 이상~6백만 명 미만 주는 4표, 인구 6백만 명 이상~7백만 명 미만 주는 5표, 인구 7백만 명 이상 주는 6표이다(정정화, 2019: 222). 연방참사원은 69개의 투표권이 있으며, 이에 따라 정규 구성원은 69명이다. 연방참사원은 의장과 부의장, 상설자문회의, 상설위원회 및 특별위원회, 사무국 등으로 구성된다(김남철, 2018: 289).

[그림 16-4] 독일 연방참사원 홈페이지

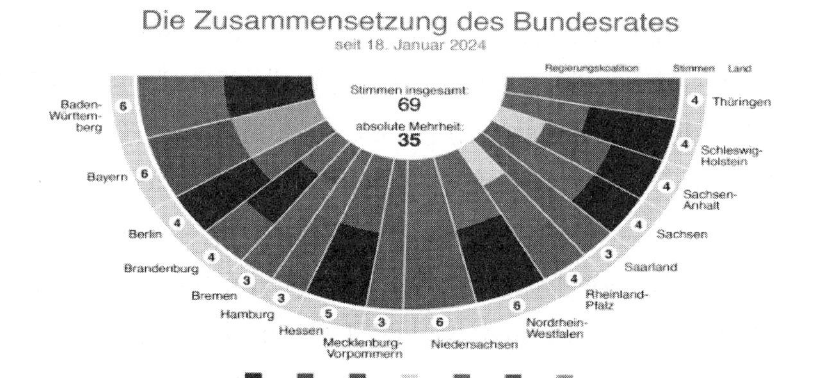

출처: https://www.bundesrat.de/DE/bundesrat/verteilung/verteilung.html?nn=4353388, 2024.9.12.

연방참사원의 주요 기능은 연방의 입법 및 행정에 참여한다는 것이다. 이 가운데 연방참사원이 가지는 가장 중요한 기능은 연방법률 입법과정에의 참여이다. 연방참사원은 법률안 제안권을 가진다. 연방정부가 제안하는 법률안은 연방의회에 회부되기 전에 연방참사원의 의견을 듣기 위하여 제출된다. 기본법에 규정된 일부 법률, 특히 주정부의 권한이나 재정에 영향을 미치는 법률에 대해서는 연방참사원이 동의권을 행사한다. 동의를 필요로 하는 법률에 대해서는 절대거부권(Absolute Veto)을 행사할 수 있고, 기본법에서 동의권이 규정되어 있지 아니한 모든 법률안에 대해서도 이의제기를 통하여 연기거부권(Suspensive Veto)을 행사할 수 있다. 연방정부의 법규명령과 행정규칙은 연방참사원의 동의를 얻어야 한다. 독일의 주는 연방참사원을 통하여 연방의 입법 및 행정과정에 참여함으로써 연방의회 및 정부에 대한 강력한 견제기능을 수행하면서 또한 이를 통하여 주의 이익을 실현할 수 있는 기회를 가지게 된다(김남철, 2018: 294-295; 정정화, 2019: 222-223).

(2) 지방정부 연합체 및 주지사협의회를 통한 국정참여

독일의 지방정부는 연방이나 주의 의사결정에 참여할 수 있다. 연방 차원에서 지방정부최고연합체는 독일 도시연합(Deutscher Städtetag), 독일 도시ㆍ게마인데 연합(Deutsche Städteund Gemeindebund), 독일 란트크라이스 연합(Deutschen Landkreistag) 등 3개가 있다. 이들은 연방정부, 연방의회, 연방참사원, 그 밖의 연방기구에 대하여 소속 지방정부의 자치권을 대변하고, 이들에게 조언 및 중요한 정보를 제공하는 기능을 수행한다. 또한 이 연합체들은 지방정부의 이익에 관련된 법률안에 대한 의견제출 형태로 연방 및 주의 입법절차에 참여한다(김남철, 2018: 284-285).

독일에는 16개 주를 대표하는 주지사협의회(Ministerpräsidentenkonferenz, MPK)가 있다. 주지사협의회는 연방과 주 또는 주 간에 연방참사원에서 다루어질 의제들을 비공식적으로 다룬다는 측면에서 연방참사원의 운영에 있어 매우 중요한 기능을 수행한다. 주지사협의회는 독일의 기본법이나 법률에 의하여 설치된 기구는 아니지만, 독일의 연방주의나 연방국가 원리에 의하여 자신의 권한에 미치는 영역에 대하여 자기책임을 형성하고 다른 주들과 협력한다는 것에 근간을 두고 있다. 협의회는 1년에 4회 정기회를 갖는데, 첫 번째 회의는 의장직을 맡은 주에서 개최하고, 이후 세 번은 연방수도인 베를린에서 개최한다. 1년에 두 번은 협의회에서 내린 결론을 연방수상에게 소개할 기회를 가짐으로써 연방에 대해 협의회의 견해를 표명한다(김남철, 2018: 299).

5) 시사점

4개 국가 모두 1990년대 이후 국가·사회적 문제해결에 중앙집권식 체제로는 한계를 느끼고 지방분권을 추진하였다는 점에서 공통점이 있다. 중앙-지방정부 간의 관계도 기존 상하·종속적 관계에서 벗어나 대등·협력적 관계로 변화되고 있다. 지방분권 추진과 정부 간 관계의 변화로 지방정부의 국정참여제도도 개선·발전되어 왔다. 시사점은 먼저, 4개 국가 모두 지방정부의 국정참여의 큰 틀을 짜고 이에 기반하여 제도를 운영하고 있다. 이는 헌법 개정을 비롯하여 법률 제·개정, 중앙-지방 간 협약 등의 방식으로 구체화되었다. 둘째, 4개 국가 모두 지방정부협의체를 두고 있으며, 이 협의체를 활용하여 국정에 참여하고 있다. 특히, 영국은 통합된 형태의 지방정부협의회(LGA)를 구성·운영하고 있다. 셋째, 상하 양원제를 비롯하여 중앙정치가 지방정치 및 지방행정에 영향을 미치는 것으로 나타났다. 영국의 LGA의 경우 지방선거 결과를 반영하여 이사회를 구성하고, 프랑스의 상원이나 독일의 연방참사원은 지역을 대표한다는 점에서 큰 의의를 지닌다. 넷째, 국가별로는 일본의 '국가와 지방의 협의의 장', 영국의 지방정부협의회(LGA), 프랑스의 상원을 활용한 지역대표와 입법과정에의 참여, 독일의 연방참사원 구성·운영을 통한 지방정부의 국정참여가 특징적이다.

5 우리나라 지방정부의 국정참여제도 발전방안

1) 개요

지방정부의 국정참여제도는 중앙-지방정부의 관계 및 관계변화와 깊은 관련이 있다. 중앙-지방정부의 관계와 향후 예견되는 관계변화에 따라 지방정부의 국정참여제도도 변화하기 때문이다. 이는 중앙-지방정부 간의 권한과 기능, 사무·재원 배분, 인력·조직(기구) 및 정보기반 운영, 정책 추진방식 등과 연계되어 있다. 따라서 국정참여제도는 지방정부의 자치분권 강화를 요구한다. 코로나19 팬데믹을 거치면서 지방정부의 역할에 대한 고민, 저출생·초고령화와 지방인구 감소 및 수도권 집중 심화, 지역균형발전, 디지털 전환과 기후변화에의 대응 등을 고려해 볼 때 지방정부의 역할과 역량 강화가 요청된다. 지방정부의 국정참여제도는 지역균형발전의 제도적 기제로도 인식될 필요가 있다. 지방정부에 영향을 미칠 입법, 정책, 재정, 국가사업 등에 있어서 지방의 의견이 반영됨으로써 지역이 활성화되고 지방소멸을 막는 댐 역할을 하여야 한다. 결국 지방정부의 국정참여제도는 중앙-지방정부 간 관계, 지방자치분권, 지역균형발전과 연계되어 운영·발전되는 것이 필요하다.

2) 기본방향

첫째, 정부 간 관계변화의 실질화이다. 우리나라의 중앙-지방정부의 관계는 과거 지배·복종 또는 중앙우위의 수직적 통제관계에서 점차 대등·협력적 상호의존관계로 발전해 오고 있다. 그러나 여전히 권력·권한·기능 관계나 자원배분 및 정보 등에서 중앙집권화된 시스템에 갇혀 있고, 이에 따른 한계를 지적하는 경우도 많다.[14)]

둘째, 중앙집권화 시스템에서 실질적인 지방분권형 시스템으로 전환되기 위해서는 지방분권형 헌법 개정이 필요하다. 더불어 지방분권형 시스템에 부합하는 법령의 정비도 수반되어야 한다.

셋째, 정부 간 관계의 변화에 부응하는 국정참여제도의 개선과 내실화이다. 우리나라 지방정부의 국정참여제도의 문제점으로, 제한적·형식적 참여, 방어적·소극적 참여, 협의·조정제도의 중앙정부 편향의 비대칭성, 국책사업 추진에 있어 사후적 의견 수렴 등이 제시되고 있고, 이러한 문제의 개선방안으로 지방정부의 강력한 의견반영 보장, 구체적·직접적 참여 강화, 협의·조정제도 강화, 지방의 적극적 참여 유도 등이 제안되고 있다(하혜수, 2019: 95-96). 현재 국정참여제도의 현황과 실태를 비판적으로 고찰하고, 실효성을 강화할 수 있는 체계 및 제도 정비가 필요하다. 개별 국정참여제도가 가지는 문제점과 한계에 대해서도 살펴보고 제도 운영의 내실화 방안을 마련할 필요가 있다.

넷째, 정치제도, 선거제도 개혁을 통한 국회의원의 지역대표성 강화이다. 저출생과

---

14) 중앙집권적 권한 관계의 한계로 전국을 획일적으로 통제, 중앙정부의 특별지방행정기관 과다, 정부 간 불합리한 기능배분으로 자치성 취약, 중앙정부의 일방적·하향적 정책 추진, 국가-지방 재원배분의 불합리성 등을 들고 있다.

수도권으로 인구의 사회적 이동이 점점 더 가속화되고 지방의 인구가 급속히 감소하고 있는 현실에서, 인구비례원칙에 기반한(최대-최소 인구편차 2 : 1) 선거구 획정은 지방의 선거구를 점점 더 줄어들게 할 것이며, 지역을 대표하는 국회의원의 수 역시 줄어들게 될 것이다. 이에 따라 중앙에서 지역을 대변할 대표가 줄어들고, 입법, 정책, 사업, 예산 등에 있어서 지방은 점점 더 소외되고 수도권은 보다 더 집중되고 비대화될 것이다. 따라서 현행 선거제도 개편을 포함하여 선거구 획정의 문제(인구비례원칙에 대한 유연한 적용과 지역대표성 강화), 권역별 비례대표 도입 등과 지역을 대표하는 상원제 형태의 개헌도 검토할 필요가 있다.

3) 발전방안

우리나라 지방정부 국정참여제도와 앞에서 제시한 4개국(일본, 영국, 프랑스, 독일) 지방정부 국정참여제도의 시사점을 바탕으로 발전방안을 제시하면 다음과 같다. 첫째, 지속적인 지방분권 개혁과 지방분권형 헌법 개정이 요청된다. 둘째, 개별 지방정부의 의견제출권 확대가 필요하다. 지방정부의 의견제출권을 국회에까지 확대하고, 일본 「지방자치법」 제99조처럼 지방의회에도 의견제출권을 부여하는 방안을 검토할 필요가 있다. 셋째, 4개 협의회의 대정부 정책건의 실효성 모니터링과 4개 협의회를 포괄하는 연합체를 설립할 필요가 있다. 4개 협의회의 대정부 정책건의의 종합적인 실태를 파악하고, 낮은 수용률 문제 등 정책건의가 지니고 있는 한계와 문제점을 종합적으로 파악하여 개선방안을 마련할 필요가 있다. 또한 영국의 지방정부협의회(LGA)처럼 4개 협의회를 포괄하는 연합체를 설립하여 대정부 협의 및 의견제시 역량을 강화할 필요가 있다. 넷째, 중앙지방협력회의의 내실화가 필요하다. 우리나라의 중앙지방협력회의는 2024년 11월 현재 8회에 걸쳐 개최되었고, 중앙정부 주도의 운영 · 회의결과 피드백 부족 등이 문제점으로 지적된 바 있다. 일본의 '국가와 지방의 협의의 장'은 2024년 5월까지 47회에 걸쳐 운영된 사례 등을 참고하여 중앙지방협력회의의 발전방안을 마련할 필요가 있다. 다섯째, 국가정책 결정과정, 갈등 · 협력 등 조정과정에서의 지방정부의 참여가 강화될 필요가 있다. 특히, 중앙지방정책협의회, 지방재정관리위원회, 행정협의조정위원회 등 지방정부 참여 정부협의회 및 위원회의 문제점을 파악하고 활성화 방안을 마련할 필요가 있다. 여섯째, 국회의원 선거의 지역대표성을 강화하여야 한다.

국회의원 선거구 획정에 있어서 인구비례원칙(최대/최소 인구편차 2 : 1)의 유연한 적용과 국회의원의 지역대표성이 강조되어야 한다. 지방의 선거구 감소와 수도권의 선거구 증가에 따른 비수도권 및 농어촌지역의 지역대표성 약화에 대응하는 방안이 마련되어야 한다.15)

참고문헌

경제·인문사회연구회(2023). 대전환기 국가 역할 재정립과 정부운영전략 탐색, 협동연구보고서.

경제·인문사회연구회, 한국행정연구원 공편(2023). 『정치양극화 시대 한국 민주주의의 발전방안』, 서울: 박영사.

김남철(2018). 독일에서의 연방참사원과 주지사협의회를 통한 국정참여-특히 지방자치단체의 국정참여권 실현방법의 관점에서-, 『지방자치법연구』 18(1), 한국지방자치법학회, pp.281-314.

김성호(2004). 지방자치단체 전국협의체의 국정참여 결과분석, 『한국지방자치학회보』 16(16), pp.61-82.

김순은(2005). 영국 중앙정부와 지방정부간의 정부간 관계의 혁신적 모형, 『지방행정연구』 제19권 제2호(통권 61호), pp.3-34.

김철회·하혜수(2020). 지방정부의 국정참여제도에 대한 비교분석: 영국, 프랑스, 일본을 중심으로, 『한국비교정부학보』 Vol.24. No.3, September(pp.65-92).

박인수(2017). 지역대표기관으로서의 프랑스 상원 연구, 『유럽헌법연구』 제25권, 유럽헌법학회, pp.301-326.

세계법제정보센터 홈페이지(https://world.moleg.go.kr/web/main/index.do). 일본의 「지방자치법」, 「국가와 지방의 협의의 장에 관한 법률」, 「내각부설치법」.

연합뉴스(2024.3.3). 꼼수로 때운 선거구 획정, 인구감소·지역소멸에 갈수록 난제(https://www.yna.co.kr/view/AKR20240302031500001.).

---

15) 경제·인문사회연구회, 한국행정연구원 공편(2023: 446-456)에서는 선거구 획정에 있어서 인구감소지역의 지역대표성 강화방안으로 인구감소 비수도권지역에 최소선거구 할당, 단일 선거구에 포함되는 행정구역 수 또는 선거구 면적 제한, 선거구 획정 주기 변경(현행 4년에서 8년 또는 10년으로) 등을 제시하고 있다. 또한 선거구 획정절차를 보다 정교화하고 이를 준수하여야 하며, 선거구 획정을 위한 인구기준시점을 엄격하게 적용하여 인구추이를 반영한 선거구 획정으로 혼란이 발생하지 않도록 해야 한다고 하고 있다.

윤지성(2023). 제21대 국회의원 선거구 재획정에 대한 평가: 인구대표성과 지역대표성을 중심으로, 『현대정치연구』 제16권 제1호(2023년 봄호).
윤태웅(2023). 중앙지방협력회의 운영실태 및 개선과제, 『지방정부 정책&이슈』, 대한민국시도지사협의회.
장은혜(2018). 주요 외국의 지방자치제도 연구-영국-, 한국법제연구원.
전국시도지사협의회(2013). 주요 외국의 지방정부협의체 운영 현황과 시사점 연구, pp.129-145.
전학선(2016). 프랑스 지방자치단체의 국정참여제도, 『공법학 연구』 제17권 제3호, 한국비교공법학회, pp.3-26.
정정화 외 13인(2019). 『정부간관계론』, 고양: 대영문화사.
하동현(2016). 일본 지방자치단체의 국정참여- '국가와 지방의 협의의 장'을 사례로, 『한국지방자치학회보』, 제28권 제1호(통권 93호), pp.25-50.
하혜수(2018). 자치분권 실현을 위한 지방자치단체의 국정참여 방안, 국회입법조사처 정책연구용역보고서.
하혜수(2019). 우리나라 지방정부의 국정참여제도 분석-중앙-지방 관계의 관점에서-, 『한국지방행정학보』 제16권 제1호, pp.75-100.

Local Government Association(2023), A year in the LGA 2022/2023, Oct 2023.
Wright, D. S.(1988). *Understanding Intergovernmental Relations*(3rd ed), Brooks/Cole Publishing Co.

대한민국시도지사협의회 홈페이지(https://www.gaok.or.kr)
독일 연방참사원 홈페이지(https://www.bundesrat.de/)
영국 법령정보사이트(https://www.legislation.gov.uk/)
영국 지방정부협의회(LGA) 홈페이지(https://www.local.gov.uk/)
일본 내각관방성 홈페이지(https://www.cas.go.jp/)
일본 총무성 홈페이지(https://www.soumu.go.jp/)
행정안전부 홈페이지(https://www.mois.go.kr/)

17 CHAPTER

도시의 미래와 정책 방향

서순탁(서울시립대학교)

본 장에서는 앞에서 논의되었던 내용을 종합적으로 고려하여 향후 우리 도시의 미래에 대해 생각해 보고, 거시적 정책의 방향을 제시하고자 한다. 도시의 미래를 예측하고 그 방향을 찾는 것은 쉬운 일이 아니지만, 그렇다고 준비하지 않고 기다리기만 할 수는 없는 것이다. 이에 본 장에서는 우리 도시의 미래에 중요하게 영향을 미치는 요인으로 ① 인구감소 및 인구구조의 변화에 따른 문제, ② 경제 및 산업 구조의 변화에 따른 문제, ③ 과학기술 및 정보통신기술 등의 발달과 이에 따른 디지털 사회로의 전환, ④ 기후변화에 대한 대응과 기후변화로 인한 각종 재난에 대한 문제 등을 제시하고, 이에 대한 대응방안으로 첫째, 스마트한 축소도시와 초광역 생활권 조성, 둘째, 정의롭고 포용적이면서 탄소중립적인 도시 구현을 미래 정책 방향으로 제시하였다.

우리 도시의 미래는 그 전망이 그리 밝지 않다. 미래가 주는 불확실성과 그동안 한국사회가 걸어온 특수한 도시화 여정이 주는 경로의존성이 우리 도시의 미래를 낙관적으로 볼 수만은 없게 한다. 그런 측면에서 도시행정을 담당하고 있는 행정가의 역할이 그 어느 때보다도 중요시되고 있다. 본 장에서는 도시의 미래 전망과 정책 방향을 중심으로 미래의 도시행정가가 지향하여야 할 가치 및 역할에 대해, 첫째, 스마트한 축소도시와 초광역 생활권 조성을 위한 도시행정가의 역할, 둘째, 정의롭고 포용적인 도시를 위한 도시행정가의 역할, 셋째, 지속가능성에 기반한 친환경적 도시 구현을 위한 역할, 넷째, 환경변화에 유연하게 대응하는 회복탄력성(resilience)이 큰 도시 지향을 위한 역할, 끝으로 도시를 둘러싼 다양한 갈등을 조정하고 합의를 이끌어 내는 협력적 거버넌스 실현을 위한 역할 등을 제시하였다.

1 도시의 미래

미래의 도시는, 과거 도시 역사에서 알 수 있듯이, 도시를 둘러싼 환경변화에 따른 도시 위기와 새로운 도전으로 압축할 수 있을 것이다. 먼저 도시의 맥락에서 보면, 지금 우리나라는 급격한 도시화 과정을 겪었던 과거와는 달리, 후기 도시화 또는 역(逆)도시화 경로에 진입했음을 각종 통계가 보여주고 있다. 과거 도시행정이 급격한 도시화에 따른 문제 해결과 도시의 성장관리에 중점을 두어 왔다면, 이제는 인구감소와 경제의 저성장에 따른 도시의 위기와 같은 지금까지 경험하지 못한 도시화 문제 해결에 도시정부의 모든 역량을 집중해야 할 것으로 보인다.

도시의 미래를 예측하고 대응 방향을 찾는 일은 쉬운 일이 아니다. 예측의 역사(Creveld, 2021)가 말해주듯이, 미래를 알고자 하는 인간의 욕구는 미래에 대한 불안과 공포에서 시작되었는지도 모른다. 근대화 이후, 합리적인 예측기법이 발달했다고 하나, 아직도 미래 예측은 신의 영역이라고 할 만큼 어렵다. 그렇지만, 다가올 미래의 기회나 위협에 대한 효과적인 대응을 위해서는 미래 예측에 대한 전략적 접근이 필요하다. 미래는 시간이 아니라 방향이라는 말이 있듯이 준비하지 않고 기다리기만 한다면, 우리가 바라는 미래는 오지 않기 때문이다.

이 장에서는 도시의 미래를 도시에 크게 영향을 미치는 인구(구조), 경제 및 산업구조, 사회, 환경, 기술 측면으로 나누어 살펴보고자 한다. 첫째, 인구감소에 따른 문제이다. 우리나라 인구는 2020년을 정점으로 감소하고 있다. 문제는 출산율의 저하로 인구가 빠르게 감소하고 있다는 점이다. 미국의 기업가인 일론 머스크(Elon Musk)는 2024년에 두 차례나 한국의 인구 붕괴(population collapse)를 경고했다. 인구구조 또한 기대수명의 증가로 노인인구가 계속 증가하고 있어 역피라미드형 구조로 변화할 것으로 보인다. 여기에 지방 인구의 감소와 더불어 수도권으로의 인구유출이 계속되어 사람이 살지 않는 국토 공간이 많아질 것으로 예상된다. 이는 축소도시와 더불어 지방도시의 소멸 위기론이 주목받는 이유이기도 하다.

인구감소가 미치는 영향은 사회시스템의 여러 부문에서 관찰되어 보도되고 있지만, 미국의 산타페연구소가 수행한 도시연구는 도시 연구자들에게 많은 통찰력을 제공하고 있다. 대표적인 책으로 연구소 소장을 지낸 제프리 웨스트(Jeffrey West, 2018)가 쓴 스케일(SCALE)을 들 수 있다. 이론 물리학자인 그는 도시 규모의 확대, 즉 도시성장이 도시민의 사회적 상호작용과 협력을 통해 혁신과 풍요를 가져왔음을 보여주고 있다. 즉, 도시 규모가 클수록 임금, 1인당 총생산 등과 같은 사회 · 경제적 지표는 15% 더 증가하고, 도로 등 물리적 기반 시설과 에너지 사용은 15% 절감된다고 주장한다. 도시를 하나의 복잡계(complex system)로 보고 연구한 결과, 도시 규모의 확대는 많은 도시 전문가들이 문제로 여겨온 것과는 정반대로, 성장과 발전의 기회로 보았다. 이것은 도시인구 감소가 우리에게 무엇을 의미하는지를 단적으로 보여준다. 이처럼 급격한 인구감소는 서서히 다가오지만, 우리의 미래를 위협하는 치명적인 요인이라는 점은 분명하다.

둘째, 경제 및 산업구조의 변화에 따른 문제이다. 우리나라는 1960년대 초반부터 1980년 후반까지 괄목할 만한 고도 경제성장을 달성했다. 고도 경제성장은 급격한 도시화에 따른 주택 부족, 교통혼잡, 물 부족, 하수처리 등과 같은 도시문제를 수반했고, 도시정부는 이 문제를 해결하는 데 모든 역량을 집중했다. 그 결과 증가하는 도시인구에 필요한 주택, 대중교통, 상하수도 등 양적인 부족 문제는 어느 정도 해결할 수 있게 되었다.

그러나 1990년대 들어서 둔화되기 시작한 경제성장세는 2000년대 들어 급격히 둔화되었다. 지난 40여 년간 평균 경제성장률의 추이를 보면, 1970년대와 1980년대는 9.0% 이상이었으나, 1990년대는 6.6%, 2000년대는 3.9%, 2020년대는 2% 수준으로 나타나고 있어 한국경제가 저성장 단계에 접어들었음을 알 수 있다.

이와 같은 한국경제의 저성장 기조는 단지 세계 경제의 위기에서 비롯되는 변화로 이해하기보다는 선진국이 경험하였던 고도성장 이후의 성숙 단계로 이행하는 과정에서 나타나는 자연스런 현상으로 볼 수 있다. 여기에 저출산에 따른 생산가능인구 감소로 잠재 성장률 저하 문제가 더해지고 있는 것이다.

4차 산업혁명으로 반도체, 바이오 등 첨단 하이테크 산업이 부상하고 제조업 부문이 쇠퇴하는 등 산업구조도 변화하고 있다. 제품 생산의 공정 혁신을 통해 생산성을 제고하던 방식이 이제는 R&D 혁신을 통해 부가가치를 창출하는 시대로 변한 것이다.

이러한 변화는 산업 입지에도 영향을 주고 있다. R&D 개발이 중요해짐에 따라 기업의 R&D 센터를 서울과 수도권에 집중시키는 경향이 계속되고 있어 국토의 양극화는 더욱 심해질 것으로 보인다. 정부가 6대 분야에 걸쳐 국가 첨단산업 육성전략을 추진하고 있는 것도 이와 무관하지 않다. 또한 인공지능(AI)의 발달은 빠른 속도로 인간의 일자리를 위협하고 있어 대량 실업과 도시 쇠퇴로 이어질 가능성이 크다.

셋째, 디지털 사회로의 전환에 따른 문제이다. 과학기술과 정보통신기술의 발달이 사회에 미치는 영향은 산업혁명 이후부터 관찰되어 온 주제이다. 새로운 기술이 사회통합에 긍정적인 영향을 줄 것인지 아니면 분열과 갈등을 초래할 것인지는 관점에 따라 의견이 나누어지고 있다. 이른바 디지털 유토피아와 디지털 디스토피아 논쟁이다.

반면에 인터넷의 보급과 소셜미디어(SNS)로 상징되는 디지털 사회는 광범위한 초개인주의화를 낳고 있다. 2005년 영국 조셉론트리재단의 연구보고서는 '인터넷이 지역과 계층 간 차이를 확대시키고 사회통합을 저해하고 있다'는 결론을 내리고 있다. 인터넷 보급과 소셜미디어(SNS) 확산으로 보다 많은 사람들이 더 쉽게 개인과 사회에 대한 정보에 접하고 있으며, 이 같은 정보를 통해 같은 계층이나 성향이 비슷한 사람끼리 모이고 다른 사람들을 배제시키는 데 이용하는 경향이 있음을 지적하고 있다. 다름과 차이를 혐오한 나머지 각자의 성향과 취향에 따라 분열되는 사이버 발간화(Cyber-balkanization) 현상을 우려하고 있는 것이다. 실제로 가짜뉴스와 혐오가 판을 치면서 분열과 갈등이 심해지는 경향이 있다. 또한 자신의 삶이 끊임없이 남과 비교되는 소셜미디어(SNS)와 온라인 플랫폼의 상업화가 현대인의 우울과 불안을 초래한다는 지적이 많다. 특히 청소년들에게는 미치는 영향이 큰 것으로 나타나고 있다.

넷째, 기후변화에 따른 위기이다. 최근 기후변화로 인한 폭염, 가뭄, 홍수, 기근, 물부족 등과 같은 기후재난이 빈번하게 발생하고 있다. 많은 전문가들이 기후변화의 원인으로 지구온난화를 지목하고 있다. 지구온난화가 일어나는 것은 인구증가와 산업화의 진행에 따라 온실가스의 양이 늘어나기 때문이다. 이러한 지구온난화를 부추기는 온실효과를 강화하는 주범은 이산화탄소라고 밝혀졌다. 이산화탄소는 산림 벌채, 에너지 사용, 석유, 석탄, 가스와 같은 화석연료의 연소에서 발생한다. 이는 도시화와 산업화에 기반한 자본주의 경제시스템과 무관하지 않다.

또한 도시가 이산화탄소 배출의 주범이라는 점은 이미 널리 알려진 사실이다. 전

세계 인구의 56%가 도시에 살고 있는 현 시점에서 탄소배출량의 75%가 도시에서 발생하고 있다고 보도되고 있다.

2024년 국제에너지기구(IEA)에 따르면, 2024년도 이산화탄소 배출량은 2010년에 비해 20% 증가한 416억 톤으로 역대 최고치를 기록했다. 기후변화에 관한 국제적인 노력이 계속된다 하더라도, 2050년에는 지구 평균기온이 2.3℃ 상승할 것으로 전망하고 있다(IPCC 5th Report. 2014). 2021년에 발표된 IPCC 6차 보고서에서는 기후변화가 인류문명을 위협한다는 점에서 기후위기로 규정하고 있다.

2 미래도시의 정책 방향

1) 스마트한 축소도시와 초광역 생활권 조성

인구감소에 따른 지방도시 소멸 위기 상황에서는 축소도시 전략이 불가피하다. 인구가 줄고 일자리가 감소하며 빈 집이 늘고 기반시설이 남아돌며 공공서비스 비용이 증가하는 상황에서 도시가 살아남는 방법을 찾아야 한다. 이런 위기 상황에서는 도시 기능을 전면 재조정하는 동시에 지역 거점을 조성하여 집단화할 필요가 있다. 곳곳에 흩어져 사는 사람들을 지역의 거점 공간에 모아 공공서비스 비용을 절감하는 노력이 필요하다. 이렇게 만들어진 거점 공간을 광역 생활권 내 핵심 공간과 연결하여 광역서비스를 효율적으로 제공할 수 있어야 한다. 이른바 초광역권 계획을 통한 메가시티(mega city) 또는 메가리전(mega region)을 조성하려는 시도도 이러한 맥락에서 이해할 수 있다. 이때 광역 생활권 내 시・군을 행정적으로 통합하기보다는 경제적 협력을 유도하는 것이 실효성이 크다. 이렇게 하기 위해서는 모빌리티 허브에 지역 거점을 조성하고 소도시와 연계하는 한편, 토지용도 융・복합, 기반시설 입체화 및 복합화, 도로철도 지하화 등과 같은 입체 복합도시를 위한 공간 혁신이 활발하게 일어나게 하는 것이 필요하다.

동시에 창조도시를 만들기 위한 노력을 소홀히 할 수 없다. 요즘 세대들은 자신이 선호하는 라이프 스타일에 부합하는 곳에서 살기 원하는 경향을 보이고 있다. 즉, 삶의 질, 개방성, 도시문화를 즐길 수 있는 곳에서 일하길 원한다. 플로리다(2018) 교수의 주장처럼, 사람들을 모으기 위해서는 도시공간구조보다는 창조적인 문화예술가와 같은 창조계급과 다양한 문화를 수용하는 관용(tolerance)이 필요하다. 이렇게 볼 때, 첨단기술과 재능을 가진 다양한 인재들이 일하고 거주하고 즐길 수 있는 이른바 직(職)·주(住)·락(樂)을 갖춘 창조도시를 만들려는 시도도 많아질 것이다.

2) 정의롭고 포용적이면서 탄소중립적인 도시를 지향

경제 저성장과 산업구조 변화로 계층 간 불평등은 더욱 심화되고 인구감소와 산업입지 변화 등으로 공간 양극화 현상도 확대될 것으로 보인다. 부동산 가격 차이는 공간의 양극화를 나타내는 대리지표라 할 수 있다. 경향신문이 보도한 기사(2024.12.3)에 따르면, 서울의 국민평형 규모 아파트의 경우 상위 20%가 소유하고 있는 아파트 가격은 하위 20%가 소유하고 있는 아파트의 5.5배에 달하며, 이를 전국으로 확대하면 서울과 지방은 10배 이상의 차이를 보이고 있다.

문제는 승자독식의 도시화로 상징되는 국토공간의 양극화와 더불어 도시공간의 양극화가 향후 더욱 확대될 것이라는 데 있다. 이것은 우리 사회가 능력주의와 시장논리를 중시하는 자본주의 시장경제체제를 채택하고 있는 데 기인한다. 이에 경종을 울리는 철학자가 있다. 바로 2010년대 국내에서 정의에 관한 치열한 논쟁을 불러일으킨 『정의란 무엇인가』의 저자 마이클 샌델 교수다. 그는 시장 논리가 도덕과 공동체 규범을 밀어내고 불평등을 정당화시켜 주고 있다고 주장한다. 그는 현대 교육은 좋은 대학에 가고 고소득 직장을 얻는 경제적 차원을 넘어 공정과 정의, 협력과 연대의 가치를 가르침으로써 공동체 안에서 책임을 다하는 시민을 양성해야 한다고 강조한다.

공동체 구성원으로서 도덕적 책무를 강조하는 센델 교수의 주장은 도시 불평등 해소를 위한 윤리적 기초를 제공한다. 도시공간에서 일어나는 인종, 성, 나이, 소득, 장애 등에 따른 다층적 차별과 공간 분리 문제는 능력주의와 시장논리만으로는 해결할 수 없는 과제이다. 개인의 자유와 사회 전체의 편익을 중시하는 정의 관념은 사회구성원 모두를 위한 윤리적 토대가 아니기 때문이다. 지난 2016년 유엔 해비타트 Ⅲ(UN Habitatt Ⅲ)에서 강조한 '모두를 위한 도시'는 사회통합과 형평성을 기반으로 하는 포용적인 도시, 정의로운 도시와 일맥상통한다고 할 수 있다.

이런 관점에서 정의롭고 포용적인 사회를 위한 미래의 정책 방향은 토지제도를 개편하여 토지이용의 공공성을 강화하는 일이다. 경직적인 토지이용제도를 유연하게 개편하여 접근성이 좋은 도심에 토지이용의 효율성을 높여 일자리 클러스터를 조성하고, 접근 가능한(affordable) 공공임대주택을 충분히 공급하는 일이 필요하다. 동시에 녹지와 숲과 같이 모든 시민이 쉽게 접근가능한 공공공간을 조성하고 지하철, 버스 등 대중교통을 편리하게 이용할 수 있도록 제도를 개편해야 한다.

또한 지구온난화로 인한 기후재난을 겪고 있는 작금의 상황을 고려할 때, 기후위기에 적극적으로 대응하는 도시정책이 요구된다. 많은 전문가들이 지적한 것처럼, 핵심은 도시에서 발생하는 탄소배출량을 줄이는 것이다. 이를 위해서는 도시의 팽창을 억제하는 것이 무엇보다 중요하다. 토지는 탄소를 배출하고 흡수하는 역할을 수행하기 때문에 탄소중립도시의 핵심 요소이다. 도심에 녹지를 조성하는 것은 물론, 대중교통 전기화 등 저탄소 교통수단을 장려하고, 건물 에너지 효율을 제고하며, 탄소제품의 소비를 줄이고 쓰레기를 재활용하는 노력이 더 많아져야 한다.

3 미래 도시행정가의 역할

지금까지 살펴본 도시의 미래는 그 전망이 그리 밝지 않다. 미래가 주는 불확실성과 더불어 한국사회가 걸어온 특수한 도시화 여정이 주는 경로의존성이 우리의 미래를 어둡게 하는 것이 아닌가 싶다. 저출산·고령화에 따른 급격한 인구감소와 인구구조의 변화, 경제의 저성장과 불평등의 심화, 광범위하게 진행되고 있는 초(超)개인주의화와 사회갈등의 심화, 기후위기 등의 문제는 하나같이 해결이 어려운 과제다. 미래의 도시행정가는 이와 같이 서서히 다가오지만 돌이키기 어려운 치명적인 위협에 지혜롭게 대응하고 때로는 도전해야 하는 숙명을 안고 있다.

여기에서는 지금까지 얘기한 도시 전망과 정책 방향을 중심으로 미래의 도시행정가가 지향해야 할 가치와 역할을 살펴보고자 한다.

첫째, 스마트한 축소도시와 초광역 생활권 조성을 위한 도시행정가의 역할이다. 미래 도시행정가는 도시계획을 통해 줄어드는 인구와 거리의 축소를 고려하여 중·소도시 간 기능 분담과 연계를 촉진시켜야 할 것이다. 이는 일부 대도시를 제외하고 국토 전반에 걸쳐 진행되는 인구 저밀도화와 지역적 편재가 동시에 진행되는 상황을 고려한 것이다. 중소도시의 인구 급감에 따른 공공서비스와 생활 인프라 공급을 재조정하고 도시기능을 분담하고 연계하는 차원 높은 광역 생활권이 필요하기 때문이다.

둘째, 정의롭고 포용적인 도시를 위한 도시행정가의 역할이다. 도시행정가는 도시정책을 통해 공정한 비용과 편익의 분배가 전제되면서도 도시공동체 구성원으로서의 도덕적 책무를 강조하는 정의로운 도시를 지향해야 할 것이다. 정의로운 도시는 다양한 계층이 더불어 살아가기 위한 기본 토대로서 소득 불평등과 공간 양극화 그리고 정보격차를 완화하는 도시를 의미한다. 이는 경제의 저성장과 양극화 그리고 정보격차 문제를 염두에 둔 것이다. 이때, 공공이 나서서 자원을 배분하는 것은 또 다른 형태의 불평등을 초래할 수 있다는 점에 주목할 필요가 있다.

도시행정가는 다양성이 허용되고 다름과 차이가 인정되는 포용적인 도시를 만들어가야 할 것이다. 인터넷과 소셜미디어 확산은 현대 사회를 규정하는 가장 중요한 키워드로 등장하고 있다. 정보통신기술의 발달은 인간의 생활을 효율적이고 경제적이며 편리하게 변화시키는 순기능적 역할도 하지만, 다름과 차이를 수용하지 못하고 배제하고 혐오하는 문제를 낳기도 한다. 또한 다양성은 근대도시의 핵심 개념인 공익에 의해 거부되는 것이 아니라 다양성이 실현될 수 있는 기회를 모든 도시민에게 제공하는 것을 의미하며, 차이는 서로 배제하는 의미가 아니라 포용하는 의미로서의 차이를 말한다. 이는 미래사회에서 가치관의 다양화와 이에 따른 사회갈등의 심화를 염두에 둔 것이다.

셋째, 미래 도시행정가는 지속가능성의 개념에 기반한 친환경도시를 지향해야 할 것이다. 환경파괴, 기후변화, 자원고갈의 문제는 그 특성상 현 세대의 문제이기도 하지만 미래세대의 문제이기도 하다는 점에서 미래 도시행정의 주요 영역이라 할 수 있다. 다른 영역도 마찬가지이기는 하나, 이 문제만큼은 직접적으로 현재와 미래가 연결되는 특성이 강하다. 개발연대에 보여준 개발 중심의 사고에서 벗어나 저탄소와 에너지 절감을 위한 도시행정에 역량을 집중해야 할 것이다. 이를 위해서는 개인의 생활방식과 도시시스템의 전환과 실행이 무엇보다 필요하다. 이는 기후위기와 생태계 파괴를 염두에 둔 것으로서 기존 도시공간의 환경파괴, 서민 주거공간 부족, 사회불평등 등의 각종 부정적 요소들을 줄여나가며 지속가능성의 원칙에 맞춰 재창조하는 것을 의미한다. 이를 위해서는 경제적 효율성, 생태적 안정성 및 사회적 형평성의 상호의존적 상생관계를 중시하는 통합적 도시 발전을 지향해야 할 것이다.

마지막으로 미래 도시행정가는 환경변화에 유연하게 대응하는 이른바 회복탄력성(resilience)이 큰 도시를 지향해야 할 것이다. 이는 급격한 도시화 과정에서 구축되었던 우리 사회의 도시시스템에 대한 재검토와 더불어 새로운 환경변화에 효과적이고 유연하게 대응하는 패러다임을 구축하는 것과 맞물려 있다. 이런 의미에서 도시의 회복탄력성(urban resilience)은 향후 도시정책의 핵심 키워드가 될 것이다. 도시행정은 외부의 충격과 내부에서 발생하는 스트레스를 견딜 수 있는 회복력 있는 도시를 건설하는 데 중요한 역할을 한다. 특히 기후위기와 관련하여 재난을 견딜 수 있는 인프라를 건설하고 이를 뒷받침하는 정책 및 계획 프레임워크와 지역사회 참여는 지속가능한 도시행정의 필수 요소라 할 수 있다.

도시행정가가 이와 같은 역할을 효과적으로 수행하기 위해서는 보다 협력적인 도시 거버넌스가 요구된다. 시간이 흐를수록 우리 사회의 가치관이 다양(diverse)해지고 분절화(fragmented)되어 가는 경향이 있음을 부인하기 어렵다. 도시행정이 도시사회 내부에서 일어나는 다양한 갈등에 일상적으로 직면하고 있는 현실을 고려한다면, 갈등을 조정하고 합의를 이끌어가는 것이야말로 도시행정가의 가장 중요한 역량이라고 할 수 있을 것이다.

지금처럼 과정을 소홀히 하더라도 공공 주도로 시민에게 필요한 기반시설을 확충하고 공공서비스를 전달하면 된다는 식의 결과 만능주의에 머물러서는 안 될 것이다. 보다 투명하고 포용적인 프로세스를 통해 지역사회 구성원과 소통하고 신뢰를 구축해 나가는 일이 무엇보다 중요하다. 장소나 공간의 생산과 소비를 둘러싼 다양한 주체들의 정체성 차이와 해석의 과정이 허용되고 수렴될 수 있도록 지역사회의 적극적인 참여와 환경변화를 수용하는 유연한 자세가 요구된다. 의사소통적 합리성이 실현될 수 있도록 정책이나 계획의 수립 절차와 관행을 바꾸는 일도 필요하다. 도시행정의 영향을 받는 모든 이해관계인과 함께 협의하고 소통하는 방식의 의사결정에 익숙해야 한다. 이를 위해서는 연역적인 기준과 잣대가 아닌 담론을 통해 접점을 찾을 수 있도록 이슈 중심의 귀납적인 사고와 유연성이 필요하다. 작은 실천과 성공이 지속적으로 이루어지고 축적될 때, 비로소 우리 사회 전반에 협력적 거버넌스 실현이 가능하게 될 것이다.

참고문헌

경실련 도시개혁센터(2015). 『도시계획의 위기와 새로운 도전』, 서울: 보성각.

경향신문(2024.12.3). “강남아파트 한 채 값이면 강북 5채 산다” … 서울 집값 양극화 심화.

골딘 & 리-데블린(2023, 김영선 역). 『번영하는 도시, 몰락하는 도시(Age of the City)』, 서울: 어크로스.

국제에너지기구(2014). IPCC 5차 보고서.

국제에너지기구(2021). IPCC 6차 보고서.

마이클 샌델(2010, 김명철 역). 『정의란 무엇인가』, 파주: 김영사.

서울시립대 도시행정학과(2014). 『도시행정론』, 서울: 박영사.

서울연구원(2017). 『성숙도시 서울, 도전받는 공간』. 서울: 서울연구원.

영국 조셉론트리재단(2005). 조셉론트리재단 연구보고서.

제프리 웨스트(2018, 이한음 역). 『스케일(SCALE)-생물 · 도시 · 기업의 성장과 죽음에 관한 보편법칙』, 파주: 김영사.

크레벨드(2021, 김하현 역). 『예측의 역사』, 서울: 현암사.

타운센드(2018, 도시이론연구모임 역). 『스마트 시티, 더 나은 도시를 만들다』. 서울: MID.

플로리다(2018, 안종희 역). 『도시는 왜 불평등한가』, 서울: 매일경제신문사.

한국도시행정학회(2022). 『도시행정의 이론과 실제』, 고양: 대영문화사.

찾아보기

ㅈ

ㅊ

저자소개

■ 서순탁(徐淳鐸)

• stsuh@uos.ac.kr

• 영국 뉴캐슬대학(Newcastle University) 도시계획학박사
• 제9대 서울시립대학교 총장(2019.3~2023.2), 도시행정학과 명예교수(2001~현재)
• 한국도시행정학회 회장 역임(2017.1~2017.12)
• 국토연구원 연구위원 역임(1988~2001)
• International Journal of Urban Sciences, 국토계획, 국토연구 편집위원장 역임
• 주요 논저: 협력적 계획–분절된 사회의 협력과 거버넌스(共譯) 등 저역서와 사회자본 증진을 위한 도시계획의 역할과 과제 등 논문 다수

■ 강현철(姜縣鐵)

• tanny@kyonggi.ac.kr

• 서울시립대학교 도시행정학과 행정학사, 행정학석사, 행정학박사
• 화성시 송산면 도시재생총괄코디네이터 겸 현장지원센터장(2019~2020)
• 경기도 정책연구용역심의위원회 위원(2023~현재)
• 서울시 지방보조금관리위원회 위원(2023~현재)
• 한국매니페스토실천본부 평가위원(2019~현재)
• 경기대학교 교수(2018~현재)

■ 김병철(金炳澈)

• bckim0100@gmail.com

• 서울시립대학교 도시행정학과 행정학박사
• 국무총리 산하 경제 · 인문사회연구회 연구기획실장, 평가실장(1999~2024)
• 한국정책개발학회 회장(2018~2019), 한국도시행정학회 부회장(2023~현재)
• 교육부 대학구조개혁평가위원회 위원, 대학기본역량진단위원회 위원(2015~2021)
• 통계청 재정사업평가위원회 위원, 자체평가위원회 제4분과위원장(2016~현재)
• 목원대학교 경영학부 특임교수(2024~현재)
• 주요논저: 메타평가론, 국책연구기관 연구윤리, 국책연구기관 평가시스템 활용영역분석 등

■ 김영단(金英旦)

• dan1975@naver.com

• 경희대학교 건축공학과, 서울대학교 환경대학원 석사, 서울시립대학교 도시행정학과 행정학박사
• (주)금호엔지니어링 도시계획부 사원(2002~2003)
• 국토연구원 국토 · 지역연구실 위촉연구원(2005~2007)
• 한국농촌경제연구원 산림정책실 및 농업 · 농촌연구본부 전문연구원(2007~2015)
• 지방공기업평가원 연구 · 컨설팅실, 투자분석센터, 경영평가실 선임연구위원(2016~현재)

■ 김용탁(金容卓)

- futue@kead.or.kr
- 성균관대학교 학사, 연세대학교 석사, 서울시립대학교 도시행정학과 행정학박사, 칼빈대학교 사회복지학박사
- 한국장애인고용공단 정책연구부 부장(2005~현재)
- 혜전대학교 사회복지과 겸임교수(2022~현재)
- 한국노년교육학회 이사(2022~현재)
- 인천광역시 정신건강복지사업단 자문위원(2020~현재)
- 사회정의문화연구소 이사(2020~현재)

■ 김진수(金鎭秀)

- jskim0505@cni.re.kr
- 중앙대학교 지역개발학과 졸업, 중앙대학교 도시및지역계획학과 석사, 서울시립대학교 도시행정학과 행정학박사
- 서울연구원 서울경제연구센터, 도시경영연구실 위촉연구원(2004~2013)
- 국민대통합위원회 정책평가부 사무관(2013~2017)
- 국무조정실 세종특별자치시지원단 정주환경지원과 사무관(2017~2020)
- 충남대학교 자치행정학과, 국가정책대학원 시간강사(2018~2019)
- 자치분권위원회 분권제도과, 메가시티및지방행정체제개편지원TF, 자치제도과 전문위원(2021~2022)
- 충남연구원 과학기술진흥본부 미래전략부장(2022~2024), 분석평가부장(2025~현재)

■ 김진아(金振我)

- kja7911@nate.com
- 가천대학교 지역개발학과 졸업, 서울시립대학교 도시행정학과 행정학석사, 서울시립대학교 도시행정학과 행정학박사
- 경기연구원(2004~2007), 서울시립대학교 연구교수(2016~2017)
- 사회적협동조합 공동체세움 상임이사(2017~2024)
- 백석대학교 교수(2019~현재)

■ 염일열(廉日烈)

- yeom0723@seojeong.ac.kr
- 전남대학교 행정학석사, 서울시립대학교 도시행정학과 행정학박사
- 서정대학교 사회복지과 교수(2003~현재)
- 경기도 양주시 사회적경제지원센터장(2022~현재), 양주시 마을공동체 심의위원회 위원(2020~현재)
- 서울시 도봉구 지방보조금관리위원회 위원장(2024~현재), 도봉구 지속가능발전위원회 위원(2016~2018)
- 경기도 문화영향평가위원회 위원(2018~2020), 경기교통공사 정보공개심의회 위원(2023~현재)
- 경기도 의정부시 행정혁신위원회 위원(2010~2022), 의정부시 성과평가위원회 위원(2015~2021)
- 경기도 연천군 정책자문위원회 위원(2021~2023), 연천군 사회적기업육성위원회 위원(2011~2015)

■ 유기현(柳基鉉)

- stock625@cs.ac.kr
- 중앙대학교 경제학사, 세종대학교 부동산학석사, 서울시립대학교 도시행정학과 행정학박사
- 서울시립대학교 연구교수(2017~2018)
- 서울연구원 초빙부연구위원(2018~2019)
- 경남개발공사 아파트 분양가 심사위원장(2021~2023)
- 창신대학교 부동산경영학과 교수(2020~현재)

■ 유병권(兪炳權)

- youbk60@naver.com
- 전남대학교 경영학사, 서울대학교 행정학석사, 미시간주립대 도시및지역계획학석사, 서울시립대학교 도시행정학과 행정학박사
- 국토교통부 국토도시실장(2017~2018)
- (재)대한건설정책연구원 원장(2019~2022)
- 서울시립대학교 국제도시과학대학원 초빙교수(2022~현재)

■ 이병준(李秉埈)

- leebj21@hanmail.net
- 단국대학교 행정학과 졸업, 서울대학교 환경대학원 도시및지역계획학 석사, 서울시립대학교 도시행정학과 행정학박사
- 성결대학교 겸임교수(2011~2015), 세종특별자치시 지방보조금관리위원회 위원(2025~현재)
- 한국도시행정학회 상임이사(2021~현재), 한국지역개발학회 이사(2021~현재)
- 충남대학교 자치행정학과, 국가정책대학원 강사(2016~현재)
- 경제·인문사회연구회 평가관리부장, 전략기획부장, 협동연구부장, 책임전문위원(2009~현재)
- 한국농촌경제연구원 객원연구위원 파견(2025~현재)

■ 이자은(李泚銀)

- bloomy21@naver.com
- 서울시립대학교 도시행정학과 행정학박사
- 대전세종연구원 연구위원(2021~현재)

■ 이흥권(李興權)

- HKLEE898@NAVER.COM
- 서울시립대학교 도시환경정책석사, 도시행정학과 행정학박사
- 미국 델라웨어대학교(Center for Energy and Environment Policy) Visiting Scholar
- 한국과학기술기획평가원(KISTEP)에서 국가연구개발사업에 대한 예비타당성조사를 담당하는 본부장 및 전략기획실장 등 역임
- 국무조정실 정부업무평가실 성과관리지원과장, 기획재정부 사무관
- 현재 전략·컨설팅 씽크탱크인 ㈜로운인사이트 대표로 그동안 축적해온 이론적·경험적 지식을 현장(지자체와 정부, 민간기업)에 접목하기 위해 노력하고 있음

■ 임성은(林聖恩)

- ych5534@naver.com
- 한국외국어대학교 학사, 서강대학교 언론대학원 석사, 서울시립대학교 도시행정학과 행정학박사
- 서울기술연구원 원장(2022~2023), 서울싱크탱크협의회장
- 서경대학교 교수(2016~현재)
- 서울특별시청 정책기획보좌관, 고객서비스연구실장(2006~2011)
- 국회 사무처 정책보좌관(2002~2005)

■ 주필주(朱必洲)

- pilmography0423@naver.com
- 숙명여자대학교 일본학과 졸업, 숙명여자대학교 문학석사, 서울시립대학교 도시행정학과 행정학박사
- 서울연구원 초빙부연구위원(2019~2020)
- 인천연구원 초빙연구위원(2022~2023)
- 광진사회적경제네트워크 부설연구소 연구공방 사람 수석연구위원(2024~현재)
- 서울시립대학교, 성결대학교, 단국대학교, 경찰대학 강사(2020~현재)

새로운 도시행정

-과제와 전망-

펴낸날 제1판 제1쇄 발행 2025년 5월 7일
지은이 서순탁 · 강현철 · 김병철 · 김영단 · 김용탁
김진수 · 김진아 · 염일열 · 유기현 · 유병권
이병준 · 이자은 · 이흥권 · 임성은 · 주필주
펴낸이 임춘환
펴낸곳 도서출판 **대영문화사**
주소 (본사) 사무실: 경기도 고양시 일산서구 주화로 70
우신프라자 307호 (우) 10387)
(본사) 물류센터: 경기도 고양시 일산서구 덕산로
107번길 68-50 (우) 10205)
등록 1975년 12월 26일 제3-16호
전화 (031) 913-3062, (031) 914-3884~5
팩스 (031) 913-3839
홈페이지 http://www.dymbook.co.kr

ISBN 978-89-7644-988-7
값 27,000원